Turbulente Körper, soziale Maschinen

Studien interdisziplinäre Geschlechterforschung

Band 7

Jutta Weber
Corinna Bath (Hrsg.)

Turbulente Körper, soziale Maschinen
Feministische Studien zur
Technowissenschaftskultur

Leske + Budrich, Opladen 2003

Gedruckt auf säurefreiem und alterungsbeständigem Papier.

Die Deutsche Bibliothek – CIP-Einheitsaufnahme
Ein Titeldatensatz für die Publikation ist bei Der Deutschen Bibliothek erhältlich

ISBN 3-8100-3924-1

© 2003 Leske + Budrich, Opladen

Das Werk einschließlich aller seiner Teile ist urheberrechtlich geschützt. Jede Verwertung außerhalb der engen Grenzen des Urheberrechtsgesetzes ist ohne Zustimmung des Verlages unzulässig und strafbar. Das gilt insbesondere für Vervielfältigungen, Übersetzungen, Mikroverfilmungen und die Einspeicherung und Verarbeitung in elektronischen Systemen.

Druck: DruckPartner Rübelmann, Hemsbach
Printed in Germany

Vorwort

Dieser Band der Reihe *Studien zur interdisziplinären Geschlechterforschung* ist aus zwei Arbeitstagungen hervorgegangen.

Im Juli 2002 fand das internationale Symposium *Embodied Agents of Life und Cyberscience. Turbulente Körper und soziale Maschinen* in Bredbeck (Niedersachen) bei Bremen statt, deren Organisation tatkräftig von Eike Gudegast sowie Bettina Wahrig, Herbert Mehrtens und Smilla Ebeling unterstützt wurde. Für die großzügige finanzielle Förderung möchten wir der *VolkswagenStiftung* danken. Auch dem Niedersächsischen Forschungsverbund für Frauen und Geschlechterforschung in Naturwissenschaft, Technik und Medizin (*NFFG*), dem Autonomen Feministischen FrauenLesben Referat der Carl von Ossietzky Universität Oldenburg und dem Lesbenreferat der Heinrich-Heine-Universität Düsseldorf danken wir für ihre Unterstützung.

In dreitägiger Klausur diskutierten ForscherInnen aus den unterschiedlichsten Disziplinen (u.a. Philosophie, Informatik, Kultur- und Literaturwissenschaft, Biologie, Soziologie, Geschichte) in moderierten Arbeitsgruppen zentrale Themenfelder der Technowissenschaftskultur. In der offenen Atmosphäre mitten im Grünen war es möglich, unfertige Gedanken, neue Ideen und Perspektiven zu formulieren, um Einsichten in die gegenwärtigen Rekonfigurationen von Körper- und Maschinenkonzepten zu gewinnen. Deutlich wurde insgesamt, dass die aktuellen Verwicklungen von Geschlecht, Gesellschaft und Technologie nur an der Schnittstelle von Natur- und Geisteswissenschaften adäquat analysiert werden können.

Nach dem äußerst positiven Feedback auf die erste Tagung und der Anregung zu einem Tagungsband durch das *Zentrum für feministische Studien* in Bremen versandten wir einen Aufruf zu diesem Buch, dem die Teilnehmerinnen zahlreich folgten. Im März 2003 wurde es mit der finanziellen Unterstützung der TU Braunschweig und dem organisatorischen Beistand von Bettina Wahrig und der Frauenbeauftragten der TU Braunschweig Brigitte Doetsch möglich, dass ein großer Teil der Teilnehmenden nochmals zusammenkommen konnte, um die ersten Fassungen unserer Beiträge gemeinsam zu diskutieren. Die Auseinandersetzungen in diesem transdisziplinären Übersetzungsprozess ermöglichten Querverweise und ein ‚Zusammendenken' der unterschiedlichen Perspektiven. Dieser vertiefende transdisziplinäre Aushandlungsprozess prägt unserer Meinung nach sehr wesentlich den vorliegenden Band.

Als Herausgeberinnen und Veranstalterinnen möchten wir uns an dieser Stelle bei allen Teilnehmenden für ihr großes Engagement – nicht zuletzt auch angesichts des enormen Aufwandes, den ein transdisziplinäres Arbeiten immer auch bedeutet – bedanken sowie für ihre Geduld in den nicht immer einfachen Übersetzungen und die vielen durchweg konstruktiven Beiträge.

Bettina Wahrig, die uns kurzfristig bei der Moderation der Arbeitsgruppen, aber auch in vielen anderen kleinen und großen Dingen beistand, sei nochmals der herzlichste Dank ausgesprochen. Eike Gudegast danken wir ganz herzlich für ihr vielfältiges Engagement sowie für ihre Übersetzungsarbeit zusammen mit Adrian de Silva. Die beiden sicherten die Verständigung zwischen Deutsch und Englisch sprechenden Teilnehmerinnen, mit der sich alle in ihrem muttersprachlichen Diskurs bewegen konnten und keine in ihren Sprach- und Ausdrucksmöglichkeiten eingeschränkt wurde. We are indebted to Kate Hayles and Lucy Suchman for travelling all the way to Bredbeck giving excellent lectures and sharing our discussions in a lively and open-minded way. Herbert Mehrtens und Susanne Maaß danken wir für Moderation, Diskussionsbeiträge, Beratung und unterstützende Ressourcen. Danken möchten wir auch Frau Szöllösi-Brenig von der VolkswagenStiftung und Frau Zempel-Gino vom NFFG für ihre kompetente und freundliche Beratung.

Außerdem möchten wir dem Zentrum für feministische Studien und der Sparkasse Bremen, die die Drucklegung dieses Bandes ermöglichten sowie Adrian de Silva für Korrekturen und Yvonne Bauer für die umsichtige Erstellung des Layouts dieses Bandes, danken.

Last not least sei schließlich Frau Brüggemann, Sekretärin am Historischen Seminar der TU Braunschweig gedankt, die uns immer wieder äußerst engagiert unterstützte, um Wege vorbei an Skylla und Charybdis der universitären Bürokratie zu finden, und damit nicht unwesentlich zum Gelingen beitrug.

Jutta Weber, Corinna Bath
Braunschweig und Bremen, im Juli 2003

Inhalt

Jutta Weber / Corinna Bath
Technowissenschaftskultur und feministische Kritik.
Eine programmatische Einleitung 9

Theorie- und Technikpolitik

Bettina Wahrig
Wissen – Macht – Technofetisch 27

Susanne Lettow
Vom Humanismus zum Posthumanismus? Konstruktionen von
Technologie, Politik und Geschlechterverhältnissen 47

Lucy Suchman
Figuring ‚service' in discourses of ICT: The case of software agents 65

Corinna Bath
Einschreibungen von Geschlecht:
Lassen sich Informationstechnologien feministisch gestalten? 75

Wissenschaften gegenlesen

N. Katherine Hayles
Computing the Human 99

Jutta Weber
Turbulente Körper und emergente Maschinen.
Über Körperkonzepte in neuerer Robotik und Technikkritik 119

Maria Osietzki
Das „Unbestimmte" des Lebendigen als Ressource wissenschaftlich-
technischer Innovationen 137

Claudia Reiche
Leben ist (nur) ein Wort?
Eingriffe an der Grenze natur- und kulturwissenschaftlicher Verfahren 151

Realitäten schaffen

Martina Mittag
Das Flimmern der Körper:
Materialität und Repräsentation in Cyber-Theorie und -Kultur 169

Karin Esders
„You make me feel like a natural woman ..."
Von der (Un-)Wirklichkeit digitaler Körperbilder 183

Andrea Sick
Ereignis-Topographien.
Schmetterlinge und unbemannte Raumflugkörper (UCAV) „vor Ort" 201

Sigrid Schmitz
Neue Körper, neue Normen?
Der veränderte Blick durch bio-medizinische Körperbilder 217

Heidi Hofmann
Reproduktionstechnologien bedeuten soziokulturelle Veränderungen
– Eine Skizze 235

Die Autorinnen 251

Technowissenschaftskultur und feministische Kritik.
Eine programmatische Einleitung

Jutta Weber / Corinna Bath

> „... a description, as thick as I could make it, of an extreme culture of objectivity: a culture of no culture, which longs passionately for a world without loose ends, without temperament, gender, nationalism, or other sources of disorder ..."
> *Sharon Traweek*

Körper wie Maschinen sind zentrale Topoi des gegenwärtigen gesellschaftlichen wie theoretischen Diskurses. Es ist die Rede von ‚absenten' oder ‚zukünftigen Körpern', von ‚Körpern von Gewicht' genauso wie von ‚molekularen Maschinen' oder ‚MenschMaschinen'. Vielfalt und Ausmaß dieser Diskurse verweisen darauf, dass es unklar geworden ist, was ein Körper oder eine Maschine ist und sein kann. Die Frage der Grenzverschiebungen zwischen Mensch und Maschine, Lebendigem und Totem, sex und gender ist auch zwanzig Jahre nach Donna Haraways wegweisendem ‚Manifesto for Cyborgs' in der Debatte. Auseinandersetzungen mit den Rekonfigurationen zentraler Entitäten in unserer Technowissenschaftskultur bleiben jedoch häufig recht vage[1]. Nach wie vor werden die Grenzverschiebungen kaum genauer entlang konkreter technischer Entwicklungen kritisch untersucht – wie es Haraway in ihren Untersuchungen zur Primatologie oder zum Immunsystem par excellence vorführte. Doch trotz unzureichender Analyse wird häufig recht schnell und polarisierend eine Bewertung der konstatierten Grenzverschiebungen vorgenommen: Entweder werden (technik)euphorisch die neuen Optionen der Körper und Maschinen und ihrer Fusionen gefeiert oder aber die zunehmende Technisierung und das damit verbundene, drohende Verschwinden des Körpers wird beklagt. Selten findet sich der Anspruch, die Umwälzungen der Gegenwart im Kontext der (neuen) ontologischen und erkenntnistheoretischen *Grundlagen* der Technowissenschaften zu untersuchen, kritisch ihre Diskurse, Praktiken, aber auch Artefakte zu studieren, um so auch Differenzen zwischen realisierten Körper- und Maschinenformierungen und ihren rhetorischen Inszenierungen aufzuspüren.

‚Turbulente Körper, soziale Maschinen' ist der Versuch, gegenwärtige gesellschaftliche und soziale Transformationsprozesse mit Blick auf konkrete technische Artefakte und Prozesse der Wissensproduktion in unterschiedliche Technowissenschaften genauer zu verfolgen. Unsere zentralen Fragen sind

---

1   Für kritische Anmerkungen zum Text danken wir Volker Schürmann und Adrian de Silva.

dabei: Wie werden Körper und Maschinen in und durch technische Diskurse und Praktiken rekonfiguriert? Wie werden sie sichtbar oder unsichtbar? Wie schlagen sich technische Diskurse und Praktiken in Körperpolitiken nieder – und umgekehrt? Werden technische Diskurse und Körperpolitiken gesellschaftlich neu codiert und lösen sie traditionelle Geschlechtersymbolismen auf?

In diesem Buch wird unserer heutigen Technowissenschaftskultur in konkreten Manifestationen nachgespürt – einer Welt, in der Technik, Wissenschaft, Industrie und Gesellschaft auf das Engste verwoben sind. Vor diesem Hintergrund scheint es uns wichtig, die Frage nach dem *technological embodiment* neu und in einem transdisziplinären Kontext zu stellen (vgl. Bath / Weber 2002). Dabei ist es wesentlich, nicht nur die Technowissenschaften mit dem Werkzeug der Humanwissenschaften zu analysieren, sondern den Spieß zugleich herumzudrehen und die kritischen Ansätze der Wissenschafts-, Technik- und Kulturforschung, der Geschichte, der Soziologie, der feministischen Theorie und anderer Humandisziplinen darauf zu befragen, inwieweit Denkmotive, Metaphern, epistemologische und ontologische Voraussetzungen aus den Technowissenschaften in diese selbst eingewandert sind und dort wirken – vermutlich häufig unbemerkt.

‚Turbulente Körper' und ‚soziale Maschinen' dienen uns als Leitfiguren, die aktuelle Entwicklungen in unserer heutigen Technowissenschaftskultur prägnant benennen, welche die Autorinnen des Bandes in der Auseinandersetzung mit technischen Artefakten, Praxen und Entwicklungen herausgearbeitet haben. Sie stehen dafür ein, den radikalen soziotechnischen Wandel unserer Gegenwart anzuzeigen, die Redefinition von zentralen Ideen und Begriffen, von sozialen und symbolischen Ordnungen in unserer heutigen Technowissenschaftskultur.

Turbulente Körper

Folgt man den aktuellen technowissenschaftlichen Diskursen, dann sind menschliche und andere organische Körper mehr als die Summe ihrer Teile. In der Robotik, der Artificial Life-Forschung, der Reprogenetik oder Gehirnforschung werden Körper zunehmend als dynamische und evolvierende Entitäten beschrieben, die zusammengesetzt sind aus vielen einzelnen Bausteinen, Modulen, Programmen, welche permanent interagieren, sich verändern und in ihrem Zusammenspiel Neues hervorbringen. Der Körper in der Technowissenschaft(skultur) wird als ein turbulentes, emergentes und emergierendes System begriffen, das sich in ständiger Veränderung befindet. In der gegenwärtigen Ontologie der Technowissenschaften weist der Körper höchste Plastizität auf.

Die relativ statische Ontologie der modernen Naturwissenschaften[2] fungierte häufig als Grundlage zur Markierung von Ungleichheitsstrukturen, u.a. entlang der jeweilig prävalenten Kategorien von Geschlecht, Rasse, Klasse, Alter. Trotz aller differenzierten Auseinandersetzungen bzgl. des Anspruchs auf Objektivität und Universalität auch in den Natur- und Technowissenschaften selbst – z.b. zu Beginn des 20. Jahrhunderts in der Quantenmechanik oder aktuell in den Neurowissenschaften – lassen sich bis heute vielfach Inszenierungen einer unschuldigen, angeblich objektiven Wissenschaft verfolgen. Die Kritik naiver Abbildrealismen und Naturalismen, wie sie in den Natur- und Technowissenschaften selbst formuliert worden war, hat bis heute kaum Eingang in die Grundlagen von Lehre und Forschung gefunden. Ein gutes und vielzitiertes Beispiel hierfür ist der fast fünfzig Jahre anhaltende Glaube der Biowissenschaften, „mit der Entdeckung der molekularen Basis der genetischen Information das ‚Geheimnis des Lebens'" (Keller 2001, 19) gefunden zu haben. Diesem monokausalen und funktionalistischen Denken zufolge werden z.b. Mutationen der sogenannten Brustkrebsgene als eindeutige Ursache für Krebs identifiziert. Vor allem in den USA und Großbritannien wird Frauen, die einem Gentest zufolge diese Mutationen aufweisen, dringend eine Brustamputation angeraten – ein Rat, dem viele Frauen folg(t)en.

Mutationen sind ein Paradebeispiel für das Verständnis vom Körper als turbulent. Sie sind integraler Bestandteil eines Körpers, der als sich selbst organisierender und permanent sich wandelnder verstanden wird, in dem sich vielfältige, parallel verteilte Prozesse abspielen. Reduktionismen wirken dann wieder, wenn in identitätslogischer Manier nicht-‚produktive' Umbauprozesse in einem oder zwei Genen und deren Mutationen monokausal identifiziert werden und Krankheit zur Folge der Mutation eines oder zweier Gene wird.

Obwohl der Körper in den High-Tech-Praktiken der Technowissenschaften nicht mehr als hierarchisch organisierter und von harmonischen Prinzipien durchwirkter Organismus interpretiert wird, sondern als ein dynamisch, nichtlinear operierender Körper, werden naturalistische Rhetoriken und problematische Reduktionismen in simplifizierender bzw. legitimatorischer Absicht weiter (re-)produziert. Nähme man die Ergebnisse avancierter technowissenschaftlicher Forschung ernst, könnten unsere Körper und unsere Anatomie nicht mehr unser Schicksal sein.

Manifestationen des neuen Körperkonzeptes lassen sich auch in humanwissenschaftlichen Diskursen studieren. Parallel zur zunehmenden Durchsetzung des neuen und flexiblen Körperbegriffs in den Technowissenschaften gerät interessanterweise der Körper- und Naturbegriff in den Humanwissenschaften in Verruf und er wird als ein angeblich essentialistischer dekonstru-

---

2 Vgl. ausführlicher hierzu Weber 2003.

iert. Auch in den Humanwissenschaften konfiguriert sich ein postmodernes bzw. posthumanes Verständnis vom turbulenten, dynamischen Körper, welches ebenfalls alte humanistische Ideen in Frage stellt. Dieses Verständnis fungierte aber häufig zugleich als eine problematische Grundlage für eine alternative Körper- und Identitätspolitik. So hatte etwa Judith Butler einen engen Konnex von Körper und Identität radikal und als ideologisch kritisiert und kommt damit in ihrer Ablehnung dem Plastizitätsgedanken der Technowissenschaften sehr nahe – allerdings ohne darauf kritisch zu reflektieren.

Soziale Maschinen

Das reformulierte Maschinenverständnis der Gegenwart passt wiederum in auffälliger Weise zum neuen Körperkonzept. Aktuelle Erkenntnisse aus den Life Sciences heranziehend, versuchen Artificial Life-, Embodied Agents-Forschung und Robotik den immer noch unbeholfenen Maschinen auf die Sprünge zu helfen und sie zu flexiblen, verständigen und glaubhaften Interaktionspartnern zu machen – oder gar zu Entitäten, die selbständig, spontan und kreativ agieren können. Vor diesem Hintergrund werden Maschinen als flexibel, verteilt und bottom-up organisierte konzeptioniert, in der Hoffnung darauf, dass auch sie an Plastizität gewinnen. Verkörperte Roboter sollen autonom mit der Welt agieren, Softwareagenten sich selbständig Informationen beschaffen und als Avatare in menschlicher Gestalt auf dem Bildschirm auftreten. Mit Hilfe der Biologie, der Soziologie und Psychologie als Inspirationsquelle möchte man eine neue Qualität technowissenschaftlicher Entwicklung erreichen, um den Maschinen Sozialität, Lebendigkeit und die Fähigkeit zu Interaktion, Emotionalität und spontanem Verhalten einschreiben zu können.

Der Artificial Life-Forscher Christopher Langton hat neben vielen anderen darauf verwiesen, dass die Projektion der jeweiligen Maschinentechnologie auf den Körper ein altes Phänomen ist: „Mankind has a long history of attempting to map the mechanics of his contemporary technology on to the workings of nature, trying to understand the latter in terms of the former" (Langton 1996, 41). Doch gleiches gilt offensichtlich auch für die umgekehrte Richtung. Nicht nur Maschinenvorstellungen werden auf die Natur projiziert, sondern auch Konzepte und Theorien aus den Life Sciences in Technologien übersetzt.

Die Verflechtungen zwischen den Human- und Technowissenschaften lassen sich nicht nur in direkten Übertragungsbewegungen verfolgen. Geistes- und technowissenschaftliche Diskurse kommunizieren miteinander in vielfältigster Weise. Egon Becker und Thomas Wehling haben darauf hingewiesen, dass der Konzepttransfer seit Mitte der Fünfziger Jahre zu

„einem zentralen Element der Wissenschafts- und Theoriendynamik geworden" (Becker, Wehling 1993, 42) ist, dass aber diese Transfers im Mainstream entweder abstrakt negiert oder als mögliche neue Einheit der Wissenschaften gefeiert werden, anstatt „die Auswirkungen dieser Transfers auf Problembezug und Theorieaufbau der einzelnen Disziplinen detailliert zu rekonstruieren ..." (ebd.). Feministische Technowissenschaftsforscherinnen und einige kritische Technowissenschaftsforscher haben sich in den neunziger Jahren zunehmend dieser Herausforderung gestellt. Beispiele hierfür sind u.a. Lily Kays Studien (1994, 2000) zur Einwanderung von Bildern und Konzepten aus der Linguistik in die Biowissenschaften oder Elvira Scheichs Untersuchungen (1993) zur Verbreitung der Systemtheorie in den Gesellschaftswissenschaften. Der – oftmals verborgene – Grenzverkehr zwischen den Disziplinen ist vielfältiger als es den Human- wie TechnowissenschaftlerInnen bewusst ist, die sich häufig als Angehörige zweier sich fremd gegenüberstehender Kulturen begreifen.

Die Konfiguration der Maschinen als sozial – aber auch evolvierend und lebendig – ist hierfür ein einschlägiges Beispiel. Es werden nicht nur Projektionen von menschlichen Eigenschaften auf Maschinen vorgenommen und ein Konzepttransfer quer durch die Disziplinen verfolgt, sondern es werden in der KI, Robotik und Embodied Agents-Forschung ganz bewusst Humanwissenschaften in die eigene Theoriebildung und Praxis einbezogen.

Technowisssenschaftskultur

Turbulente Körper und soziale Maschinen stehen für zentrale Merkmale aktueller Technowissenschaft, aber auch generell für unsere Technowissenschaftskultur.

Es wird deutlich, dass unsere ‚posthumanen Körper' (Hayles 1999) in den Praktiken der Technowissenschaften eigentlich nicht mehr als Grundlage für die essentialistische Festschreibung unveränderlicher Eigenschaften dienen können, selbst wenn die rhetorischen Inszenierungen der Technowissenschaften sich noch weiterhin der alten ontologischen Begründungen bedienen. Und auch die alte Technikkritik an körperlosen, mechanischen Maschinen, die nichts als eine studipe Reproduktion des Immergleichen leisten können, verliert angesichts aktueller Ziele der KI und Robotik in Richtung auf ‚lebendige', autonome Maschinen zunehmend an Boden. Demzufolge gilt es, neue Formen der Analyse und Kritik zu finden, die sich von alten Schemata wie Humanismus versus Postmoderne, Repräsentation versus Materialität, Mechanizismus versus Holismus verabschieden, weil sie sonst wesentliche Entwicklungen in der aktuellen Technowissenschaftskultur nicht in den Blick bekommen.

Was aber meinen wir nun mit dem Neologismus ‚Technowissenschaftskultur'? Die Wissenschafts- und Technikforschung hat darauf hingewiesen, dass sich Wissenschaft und Technik angesichts ihrer zunehmenden Verschmelzung mit Gesellschaft, Industrie und Militär kaum noch voneinander trennen lassen.[3] Technik bzw. Technologien[4] bekommen zunehmend die Konnotation des Systemischen, der Vernetzung und der Organisation – und diese Vernetzung wird wiederum zu einer eigenen Kunst bzw. Technik. Das Systemische der technologischen Vernetzung sowie die Veränderungen der ontologischen Grundlagen der Technowissenschaften (vgl. Scheich 1993; Weber 2003) sind Hintergrund der aktuellen Möglichkeit und Notwendigkeit von Transdisziplinarität.

Die Durchlässigkeit der Bereiche Technik, Gesellschaft und Industrie, ihre zunehmende Annäherung und Verbindung verweist auf eine Flexibilisierung der unterschiedlichen Diskurse. Übersetzungs- und Übertragungsprozesse zwischen den einzelnen Disziplinen finden immer häufiger statt. In den neueren Technowissenschaften wird eine pragmatische Interdisziplinarität längst gepflegt, auch wenn sie sich noch an überkommenen akademischen Strukturen stößt. Elvira Scheich hat bereits Anfang der neunziger Jahre darauf hingewiesen, dass das damit verbundene neue wissenschaftliche Denken und Handeln nicht notwendig die Reflexion der Technowissenschaften auf ihre gesellschaftliche und kulturelle Positionierung nach sich zieht (Scheich 1993, 16).

Das Verständnis von Technologie als System und Netzwerk, welches das nötige Wissen zur Bemächtigung der Welt bereitstellt, breitet sich nicht nur in den Technowissenschaften, sondern generell im theoretischen Diskurs aus. So wird in kritischer Theorie zunehmend von Technologien des Selbst (Michel Foucault, Teresa de Lauretis) gesprochen, die im Sinne von Selbst- und Herrschaftstechnik verstanden werden. Und die *Cultural Studies of Science* skizzieren die Technologien nicht nur als epistemologische, sondern auch als semiotische, materiale und literarische, die als Konstituentien der Technowissenschaft(skultur) bzw. der Technoscience verstanden werden. Technologien sind „Lebensweisen, soziale Ordnungen und Visualisierungspraktiken" (Haraway 1995a, 87) bzw. „spezifisch ausgebildete Praktiken" (ebd.).

Vor diesem Hintergrund will der Begriff der ‚Technowissenschaftskultur' deutlich machen, dass *Wissenschaft und Technik als Kultur und Praxis* zu verstehen sind. Studien zur Technowissenschaftskultur sind damit unab-

---

3 Traditionell wird dagegen Wissen im Sinne der Produktion von Grundlagenwissen häufig abgegrenzt von Technik als Anwendungswissen im Sinne technischer Lösungen: „Technik unterscheidet sich (graduell) von Wissen vor allem durch ihre Effektorientierung und Regelhaftigkeit (und nicht etwa bloß durch Materialität). Stark regelhaftes und auf Wirkungen zielendes Wissen offenbart gerade darin seinen technischen Charakter" (Strübing 2000, 76).

4 Technik und Technologie verwenden wir hier, der anglo-amerikanischen Tradition folgend, als synonym. Nicht zu vergessen ist dabei, dass der Begriff der Technik wie der Technologie nicht nur auf Sachtechnik, sondern auch auf Handlungstechnik verweist.

dingbar transdisziplinär. Ein solcher Ansatz beschränkt sich nicht darauf, die interdisziplinäre Entwicklung der Technowissenschaften nachzuzeichnen und diesen gerecht zu werden, sondern interpretiert im Anschluss an die *Cultural Studies of Science* and Technology[5] Wissenschaft und Technik *als kulturelle Praxis*. Dabei gilt es zwei Dimensionen zusammenzudenken, die in kritischer Wissenschaftsforschung häufig unverbunden nebeneinander stehen: die gesellschaftstheoretische und die symbolische. Technokulturelle Prozesse, Praktiken und Institutionen sind unserem Verständnis nach nicht nur für die Reproduktion und den Wandel von Denkverhältnissen wesentlich, sondern auch für die Herstellung gesellschaftlicher Machtverhältnisse (vgl. Singer 2002). Die Analyse der Technowissenschaftskultur darf demzufolge nicht nur auf kulturelle Prozesse im engeren Sinne fokussieren, sondern muss zugleich soziohistorische Kontexte, die performative Herstellung von Identitäten sowie materiale Grundlagen von Gesellschaft, Technowissenschaft und Kultur untersuchen (vgl. Kellner 1995, 32). Gesellschafts- und machttheoretische Aspekte sollen in der Theoriebildung mit Untersuchungen im Bereich des Symbolischen, der Diskurse, mit Fragen der Repräsentation, der Visualisierungs- und Rhetorikpraktiken[6] verbunden werden.

Technowissenschaftskultur und ihre immanente Transdisziplinarität wird von den Herausgeberinnen in einer weiteren, radikalen Weise ausgedeutet. Wenn gesellschaftliche, symbolische, materiale Technologien auf intimste Weise miteinander verflochten sind – quer durch die Human- und Technowissenschaften hindurch –, so hat dies radikale Implikationen für die eigene Forschung. Stellt man programmatisch den Graben zwischen den ‚zwei Kulturen' in Frage und interpretiert Technowissenschaft mit Sharon Traweek als eine ‚Kultur der Nicht-Kultur' (vgl. Traweek 1988, 162), dann ist es logische Konsequenz, dass auch der kritische Diskurs über die Technowissenschaft(skultur) – sozusagen die ‚Kultur der Kultur der Nicht-Kultur' – zutiefst von den Konzepten, Ideen, epistemologischen und ontologischen Grundlagen, den rhetorischen und visuellen Praktiken der Technowissenschaften durchdrungen ist. Angesichts dieser Erkenntnis ist die Kritik an den Technowissenschaften auch auf das eigene Denken bzw. Denkverhältnisse zurückzuwenden.

Eine solche ‚zweite Reflexion' (Adorno) bietet eine Alternative zum jeweilig euphorischem Aufgreifen der neuesten Neologismen aus der Technowissenschaftskultur sowie zur abstrakten, technikpessimistischen Negation der semiotischen Register der jeweils ‚anderen' Kultur. Sie will Genese und Implikationen der jeweiligen Theorien, Konzepte, Rhetorik- und Visualisierungsstrategien, die zwischen den Wissenschaften wandern, verfolgen und

---

5   Dieser Ansatz geht u.a. zurück auf die Arbeiten von Donna Haraway, Sharon Traweek, Katherine Hayles, Lucy Suchman und Susan Leigh Star.
6   Zur kritischen Reflexion auf die eigenen Erzählstrategien in den feministischen Cultural Studies of Science and Technology vgl. Weber 1999.

nach den theoretischen Auswirkungen der diversen Transfers, aber auch nach möglichen (techno)kulturellen Hegemonien und ihren Kontexten fragen. Dies würde auch eine Grundlage schaffen, um eine interdisziplinäre Zusammenarbeit zwischen den Human- und Technowissenschaften unter dem vorherrschenden pragmatisch-konstruktivistischen Paradigma zu problematisieren, die vermutlich eher vorherrschende hegemoniale Tendenzen in den Technowissenschaften bestärkt und sie in die Humanwissenschaften rücküberträgt. Wir denken dabei an bestimmte Strömungen in der Soziologie oder Philosophie, die sich den neuen Zukunftstechnologien wie Robotik, Embodied-Agents-Forschung oder den Neurowissenschaften anbieten, um ihr Know-How zur Problemlösung dieser Technowissenschaften zur Verfügung zu stellen. Damit reifizieren sie den eigenen, vermeintlich marginalen Status in einer Technowissenschaftskultur, die primär die Technowissenschaften als Träger von Fortschritt, gesellschaftlichem Reichtum und Wissensproduktion begreifen kann.

Gleichzeitig bietet aber auch das Wissen um die Verflechtungen von Technowissenschaften und Humanwissenschaften die Möglichkeit, alte Zuschreibungen an Technik als das ganz ‚Andere', die unbewusst Geschlechtsstereotypen perpetuieren, zu überwinden und vielfach bestehende Vorbehalte der Humanwissenschaften gegenüber den Technowissenschaften abzubauen. Wenn die bislang different gedachten Kulturen untrennbar miteinander verwoben sind, eröffnet das neue Perspektiven auf eine transdisziplinäre Technowissenschafts(kultur)forschung wie sie bisher nur von wenigen Theoretikerinnen und Forscherinnen engagiert betrieben wurde. Dazu wäre eine Kultur des reziproken Gegenlesens der jeweiligen disziplinären Diskurse und Praktiken zu entwickeln, die nicht den Primat der radikalen Kritik unbesehen an die Humanwissenschaften verleiht, aber auch nicht Differenzen zwischen Reflexionswissenschaften und angewandter, pragmatisch orientierter Forschung verwischt und sich den kognitiven Vorgaben der dominierenden (Techno-)Wissenschaften angleicht. Ein solcher, zugegebenermaßen schwieriger Balanceakt würde Optionen eröffnen, alte Polarisierungen von euphorischer Technikaffirmation und kulturpessimistisch geprägter Technikablehnung zu überschreiten.

Damit ist aber ein letzter und wesentlicher Punkt schon angedeutet: Feministische Wissenschaftsforschung kann und will sich nicht auf eine – wenn auch noch so reflektierte – Theoriebildung und Forschung beschränken. Es geht nicht nur um die Reflexion von hierarchischen Denkverhältnissen, rhetorischen Praktiken und Konzepttransfers zwischen den Wissenschaften, sondern auch um die Reflexion auf die Konsequenzen von Theorie und ihre unvermeidlich politische Praxis, denn Theorie ist auch immer Intervention, in Machtverhältnisse involviert und niemals unschuldig.

‚Das Technische ist Politisch!'⁷ Feministische Technowissenschaftsforschung als Intervention

Angesichts der von der Technowissenschaftsforschung konstatierten zunehmenden Schwierigkeiten, die Bereiche von Gesellschaft, Wissenschaft, Technik, Ökonomie und Politik voneinander abzugrenzen oder auch der Involviertheit in hegemoniale Denkverhältnisse wird deutlich, dass Theorie immer auch politisch ist, dass sie Partei ergreift, in gesellschaftliche Entwicklungen interveniert und dass sie unzweifelhaft auch Gesellschaftstheorie betreibt – ob sie es wahrhaben will oder nicht. Und umgekehrt ist eine Auseinandersetzung mit den Diskursen und Praktiken der Technowissenschaften, die auf engste Weise mit gesellschaftlichen Prozessen und Entwicklungen verflochten sind, sine qua non jeder kritischen Gesellschaftstheorie. Um ein Wort von Horkheimer zu variieren: Wer über Gesellschaft im 21. Jahrhundert sprechen will, darf über die *Technoscience* nicht schweigen.

Feministischer oder auch kritischer Technowissenschaftsforschung in der Tradition der *Cultural Studies of Science and Technology* ist das bewusst. Im Malestream hat sich diese Einsicht allerdings bis heute kaum durchgesetzt. So kritisiert etwa Donna Haraway mit Seitenblick auf Bruno Latour und andere Wissenschaftsforscher die undifferenzierte Begeisterung für die Hybridisierungen des Menschlichen und Nichtmenschlichen, ohne danach zu fragen, für wen und wie diese Hybride arbeiten. In den feministischen *Cultural Studies of Science and Technology* fragt dagegen eine wachsende Zahl von Ansätzen nach Klassifizierungen und Standardisierungen im Kontext neuer Technologien, die meist unsichtbare, aber zentrale Bausteine der sozialen Ordnung sind und auf ethischen – und wie wir meinen damit auch politischen – Entscheidungen basieren.⁸ So verweisen Geoffrey Bowker und Susan Leigh Star darauf, dass Kategorien bestimmte Standpunkte zum Tragen bringen und andere verschweigen. Dies ist unvermeidbar, und deshalb gilt es Ein- und Ausschlüsse aufzuzeigen, auf dass sie sichtbar und verhandelbar werden.

Diese Herangehensweise scheint uns spezifisch für kritische Technowissenschaftsforschung. Es gilt nicht nur zu untersuchen, wie sich bestimmte Artefakte, technische Systeme und Praktiken durchsetzen, mit wem Bündnisse für die Durchsetzung geschlossen werden, welche ‚obligatorischen Durchgangspunkte' (Latour) sie durchlaufen müssen und wie sich Technologien in ihrem Entwicklungsprozess verändern. Feministische bzw. kritische Technowissenschaftsforschung fragt gleichzeitig danach, wem diese Arte-

---

7   So der schöne Titel einer Podiumsdiskussion mit Corinna Bath, Bettina Törpel, Ulrike Kissmann, Angelika Saupe und Jeanette Hofmann auf dem Kongress ‚Frauen in Naturwissenschaften und Technik' in Berlin im Mai 2003.

8   Zur Verflochtenheit von ethischen, normativen, sozialen und politischen Dimensionen bei der Wissensproduktion vgl. auch Longino 1990.

fakte nutzen, welche gesellschaftlichen und symbolischen Umschreibungen sie zur Folge haben, wen sie ein- und wen sie ausschließen – nicht zuletzt mit Blick auf die Geschlechterverhältnisse. Dabei ist die Frage zentral, ob die Grenzverschiebungen und Destabilisierungen alter Entitäten, Kategorien und Klassifizierungen eine gesellschaftliche Veränderung hin zur Umverteilung von Wissen, Ressourcen, Zugangsmöglichkeiten bedeuten kann, eine Auflösung von Hierarchien. Oder setzen die aktuellen ökonomischen, gesellschaftlichen und politischen Strukturen der Technoscience die alten hierarchischen, gewaltförmigen Ordnungen nur fort? Eröffnet der neue, dynamische Körperbegriff die Möglichkeit für eine weniger hierarchische Körperpolitik oder unterstützt er neoliberale Subjektivierungsweisen, also die „Zumutung beständiger Selbstmodulation als ‚Selbstverwirklichung'" (Soiland 2003, 17)?

Feministische Studien zur Technowissenschaftskultur beleuchten Kämpfe um die Durchsetzung neuer Technologien und Artefakte, um Definitionen und Rhetoriken des Natürlichen wie Künstlichen. Sie untersuchen die dazu aufgerufenen Heilsversprechen und Utopien, analysieren Veränderungen in den Denk- und Machtverhältnissen wie sie sich mit und durch die Human- und Technowissenschaften vollziehen, aber auch die rhetorischen Strategien fremder und eigener Wissensproduktion.

Was in Zukunft als intelligibler Körper oder effiziente Maschine gilt, was als tot oder lebendig verstanden wird, hat weitreichende soziokulturelle Folgen. Damit ist der Anspruch formuliert, Technowissenschaftsforschung immer auch mit einer Theorie der Moderne bzw. einer Theorie der Technowissenschaftskultur zu verbinden. Als Zukunftsvision wünschen wir uns eine vielfältige Technowissenschaftsforschung mit heterogenen Akteuren, die ein Gegengewicht zu technopragmatischen und hegemonialen Formen von Rationalität bilden, welche sich der allseits grassierenden Logik des vermeintlichen Sach- und Nützlichkeitszwangs entgegenstellen und gleichzeitig Übersetzungsprozesse ermöglichen für eine andere, lebbare und wahrhaft postkoloniale Welt, denn: „Was wir ... dringend brauchen, ist ein Netzwerk erdumspannender Verbindungen, was die Fähigkeit einschließt, zwischen sehr verschiedenen – und nach Macht differenzierten – Gemeinschaften Wissen zumindest teilweise zu übersetzen." (Haraway 1995b, 79)[9]

Dieser Band möchte zu dem hier programmatisch formulierten Projekt *feministischer Studien zur Technowissenschaftskultur* beitragen. Wir verstehen den Band und die einzelnen Beiträge als Schritte in Richtung einer intensivierten Auseinandersetzung mit unserer Technowissenschaftskultur, gerade durch jene, die so lange aus den dominanten Prozessen der Wissensproduktion, den Aushandlungsprozesse um Wissenschafts- und Technikentwicklung ausgeschlossen waren und immer noch sind.

---

9   Zu Haraways Konzept einer kritischen weltumspannenden Wissensproduktion vgl. auch Becker-Schmidt 2003.

Wir wünschen uns, dass dieses Buch Anstöße dazu gibt, an technopolitischen Theorien und Praktiken unserer Kultur gemeinsam weiter zu arbeiten – ohne dabei große Erzählungen zu reproduzieren, aber auch ohne vor der Benennung struktureller Ungleichheiten und Ausschlüsse zurückzuschrecken und ohne Angst vor Stolpersteinen und Widersprüchen, die sicherlich auch unsere Sammlung durchziehen.

Zu den Beiträgen

Die Beiträge des Bandes haben wir drei Thematiken zugeordnet: *Theorie- und Technikpolitik, Wissenschaften gegengelesen und Realitäten schaffen.*

Im ersten Teil *Theorie- und Technikpolitik* liegt der Schwerpunkt der Beiträge auf der Bestimmung des Verhältnisses von Wissen und Macht, von Technologie, Gesellschaft, Politik und Geschlechterverhältnissen in unserer Technowissenschaftskultur. Er untersucht Möglichkeiten der Intervention in diese Komplexe.

Der Frage nach Herrschaftsstrukturen im Verhältnis von humanen und nichthumanen Akteuren geht *Bettina Wahrig* in ihrem Beitrag nach. Sie verweist darauf, dass die Fetischisierung der von Menschen produzierten, scheinbar selbständigen Artefakte historische Wurzeln in der frühen Neuzeit hat. Zunehmend soll der ‚Tod der Natur' (Merchant) durch das imaginierte Lebendigwerden der Artefakte substituiert werden. E.T.A. Hoffmanns mechanische Puppe Olimpia lässt sich als solche Projektionsfläche und zugleich geschlechtscodierten Fetisch einer mechanisierten Gesellschaft interpretieren. *Wahrig* verfolgt die Bestimmung des Fetischbegriffs weiter bei Marx, Haraway und Latour. Gegen letzteren insistiert sie darauf, dass sich eine ‚nichtvermachtete Produktionsweise' nicht jenseits der Kritik von Herrschafts- und asymmetrischen Denkverhältnissen vorstellen lässt.

Grenzlinien zwischen Mensch und Maschine sind auch der Hintergrund für *Susanne Lettows* Frage nach Positionen des Post/Humanismus. Wie formieren sich gesellschaftliche und politische Positionen zu soziotechnischen Veränderungen in der Technowissenschaftskultur? *Lettow* greift auf Haraway zurück, deren Konzept von Humanität es ermöglicht, diese als offenes Projekt und unabgeschlossene Praxis zu begreifen. Andere Positionen wie etwa von Michael Hardt und Antonio Negri scheinen dagegen Anthropologien durch essentialistische Bestimmungen des Humanum zu verfestigen. Bei Peter Sloterdijk, Volker Gerhardt und dem US-amerikanischen Politikberater Francis Fukuyama werden Post-/Humanismen formuliert, die in erschreckender Weise auf altbekannten Maskulinismen und paternalistischen Werten basieren: der natürlichen Unterlegenheit der Frau sowie der Schutzwürdigkeit der heiligen Kleinfamilie, des Privateigentums und des Staates.

Lucy Suchman arbeitet konkrete Folgen der Herstellung von Dienstleistung im Kontext von Informations- und Kommunikationstechnologien heraus. Sie macht imaginäre Dimensionen der Software-Agenten-Forschung deutlich, die mit ihren Visionen des Semantic Web den Traum von der perfekten Infrastruktur suggeriert. Diese Visionen basieren aber auf der Ausblendung von menschlicher Arbeit, wobei letztere in postmodernen Gesellschaften zunehmend als pflegeleichte und saubere Dienstleistungsarbeit interpretiert wird. Diese Ausblendung und Umschreibung von Arbeit unterstützt den Eindruck, es könnten mit Hilfe der IT-Technologien immer mehr Menschen an den begehrten Dienstleistungen und dem ‚Luxus' des Kommandos partizipieren.

Geschlechtsstereotypen bei anthropomorphen Software-Agenten im Netz nutzt wiederum *Corinna Bath*, um systematisch nach Einschreibungen von Geschlecht zu fragen. Sie arbeitet vier Ebenen der Vergeschlechtlichung anhand unterschiedlicher feministischer Studien der Technikforschung heraus: Unsichtbarkeit geschlechtsspezifischer Arbeit, Einschreibung der Abwesenheit von Geschlechterverhältnissen, Vergegenständlichung maskulinistischer Imaginationen und Rückgriffe auf geschlechtscodierte, anthropologische Grundannahmen. Sie macht den politischen Charakter der Technologiegestaltung über ihre Ein- und Ausschlüsse deutlich. Gleichzeitig fragt sie nach Möglichkeiten feministischer Intervention in den Prozessen der Softwareentwicklung und informatischen Forschung.

Im Teil *Wissenschaften gegenlesen* haben wir Beiträge zusammengefasst, die Übersetzungsbewegungen zwischen den Techno- und Humanwissenschaften thematisieren. Wanderbewegungen von Denkmotiven, Metaphern, von epistemologischen und ontologischen Voraussetzungen aus den Technowissenschaften in die Humanwissenschaften werden thematisiert und danach gefragt, inwieweit Technowissenschaften ihre humanwissenschaftlichen Grundlagen negieren oder andersherum diese ganz geschickt für ihre eigenen genuinen Projekte nutzen.

Katherine Hayles zeichnet die materiale Rekonfiguration des Humanum anhand der Konzeptionen von Wahrnehmung, Denken und Handeln bei Mensch und Maschine in der neueren Robotik nach. Entlang der Forschung von Rodney Brooks und seiner SchülerInnen wird deutlich, dass Handeln, Interagieren mit der Welt und emergentes Verhalten für die Entwicklung intelligenter Systeme relevant werden, während Bewusstsein zum Epiphänomen schrumpft. Damit verschiebt sich die Bestimmung des Humanums in den Technowissenschaften in Richtung auf die vorhandenen Fähigkeiten der Maschinen. Wenn Technikkritiker wie Fukuyama dagegen versuchen in abstrakter Negation Emotionen, Pflegeverhalten etc. als das spezifische Humanum zu deklarieren, verbleibt auch diese Argumentation letztendlich bei der intelligenten Maschine als ausschließlichem Referenzpunkt.

Die Einsicht der Technikkritik, dass der Körper mehr als die Summe seiner Teile, verkörpert und situiert sei, scheint die neuere Robotik mit ihrem denaturalisierten Konzept eines dynamischen, turbulenten Körpers und der Betonung auf Emergenz, Embodiment und Situiertheit aufzunehmen. *Jutta Weber* kontrastiert dieses Konzept der Robotik mit der feministischen Vision Haraways von Verkörperung, wobei sie problematische Parallelen, aber auch kritische Interventionen gegen Renaturalisierungen herausarbeitet. Alte, aber neu aufgelegte Utopien von der Cyberscience als einer ganz anderen Wissenschaft, die interesselos und unschuldig die Lebendigkeit der Welt erforscht, werden in der Auseinandersetzung mit dem Wissenschaftsforscher Andrew Pickering auf ihre Überzeugungskraft und politische Tragfähigkeit untersucht.

Nicht unschuldige Konversationen zwischen der Technisierung humaner Potentiale in den Technowissenschaften und der Formulierung des technowissenschaftlich Unbestimmten durch die Philosophie sind Thema des Beitrags von *Maria Osietzki*. Sie skizziert die Kontroversen um Vitalismus und Mechanizismus, Holismus und Reduktionismus in der Biologie und einer technikkritischen Lebensphilosophie am Anfang des 20. Jahrhunderts und deutet sie im Kontext der epistemologischen Krisen des mechanisch-thermodynamischen Denkmodells. Es wird deutlich, wie die kritischen Interventionen, die auf dem Unbestimmten des Lebendigen und seiner entropieüberwindenden Kraft der Selbsterhaltung insistierten, entscheidenden Anstoß gaben zur Neuordnung des Wissens durch die Kybernetik und Systemtheorie, in denen das Lebendige als Ressource im Sinne der Mensch-Maschine-Kompatibilität integriert wurde.

Claudia Reiche fokussiert auf Sprache und Bildgebung als wichtiges Medium bei der Konstitution von Mensch-Maschine-Verhältnissen in technowissenschaftlichen Verfahren. Ihre Untersuchung der Definitionen von ‚Leben' bei Doyne Farmer, Aletta d'A. Belin und John Conway verdeutlicht deren Ablehnung reflektierter sprachlicher Arbeit, wobei die Artificial Life-ForscherInnen zugleich geschickte Rhetoriken in der Grauzone von Fiktionalität und Interpretation nutzen, um eine Einheit von Signifikat und Signifikant zu suggerieren. Auch die Simulationen in der AL-Forschung erzeugen naturalisierende Effekte, wenn sie die Identität von Datenstrukturen und Lebensprozessen ‚vorführen' oder neueste Forschungen an der Schnittstelle von Artificial Life und Virtual Reality ihr Ziel in der Identifikation der User mit dem virtuellen Gegenüber sehen.

Die Beiträge des letzten Teils *Realitäten schaffen* diskutieren die Grenzziehungen zwischen Realität und Virtualität neu. Sie fragen nach der damit verbundenen Produktion von neuen Realitäten im Kampf um die Grenzziehungen zwischen Mensch und Maschine in den Diskursen und Praktiken der Technowissenschaftskultur.

Wie Hybride, Cyborgs und postbiologische Existenzen im Cyberpunk zwischen Repräsentation und Materialität, Virtualität und Realität zu ‚flimmern' (Hayles) beginnen, zeigt *Martina Mittag*. Anhand der Arbeiten von William Gibson, Marge Piercy, Richard Powers oder Neal Stephenson, aber auch entlang der Filme *Matrix* und *Being John Malkovitch* verfolgt sie, wie die in der Neuzeit relativ fixierten Relationen zwischen Zeichen und Objekt, Sprache und Körpererfahrung nun in Bewegung geraten. In der digitalen Kultur gewinnt die Vielschichtigkeit von Bedeutung in Form einer ‚technologisch gestützten Rhizomatik' an Boden. Wie aber lässt sich in diesen destabilisierten Beziehungen eine Referenz erzeugen, die neue Bedeutungsvernetzungen jenseits von Re-Territorialisierungen und den neuen Reduktionismen der Simulationskultur ermöglicht?

Die Bedeutung digitaler Körperbilder in der medienbestimmten Gesellschaft, in der wir gleichermaßen zum Publikum wie zu Performern geworden seien, untersucht *Karin Esders*. Sie verweist darauf, dass digitale Bilder und die mit ihnen verwandte Schönheitschirurgie Mittel unter dem Paradigma der Performanz sind, um Identitäten durch Imitationsstrategien ohne Original zu inszenieren. Die hochsexualisierte Körpermodellierung lässt sich dabei als Versuch interpretieren, die zunehmende Grenzverwischung zwischen Original und Kopie, Natürlichkeit und Künstlichkeit durch Geschlechtscodierung zu stabilisieren. Doch letztendlich verweisen auch hochsexualisierte *digital bodies* und chirurgische Körpermodellierung auf die Konstruiertheit des sex-gender-Systems – eine Einsicht, die der Genderforschung bisher als ihre genuine galt.

Die Grenzen von Traum und Wirklichkeit, von der Virtualität des Cyberspace und der ‚Realität' problematisiert *Andrea Sick* in ihrer Auseinandersetzung mit der Satellitennavigation und ferngesteuerten Waffensystemen. Sie wendet sich gegen kulturpessimistische Positionen bei Paul Virilio, Friedrich Kittler und anderen, die davon ausgehen, dass der Einsatz unbemannter Flugkörper wie der UCAVs (Unmanned Combat Air Vehicle) zum Verschwinden des geographischen Raumes, zur Subjektivierung der Waffensysteme und einer Immaterialität des Krieges führt. Diese Kritik setze eine zu problematisierende klare Unterscheidbarkeit von Virtualität und Realität voraus. Dagegen macht *Sick* deutlich, dass die topographisch fixierten Orte ‚in einem Netz von Täuschungen und Gleichzeitigkeiten neudefiniert' werden, aber unverzichtbare Grundlage für die ‚panoptische Einschließung' (Foucault) sind.

Am Beispiel des *Visible Human Project* und dem *Human Brain Project* verfolgt *Sigrid Schmitz* wie Visualisierungstechniken in der Bio-Medizin den Blick auf den Körper bzw. besonders das Gehirn verändern, welche Prozesse der Normierung und Geschlechtscodierung in ihnen stecken und wie diese Normierungen naturalisiert werden. Dabei stellt sich die Frage, warum diese Naturalisierungsprozesse gegenwärtig so populär werden, obwohl die Technowissenschaften selbst die These von der Plastizität des Gehirns, des Embodiments und der Situiertheit von Körpern vertreten, die jeglichem Essenzialismus diametral gegenüber steht. Auch *Schmitz* vermutet, dass die Bilder eine stabilisierende Funktion haben in einer Gesellschaft, in der zunehmend Geschlechterunruhe herrscht und alte Dualismen erodieren.

Heidi Hofmann geht in ihrem Beitrag soziokulturellen Veränderungen durch reprogenetische Technologien nach. Im Anschluss an eine Skizze des metatheoretischen Diskurses in traditioneller und feministischer Theorie wird die Verlagerung der Reproduktion in den öffentlichen Raum sowie die Rekonfiguration von Familie, Elternschaft und Verwandtschaft im Kontext nonkoitaler und kollaborativer Reproduktion verfolgt. Obwohl die Ablösung traditioneller heterosexueller Reproduktion durch die neuen Technologien die Möglichkeit einer Denaturalisierung klassischer Geschlechter- und Familienkonzepte eröffnen könnte, werden die vielfältigen Akteure reprogenetischer Reproduktion – nicht zuletzt vor dem Hintergrund ökonomischer Verwertungsinteressen – unsichtbar gemacht, um die Reproduktion via Mythen vom ‚eigenen Kind' und von Blutsverwandtschaft erneut zu naturalisieren.

Literatur

Bath, Corinna; Jutta Weber (2002): Embodied Agents of Life- and Cyberscience. Bericht über ein Symposium der TU Braunschweig und der Universität Bremen. Fachbericht Nr. 2/02, Fachbereich Mathematik und Informatik. Bremen (siehe auch unter http://opus.tu-bs.de/opus/volltexte/2003/386/index.html)

Becker, Egon; Thomas Wehling (1993): Wissenschaft und Modernisierung. In: Dies.: Risiko Wissenschaft. Ökologische Perspektiven in Wissenschaft und Hochschule. Frankfurt a.M./ New York, 35-59

Becker-Schmidt, Regina (2003): Erkenntniskritik, Wissenschaftskritik, Gesellschaftskritik – Positionen von Donna Haraway und Theodor W. Adorno kontrovers diskutiert. IWM Working Paper No. 1. Vienna

Bowker, Geoffrey C.; Susan Leigh Star (1999): Sorting Things Out. Classification and Its Consequences. Cambridge, MA/ London

Haraway, Donna (1995a): Monströse Versprechen. Coyote-Geschichten zu Feminismus und Technowissenschaft. Hamburg

Haraway, Donna (1995b): Die Neuerfindung der Natur. Primaten, Cyborgs und Frauen. Frankfurt a.M./ New York

Hayles, N. Katherine (1999): How We Became Posthuman: Virtual Bodies in Cybernetics, Literature, and Informatics. Chicago

Kay, Lily E. (1994): Wer schrieb das Buch des Lebens? Information und Transformation der Molekularbiologie. In: Michael Hagner; Hans-Jörg Rheinberger; Bettina Wahrig-Schmidt (Hg.): Objekte, Differenzen und Konjunkturen: Experimentalsysteme im historischen Kontext. Berlin, 151-179

Kay, Lily E. (2000): Who Wrote the Book of Life: A History of the Genetic Code. Stanford

Keller, Evelyn Fox (2001): Das Jahrhundert des Gens. Frankfurt a.M./ New York

Kellner, Douglas (1995): Media Culture. Cultural Studies, Identity and Politics Between The Modern and the Postmodern. London/ New York

Langton, Christopher G. (1996): Artificial Life. In: Margaret A. Boden (Ed.): The Philosophy of Artificial Life. New York, 39-94

Longino, Helen (1990): Science as Social Knowledge. Princeton, New Jersey

Scheich, Elvira (1993): Naturbeherrschung und Weiblichkeit. Denkformen und Phantasmen der modernen Naturwissenschaften. Pfaffenweiler

Singer, Mona (2002): Epistemologie des situierten Wissens. Manuskript (Habilitationsschrift an der human- und sozialwissenschaftlichen Fakultät der Universität Wien; voraussichtlich Wien 2003)

Soiland, Tove (2003): Gender - und was dann? Das Unbehagen der Theorien. In: Freitag vom 11.7.2003, 17

Strübing, Jörg (2000): Von ungleichen Schwestern. Was forscht die Wissenschafts- und (was die) Technikforschung? In: Soziologie, Heft 3, 61-80

Traweek, Sharon (1988): Beamtimes and Lifetimes. The World of High Energy Physicists. Cambridge, Mass./ London

Weber, Jutta (1999): Leviathan oder Trickster? Erzählstrategien in aktueller Erkenntniskritik und Wissenschaftsforschung. In: Anke Jobmann; Bernd Spindler (Hg.): IWT-Paper 24, Institut für Wissenschafts- und Technikforschung, Universität Bielefeld 1999, 91-96 (http://www.uni-bielefeld.de/iwt/gk/publikationen/bd-weber.pdf)

Weber, Jutta (2003): Umkämpfte Bedeutungen: Naturkonzepte im Zeitalter der Technoscience. Frankfurt a.M./ New York

# Theorie- und Technikpolitik

Wissen – Macht – Technofetisch

Bettina Wahrig

„Trotz seiner Fremdheit zur Mathematik hat Bacon die Gesinnung der Wissenschaft, die auf ihn folgte, gut getroffen. Die glückliche Ehe zwischen dem menschlichen Verstand und der Natur der Dinge, die er im Sinne hat, ist patriarchal: der Verstand, der den Aberglauben besiegt, soll über die entzauberte Natur gebieten. Das Wissen, das Macht ist, kennt keine Schranken, weder in der Versklavung der Kreatur noch in der Willfährigkeit gegen die Herren der Welt." *(Horkheimer / Adorno 1988, 10)*

Ich möchte in meinem Beitrag[1] Horkheimers und Adornos kritischem Blick auf eine Kontinuität im Verhältnis von Wissen und Macht seit dem 17. Jahrhundert folgen und in dieser Absicht drei Skizzen anfertigen: Zum einen möchte ich für den Beginn der Moderne, d.h. für das 17. Jahrhundert, auf die dort wahrnehmbaren Verbindungen zwischen Wissen und Macht, und zwar insbesondere in Hinsicht auf die Produktion von Artefakten, eingehen. In einem zweiten Schritt möchte ich skizzieren, wie sich die Metaphorik des Lebendig-Werdens von Leblosem und das Problem der Künstlichkeit seit dieser Zeit mit den Motiven der Hybris und des Hybriden[2] verwoben haben. Auf diesem Hintergrund möchte ich drittens zwei aktuelle theoretische Ansätze – diejenigen von Donna Haraway und Bruno Latour – in Bezug auf technische Artefakte, auf deren Be-

---

1 Für Anregungen und Kritik danke ich Jutta Weber und Werner Sohn sowie den TeilnehmerInnen der Arbeitstagung „Turbulente Körper und soziale Maschinen".

2 Während „hybris" soviel heißt wie Selbstüberhebung und eine unzulässige und gefährliche Grenzüberschreitung markiert, bezeichnet „Hybride" in der biologischen Fachsprache ein durch Kreuzung genetisch unterschiedlicher Elternformen entstandenes Individuum. Entgegen früheren Vermutungen sind beide Wörter nicht etymologisch verwandt. (vgl. Werner 1972, 223). Mir geht es um Hybride, in denen die Ko-Existenz von Belebtem und Unbelebtem in einem Körper repräsentiert ist. Bruno Latour hat beide Motive in einen assoziativen Zusammenhang gebracht, indem er Pandora – die Strafe der Götter für die Hybris des Prometheus – als „Cyborg" bezeichnet hat (2001, avertissement; vgl. unten Abschnitt 2). Während in Latours Erzählung der Pandora Hybris und Hybride auf zwei Seiten verteilt sind – die Götter produzieren die Hybride Pandora, weil sich die Menschen der Hybris schuldig gemacht haben –, besteht in späteren Motiven, die in diesem Beitrag behandelt werden, die Hybris der Menschen häufig in der Produktion von Hybriden, speziell von Mensch/Maschine-Hybriden. Zu diesem letzteren Aspekt vgl. den Beitrag von Jutta Weber in diesem Band.

ziehungen zu den Menschen und auf ihre Machteffekte beleuchten. Dabei wiederum werde ich mich vor allem auf den im Titel genannten Technofetisch konzentrieren.

1. „Scientia propter potentiam" – Wissen um der Macht willen

Horkheimer und Adorno beziehen sich in der zitierten Passage aus der „Dialektik der Aufklärung" auf die seit Bacon erkennbare Allianz von Wissenschaft und Macht: „Wissen und menschliches Können [scientia et potentia humana] ergänzen sich insofern, als ja Unkenntnis der Ursache die Wirkung verfehlen läßt" (Bacon 1990, 80 f).

Thomas Hobbes sieht in seiner Einleitung zu „Vom Körper" den Auftrag der Philosophie (hier zu verstehen als Naturwissenschaft) ähnlich:

„Das Ziel oder der Zweck aber der Philosophie ist, dass wir aus den vorausgesehenen Wirkungen Nutzen ziehen, oder dass wir Wirkungen erzielen, indem der menschliche Fleiß zum Nutzen des menschlichen Lebens Körper kombiniert und aufeinander wirken lässt und damit Effekte erzielt, die den im Geist vorgestellten ähneln, und zwar soweit die menschliche Kraft und die Materie der Dinge dies erlauben. [...] Wissenschaft dient nur der Macht; die Theorie (die bei den Geometern die Erforschung der Eigenschaften ist), ist für die Probleme da, das heißt für die Kunst der Konstruktion; und außerdem wird jede Spekulation um irgendeiner Handlung oder irgendeines Werks willen angestellt" (OL I, 6).[3]

Beide Zitate schließen „potentia" zunächst nicht mit politischer Macht kurz. Vielmehr geht es, wie Hobbes formuliert, um die „Förderung des menschlichen Lebens" und um die „Kunst der Konstruktion" (OL I, 6), Bacon geht es um die Benennung von geeigneten „Werkzeugen":

„Weder die bloße Hand noch der sich selbst überlassene Verstand vermögen nennenswertes; durch unterstützende Werkzeuge wird die Sache vollendet; man bedarf ihrer nicht weniger für den Verstand als für die Hand. Und so, wie die Werkzeuge die Bewegung der Hand wecken oder lenken, so stützen und schützen in gleicher Weise die Werkzeuge des Geistes die Einsicht" (Bacon 1990, 80f).

Richtiges und nützliches Wissen ist für Bacon also deckungsgleich, und die Vermittlung zwischen dem richtigen und dem nützlichen Wissen geschieht durch „Instrumente", d.h. durch die Einübung in eine von Vorurteilen freie Logik mit klaren Begriffen sowie durch den richtigen, von rationaler Überlegung geleiteten Gebrauch von Hand und Instrument. „Instrument" wird hier einerseits im Sinne von „organon" verwendet, ein Verweis auf die im 17. Jahrhundert einsetzende Experimentalisierung der Wissenschaft ist dies noch

---

3 eigene Übersetzung.

nicht unbedingt. Der Ausdruck wird vielmehr metaphorisch gebraucht, um anzudeuten, dass das erkennende Individuum einer Leitung bedarf. Diese Leitungsfunktion nun wird nicht einer Person übertragen, sondern sie wird gleichsam anonym, aber nicht weniger effektiv von etwas übernommen, dem Erfahrung und Wissen dinghaft innewohnen: So wie ein gut konstruierter Hammer den Schlag sehr viel zielgerechter werden lässt als etwa ein vom Boden aufgelesener Stein, so wie eine Zange erlaubt, einen Nagel ohne Verletzung der Hände oder des Untergrunds wieder herauszuziehen, wie Werkzeuge, wenn ihr Gebrauch erlernt wurde, das Produkt in einer gewissen Variationsbreite vorgeben, so sollen die richtigen Begriffe vom Erkennen auch den menschlichen Verstand lenken. Diese Vorstellung des „Weckens und Lenkens" der Hand durch das Werkzeug kommt Latours als „Quasi-Subjekte" bezeichneten nicht-menschlichen Akteuren nahe.[4] Die Werkzeuge des Geistes und der Hand sind in gewisser Weise Mediatoren für den Weg des Erkennens und Erfindens.

Als Gegenbild gegen diesen richtig leitenden Weg findet sich bei Bacon und Hobbes die Metapher des Irrwegs. So heißt es bei Bacon:

„Der Bau des Weltalls aber erscheint seiner Struktur nach dem Menschengeist, der es betrachtet, wie ein Labyrinth, wo überall unsichere Wege, täuschende Ähnlichkeiten zwischen Dingen und Merkmalen, krumme und verwickelte Windungen und Verschlingungen der Eigenschaften sich zeigen" (Bacon 1990, 25).[5]

Und bei Hobbes sind „klare Wörter","das Licht des menschlichen Geistes, [...] Die Vernunft ist der Schritt, die Mehrung der Wissenschaft der Weg und die Wohlfahrt der Menschheit das Ziel" (Hobbes 1984, 37). Metaphern und unklare Begriffe dagegen sind „Irrlichter", die den Menschen vom Weg der Erkenntnis abbringen (ebd.).

Die bis jetzt aufgezeigten Verbindungen zwischen Wissen und Macht zielen durchaus auf Naturbeherrschung,[6] aber „Macht" wird in einem Sinne verwendet, der sehr nahe am „Können" liegt, und aus der Verwendung der Wegmetaphorik lässt sich bei beiden Autoren das Bewusstsein herauslesen, dass man es eher mit einer übermächtigen unübersehbaren Natur als mit einer zukünftigen Sklavin zu tun hat.[7] „Macht" ist „maîtrise" im Sinne Latours[8], Meisterschaft, noch nicht politische Macht.

---

4   Vgl. Abschnitt 3.
5   Mit ähnlicher Metaphorik argumentiert auch Descartes: „Ich bin allerdings ehrlich erstaunt darüber, dass unter so vielen erlesenen Geistern, die sich der Aufgabe viel besser als ich hätten entledigen können, niemand sich die Mühe gemacht hat, diese Erkenntnisse auseinanderzulegen. Sie folgen fast alle dem Beispiel jener Wanderer, welche die Hauptstraße verlassen haben, um den Weg querfeldein abzukürzen, und verirrt zwischen Dornen und Abgründen stecken bleiben" (Descartes 1989, 29).
6   „Natura non nisi parendo vincitur"; „die Natur nämlich lässt sich nur durch Gehorsam bändigen" (Bacon 1990, 80f)
7   Zum Bild der Natur als Sklavin und als Frau, das bei Bacon auch eine zentrale Rolle spielt, vgl. Merchant (1987), bes. Kapitel 7. Liest man diese Metaphorik im Zusammenhang mit der

Mächtige Konstruktionen

Auf die Verbindung von Wissen und politischer Macht kommt Hobbes ausführlich zu sprechen, ist doch sein System der Versuch, Herrschaft aus Prinzipien rational abzuleiten. Auch hier greift er wieder bildlich auf die nützlichen Künste, auf die Erfolge der Mechanik, z.b. in der Konstruktion von Automaten, zurück:

„Schon bei einer Uhr, die sich selbst bewegt, und bei jeder etwas verwickelten Maschine kann man die Wirksamkeit der einzelnen Teile und Räder nicht verstehen, wenn sie nicht auseinandergenommen werden und die Materie, die Gestalt und die Bewegung jedes Teiles für sich betrachtet wird. Ebenso muß bei der Ermittelung des Rechtes des Staates und der Pflichten der Bürger der Staat zwar nicht aufgelöst, aber gleichsam als aufgelöst betrachtet werden, d.h. es muß richtig erkannt werden, wie die menschliche Natur geartet ist, wieweit sie zur Bildung des Staates geeignet ist oder nicht, und wie die Menschen sich zusammentun müssen, wenn sie eine Einheit werden wollen" (Hobbes 1959, 67f).[9]

Rationale Begründung von Herrschaft soll also aus einer quasi mechanischen Analyse von deren Fundamenten gewonnen werden. Der Staat wird zum Uhrwerk, dessen optimale Konstruktion wissenschaftlich-technisch begründbar ist, der Mensch zum Konstrukteur und zum Imitator Gottes: So wie Gott Tiere und den Menschen geschaffen habe, heißt es in der Einleitung zum „Leviathan", so könne der Mensch als Ebenbild Gottes Maschinen (künstliche Tiere) und den Staat (einen künstlichen Menschen) konstruieren:

„Die Natur (das ist die Kunst, mit der Gott die Welt gemacht hat und lenkt) wird durch die Kunst des Menschen wie in vielen anderen Dingen so auch darin nachgeahmt, daß sie ein künstliches Tier herstellen kann. Denn da das Leben nur eine Bewegung der Glieder ist, die innerhalb eines besonders wichtigen Teils beginnt – warum sollten wir dann nicht sagen, alle Automaten (Maschinen, die sich selbst durch Federn und Räder bewegen, wie eine Uhr) hätten ein künstliches Leben? Denn was ist das Herz, wenn nicht eine Feder, was sind

---

hier vorgestellten Wegmetaphorik, dann ließe sich vermuten, dass die Sklavenmetaphern sozusagen eine utopische Phantasterei darstellen. In den Kapiteln 8 und 9 argumentiert Merchant, dass mit der Durchsetzung einer mechanischen Naturauffassung und der Beseitigung animistischer Annahmen der „Tod der Natur" im 17. Jahrhundert besiegelt worden sei. Dabei sitzt sie zum Teil einer noch dem Gedanken eines kumulativen Fortschritts verhafteten Wissenschaftsgeschichte auf, die dazu geneigt hat, nicht in dieses Bild der Mechanisierung der Natur passende Theorieelemente, die es bei Bacon, Hobbes und auch Descartes gibt, zu unterschlagen. Trotzdem stimme ich ihrer These zu, dass die Ausbreitung der Uhrwerksmetaphorik ein Indiz für eine Forschungsstrategie ist, die ab der 2. Hälfte des 17. Jahrhunderts bestrebt war, Lebendes in den Kategorien nicht-lebendiger Konstrukte zu erklären. S. u. Abschnitt 2. Über dem „Tod der Natur" gegenläufige Auffassungen im späten 20. Jahrhundert vgl. Angelika Saupes These von der „Verlebendigung der Technik" (Saupe 2002).

8   Vgl. unten Abschnitt 3.
9   Zum Vergleich „natürlicher Körper" – „Uhrwerk" vgl. René Descartes: „daß diese soeben von mir erklärte Bewegung [des Herzens, B.W.] bloß aus der Ordnung der Organe [...] ebenso notwendig folgt, wie die Bewegung eines Uhrwerks aus der Kraft, der Lage und der Gestalt seiner Gewichte und Räder" (Descartes 1998, 47). Im selben Kapitel vergleicht Descartes auch den lebenden Körper mit einem Automaten: ebd., 52.

die Nerven, wenn nicht viele Stränge, und was die Gelenke, wenn nicht viele Räder, die den ganzen Körper so in Bewegung setzen, wie es vom Künstler beabsichtigt wurde? Die Kunst geht noch weiter, indem sie auch jenes vernünftige, hervorragendste Werk der Natur nachahmt, den Menschen. Denn durch Kunst wird jener große Leviathan geschaffen, genannt Gemeinwesen oder Staat, auf lateinisch civitas, der nichts anderes ist als ein künstlicher Mensch, wenn auch von größerer Gestalt und Stärke als der natürliche, zu dessen Schutz und Verteidigung er ersonnen wurde" (Hobbes 1984, 5).

Aus dem Wissen des Konstrukteurs ist hier die Gottebenbildlichkeit des Menschen geworden, *mimesis* gewinnt als *poiesis* an Macht.[10] Mit dem konstruktiv gewonnenen Wissen vom Staat ist die neue Wissenschaft, die sich mit Logik, Werkzeugen und Automaten schmückt, wirkmächtig geworden und erhebt den Anspruch auf Verbindlichkeit.

In der aufgezeigten Metaphorik sind Elemente von Hybris und von Hybridem zu finden: *Hybris* ist der Vergleich des Menschen mit Gott, der, wenn er nur sein Wissen richtig einsetzt, einen künstlichen Menschen schaffen kann.[11] *Hybrid* ist, um es paradox auszudrücken[12], die Metaphorik: Hobbes bezieht sich zum einen auf die in der Naturphilosophie seiner Zeit geläufige Uhrwerkmetaphorik. Diese wird zumeist eingesetzt, um lebende Körper in der Sprache der unbelebten Artefakte zu erklären. Zum anderen greift Hobbes auf die lange Tradition der Staats-Organismusmetaphorik zurück, deren Überzeugungskraft üblicherweise darin liegt, dass man einen lebenden Körper eben nicht auseinander nehmen kann, ohne ihn zu zerstören und dass sich die einzelnen Teile dem Ganzen unterordnen müssen. Erst durch diese ‚Hybridisierung' zweier Bildfelder (Staat-Organismus und Uhrwerk-lebender Körper) entsteht der Machteffekt von Hobbes' Staats-Körper-Metaphorik.

---

10 Zur zentralen Bedeutung von poiesis und mimesis sowie zu deren Verhältnis zueinander bei Hobbes vgl. Baumann (1991). Zur Schöpfungsmetaphorik vgl. Bredekamp 1999.

11 Vgl. hierzu besonders den dritten Teil des Leviathan, der eine Auslegung der Genesis als Bestätigung von Hobbes' Staatstheorie enthält. Wenn Adam und Eva der Prophezeiung der Schlange („Ihr werdet sein wie Gott") Glauben schenken, verlieren sie zwar ihre Unsterblichkeit, aber sie werden in die Geschichte entlassen, an deren Ende als Möglichkeit die Konstruktion des perfekten Staates durch den Menschen und damit die vollendete *imitatio creationis* steht. Die Bezeichnung „Hybris" ist hier meine Wertung, nicht die von Hobbes.

12 Mit Ricœur – „Sein-wie sein heißt sein und nicht sein" (Ricœur 1986, 290) – könnte man sagen, dass metaphorisches Sprechen ein ‚Gleich-Setzen des Ungleichen' ist; in der Terminologie von Weinrich (1976, 283) würden die beiden Bildfelder „Staat-Organismus" und „Mensch-Maschine" zusammenfließen. Mit „hybrid" ist gemeint, dass zwei verschiedenartige Bildfelder zusammentreffen, deren ‚zwischenbildfeldlicher' Austausch hier erst beginnt. Vgl. Kant 1983, §59, Vergleich des Staats mit einem beseelten Körper *und* einer Handmühle.

Die Materialität der Zeichen

Hobbes erhebt seinen Anspruch auf Gültigkeit des Systems nicht allein mittels der eben aufgezeigten Metaphorik,[13] er begründet ihn vielmehr mit einer Theorie des Zeichens, die gleichsam das Bindeglied zwischen der Naturphilosophie und der Staatswissenschaft bildet. Ich möchte ganz kurz einige Charakteristika des Zeichenverständnisses bei Hobbes[14] nennen, insofern sie ein Licht auf das in der Frühen Neuzeit entstehende Verhältnis von Materialität und Herrschaft werfen können.

Grundvoraussetzung eines rationalen Naturumgangs, d.h. einer von Instrumentalität und Rationalität (s.o.) geprägten Er-Fahrung der Natur, ist für Hobbes die Produktion von Zeichen. Diese sind immer materieller Natur. Sie organisieren zunächst (individuell) Erinnerung und werden in dieser Funktion als „nota" (Merkzeichen) bezeichnet.[15] Soll ein Zeichen zum „Gebrauch für alle" (OL I, 13) eingesetzt werden, so wird es als „signum" (Anzeichen) bezeichnet. Hobbes beschreibt den Prozess der Entstehung von Zeichen als einen allegoretischen: Ein (materielles) Etwas wird für ein Anderes gesetzt, z.B. fungiert ein Laut oder ein beliebiger Gegenstand als Merkzeichen für einen beliebigen Gegenstand, oder eine Efeuranke wird an einer Tür aufgehängt, um allen Vorbeigehenden einen Weinausschank anzuzeigen. Mit dem allegoretischen Akt wird der als Zeichen eingesetzte Gegenstand seinem ursprünglichen Kontext entzogen und in einen anderen eingefügt. Zeichensetzungen sind nach diesem Modell grundsätzlich willkürlich[16] und dekontextualisierend; sie schaffen dann in einem zweiten Schritt einen neuen künstlichen Kontext für die Zeichen. Ein Zeichen, das zunächst für *diesen bestimmten* Körper steht, kann für ein anderes Individuum oder in einem anderen Kontext für *einen anderen bestimmten* Körper stehen. Es kann auch zum Zeichen für ein oder mehrere andere Zeichen werden, wenn etwa der Name „Mensch" eine bestimmte Art von Körper mit den Eigenschaften „beseelt, vernunftbegabt" bezeichnet (Hobbes 1967, 32f). In dem Moment, in dem ein Körper aus der Welt der ‚Nur-Körper' in die Welt der ‚Sowohl-Körper-

---

13 Angesichts der oben zitierten negativen Äußerung Hobbes' über metaphorische Rede wäre das ein ziemlich schwaches Argument.
14 Vgl. Wahrig-Schmidt 1997.
15 „Solcherlei Erinnerungshilfen nennen wir notæ, d.h. sinnlich wahrnehmbare Gegenstände, die wir selbst willkürlich so einsetzen, daß durch ihre Wahrnehmung Gedanken in unseren Geist zurückgerufen werden können, welche jenen Gedanken ähneln, um derentwillen wir sie [die nota, B.W.] eingesetzt haben" (OL I, 12).
16 „Hieraus kann auch gefolgert werden, daß die ersten Wahrheiten von denen willkürlich geschaffen wurden, die zuerst den Dingen Namen gaben oder sie von anderen, die dies taten, erhielten" (Hobbes 1967, 32).

als-auch-Zeichen' übertritt, ist er „über ihm hinaus" (Plessner 1975, 128),[17] da er kraft seiner Rekontextualisierung eine Sphäre mitkonstituiert, die eben gerade nicht mehr unmittelbar auf die Körperhaftigkeit der Zeichen verweist.

Mit dem Verweis auf die Willkür von Zeichen – und Zeichensystemen – begründet Hobbes die Unmöglichkeit für den Menschen, zu absoluter Wahrheit zu kommen. Gleichzeitig ist die Zeichenproduktion für ihn der Ursprung der Erkenntnis und der Entstehung von Machtverhältnissen. Eines ist ohne das Andere nicht denkbar. Und paradoxerweise ließ sich gerade aus dieser Doppelung einerseits ein Modell rekonstruieren, das absolute Herrschaft als die einzig sichere behauptete und eine wesentliche Bezugsgröße für den frühneuzeitlichen Absolutismus und allgemeiner für fast alle folgenden Theorien des frühmodernen Staates darstellte. Andererseits liefert das Modell just in dieser Eigenschaft auch ein Instrumentarium für einen kritischen Umgang mit Macht und Herrschaft als Elementen von Wissensproduktion, indem es offen legt, dass Machtverhältnisse weder aus unserer Sprache noch aus unseren Wissensproduktionen wegzudenken sind.

2. Lebendige Maschinen: Artefakt und Hybris

Wenn Hobbes Zeichenproduktion als materialen und allegoretischen Prozess auffasst, so kann er aus dieser grundlegenden Denkfigur heraus sowohl Naturwissenschaft und Naturbeherrschung als auch die Entstehung des Staates konstruieren.[18] Wissenschaftler seiner Zeit wie Bacon oder Descartes verwenden andere Konstruktionen für ihre philosophischen Systeme, sie treffen sich aber mit ihm in der Faszination durch die Annäherung von natürlichen Körpern und Artefakten, wie oben aus dem Einsatz der Maschinenmetaphorik zu sehen war. Dem „Tod der Natur" oder vielmehr ihrem Sterben, das für Merchant (1987) mit Bacon beginnt, steht das imaginierte Lebendig-Werden der Artefakte in der Metapher des Automaten symmetrisch gegenüber.

Hobbes' Motto „Laßt uns Menschen machen"[19] zitiert die biblische Schöpfungsgeschichte und spielt gleichzeitig auf die Tätigkeit des Prometheus an, der nach der griechischen Mythologie die Menschen aus Wasser

---

17 Plessner verwendet diese Formulierung in Absetzung von der Hegelschen Dialektik; ihm geht es um eine in der Materialität der *lebenden* Körper angelegte Seinsweise; ich wende diese Denkfigur wiederum für das Körper/Zeichen an.
18 Dabei entgeht er freilich nicht den Aporien des Nominalismus.
19 „Endlich aber gleichen die Verträge und Übereinkommen, durch welche die Teile dieses politischen Körpers zuerst geschaffen, zusammengesetzt und vereint wurden, jenem ‚Fiat' oder ‚Laßt uns Menschen machen', das Gott bei der Schöpfung aussprach." (Hobbes 1984, 5). Vgl. 1. Moses 1,26: „Und Gott sprach: Lasset uns Menschen machen, ein Bild, das uns gleich sei, ..."

und Lehm schuf (Kerenyi 1996, 169).[20] Weil er für diese das Feuer gestohlen hatte, schuf der kunstreiche Schmied Hephaistos auf Zeus' Weisung die Pandora, die Latour eine Art „frühe Eva, halb Jungfrau, halb Cyborg" (Latour 2001, 5)[21] nennt, da sie nach der Erzählung des Hesiod eine Statue und gleichzeitig die erste Frau unter den Menschen war.

Die Strafe für die Hybris des Prometheus bestand darin, dass Pandora auf Weisung des Zeus in einem Gefäß Krankheiten, Trauer und Tod mitbrachte, die sich unter den Menschen verbreiteten, als sie den Deckel öffnete. Einzig die Hoffnung blieb in dem Gefäß, da Pandora das Gefäß verschloss, bevor jene entweichen konnte. In der antiken Mythologie treten die künstlichen Menschen vor allem als Statuen auf.[22] Die bereits in der Antike nachweisbare Faszination, welche das Motiv des Lebendigwerdens von Artefakten ausübte, fand in der Frühen Neuzeit neue Nahrung in der zunehmenden Popularität von Automaten sowie in den ersten vorsichtigen Ansätzen, Vorgänge im lebenden Körper in deren Kategorien zu erklären.

Ausgehend von La Mettries „L'Homme machine" (1748)[23] und den in ganz Europa bestaunten Automaten Vaucansons wanderte im 18. Jahrhundert ein ganzes Heer von scheinbar lebendigen Maschinen in die Literatur ein.

Schöne Augen oder Das unendliche Streben der Automaten

In Absetzung von einer überwiegend positiven Rezeption der Automaten am Beginn der Moderne entstand um 1800 eine Kritik auf literarischer Ebene an der u.a. im Zusammenhang der Maschinenfaszination stehenden teleomechanischen Weltauffassung. Als prominentes Beispiel sei die Puppe Olimpia aus E. T. A. Hoffmanns Erzählung „Der Sandmann" (1817) genannt. Ihr Konstrukteur ist ein Namensvetter des Mediziners Lazzaro Spallanzani (1729-1799), der Regenerationsversuche mit Mollusken angestellt hatte, also durchaus hinter der künstlichen Erzeugung von Leben her war. An Olimpia ist aber ein weiterer Aspekt für unseren Zusammenhang wichtig: Sie kann nur deshalb

---

20 Es gibt mehrere Varianten; nicht immer hat Prometheus die Menschen selbst geschaffen.
21 „avertissement de l'auteur pour l'edition française"
22 Z.B. Pygmalions Statue, die Aphrodite auf seine Bitte lebendig werden ließ, vgl. Ovid: Verwandlungen, 10. Buch und dazu die folgende Passage aus Hobbes' Einleitung zu „Vom Körper", hier in der englischen Version: „Philosophy, therefore, the child of the world and your own mind, is within yourself; perhaps not fashioned yet, but like the world its father, as it was in the beginning, a thing confused. Do, therefore, as the statuaries do, who, by hewing off that which is superfluous, do not make but find the image. Or imitate the creation" (Hobbes 1992; Epistle to the Reader; vgl. OL I: Ad lectorem); vgl. De Corpore: Ad lectorem, OL I.
23 Das Schlagwort „menschliche Maschine" verstellt den Blick auf die Besonderheiten von La Mettries Auffassung, die derjenigen von Descartes – einer Trennung von ausgedehnter und denkender Substanz – entgegengesetzt ist. La Mettrie insistiert auf dem Gedanken der Stufenleiter der Natur. Mit „Maschine" ist eher „Organisation" gemeint als ein lebloser Apparat. Vgl. z.B. La Mettrie 1988, 310.

für lebendig gehalten werden, weil ihre Umgebung eigene Gefühle in sie hineinprojiziert. Die Oberflächlichkeit und Automatenhaftigkeit der Gesellschaft macht es erst möglich, dass Olimpia als belebt erscheint. Man könnte auch sagen, dass sie belebt ist, indem ihre Mitmenschen sie beleben. Die Artefakte werden zu den unheimlichen Doppelgängern der Menschen: Artefakte zeigen gerade in ihrer Seelenlosigkeit, was in den Seelen ihrer Erzeuger vor sich geht.

Die imaginierte Beseelung Olimpias kommt auch darin zum Ausdruck, dass Spallanzani und seine Gehilfen im Besitz von „schönen Augen" sind, die in der Puppe den erwähnten Schein der Belebtheit erzeugen. „Die Augen der Automaten" (Matt 1971) verklammern die Automatenmetaphorik mit dem Thema der Subjektivität. In der Erzählung „Das fremde Kind" (1817) wird noch eine weitere Verklammerung gesetzt: Hier stehen die „schönen Augen" für eine unentfremdete Natur, für die z.B. Kinder noch einen Sinn haben.[24] Der ‚Augenaufschlag der Natur'[25] erstarrt in einer automatenhaften Gesellschaft, deren Sehnsucht nach diesem Augenaufschlag in der Vorstellung einer Beseeltheit der Automaten wiederkehrt.

Hoffmanns Olimpia ist nicht nur das alter ego Nathanaels, dessen Augen ihr eingesetzt wurden, sondern auch die Pygmalion-Statue und das alter ego ihres Konstrukteurs Spallanzani, der zu Nathanael über seinen Gehilfen Coppelius sagt: „... mein bestes [r?] Automat hat er mir geraubt – Zwanzig Jahre daran gearbeitet – *Leib und Leben daran gesetzt* – das Räderwerk – *Sprache – Gang – mein* – die Augen – die Augen dir gestohlen." (Hoffmann 1979, 359; Hervorhebungen B.W.) In der Konstellation Spallanzani – Olimpia – Nathanael treffen sich technische und wissenschaftlich-künstlerische Hybris.[26] Am Paar Spallanzani – Olimpia ist zudem zu erkennen, dass Erzählungen um das Motiv der *poiesis* herum geschlechtskodiert sind.[27]

Indem Olimpia sich erst belebt, wenn die Menschen mit ihr so umgehen, als wäre sie belebt, wird sie zu einem Modellfall für das, was Latour die „Artikuliertheit" von menschlichen und nichtmenschlichen Dingen nennt. Und sie ist ein Paradebeispiel für ein Phänomen mit dem Namen „Fetisch",[28] das ich im nächsten Abschnitt näher untersuchen möchte.

---

24 „Aber Herr Magister', rief Christlieb, ‚siehst du denn nicht die lieben Maiblümchen die dich recht mit hellen freundlichen Augen ankucken?' ‚Was was', schrie der Magister – ‚Blumen? Augen? – ha ha ha – schöne Augen – schöne Augen! Die nichtsnutzigen Dinger riechen nicht einmal!' Und damit bückte sich der Magister zur Erde nieder, riß einen ganzen Strauß Maiblümchen samt den Wurzeln heraus und warf ihn fort ins Gebüsch." (Hoffmann 1963, 500).
25 „In dem Subjekt, das in solchen Werken die Augen aufschlägt, erwacht Natur zu sich, ..." (Adorno 1970, 310).
26 Nathanaels verfehlte künstlerische Berufung ist mit dem bei Hoffmann ubiquitären Problem der Selbstüberschätzung verbunden. Vgl. Kittler 1977, Freud 1970.
27 Dies ist ein zentrales Motiv von Katharina Sykora (1999), die besonders am Beispiel der Fotografie von Schaufensterpuppen im frühen 20. Jahrhundert eindrucksvolle Beispiele der Inszenierung dieses Verhältnisses liefert.
28 Eine Wiederholung des Automaten-Fetisch-Motivs findet sich z.B. in den mechanischen Spielzeugen in Hoffmanns „Das fremde Kind". Als die Kinder feststellen, dass der mecha-

Doch zuvor noch ein paar Worte zum Problem der Hybris: Olimpia, und die meisten ihrer KollegInnen, werden zum Schluss der Geschichte ihren Erzeugern oder ihrer Umwelt gefährlich. Als Frankensteins, Maschinenmenschen oder Roboter bevölkern sie die Literaturgattungen des utopischen Romans und der Science Fiction.[29] Von ihren Erzeugern zum Zweck der Vergrößerung der eigenen Macht ersonnen, drohen sie damit, sich zu verselbstständigen und treten ein in die Dialektik von Herr und Knecht. Diese kennt als *einen* möglichen Ausgang die Vernichtung des Schöpfers durch seine eigene Kreatur, die Überwältigung des Herrn durch den Knecht und damit die Umkehrung des Herrschaftsverhältnisses.[30] Die versklavte Natur entwindet sich der Zwangsjacke des Artefakts und kehrt in dieser ihr selbst entfremdeten Gestalt das Dominanzverhältnis um.

Das „Wissen, das Macht ist", erfährt hier seine eigenen Grenzen, gerade indem es jene Trennungslinie zu überschreiten sich anschickt, durch deren Errichtung es erst zum Macht/Wissen geworden ist: die Grenze zwischen Natur und Mensch.

3. Technofetisch – Wissenschaftsfetisch

Hybride aus Dingen und Menschen

Für Latour sind in der Moderne eine Reihe von miteinander zusammenhängenden Trennungen und Oppositionen wirksam geworden: Die Opposition von Subjekt und Objekt, von Gesellschaft und Natur, von Geist und Materie, von Gott und Welt (Latour 2001, 21; vgl. Latour 1995).[31]

---

nische Harfenmann „gar nicht hübsch spielt", ruft Fritz: „Aber der Kerl soll besser spielen – soll besser spielen" und dreht immer stärker an der Schraube, bis der Kasten mit der Mechanik „in tausend Stücke" zerbricht (Hoffmann 1963, 482). Fritz ist hier der Gleichsetzung von Mechanik und Kunst, einem an Fortschrittsmythen gebundenen Maschinenglauben, bereits auf den Leim gegangen.

29 Vgl. Frenzel 1999, 511-522.
30 Der Aspekt der Verselbstständigung findet sich auch im aus dem Talmud stammenden Golem-Motiv gestaltet: ein aus Wasser und Lehm geformter Diener kann durch ein nur Eingeweihten bekanntes magisches Zeichen, das auf seiner Stirn geschrieben steht, lebendig werden, bringt durch seine übernatürliche Kraft jedoch häufig Gefahren. (Frenzel 1999, 513). Vgl. Saupe (2002), 121. Als neuere literarische Gestaltung mit Bezug auf Schöpfungsphantasien im Zusammenhang mit der Genomentschlüsselung vgl. Mulisch 1999.
31 Besonders in Kapitel 2 geht Latour auf Boyle und Hobbes ein, die er als zwei komplementäre Gründerfiguren einer fortan voneinander getrennten Sphären von Wissenschaft und Politik ansieht. Hobbes' Intention liegt im Gegenteil gerade in den für seine Systemkonstruktion zentralen Entsprechungsbeziehungen zwischen Natur und Artefakt, die sowohl für die Politik als auch für die Naturwissenschaften traditionsbildend waren; vielleicht ist die von Latour konstatierte Trennung die Kehrseite der erwähnten Entsprechungsbeziehung.

Als Kehrseite dieser Trennungen stellt Latour fest, dass sich die genannten Gegensätze in der gesellschaftlichen – und wissenschaftlichen – Praxis immer stärker miteinander vermengen bzw. in Austauschprozesse auf Mikro- und Makroebene eintreten. Im Rahmen der zunehmenden wechselseitigen Durchdringung von wissenschaftlicher und gesellschaftlicher Praxis entstehen Quasi-Subjekte und Quasi-Objekte,[32] d.h. Dinge, welche sich entsprechend den Willensbestimmungen ihrer Auftraggeber ‚verhalten'. Aus dem frei handelnden Wesen Mensch, von dem die Aufklärung träumte, werden Akteure, deren Umgebung an bestimmten „obligatorischen Durchgangspunkten" (Latour 1996, 70) so gestaltet ist, dass sie höchstens noch zwei Handlungsalternativen haben. Beispiele für solche Arrangements sind ein Sicherheitsgurt (ebd., 28-36), ein automatischer Türschließer (ebd., 62-83), welcher an die Stelle eines disziplinierten/disziplinierenden Hausmeisters getreten ist, oder der Berliner Schlüssel, welcher die Bewohner durch seine besondere Konstruktion dazu zwingt, die Tür hinter sich abzuschließen, wenn sie überhaupt ins Gebäude wollen. Die genannten Objekte haben in Latours Sprache ein Skript, welches regelnd in das Zusammenleben der Menschen und Dinge eingreift. Der Türschließer muss nicht rufen: „Mach gefälligst die Tür zu", weil er sozusagen der gefrorene Ausruf *ist*; der Sicherheitsgurt sagt nur noch „klick" und nicht etwa: ‚Nicht „mit dem Kopf durch die Windschutzscheibe ... sausen!'" (ebd., 29)

Ein Problem kann entstehen, wenn diese Quasi-Subjekte nicht mehr funktionieren, dann taucht vielleicht an der Tür folgendes Schild auf: „Der Türschließer streikt. Schließen Sie um Gottes willen die Tür!" (ebd., 79). In einer solchen Situation wird die Tendenz deutlich, den von uns selbst geschaffenen Dingen ein Eigenleben zuzuschreiben, sie wie unseresgleichen zu behandeln und ihnen z.B. einen Streikwillen zu unterstellen.

Es kommt auch vor, dass wir in einen tiefgreifenden Dissens mit den Artefakten geraten, und dies um so leichter, je verständiger sie sich gebärden. Der Toaster meiner Mutter etwa ist mit einem „intelligent sensor" ausgestattet, was in der Praxis heißt, dass sie gelegentlich den Stecker ziehen muss, damit der Toast nicht verbrennt. Sie muss ihre gesamte List aufwenden, um sich dem für ihre Zwecke offensichtlich unpassenden Skript des Toasters nicht unterwerfen zu müssen.

In den erzählten Beispielen haben die Technofakte einen Schein an Selbstständigkeit erlangt, z.T. bereits durch den Namen („Türschließer", „intelligent sensor"), jedoch auch dadurch, dass die mit ihnen interagierenden Menschen durch sie „diszipliniert" bzw. in den möglichen Handlungsoptionen eingeschränkt werden und sich zu diesen Objekten verhalten, *als wären sie belebt, als wären sie selbstständig*. Ein solcher Schein der Selbst-

---

32 Latour erläutert diese in Anlehnung an Michel Serres entwickelten Begriffe z.B. in: Latour 1995, 71-77.

ständigkeit kann mit dem Ausdruck „Fetisch" belegt werden.[33] Er macht auch Erzählungen von Subversion und Widerstand um die Quasi-Subjekte herum möglich. Der „streikende" Türschließer lässt vielleicht noch einmal die Sehnsucht nach dem vor Jahren wegrationalisierten Concierge wach werden. Wenn die Vernunft in der Geschichte anscheinend doch nicht von der arbeitenden Klasse getragen wird, dann mögen die kleinen technischen Pannen wie eine letzte Hoffnung auf die List der Vernunft erscheinen. In der Geschichte vom Berliner Schlüssel gelingt es einem „schlauen Fuchs mit einer Feile" (Latour 1996, 50), das Skript umzuschreiben. Ein Zacken weniger am Schlüsselbart, und die Tür muss nicht mehr nachts abgeschlossen werden. Sogar menschliche Akteure, nicht nur hydraulische Kolben, können listig sein.

Im Schatten des Warenfetischs

Um den Begriff des Fetischs näher zu diskutieren, möchte ich kurz auf Marx' Verständnis des Warenfetischs eingehen, der im Zusammenhang mit dem Auftreten der Warenform und der Doppelung des Werts in Gebrauchs- und Tauschwert entsteht:

„Das Geheimnisvolle der Warenform besteht also einfach darin, daß sie den Menschen die gesellschaftlichen Charaktere ihrer eignen Arbeit als gegenständliche Charaktere der Arbeitsprodukte selbst, als gesellschaftliche Natureigenschaften dieser Dinge zurückspiegelt, daher auch das gesellschaftliche Verhältnis der Produzenten zur Gesamtarbeit als ein außer ihnen existierendes gesellschaftliches Verhältnis von Gegenständen" (Marx 1975, 86).

In der Warenwelt erscheinen die Produkte der menschlichen Hand als selbstständige Gestalten. Der „gegenständliche Charakter der Arbeit" (ebd., 88) bedingt in der warenproduzierenden Gesellschaft einen „gegenständlichen Schein", der sich auch dann nicht auflöst, wenn die Beziehung zwischen Warenwert und Arbeitszeit erkannt wird (ebd.).

Donna Haraway bezieht sich ausdrücklich auf Marx' Begriff des Warenfetischs; sie erweitert allerdings das Spektrum der Akteure um den von „nonhumans" aus dem Bereich „Natur".

„Commodity fetishism is a specific kind of reification of historical human integrations with each other and with an unquiet multitude of nonhumans, which are called nature in Western conventions. In the circulation of commodities within capitalism, these interactions appear in the form of, and are mistaken for things. Fetishism is about interesting ‚mistakes' – really denials – where a fixed thing substitutes for the doings of power-differentiated lively beings on which and on whom, in my view, everything actually depends" (Haraway 1997, 135).

---

33 Latour verwendet selbst den Begriff „Fetisch", jedoch in einem ganz anderen Sinn. Vgl. unten.

Haraway hebt hier die *eine* Seite der Marx'schen Analyse des Warenfetischs hervor, nämlich, dass die Verhältnisse der Personen als Verhältnisse der Sachen erscheinen.[34] Wenn Dinge an die Stelle von Machtverhältnissen treten, denen diese nicht mehr anzusehen sind, so entsteht für Haraway „technoscientific fetishism". Als Beispiel nennt sie die Genkarte, besonders wenn sie für „life itself" gehalten wird. Die auf eine ‚Realität da draußen' bezogene, feststehende Repräsentation befestigt die Illusion, „das Leben" sei eine dinghafte Eigenschaft, die wieder mit ‚mir selbst' und ‚meinen Genen' wesenhaft verbunden ist. Haraway bezieht sich ferner auf den Begriff der Verdinglichung von Lukács und entwickelt in Anlehnung hieran den Begriff der „corporealization": „I am defining corporealization as the interactions of humans and nonhumans in the distributed, heterogeneous work processes of technoscience" (ebd., 141).

Haraway nimmt auch Bezug auf Latour, der menschliche und nichtmenschliche Bestandteile von Aktornetzwerken mit dem gleichen Ausdruck („Aktanten") belegt. Haraways „corporealization" ist einerseits ein Pendant zu Latours Begriff „Inskription" (Latour 2001, 328), da ihre „corporealization" vorhandene menschliche *und* nichtmenschliche Entitäten verändert. „Corporealization" bedingt zugleich aber eine Veränderung der Selbstverortung des/der Einzelnen: Indem die Entwicklung des technowissenschaftlichen Diskurses für Haraway wegführt vom Begriff der Natur und hin zu „life itself", das technowissenschaftlich beherrscht und vom Individuum auf das eigene Selbst reduziert werden kann, werden die Brüche zwischen Selbst und Nicht-Selbst, aber auch diejenigen innerhalb des Individuums und innerhalb der technowissenschaftlich ‚modifizierten' Natur, unsichtbar. Haraways Perspektive ist insofern eine andere: Während Latour vor allem die den wissenschaftlichen Diskurs entstellenden und die Debatte um eine realistische Wissenschaftsauffassung immer wieder anfachende Dichotomisierungen kritisiert,[35] untersucht Haraway die Reduktion der Naturkörper und deren Einschreibungen in ein Selbst, das als Effekt der Technoscience immer stärker auf den eigenen Körper reduziert und gleichzeitig an machtvolle und welthafte Diskurse wie etwa denjenigen des „mapping" angebunden wird.

Lese ich dagegen Latours Kapitel über „faits, fétiches, faitiches, la divine surprise de l'action" (Latour 2001, 285-312), so befällt mich eine gewisse Verlegenheit: Die Vorstellung eines Glaubens an die absolute Selbstständigkeit des Fetischs, lerne ich hier, ist der Denktradition der Kolonisateure und wahrscheinlich nicht den Vorstellungswelten der fetisch-verehrenden Koloni-

---

34 Das wörtliche Zitat heißt: „Den [Produzenten] erscheinen daher die gesellschaftlichen Beziehungen ihrer Privatarbeiten *als das, was sie sind*, d.h. nicht als unmittelbar gesellschaftliche Verhältnisse der Personen in ihren Arbeiten selbst, sondern vielmehr als sachliche Verhältnisse der Personen und gesellschaftliche Verhältnisse der Sachen" (Marx 1975, 87; meine Hervorhebung).

35 L'espoir de Pandore erschien zuerst auf Englisch und ist eine engagierte Stellungnahme zu den sogenannten „science wars".

sierten zuzuschreiben. Bin ich also auf eine reaktionäre Kategorie hereingefallen? Kann ich von „Fetisch" als ‚gute Postkoloniale' überhaupt reden?

Gegen die Definition des Fetischs als eines leblosen Dings, dessen Lebendigkeit von den Menschen phantasiert wird, setzt Latour einen mit der „kollektiven Praxis" verwobenen Gegenstand. Latour sieht Fetische zunächst auf der gleichen Ebene wie Fakten: wenn sie „gut fabriziert", „umfassend verwoben mit einer kollektiven Praxis" sind, so lassen sie uns „richtig handeln". (Latour 2000, 336) Aus „faits" und „fétiches" werden „faitiches", ein Begriff, der die Überwindung des Gegensatzes von Konstruktivismus und Realismus anzeigen soll.

Wenn Marx nach eigenen Angaben die Fetisch-Metapher aus der „Nebelregion der religiösen Welt" entlehnt, so trifft Latours Kritik am landläufigen Fetischbegriff zunächst auch auf ihn zu.[36] Ich möchte trotzdem seine Analyse genauer beleuchten. Die Vorstellung einer autonomen Aktanz, eines Lebendig-Werdens lebloser Dinge, drückt sich für Marx darin aus, dass „in der Warenwelt die Produkte der menschlichen Hand" als „mit eignem Leben begabte, untereinander und mit den Menschen in Verhältnis stehende selbständige Gestalten" (Marx 1975, 86) aufgefasst werden. Donna Haraways Adaptation des Warenfetischs auf den Technofetisch greift diesen Aspekt auf, ebenso meine Lektüre von Latours Subjekt/Objekt-Hybriden.[37]

Marx modifiziert aber gleichzeitig eine Denkfigur der Hegelschen Philosophie, die ihrerseits mit der Fetisch-Metapher nicht ausreichend beschrieben ist: die Denkfigur des realen Scheins (Hegel 1969, 149). Der Warenfetisch ist bei Marx etwas anderes als bloßer Schein, als eine durch bloße Reflexion auflösbare Täuschung.[38] In Marx' Analyse geht es auch um „gegenständlichen Schein" (Marx 1975, 88; vgl. ebd., 97). So markiert Marx' Warenfetisch nicht nur das Lebendig-Werden lebloser Dinge, sondern auch das Dinglich-Werden persönlicher Verhältnisse: „sachliche Verhältnisse der Personen und gesellschaftliche Verhältnisse der Sachen" (ebd.). Entscheidend ist dabei, dass die Produkte, sobald sie zu Waren werden, eine abstrakt/konkrete Doppelexistenz (als Träger von Gebrauchs- und von Tauschwert) führen. Damit wird der Warenfetisch Produkt und wesentliches Element der Produktions-Verhältnisse, d.h. der Beziehungen der Produzierenden aufeinander in ihrer Produktion und in ihren Produkten.

Für Latour bedeutet „faitiche" ein Zusammentreffen von menschlichen und dinglichen Verhältnissen zu einem Netz, das durch seine inhärente ‚Stimmigkeit' vorläufig unauflösbar ist. Damit entfüllt in seiner Perspektive

---

36 Latour (1996a, 27) hebt an dieser Passage hervor, Marx führe den Warenfetisch so auf die warenproduzierenden Menschen zurück, dass „personne ne récupère par autant la maîtrise"(28). Stattdessen werde die Akteursrolle einem nebelhaften „Sozialen" zugeschrieben.
37 D.h. Ensembles von menschlichen und nichtmenschlichen Aktanten.
38 Vgl. meine Hervorhebung in Anm. 33.

auch die Notwendigkeit, den Fetisch einer ikonoklastischen Aktivität zu unterwerfen. Für Marx würde erst die Aufhebung der warenproduzierenden Gesellschaft das Ende des Warenfetischs bedeuten.

Gegenstrategien

Bleibt die Frage offen, was aus dem Verhältnis von Wissen und Macht geworden ist, das in den Ausführungen Haraways über die „power differentiated lively beings" (s.o.) noch deutlich war.

Im Abschnitt 1 habe ich anhand von Hobbes' Theorie der Zeichenproduktion versucht anzudeuten, wie ein dekontextualisierender Akt am Beginn der Moderne zum Paradigma eines be-mächtigenden Naturumgangs werden konnte. Insofern könnte Latours Plädoyer für eine Rekontextualisierung der Fakten zu „faitiches" als Versuch einer Zurücknahme dieses be-mächtigenden Umgangs mit den uns umgebenden nicht-menschlichen und menschlichen Akteuren verstanden werden. Dieser Gegenstrategie, die ich als „rekontextualisierendes Erzählen" bezeichnen möchte, stellt Latour noch ein den Aktornetzwerken selbst innewohnendes und die „maîtrise" in Frage stellendes Vermögen an die Seite: den ‚Überschuss' der wissenschaftlichen Praxis, der dadurch entsteht, dass sich zwischen den menschlichen und nichtmenschlichen Aktanten immer wieder Unerwartetes, Unvorhersehbares abspielt. Man könnte auch sagen, er setzt seine Hoffnung auf eine Art hybriden Sauerteig in der soziofaktischen Ursuppe der Technosciences.

Latour stellt die „maîtrise" im technisch-wissenschaftlichen Handeln zur Debatte, allerdings in einem im Vergleich zu Haraway eingeschränkten Sinn. Im Umgang mit den „faitiches" heißt es bei Latour: „Nein, hier gibt es kein Subjekt, kein Objekt, keinen Widerspruch, keine Aufhebung, keine Beherrschung, keine Rekapitulation, keinen ‚objektiven Geist', keine Entfremdung" (Latour 2000, 345).[39] Die Erfahrung, dass in den Artikulationen zwischen menschlichen und nichtmenschlichen Akteuren meist etwas mehr passiert als das Erwartete, ein aus der Autonomie der faitiches erwirtschafteter Mehrwert (mein Ausdruck), sollte uns – so Latour – ermutigen, diese Diskurse und Phantasien der „maîtrise" aufzugeben. Aber setzen wir sie durch diesen Gestus nicht gerade fort, indem wir Macht-Verhältnisse in die „phantasmagorische Form eines Verhältnisses von Dingen" (Marx 1975, 86) versetzen? Und handelt es sich bei den „faitiches" nicht um durch Kolonisation und Sklaverei gebrochene „Aktanten"? Müssen wir neue suchen in den Wartezimmern fremder Konsulate, wo sie vergeblich auf ein Visum fürs Genlabor gewartet haben?

---

39 In der französischen Version heißt „Beherrschung" „maîtrise" und „objektiver Geist" heißt schlicht „esprit". S. Latour 2001, 301.

Donna Haraways Gegen-Strategien, die sie selbst mit verschiedenen Tropen kennzeichnet, wie etwa „Coyote" oder „Cyborg", changieren zwischen eigentlicher und uneigentlicher Rede, zwischen ‚Fakt' und ‚Fiktion'. Ihre Strategie besteht vor allem im Um-Erzählen, Verfremden, Enteignen und Aneignen, in widerständiger Lektüre und Rede. So wie Haraways Erzählperspektive oszilliert,[40] so verändern sich auch die Handlungsoptionen der Schreiberin/Leserin. Diese wird einem Wechselbad von Gefühlen ausgesetzt, da Haraway bewusst die Grenzen zwischen der eigenen Faszination an menschlichen/nicht-menschlichen Hybriden und einer kritischen Analyse der gesellschaftlichen Verhältnisse, in denen diese Hybride situiert sind, verwischt. Wie wäre es, wenn wir eine nicht-vermachtete Produktionsweise erfinden würden? Wären dann mit dem Augenaufschlag der Automaten jene „Spiegel" ins Leben getreten, „woraus unser Wesen sich entgegen leuchtete" (Marx 1968, 180)?[41] Aber ich vergaß: mit der scheinbaren Welt haben wir auch die wesentliche abgeschafft.

Haraways verschiedene Perspektiven umspielen als zentrales Thema der Technosciences die Machteffekte, welche die Technofakte vermitteln. Ihr Angebot an die Leserin möchte ich dahingehend verstehen, gerade aus der Faszination heraus die Identifikation zu verweigern und sich damit der Dynamik einer ständig eigene Überschüsse erwirtschaftenden Technoscience zu entziehen.

Es handelt sich bei den Ansätzen von Latour und Haraway um zwei verschiedene Strategien aus unterschiedlicher Perspektive. Gemeinsam ist ihnen neben der Insistenz auf der Situiertheit der Technosciences auch eine Utopie, die ich mit Nietzsche als „Nachbarschaft zu den nächsten Dingen" bezeichnen möchte.

Für mich stellt sich die Frage, unter welchen Bedingungen eine solche „Nachbarschaft" subversiv sein kann; unter welchen Bedingungen und mithilfe welchen begrifflichen ‚Instrumentariums' oder mit welchen ‚narrativen Strategien' eine Mikroanalyse von Technosciences darüber hinaus gehen kann, die Verflechtungen zwischen der Verfasstheit der menschlichen und der nicht-menschlichen Aktanten lediglich liebevoll nachzuzeichnen:[42] ohne

---

40 Vgl. den Beitrag von Martina Mittag in diesem Band.
41 Den ‚Augenaufschlag der Schaufensterpuppe' inszeniert eine Fotoserie von Karl Schenker: „Mannequin oder Wachspuppe" von 1925, (zit. n. Sykora 1999, 142). In einem der Fotos bemalt der Künstler einer weiblichen Puppe die Lippen. Die Perspektive der Kamera erweckt den Anschein, als schaue die Puppe ihren Schöpfer an. Sykora: „Die Fotografie wird hier zu einer virtuosen Verlebendigungsmaschine, die Pygmalion gleich, dem Puppenauge den glänzenden Blick und ihrer Haut die Weichheit und scheinbare Durchpulstheit mit Leben verleiht" (ebd., 140). Allerdings gerate durch ebendieses Medium der Künstler „in den Verdacht, selbst ein Artefakt zu sein" (ebd., 141). Anhand von Erwin Blumenfelds „Selbstbildnis mit Mannequin" (1937) artikuliert sie das Problem des Narzissmus: „Denn mit dem ‚Ich seh' Dir in die Augen, Kleines' erfaßt der Künstler nur sein eigenes, projiziertes Ich im ‚Augenpüppchen',..." (d.h. in der Pupille; ebd., 242).
42 Ramón Reichert (2002) liest Latours Apologie des Hybriden als Hybris und wirft Latour vor, dass seine Auffassung der Wissenschaftsdynamik in die Apologie der „wissenschaft-

Infragestellung der Besitz- und Herrschaftsverhältnisse doch wohl nicht. Die „nächsten Dinge" haben uns schon zu lange zu Füßen gelegen, ohne dass wir dies bemerkt haben. Sie sind unser „alter ego", ob wir sie nun gemacht haben oder ob sie uns aus einer unerklärlichen Sentimentalität ihrerseits noch anhängen – so wie der Schatten von Nietzsches Wanderer, den wir nicht sagen hören: „gehe mir ein wenig aus der Sonne, es wird mir zu kalt." (Nietzsche 1980, 704) Aber stehen wir ‚guten Postkolonialen' nicht auch einer ganzen Menge *Menschen* in der Sonne?

Literatur

Adorno, Theodor W. (1970): Ästhetische Theorie. In: Rolf Tiedemann (Hg.): Gesammelte Schriften. Bd. 7. Frankfurt a.M.
Bacon, Francis (1990): Neues Organon. Lateinisch-Deutsch. Hg. u. eingel. v. Wolfgang Krohn. Teilband I. Hamburg
Baumann, Frank (1991): Der Staat als Kunstwerk. Zur Interpretation des Leviathan von Thomas Hobbes. Wissenschaftliche Hausarbeit zur Erlangung des akademischen Grades eines Magister Artium der Universität Hamburg. Typoskript. Hamburg
Bredekamp, Horst (1999): Thomas Hobbes visuelle Strategien. Der Leviathan: Urbild des modernen Staates; Werkillustrationen und Porträts. Berlin
Descartes, René (1989): La recherche de la vérité par la lumière naturelle. Hg. in der frz. und lat. Fassung, ins Deutsche übs. u. eingel. v. Gerhart Schmidt. Würzburg
Descartes, René (1998): Abhandlung über die Methode des richtigen Vernunftgebrauchs und der wissenschaftlichen Wahrheitsforschung. Übs. v. K. Fischer, hg. v. Hermann Glockner. Stuttgart
Frenzel, Elisabeth (1999): Stoffe der Weltliteratur. Ein Lexikon dichtungsgeschichtlicher Längsschnitte. Stuttgart
Freud, Sigmund (1970): Das Unheimliche. In: Alexander Mitscherlich et al. (Hg.): Sigmund Freud Studienausgabe. Bd.4. Frankfurt a.M. (im Orig. 1919)
Haraway, Donna (1997): Modest_Witness@Second_Millenium. FemaleMan©_Meets_OncoMouse™. Feminism and Technoscience. New York/ London
Hegel, Georg Wilhelm Friedrich (1969): Wissenschaft der Logik II. In: Eva Moldenhauer; Karl Markus Michel (Hg.), Werke. Bd. 6. Frankfurt a.M.
Hobbes, Thomas (1959): Vom Bürger. In: Vom Menschen. Vom Bürger, hg. v. Günter Gawlick. Hamburg

---

liche[n] Produktion einer produktiven Ordnung" münde, die kein „Außen" mehr zulasse. Reichert stützt sich in seiner Interpretation zum einen auf Latours Annahme einer quasi spontanen Produktivität von technowissenschaftlichen Aktantennetzen, zum anderen auf das in den Abschnittüberschriften der „Pandora" über die Einzelstudien gelegte Netz organizistischer Metaphern. Reichert legt m.E. *eine* Tendenz in Latours Theorie offen; Reicherts Metaphernanalyse zeigt jedoch vor allem die Gefahren des Imports von Metaphern aus den Biowissenschaften in die Wissenschaftstheorie.

Hobbes, Thomas (1967): Vom Körper. Eingel. u. hg. v. Max. Frischeisen-Köhler. Hamburg

Hobbes, Thomas (1966): De corpore. In: Thomæ Hobbis Malmesburiensis Opera philosophica quæ latine scripsit omina, hg. v. William Molesworth, 5 Bde. Aalen (Repr. d. Ausg. London 1839), Bd.1. Diese Ausgabe wird im Text unter dem Kürzel OL I zitiert.

Hobbes, Thomas (1984): Leviathan oder Stoff. Form und Gewalt eines kirchlichen und bürgerlichen Staates. Hg. u. eingel. v. Iring Fetscher. Übs. v. Walter Euchner. Frankfurt a.M.

Hobbes, Thomas (1992): The Collected Englisch Works. Hg. v. William Molesworth. London (Repr. d. Ausg. London 1839)

Hoffmann, E. T. A. (1963): Das fremde Kind. In: Wolfgang Müller-Seidel; Wulf Segebrecht (Hg.): Werke, Bd.3. München, 472-510

Hoffmann, E. T. A. (1979): Der Sandmann. In: Wolfgang Müller-Seidel; Wulf Segebrecht (Hg.): Werke, Bd.1. München, 331-363

Horkheimer, Max; Theodor W. Adorno (1988): Dialektik der Aufklärung. Philosophische Fragmente. Frankfurt a. M. (zuerst 1944)

Kant, Immanuel (1983): Kritik der Urteilskraft. In: Wilhelm Weischedel (Hg.):Werke in sechs Bänden, Bd.5, 171-620

Kerényi, Karl (1996): Die Mythologie der Griechen Bd.1. München

Kittler, Friedrich A. (1977): „Das Phantom unseres Ichs" und die Literaturpsychologie: E.T.A. Hoffmann – Freud – Lacan. In: Friedrich A. Kittler; Horst Turk (Hg.): Urszenen. Literaturwissenschaft als Diskursanalyse und Diskurskritik. Frankfurt a.M., 139-166

La Mettrie, Julien Offray de (1774): L'homme machine. In: Oeuvres philosophiques de Mr. de la Mettrie. Nouvelle edition, Bd.1, Berlin, 273-356

Latour, Bruno (1995): Wir sind nie modern gewesen. Versuch einer symmetrischen Anthropologie. Berlin

Latour, Bruno (1996): Der Berliner Schlüssel. Erkundungen eines Liebhabers der Wissenschaften. Berlin

Latour, Bruno (1996a): Petite réflexion sur le culte moderne des dieux faitiches. Paris

Latour, Bruno (2000): Die Hoffnung der Pandora. Untersuchungen zur Wirklichkeit der Wissenschaft. A. d. Engl. v. Gustav Roßler. Frankfurt a. M.

Latour, Bruno (2001): L'espoir de Pandore. Pour une version réaliste de l'activité scientifique. Paris

Marx, Karl (1968): Exzerpte zu James Mill. In: Günther Hillmann (Hg.): Pariser Manuskripte. Frankfurt a.M., 166-181

Marx, Karl (1975): Das Kapital. In: Marx Engels Werke Bd.23. Berlin

Matt, Peter von (1971): Die Augen der Automaten. E. T. A. Hoffmanns Imaginationslehre als Prinzip seiner Erzählkunst. Tübingen

Merchant, Carolyn (1987): Der Tod der Natur. Ökologie. Frauen und neuzeitliche Naturwissenschaft. München

Mulisch, Harry (1999): Die Prozedur. München

Nietzsche, Friedrich (1980): Der Wanderer und sein Schatten. In: Giorgio Colli; Mazzino Montinari (Hg.): Werke. Kritische Studienausgabe. München. Bd.2., 540-704

Ovid (Publius Ovidius Naso) (1996): Metamorphosen. Lateinisch – deutsch. Übs. E. Rösch, hrsg. v. N. Holzberg. Darmstadt

Plessner, Helmuth (1975): Die Stufen des Organischen und der Mensch. Einleitung in die philosophische Anthropologie. Berlin/ New York
Reichert, Ramón (2002): Die Hybris des Hybriden. Zur Epistemologie Bruno Latours. In: Sinn-haft Nr. 12, 46-52
Ricœur Paul (1986): Die lebendige Metapher. Übs. v. Rainer Rochlitz, München (im frz. Orig.: 1975)
Saupe, Angelika (2002): Verlebendigung der Technik. Perspektiven im feministischen Technikdiskurs. Bielefeld
Sykora, Katharina (1999): Unheimliche Paarungen. Androidenfaszination und Geschlecht in der Fotografie. Köln
Wahrig-Schmidt, Bettina (1997): Spur – Zeichen, Repräsentation. Politik und Wissenschaft bei Thomas Hobbes. In: Hans-Jörg Rheinberger; Michael Hagner; Bettina Wahrig-Schmidt (Hg.): Räume des Wissens. Repräsenation, Codierung, Spur. Berlin, 123-144.
Weinrich, Harald (1976): Sprache in Texten. Stuttgart
Werner, Fritz Clemens (1972): Wortelemente lateinisch-griechischer Fachausdrücke in den biologischen Wissenschaften. Frankfurt a. M.

Vom Humanismus zum Posthumanismus? Konstruktionen von Technologie, Politik und Geschlechterverhältnissen

Susanne Lettow

„Posthumanismus" ist wie „Biomacht"/ „Biopolitik" und „Bioethik" ein Konzept, mit dem unterschiedliche politisch-ethische Stellungnahmen zu den gesellschaftlich-kulturellen Veränderungen, die mit den Informations- und Biotechnologien, insbesondere der Gentechnologie, einher gehen, artikuliert werden. Da Technologien, also auch die Informations- und Biotechnologien, immer in einem gesellschaftlichen Zusammenhang situiert sind, sind sie immer auch Gegenstand von Kämpfen um kulturelle Hegemonie. Die Diskurse und die vielfältigen Politiken des Kulturellen, die sich um Entwicklung und Anwendung neuer Technologien formieren, greifen in deren Konstitution mit ein, die durch wissenschaftliche Forschung ebenso bestimmt ist wie durch politische Regulation und ökonomische Verwertungsinteressen.[1] Sie bilden daher ein wichtiges Terrain, auf dem die neuen Technologien umkämpft sind. Die Begriffsspiele, mit denen das Neue zu begreifen versucht wird, eröffnen und verschließen je spezifische Perspektiven und bedürfen daher der kritischen Reflexion.

Der Ausdruck „Posthumanismus" verweist einerseits in der Vorsilbe „Post" auf einen Prozess historischer Veränderung und ist insofern mit Begriffen wie „Postmoderne" oder „Postfordismus" verwandt. Er hat mit diesen gemein, dass er als Epochenbezeichnung unserer Gegenwart samt ihrer technologischen, ökonomischen und politischen Umbrüche verwendet wird. An die Stelle der „Moderne" bzw. des „Fordismus", die gesellschaftstheoretisch und ideengeschichtlich als historische Komplexe bestimmt sind, tritt mit dem „Humanismus" ein Begriff, der zunächst philosophische Traditionslinien und Positionen bezeichnet. Hierbei ist zentral, dass er seit jeher durch die Dialektik von Inklusion und Exklusion bestimmt ist. So hat der Begriff des Men-

---

1   Daniel Barben spricht – in kritischer Auseinandersetzung mit der Regulationstheorie – von Prozessen der „Enkulturation" von Technologien. „State regulation is a constitutive element of biotechnological industrialisation, while, at the same time, it shapes the legal and institutional framework within which biotechnological applications are introduced into society. Since this is not the same process as enculturation, enculturation consists rather of a variety of forms of adaption and appropriation" (Barben 2001, 54).

schen seit alters her eine herrschaftskritische Bedeutung, etwa wenn es bei Antiphon (410 v. Chr.) heißt:

„Denn von Natur sind alle in jeder Hinsicht gleich, ob Barbaren oder Hellenen. Das kann man aus dem erkennen, was von Natur für alle Menschen notwendig ist. (...). Denn wir atmen alle durch Mund und Nase in die Luft aus, und wir essen alle mit den Händen" (zit. n. Capelle 1968, 377).

Gleichzeitig ist, wie nicht zuletzt die feministische Kritik nachgewiesen hat, Humanismus immer wieder ein Deckwort für Herrschaft und die Überhöhung eines spezifischen – männlichen – Persönlichkeitsideals ins Allgemeine gewesen. Der Neuhumanismus des 18. und 19. Jahrhunderts etwa, der im Rückgriff auf die Antiken-Rezeption der oberitalienischen Renaissance den Begriff des Humanismus allererst prägte, formierte sich als Diskurs der deutschen Geisteseliten. Dabei wurde, wie Teresa Orozco schreibt, der „aufklärerische Gehalt" von Herders Bildungskonzeption „als ‚Emporbildung zur Humanität' des ganzen Menschengeschlechts" (Orozco 2003, 2) elitär gewendet.

„So gesehen gehört zum akademischen Humanismus in Deutschland nicht nur ein historisch bestimmter Bildungsdiskurs, sondern auch ein entsprechendes Bildungsdispositiv, d.h. eine ganze Reihe von Institutionen, Auslesemechanismen, spezifischen Praxen und Ritualen, die einer gebildeten Kultur zur Wiedererkennung und Grenzsicherung gegenüber den Ungebildeten dienen" (ebd.).

Verläuft von diesem elitären Neuhumanismus eine Linie zum „biologistisch und kulturrassistisch begündeten", am Vorabend des NS formulierten „Dritten Humanismus" Werner Jaegers, der eine „exklusive Verbindung zwischen Griechen und Deutschen" konstruierte (vgl. ebd., 12), so verläuft eine andere über die Frühschriften von Marx zum Konzept des „realen Humanismus", das im kommunistischen Diskurs der 1950er Jahre im Kontext der Entstalinisierung formuliert wurde (vgl. Althusser 1974).

In der kritischen Auseinandersetzung mit diesem Konzept bezog zunächst Louis Althusser den Standpunkt eines „theoretischen Antihumanismus" im Sinne einer Kritik der essenzialistischen Annahme eines fixen „menschlichen Wesens", die alle Widersprüche und Differenzen zwischen Menschen ausblendet. Während Althusser den Bruch mit „jeder philosophischen Anthropologie oder mit jedem philosophischen Humanismus" (Althusser 1974, 176) als konstitutiv für Marx' „theoretische Revolution" heraus stellte,[2] wies Foucault nach, dass "vor dem Ende des achtzehnten Jahrhunderts ... der ‚Mensch'" nicht existierte (Foucault 1989, 373). Denn „die klas-

---

[2] So spricht Marx von „meiner analytischen Methode, die nicht von ‚dem' Menschen, sondern von der ökonomisch gegebenen Gesellschaft ausgeht" (zit. n. Althusser 1974, 168). Althusser konstatiert das Auftauchen eines neuen Sets von Begriffen wie „Gesellschaftsformation", „Produktionsverhältnisse", „Produktivkräfte" etc. nach Marx' Bruch mit der Feuerbach'schen Anthropologie (ebd., 176).

sische *episteme* gliedert sich nach Linien, die in keiner Weise ein spezifisches und eigenes Gebiet des Menschen isolieren" (ebd.). Diese erkenntnistheoretische Kritik des Humanismus versetzte Derrida in den Kontext der technologischen Entwicklung um die Mitte des 20. Jahrhunderts. In der „Grammatologie" zeichnet sich das Konzept des Posthumanismus insofern ab, als der „Theorie der Kybernetik" zugeschrieben wird, sich „aller metaphysischen Begriffe" zu entledigen, „die noch vor kurzem dazu dienten, die Maschine dem Menschen gegenüberzustellen" (Derrida 1967/1988, 20). Derrida formuliert sein philosophisches Projekt unter Bezugnahme auf Kybernetik und Genetik, wenn er darauf verweist, dass „im Hinblick auf die elementarsten Informationsprozesse in der lebenden Zelle ...auch der Biologe heute von Schrift und Pro-gramm" spreche (ebd.). Die „Theorie der Kybernetik", heißt es mit Verweis auf deren Begründer Norbert Wiener, müsse am Begriff der Schrift, der Spur, des Gramma oder des Graphems so lange festhalten

„bis schließlich das, was an ihr selbst noch historisch-metaphysisch ist, entlarvt wird. Noch bevor man es als human ... oder als a-human bestimmte, wäre Gramma – oder Graphem – der Name für das Element" (ebd.).[3]

Diese begriffsgeschichtliche Skizze macht deutlich, inwiefern sich in der Auseinandersetzung um den Humanismus eine epistemologische und eine politisch-ethische Linie überlagern. Wird nun im Übergang zum „biokybernetischen Zeitalter" der Begriff des Post- bzw. des Transhumanismus gebildet, so ist zu fragen, wie er sich zu diesen Problematiken verhält. Im Folgenden untersuche ich stichprobenartig Konstruktionen des Posthumanen und zeige auf, inwiefern mit dem Konzept des Posthumanismus divergierende gesellschaftliche Projekte artikuliert werden. Dabei wende ich mich zunächst jenen Konzeptionen zu, die die Veränderung von Selbstverhältnissen und Körperpraxen ins Zentrum rücken. Im Anschluss daran untersuche ich die Artikulationen von Posthumanismus und Humanismus mit Herrschaftsverhältnissen und Staat bei Peter Sloterdijk, Volker Gerhardt und Francis Fukuyama. In diesen Ansätzen, die in Bezug auf den Humanismusbegriff stark divergieren, zeichnet sich eine erstaunliche Homologie in Bezug auf die Entwürfe von hegemonialer Männlichkeit, autoritärem Staat und Krieg ab. Abschließend werde ich das kritische Potential des Humanismusbegriffs und des Konzepts „Posthumanismus" ausloten.

---

3 Katherine Hayles These, derzufolge die Postmoderne als „Antwort auf die Trennung von Text und Kontext, die durch die Informationstechnologie möglich gemacht wurde" zu verstehen ist (Hayles 1987, 27), erhält hier Plausibilität. Hayles rekapituliert in ihrem Versuch, „die Postmoderne in der Informationsgesellschaft zu situieren" insbesondere die Informationstheorie Claude Shannons. „Thus the first, and perhaps the most crucial move in the information revolution was to separate text from context. Without this stratagem, information technology as we know it could not have come into being" (ebd., 25).

1. Neue Technologieverhältnisse – neue Selbstverhältnisse

In seinem Buch „Mensch und Menschenmaschine" beschrieb Norbert Wiener menschliche Lebewesen nach dem Muster kybernetischer Maschinen (Wiener 1952). In beiden Fällen, so Wiener werde durch sensorische Empfänger Information aus der Außenwelt aufgenommen, diese werde „durch die inneren umformenden Kräfte" in eine neue Form gebracht und wirke so auf die Außenwelt zurück. Dabei wird „die auf die Außenwelt ausgeübte und nicht nur die beabsichtigte Tätigkeit zurückgemeldet zum zentralen Regulationsapparat" (Wiener 1952, 26). Diese Artikulation der Kybernetik im cartesianischen Paradigma der Innen/Außen-Spaltung und der damit verbundenen mechanistischen Körperauffassung lieferte zugleich zwei Stichworte des „Posthumanismus": Entsubstanzialisierung und Entmaterialisierung.[4] Unter der Überschrift „Der Mensch – eine Nachricht" formulierte Wiener, es sei „auf jeden Fall klar", dass „die körperliche Identität eines Individuums nicht auf der Identität der Substanz, aus der es gemacht ist" beruhe (ebd., 99). „Die biologische Individualität eines Organismus scheint", so Wiener, „in einer gewissen Kontinuität der Umsetzungen und im Erinnerungsvermögen des Organismus an die Tatsachen seiner vergangenen Entwicklung zu bestehen. Das scheint auch", heißt es weiter,

„für seine geistige Entwicklung zu gelten. Vom Standpunkt der Rechenmaschine aus besteht geistige Individualität in der Speicherung ihrer früheren Programmierungen und Gedächtnisinhalte und in der Fortsetzung ihrer Entwicklung in bereits angelegten Richtungen" (ebd.).

Mit dieser Abwendung vom Substanzdenken ist die These der Entmaterialisierung eng verbunden. So ist für Wiener die „Individualität des Körpers eher die einer Flamme als die eines Steines, eher die einer Form als die eines Teilchens" (ebd., 100). Das Wort „eher", das hier noch den Gegensatz von Form und Materie vermittelt, verschwindet im darauf folgenden Satz, wenn es heißt: „Diese Form kann übermittelt oder abgeändert und verdoppelt werden" (ebd.). Von dieser sprachlichen Eliminierung der „Materie" ausgehend formuliert Wiener dann die These, dass es

„keine fundamentale Grenze zwischen den Übermittlungstypen (gibt), die wir gebrauchen können, um ein Telegramm von Land zu Land zu senden und den Übermittlungstypen, die für einen lebenden Organismus wie den Menschen zum mindesten theoretisch möglich sind" (ebd.).

Das Beispiel, das Wiener für eine „Trennung von der Materie" (ebd.) gibt, die die übertragbare Form bzw. das „Schema" zurück lässt, nämlich Zelltei-

---

4 Hayles spricht sogar davon, Wiener habe „einige Aspekte poststrukturalistischer Theorien antizipiert" (Hayles 1999, 91). „He questioned whether humans, animals, and machines have any ‚essential' qualities that exist in themselves, apart from the web of relations that constituted them in discursive and communicative fields" (ebd., 97f).

lung oder die Spaltung von Genen, macht seine These nicht plausibler. Schließlich ist Teilung von Materie etwas anderes als eine „Trennung" von ihr.

„From Norbert Wiener on", so N. Katherine Hayles, „the flow of information through feedback loops has been associated with the deconstruction of the liberal human subject ... Although the ‚posthuman' differs in its articulation, a common theme is the union of the human with the intelligent machine" (Hayles 1999, 2).

Die Probleme von Norbert Wieners „spontaner Philosophie",[5] die nachrichtentechnische Überlegungen mit Theoremen der cartesischen Philosophie artikuliert, treten jedoch relativ deutlich zutage. Es ist zum einen die unausgewiesene Abstraktion von Materie, zum anderen die Übersetzung aller menschlichen Kompetenzen in „Rechenmaschinensprache" (Wiener 1949/1952, 99). Denn der „Standpunkt der Rechenmaschine" (ebd.) bringt die Perspektive auf „Mensch" und „Maschine" als zwei unabhängige, zu vergleichende Entitäten allererst hervor und blendet die Frage nach den unterschiedlichen Gebrauchsweisen der Maschinen in unterschiedlichen sozialen Zusammenhängen ebenso aus wie die nach ihren sozialen Entstehungsbedingungen. Mag diese strategische Abstraktion für ingenieurwissenschaftliche Fragestellungen produktiv sein, so wird sie in der Übertragung auf gesellschaftlich-kulturelle Zusammenhänge ideologisch. Hier stehen sich nie „Mensch" und „Maschine" abstrakt gegenüber, sondern Menschen gebrauchen und produzieren Maschinen auf vielfältige Art und Weise und gehen dabei bestimmte Verhältnisse untereinander ein und bilden bestimmte Körperpraxen und Selbstverhältnisse aus. Wenn es in der „transhumanistischen Philosophie" Max Mores dann heißt, „ ‚Uploading' sei das möglicherweise letzte Stadium [der; SL] ... posthumanen Synthesis ..., also (dem Transfer) der Persönlichkeit und des Bewusstseins vom natürlichen biologischen Gehirn zu einem synthetischen nicht-biologischen Apparat" (zit. n. Becker 2000, 53), so schreibt er in die „Lücke" des Wienerschen Textes, die entsteht, wo dieser die „Trennung von der Materie" behauptet, einen neoliberalen, auf permanente Effizienzsteigerung ausgerichteten Subjektentwurf hinein. „Extropians",[6] so More,

---

5   Unter „spontaner Philosophie" verstehe ich in Anlehnung an Gramsci und Althusser die Adaption von Elementen des philosophischen Diskurses durch andere wissenschaftliche, politische oder alltagskulturelle Diskurse. Als interdiskursive Elemente stiften diese Philosopheme zumeist Kohärenz, wo die Argumentation brüchig wird. Ihr Einsatz erfolgt unbewusst, denn die „ ‚spontane Philosophie', die ‚jedermann' eigen ist", lagert sich Gramsci zufolge ab „1. in der Sprache selbst ..., 2. im Alltagsverstand und gesunden Menschenverstand; 3. in der Popularreligion und folglich auch im gesamten System von Glaubensinhalten, Aberglauben, Meinungen, Sicht- und Handlungsweisen" (Gramsci 1994, Heft 11, § 12, 1375).

6   „Extropie" wird als Gegenbegriff zu „Entropie" gebildet, „extropians" gelten somit als von den Gesetzen der Thermodynamik unabhängige Wesen. Diese Vorstellung geht auf die frühen Debatten der Kybernetik zurück. „John von Neumann and Norbert Wiener led the way

„focus on self-improvement physically, intellectually, psychologically and ethically. We seek to become better than we are, while affirming our current worth. (...) We choose challenge over comfort, innovation over emulation, transformation over torpor" (More o.J.).

Unter Bezugnahme auf Informations- und Biotechnologien wird hier ein spezifisches Selbstverhältnis modellhaft inszeniert, dem durchaus traditionell maskuline „Kontrollfantasien" attestiert werden können (Becker 2000, 53).

In ungleich komplexerer Weise hat Donna Haraway mit dem Konzept des Cyborg die Veränderung von Selbstverhältnissen im Kontext veränderter „gesellschaftlicher Wissenschafts- und Technologieverhältnisse" zu begreifen und zu orientieren versucht. Sie verwendet die, wie es heißt,

„etwas sonderbare Umschreibung ‚gesellschaftliche Wissenschafts- und Technologieverhältnisse', um zu betonen, dass es hier nicht um technologischen Determinismus, sondern um ein historisches System geht, das auf strukturierten Beziehungen zwischen Menschen beruht" (Haraway 1995a, 54).[7]

Mit dem Konzept des Cyborg verknüpft sie die Kritik des Subjekt/Objekt-Dualismus, die Kritik an der Exklusionslogik bisheriger Humanismen und feministische Herrschaftskritik. Cyborgs, so Haraway, lassen „den Status von Mann und Frau, Mensch, Artefakt, Rassenzugehörigkeit, individueller Identität oder Körper sehr fragwürdig erscheinen" (ebd., 68). Dabei geht es nicht um eine einfache Verneinung oder „Auflösung" all dieser Konzepte sondern der Begriff des Cyborg dient Haraway dazu, einen „Weg aus dem Labyrinth der Dualismen zu weisen" (ebd., 72). Dies kann kein undialektisch-linearer sein, insofern Widersprüchlichkeit konstitutiv für das Konzept des Cyborgs ist. So verweist es einerseits auf eine utopische „Post-Gender-Welt" und stellt gleichzeitig „das furchtbare apokalyptische *Telos* der eskalierenden ‚westlichen' Herrschaftsform der abstrakten Individuation eines zu guter Letzt von jeder Abhängigkeit entbundenen, endgültigen Selbst dar: der Mann in den Weiten des Weltraums" (ebd., 35).[8] Obgleich Haraway vom „systematischen Zusammenbruch aller Bezeichnungen des Menschen in der ‚westlichen' Tradition" (ebd., 41) ausgeht, entwickelt sie kein Konzept des Posthumanismus, das die Widersprüchlichkeit, die mit jenen Bezeichnungen verbunden ist, "hinter sich" lassen würde. In „Ecce Homo: Bin ich nicht eine Frau und un/an/geeignet anders: Das Humane in einer posthumanistischen Landschaft"

---

    by making clear that the important entity in the man-machine equation was information, not energy" (Hayles 1999, 51; vgl. 100ff).

7   Bruno Latour, der dafür plädiert, dass dem „Menschlichen" der „Anteil der Dinge" zurückgegeben werde (Latour 1998, 82), fällt hinter diese Einsicht zurück. Obgleich Latour auf eine Überwindung des Dualismus zielt, bleibt er in ihm gefangen und kommt zu nicht mehr als einer bloßen Zusammenfügung zweier „Regierungshälften ..., dem Bereich der Dinge – Wissenschaft und Technik genannt – und dem Menschen" (ebd., 185).

8   Wenn Mona Singer in Anschluss an Carmen Gransee die „Stillegung der Dialektik in Haraways Argumentation" (Singer 2001, 29) kritisiert, so scheint mir dies ein Problem der Haraway-Rezeption zu sein, die sie techno-affirmativ liest und ihre Herrschaftskritik tendenziell ausblendet.

(Haraway 1995b) arbeitet sie vielmehr an einer neuen Konzeption von Humanität, die die feministischen und postmodernen Humanismus-Kritiken aufgenommen hat. Mit Ausdrücken wie „feministische Humanität" (ebd., 118), „kritische Humanität" (ebd., 119), „nicht-generische Humanität" (ebd., 120) bzw. „nicht-gattungsfixierte, nicht-ursprüngliche Humanität" (ebd., 133) skizziert sie eine Auffassung von Humanität als Projekt und Praxis. Im Spannungsfeld von Menschenrechtsdiskursen, biologischer Anthropologie und dem Human-Genom-Projekt, das „das Menschliche" auf neue Art zu fixieren trachtet, beharrt Haraway darauf, dass Humanität „zu den Dingen (gehört), von denen Gayatri Spivak sagt, wir ‚könnten sie nicht nicht wollen'" (ebd., 120). Gegen den falschen Universalismus traditioneller Humanismuskonzeptionen artikuliert sie Humanität als „selbstkritische Praxis der ‚Differenz', des niemals mit sich identischen Ich und Wir, das gerade darum auf Verbindung hoffen kann" (ebd., 119). Es geht somit nicht um eine neue Definition „des Menschen" oder „des Menschlichen" sondern um eine Konzeption, die darauf orientiert, dass eine „kollektive Humanität" allererst durch Praxis, d.h. „ungefügiges Handeln" (ebd., 133), hergestellt wird. Statt sie als Norm voraus zu setzen, wird Humanität als Resultat vielfältiger Kämpfe, Verständigungsprozesse und gesellschaftlicher Veränderungen denkbar. Die Dialektik von Inklusion/Exklusion wird dabei weder durch Universalisierung eines Partikularen noch durch die Strategie der Formalisierung diskursiv eliminiert, sondern als Problem offen und daher bearbeitbar gehalten.

Diesen feministisch-herrschaftkritischen und praxisphilosophischen Zug von Haraways Intervention ebnen viele der an sie anknüpfenden Konstruktionen des Posthumanismus ein. So blenden beispielsweise Michael Hardt und Antonio Negri den dialektischen Charakter von „Cyborg" aus und verwandeln es in ein affirmatives Konzept, wenn sie schreiben, Haraway gehe es darum, „die Schranken nieder zu reißen, die wir zwischen Mensch, Tier und Maschine errichtet haben" (Hardt, Negri 2002, 105). Auch sie knüpfen an den theoretischen Antihumanismus, insbesondere an Foucault, an und formulieren gleichzeitig einen politischen Begriff des Humanismus. Wo Haraway jedoch die Struktur dieses Konzepts so verändert, dass die Problematik von Inklusion/Exklusion in einen offenen Prozess der Konstitution von Gemeinsamkeit überführt wird, greifen Hardt und Negri zurück auf den „Renaissance-Humanismus ... von Nikolaus von Kues bis Marsilius von Padua" (ebd.). Ihm entlehnen sie das Konzept einer unbestimmten „schöpferischen Lebenskraft" (ebd., 106).

„Sobald wir unsere posthumanen Körper und Geister erkennen, sobald wir uns als die Affen oder Cyborgs, die wir sind, betrachten", heißt es, „müssen wir die vis viva erkunden, die schöpferischen Kräfte, die uns ebenso beseelen wie die gesamte Natur und die unsere Möglichkeiten verwirklichen" (ebd.).

Reine Technik-Affirmation und Trost der Beseelung verhalten sich dabei komplementär und tragen gemeinsam dazu bei, die bestehenden und zu erfindenden Alternativen technologischer Zukunftsentwürfe auszublenden. Die Frage, welche „neue Art, zum Menschen zu werden" entsteht bzw., wie sich „unsere Vorstellung vom Menschen und von der Menschheit im Übergang zur Informationsökonomie" verändern (ebd., 300), wird bei Hardt und Negri absorbiert von einem undifferenzierten „wir", bevor der Blick für neue Praxisformen, Denkweisen und die Veränderung von Machtverhältnissen geöffnet würde.

„Interaktive und kybernetische Maschinen", heißt es, „werden zu neuen künstlichen Gliedern, die in unsere Körper wie in unser Denken und Fühlen integriert sind, und sie werden zu einer Linse, durch die wir die Umgrenzungen unseres Körpers wie unseres Denkens selbst neu wahrnehmen" (ebd., 302).

Dabei handelt es sich jedoch nicht um naturwüchsige, sondern durchaus gesellschaftlich auszuhandelnde Prozesse, die die Verwerfungen entlang von Klasse, „Rasse" und Geschlecht verstärken oder aber auch unterminieren könnten.

Auch Judith Halberstam und Ira Livingston arbeiten in Anschluss an Haraway mit einer Konstruktion des Posthumanismus, in der jede Widersprüchlichkeit ausgeblendet ist.

„The human", heißt es, „functions to domesticate and hierarchize difference within the human (whether according to race, class, gender) and to absolutize difference between the human and the non-human" (Halberstam, Livingston 1995, 10).

Die Möglichkeit einer emanzipatorischen Reklamation des „Menschlichen" ist hier ausgeschlossen zugunsten eines neuen Dualismus: human/posthuman. Während das „humane Subjekt" sein „Spiegelbild und seine starre Geschlechtsidentität ... auf eine Weise vor sich hat, die es für immer übersteigt, vibriert das posthumane Subjekt-im-Werden durch und zwischen einer Versammlung halb autonomer Kollektivitäten, von denen es weiß, dass es niemals mit ihnen koextensiv sein, noch von ihnen getrennt sein kann" (ebd., 14).[9] Starrheit auf der einen Seite, vibrierendes Werden auf der anderen; Unterdrückung und Hierarchisierung versus multiple Positionen sind Gegensätze, die die neu konstruierte Subjektposition der Posthumanen artikulieren. „Being queer in America is a posthuman agenda" (ebd., 15); Piercing und Tattoos belegen die Teilhabe daran (ebd., 18). Zwar sind „posthumane Körper" bei Livingston und Halberstam immer schon subkulturell (ebd., 4), doch ist damit keine gesellschaftskritische Position angezeigt, sondern vielmehr eine Ontologie der Enttäuschung. Venus Xtravaganza, Transgender-Protagonistin in dem Film „Paris is Burning" gilt ihnen als paradigmatisches Beispiel eines posthumanen Subjekts. Das „posthumane Element" ihrer/seiner Fanta-

---

9 Übersetzung von mir.

sie, als weiße, mittelständische Frau zu leben, liegt, so Halberstam und Livingston, darin, dass „Weißsein ... nur als begehrte Kategorie erscheint, weil es unerreichbar oder unmöglich ist" (ebd., 6). „Venus' fantasy makes visible the lines of power that collide in the category ‚white' and which allow it to slide into the category ‚human'" (ebd.). Eine Veränderung der Lebenssituation hin zu einem höheren Maß an Befriedigung und Zufriedenheit, gar gesellschaftliche Veränderung rassistischer Hierarchien ist in dieser Anordnung nicht vorgesehen.

„Posthuman", so lässt sich festhalten, fungiert in den skizzierten Verwendungsweisen als Chiffre für neue Subjektivierungsweisen. An die Stelle der emphatischen Bejahung eines Neuen, das kaum mit seinen Möglichkeitsbedingungen und Alternativen konfrontiert wird, tritt allein bei Donna Haraway eine an Widersprüchen orientierte Betrachtungsweise. Dies führt insgesamt zu einer Unterbelichtung von Handlungsfähigkeit und dementsprechend von Gestaltungsmöglichkeiten technologischer Prozesse, die nicht nur Selbstverhältnisse und Körperpraxen betreffen, sondern auch politische Zukunftsentwürfe. Selbst der globalisierungskritische Entwurf eines „Gegen-Empire" von Hardt und Negri interveniert nicht ins Feld der neuen Technologieverhältnisse und gesellschaftlichen Naturverhältnisse, sondern folgt in entscheidenden Punkten einer technikdeterministischen Logik. Im Folgenden zeige ich, wie in diese diskursive Lücke Konstruktionen einrücken, die im Ausgang von der biotechnologischen Entwicklung einen aggressiven Maskulinismus mit dem Votum für autoritäre Staatlichkeit verbinden.

2. Posthumanismus, Staat und Maskulinität

Peter Sloterdijk verfolgt in „Regeln für den Menschenpark. Ein Antwortschreiben zu Heideggers Brief über den Humanismus" (Sloterdijk 2001a, zit: R) wie in dem thematisch daran anschließenden „Domestikation des Seins. Zur Verdeutlichung der Lichtung" (Sloterdijk 2001b, zit.: D) das Projekt der Konstitution einer neuen Elite, die es versteht, Gentechnologie als Herrschaftsinstrument – gemäß einem „Codex der Anthropotechniken" – zu bedienen. Diese Elite bewegt sich insofern in einer posthumanistischen Welt, als der „humanistische Horizont" Sloterdijk zufolge durch den „Hinweis auf den Menschen als Züchter ... gesprengt" wird (R 324). In seiner Konstruktion amalgamiert Sloterdijk Nietzsches Züchtungsbegriff, Platons Konstruktion der Polis und Heideggers Humanismus-Kritik. Heidegger betrat in dieser philosophischen Erzählung „einen trans-humanistischen oder posthumanistischen Denkraum, in dem sich seither ein wesentlicher Teil des philosophischen Nachdenkens bewegt hat" (R 312). Mit dem „Brief über den Humanismus" hatte Heidegger, dem 1946 wegen seines NS-Engagements die

Lehrbefugnis aberkannt wurde, eine Rehabilitierung seiner philosophischen Konzeption des „Seinsdenkens" versucht, indem er Christentum, Marxismus und Existenzialismus, die nach 1945 dazu tendierten, eine antifaschistisch artikulierte philosophisch-theoretische Konfiguration zu bilden, überbot. Wie Sloterdijk referiert, galten ihm diese intellektuellen Formationen

„als Spielarten des Humanismus ..., die sich nur in der Oberflächenstruktur voneinander unterscheiden – schärfer gesagt: als drei Arten und Weisen, der letzten Radikalität der Frage nach dem Wesen des Menschen auszuweichen" (R 313).

Sloterdijk übernimmt von Heidegger diese Frage nach dem „Wesen des Menschen" und transformiert sie in das Projekt einer „Onto-Anthropologie" (R 316), womit er sich gegen Heideggers „störrische Reserve gegen alle Anthropologie" wendet (R 321) und das Terrain der heideggerschen Philosophie verlässt.[10] Der Begriff des Humanismus, den Sloterdijk von Beginn an auf das neuhumanistische Bildungsideal verengt und aller herrschaftskritischen Elemente entkleidet, wird so in Anthropologie und Biologie überführt[11]. Nietzsches Züchtungsbegriff lagert sich hier an. In Sloterdijks „Realgeschichte der Lichtung", die davon handelt, „wie aus dem Sapiens-Tier der Sapiens-Mensch wurde" (R 320), wird Heideggers Begriff der Lichtung zu einem „Kampfplatz, einem Ort der Entscheidung und der Selektion" (R 323), auf dem sich der „von Nietzsche postulierte Grundkonflikt der Zukunft: der Kampf zwischen den Kleinzüchtern und den Großzüchtern des Menschen" abspielt (R 325). „Züchtung" – ein Begriff, der dem Bereich der Agrarproduktion, nämlich der Pflanzen- und Tierzüchtung entnommen ist, zugleich aber auch gesellschaftliche Disziplinierungspraxen und -institutionen von der „Züchtigung" bis zum „Zuchthaus" aufruft, fungiert hier als Chiffre für Herrschaft. So heißt es,

„dass Menschen Tiere sind, von denen die einen ihresgleichen züchten, während die anderen die Gezüchteten sind – ein Gedanke, der seit Platons Erziehungs- und Staatsreflexion zur pastoralen Folklore der Europäer gehört" (R 328).

Platons Konstruktion des Philosophen-Königs wird von Sloterdijk in seinen Züchtungsdiskurs eingespeist, in dem Nietzsches Philosopheme für eine „genetische Reform der Gattungseigenschaften" (R 329f) heran gezogen

---

10 Heidegger hatte sich in „Sein und Zeit" explizit gegen eine anthropologische Lesart der existenzialen Daseinsanalytik gewandt, deren „ontologische Fundamentierung" (Heidegger 1927/1986, 17) er anstrebte. Der Widerspruch zwischen einem radikalen, einer Philosophie der Praxis zuneigenden Antiessenzialismus und der Fixierung „wesenhafter Strukturen" (ebd.) durchzieht jedoch in der Tat Heideggers Philosophie seit „Sein und Zeit"; vgl. Lettow 2001.

11 Inwiefern aber das Projekt einer philosophischen Anthropologie, die sich als Amalgamierung von Philosophie und Biologie konstituierte, gerade gegen die universalistischen, auch von Frauen reklamierten Ansprüche eines aufklärerischen Humanismus gerichtet war, hat Claudia Honegger (1991) nachgewiesen. Zur Kritik der Männlichkeitskonstruktionen der Philosophischen Anthropologie der ersten Hälfte des 20. Jahrhunderts vgl. Lettow 2003.

werden, die „explizite Merkmalsplanung", „optionale Geburt" und „pränatale Selektion" umfasst (R 330). „Die königliche Anthropotechnik", so Sloterdijk, „verlangt nämlich von dem Staatsmann, dass er die für das Gemeinwesen günstigsten Eigenschaften freiwillig lenkbarer Menschen auf die wirkungsvollste Weise ineinander zu flechten versteht, so dass unter seiner Hand der Menschenpark zur optimalen Homöostase gelangt" (R 334).[12]

Dafür ist Sloterdijk zufolge zunächst eine „Eigenschaftsplanung bei einer Elite, die eigens herangezogen werden muss" (R 335) erforderlich. Dass es sich bei dieser posthumanistischen Elite um eine maskuline handelt, wird u.a. deutlich an jenen „Optima der Menschengattung", die ins „Gewebe des Gemeinwesens eingeschlagen werden" (R 334), nämlich der „kriegerischen Tapferkeit" und der „philosophisch-humanen Besonnenheit" – Tugenden, die bei Platon den freien Mann der Polis, der über Frauen, Sklaven und Fremde herrscht, qualifizieren.

Der Text „Domestikation des Seins. Die Verdeutlichung der Lichtung", in dem sich Sloterdijk zufolge „die anthropologischen und technikphilosophischen Implikationen der Menschenparkrede" (D 10) finden, nimmt das Projekt der Onto-Anthropologie auf. Gegen einen essenzialistischen Naturbegriff geht Sloterdijk von einer „paranatürlichen Tendenz" (D 153) aus, die zur technologischen Selbstformierung führt. In dieser Perspektive wird Gentechnologie zu einem omnihistorischen Faktum. So könne man behaupten, heißt es,

„dass alle Technik ursprünglich – und die längste Zeit unbewusst – ... indirekte Gentechnik gewesen ist. Unter Perspektiven der Evolutionstheorie ist die umweltdistanzierende Praxis der Vormenschen und erst recht der beginnenden Menschen immer schon eine spontane Genmanipulation" (D 197).

Die gesellschaftlichen Konflikte um Entwicklungen und Einsätze von Gentechnologie werden in dieser Artikulation im Ansatz still gelegt. Die Ausblendung gesellschaftlicher Interessengegensätze und ihrer politisch-kulturellen Artikulationen wird gestützt durch die anthropologische Rede von „dem Menschen" im Singular, der sich als eine am Modell des Jägers und Kriegers orientierte Männlichkeitskonstruktion erweist. Im Zentrum von Sloterdijks „Domestikationsdrama" steht der „Werfer". „Wenn es so etwas wie eine Urszene der Lichtung in evolutionärer Sicht gäbe", so Sloterdijk, „bestünde sie ohne Zweifel in einer Handlungssequenz, in deren Verlauf der

---

12 „Traditionally, homeostasis had been understood as the ability of living organisms to maintain steady states when they are buffeted by fickle environments. When the temperature soars, sweat pours out of the human body so that its internal temperature can remain relatively stable" (Hayles 1999, 4). In der ersten Phase der Kybernetik wurde dieses Konzept auf Maschinen ausgedehnt (ebd.). Sloterdijk verwendet Homöostase jedoch unspezifisch im Sinne einer organizistischen Staatskonzeption. Sein Begriff der Homöotechnik lagert sich hier an.

Vormensch vermutlich ein agiler ostafrikanischer Savannenaffe ..., mehr Aasfresser als Jäger ... einen Stein ergreift" und damit die „Phänomene in der Umwelt zum Nachgeben zwingt, entweder durch Würfe in die Ferne oder Schläge im Nahbereich" (D 179). Wichtig für die Menschwerdung ist in dieser Erzählung, dass sich die Aggressivität nach „außen" richtet und eine „Verfeinerung" und „Verwöhnung" im Innern der Gruppe ermöglicht. Dies „Innere" ist zunächst der „Mutter-Kind-Raum", der sich durch die Vorverlagerung der menschlichen Geburt zum „externen Uterus" (D 190) erweitert. Gesellschaft wird hier zum weiblichen Medium, dessen Funktion in der Herausbildung aggressiver Individuen besteht. Sie stellt eine „Wiederholung von Uterusleistungen im Öffentlichen dar" (D 197).[13]

Gentechnologie, Aggressivität, Krieg und hierarchische Geschlechterverhältnisse gehören bei Sloterdijk zum anthopologischen Kernbestand. Es sind stabile Konstanten trotz der „Vertreibung aus den Gewöhnungen des humanistischen Scheins", die für ihn das „logische Hauptereignis der Gegenwart" darstellt (D 212). Sloterdijk diagnostiziert,

„dass die Technikkultur einen neuen Aggregatzustand von Sprache und Schrift hervorbringt, der mit deren traditionellen Auslegungen durch die Religion, die Metaphysik und den Humanismus wenig gemeinsam hat" (ebd.).

Dies geht einher mit einer Rekonstruktion von Herrschaftsverhältnissen, die Sloterdijk als Herrschaftsfreiheit artikuliert. Mit dem „Prinzip der Information" (D 219), das auch für die Gentechnologie konstitutiv ist, ist Sloterdijk zufolge die Unterscheidung von Subjekt/Objekt hinfällig und – so die idealistische Argumentation – damit Herrschaft schlechthin. Herrschaft ist bei Sloterdijk als Vergewaltigung artikuliert, wodurch sie als strukturelles Verhältnis, das nicht in unmittelbaren Gewalthandlungen aufgeht, entnannt wird. „Die genetischen Partituren", postuliert Sloterdijk, „arbeiten mit Vergewaltigern nicht auf Dauer zusammen – ebenso wenig wie offene Märkte sich Herrenlaunen fügen" (D 230). Insgesamt sieht er mit den „intelligenten Technologien" eine neue „nicht-herrische Form von Operativität" entstehen, die er „Homöotechnik" nennt (D 227), sowie ein „homöotechnisches Denken" (D 230). Die damit verbundene Konstruktion der Herrschaftsfreiheit impliziert jedoch den Entwurf einer neuen Elite des High-Tech-Kapitalismus, die sich mittels der Verfügung über die neuen Technologien bereichert. „In der vernetzten, inter-intelligent verdichteten Welt haben Herren und Vergewaltiger nur noch Erfolgschancen, die nicht über den Augenblick hinaus währen", so

---

13 Diese maskuline Schoßphantasie ist kein neues Element bei Sloterdijk, sondern, wie Martha Zapata gezeigt hat, auch in früheren Texten zentral. „So wird Gemeinschaft ... – u.a. im ‚Versuch über Hyperpolitik' – als ein Innenraum konstruiert, der die Form einer Gebärmutter annimmt, die einen bergenden und umgreifenden Charakter besitzen soll, der dazu dient, den Zusammenhalt der Menschen zu gewährleisten. Der Uterus stellt sich ‚so wie eine am Feuer murmelnde Mutter' dar, die die im nahen Busch verstreute Großfamilie in ihrem friedlichen Bann hält" (Zapata 2002, 549).

Sloterdijk, „indessen Kooperateure, Förderer und Bereicherer zahlreichere, adäquatere, haltbarere Anschlüsse finden" (D 231). Die Mitglieder dieser neuen Elite bleiben als Nachfolger der „Vergewaltiger", als „Unternehmer und Feldherren" (D 229) männlich artikuliert.

Obgleich Sloterdijk im akademischen Feld der Philosophie kaum Anerkennung genießt und zumeist nur in polemischen Entnennungen auftritt, wie etwa als „Unterhaltungskünstler der Wissensgesellschaft", der „in der umkämpften Entscheidung um die Stammzellforschung gar keine Rolle spielt" (Gerhardt 2001, 7), finden seine Positionen an den Rändern durchaus Eingang ins Feld. So schreibt Volker Gerhardt, der Mitglied des Nationalen Ethikrats ist und sich derart bemüht, Sloterdijk als Nicht-Philosophen zu klassifizieren, man könne „die ausdrücklich auf sich selbst bezogene Arbeit des Menschen ... unter den Begriff der Anthropotechnik bringen" (ebd., 121). Auch hier dient der Begriff dazu, Gentechnologie in eine Kontinuitätslinie einzufügen. Zwar sei, so Gerhardt, bei der Bewertung der „vorerst neuesten Anthropotechnik" herauszuarbeiten,

„welche Unterschiede zwischen den alten Verfahren der Zucht und Züchtung (an anderen Lebewesen und an sich selbst) und dem Einsatz der Gentechnologie bestehen. Dabei, so ist zu vermuten, werden aber auch die Gemeinsamkeiten deutlicher hervor treten" (ebd., 122).

Gerhardt übernimmt von Sloterdijk nicht allein den Begriff der Anthropotechnik und die damit verbundene Strategie der Entproblematisierung von Gentechnologie, sondern auch seine Staatskonzeption, die sich wie die Sloterdijks an Nietzsche und Platon orientiert, weist große strukturelle Ähnlichkeiten zu jener auf. Politik gilt als „die Kunst, eine Herde zu hüten. ‚Hütung' aber bedeutet nicht allein, die Herde zu schützen und zu nähren; es gilt auch ihren Bestand zu mehren und für möglichst gesunde, kraftvolle Exemplare zu sorgen" (ebd., 135). Dies schließt die staatliche Verfügung über die Fortpflanzungspraxis von Frauen ein.[14] Platons Formulierung von der „Herdenzucht des Menschen" (*anthropon koinotrophiké*) übersetzt Gerhardt ins Neoliberale. So denke Platon

„nur daran, dass auch der Mensch möglichst ‚gut', d.h. möglichst ‚tüchtig' (*aristos*) sein möchte. (...) Wenn aber vom Einzelnen das Beste gewünscht wird – und aus Sicht der Gesellschaft auch verlangt wird – muss die *polis* die Bedingungen schaffen, die jedem die Erreichung dieses Ziels ermöglicht" (ebd.).

Im Kontext dieses Projekts, in dem Zwang und Selbstzwang zur Leistungsoptimierung ineinander übergehen, erscheint selbst Sloterdijks Konzept des

---

14 Obwohl Gerhardt sein Plädoyer für die Forschung an embryonalen Stammzellen durch die Parallelisierung mit der Abtoyung begründet, zeichnet sich seine Intervention durch einen starken Paternalismus gegenüber Frauen aus, die durchweg als defizitär erscheinen. Jedenfalls muss Gerhardt zufolge „der Mutter", wie er ungewollt schwangere Frauen nennt, „deutlich gemacht werden können, dass sie ihre Entscheidung nicht nach Gutdünken treffen kann" (Gerhardt 2001, 75).

Menschenparks als „Verharmlosung", da es außer acht lasse, dass die Politik „von ihrem Ursprung her eine Feindschaft" einkalkuliert (ebd., 141). Im Unterschied zu Sloterdijk, der an die Humanismus-Kritik Heideggers anknüpft, artikuliert Gerhardt sein politisch-philosophisches Projekt als „Apologie der Humanität". Anthropotechnik als Bevölkerungspolitik wird hier zu einer Art humanitärer Intervention.

Francis Fukuyama, der George W. Bush in Fragen der Biotechnologie berät und für eine „offizielle, staatliche Kontrolle" der Biotechnologie plädiert (Fukuyama 2002, 255), entwickelt seine Position anhand des Schrekkensszenarios einer „posthumanen Welt", in der

> „vielleicht jede Vorstellung von einer ‚menschlichen Gemeinsamkeit' verloren gegangen ... [ist; SL], weil wir die menschlichen Gene mit jenen so vieler anderer Gattungen vermischt haben, dass wir keine klare Vorstellung mehr davon besitzen, was ein menschliches Wesen ist" (ebd., 300f).

Das zentrale Konzept seiner Argumentation, die er selbst als aristotelisch bezeichnet (ebd., 28) und mit Zitaten von Nietzsche, die den einzelnen Kapiteln voran gestellt sind, umrahmt, ist das der menschlichen Natur. Waren schon in den antiken Begriff der *physis* Herrschaftsverhältnisse eingeschrieben,[15] so erweist sich das Konstrukt einer menschlichen Natur auch bei Fukuyama als Naturalisierung spezifischer Ordnungsvorstellungen. „Die menschliche Natur", heißt es, „formt und begrenzt die denkbaren Arten von politischen Ordnungen" (ebd., 20f.). Im Kern geht es um den Schutz von Familie, Privateigentum und Staat, die soziobiologisch begründet werden. „Mit einem besseren Verständnis der modernen Evolutionstheorien über Verwandtenselektion oder Gesamtfitness", so Fukuyama, „hätte man den Bankrott und das Scheitern des Kommunismus vorhersagen können, da dieser die natürliche Neigung nicht respektierte, die Familie und den Privatbesitz zu bevorzugen" (ebd., 181). Damit zielt Fukuyama allerdings nicht allein auf vergangenen Staatssozialismus, sondern schreibt vor allem in der Gegenwart kapitalistische Eigentumsverhältnisse und die heterosexuell begründete Familie als verbindliche Lebensform fest. Schließlich gilt „die Paarbildung zwischen Männern und Frauen [als; SL] ein gattungstypisches Verhalten unter den Menschen, während sie das bei den Schimpansen nicht ist" (ebd., 41). Fukuyamas Überlegungen artikulieren die Geschlechterdifferenz biologistisch, verbunden mit einer fundamentalen Sorge um Männlichkeit. So behauptet er,

> „dass die geschlechtliche Differenzierung bereits einige Zeit vor der Geburt einsetzt und das die Hirne von Männern (beim Menschen wie auch bei anderen Lebewesen) im Mutterleib, wenn sie in pränatalem Testosteron schwimmen, einen Prozess der ‚Maskulinisierung' durchmachen" (ebd., 139).

---

15 So ist man *physei* nicht nur Frau oder Mann, sondern auch Sklave oder Freier.

Vom Humanismus zum Posthumanismus? 61

Jede biotechnologische Problematik, die Fukuyama diskutiert, wie die Verhaltenskontrolle durch Neuropharmakologie, die Verlängerung des Lebens und die genetische Manipulation von Menschen wird bei ihm zum bedrohlichen Verlust von Männlichkeit. So problematisiert er im Kapitel über die Verlängerung des Lebens das Anwachsen der alten, weiblichen Bevölkerung. Das Problem besteht für ihn u.a. darin, dass

„amerikanische Frauen ... stets um sieben bis neun Prozent weniger stark als Männer das Engagement der Vereinigten Staaten in Kriegsfällen und den Einsatz von Gewalt außerhalb des Landes unterstützt" haben (ebd., 95).

Fukuyama konstruiert ein Bedrohungsszenario, demzufolge die Welt „geteilt ist zwischen einem Norden, in dem der politische Ton von älteren Frauen geprägt wird, und einem Süden, der durch ... ‚überpotente, zornige junge Männer' (aufgepeitscht)" wird (ebd., 96). Die politische Regulation der Biotechnologie, die Fukuyama gegen neoliberale Deregulierungsprozesse (ebd., 254f) und technikdeterministische Auffassungen (ebd., 301) einfordert, erweist sich somit als den Interessen einer maskulinen, euro-amerikanischen Elite verpflichtet, die ihre Privilegien auch kriegerisch verteidigt.

In der Rede vom Posthumanismus, sei es in kritischer oder affirmativer Weise, zeichnet sich ein Ensemble von Problematiken ab, das neue Subjektivierungsweisen und Individualitätsformen ebenso umfasst wie Fragen der politischen Regulation. „Posthumanismus" und „Humanismus" erweisen sich einerseits als antagonistisch reklamierbare Konzepte, andererseits werden z.T. ähnliche Positionen mit beiden Begriffen verbunden. Es kann daher nicht darum gehen, das Begriffspaar „Posthumanismus/Humanismus" als essenzialistisch gedachten Gegensatz fest zu schreiben, sondern vielmehr um eine Dechiffrierung und Transformation der jeweiligen Problemanordnungen. So rücken die Interventionen von Sloterdijk, Gerhardt und Fukuyama, politische Regulation ausschließlich aus der Perspektive maskulin-autoritär artikulierter staatlicher Herrschaft ins Zentrum. Demokratische Formen der „Regulation der Naturverhältnisse" (Görg 2003) sowie Politiken der Reproduktion, die auf eine Enthierarchisierung der Geschlechterverhältnisse zielen, fehlen in diesen Überlegungen völlig. In einer solchen Perspektive aber würde die Frage nach neuen Subjektivierungsweisen, welche eng verknüpft sind mit Entwürfen neuer Lebensweisen, besondere Brisanz gewinnen. An die Stelle einer Neuauflage des Phantasmas der Naturbeherrschung am eigenen Körper oder einer neuen Norm des „posthumanen Subjekts" hätten die Prozesse zu treten, in denen neue Formen individueller und kollektiver Handlungsfähigkeit entwickelt werden. Denn neue Individualitätsformen und Lebensweisen sind nicht schon mit den neuen Technologien gegeben, sondern allererst hervor zu bringen. Dabei stellt sich das Problem der Verallgemeinerbarkeit im globalen Zusammenhang immer wieder neu und bedarf einer, wie es bei Haraway heißt, „Praxis der ‚Differenz'", die, insofern sie nicht an einem imaginären „menschlichen Wesen" bzw. einer ursprünglichen „menschlichen

Natur" orientiert ist und „Humanität" als Projekt statt als Norm begreift, den Namen „posthumaner Humanismus" tragen könnte. Denn „Mensch" und „Menschheit" sind Begriffe, die sofern sie aus ihren essenzialistischen Fixierungen entlassen werden, Fragen der Produktions- und Lebensweise, der Geschlechterverhältnisse und der gesellschaftlichen Naturverhältnisse so artikulieren könnten, dass gesellschaftliche Mechanismen der Ausbeutung und Unterdrückung ins Zentrum der Kritik rücken. Gerade wenn wir wie Katherine Hayles „do not mourn the passing of a concept so deeply entwined with projects of domination and oppression" wie es das des Humanismus ist, geht es darum, die Jetztzeit zu betrachten „as a critical juncture when interventions might be made to keep disembodiment from being rewritten, once again, into prevailing concepts of subjectivity" (Hayles 1999, 5). Dabei geht es auch um die Reartikulation der im Begriff des Humanismus angelegten Perspektive einer nicht durch Gewaltverhältnisse und Herrschaft strukturierten, sondern menschlich eingerichteten Welt. In den damit verbundenen Verständigungsprozessen im globalen Zusammenhang könnte sich der umkämpfte Begriff des Humanismus nicht zuletzt auf Grund seiner transkulturellen Anrufbarkeit als produktiv und als Dichtepunkt vielfältiger partieller Perspektiven erweisen.

Literatur

Althusser, Louis (1974): Für Marx. Frankfurt a.M.
Barben, Daniel (2001): The Global Configuration of the Biotechnological Regime in Comparative Perspective. In: Arno Bammé; Günter Getzinger; Bernhard Wiesner (Eds.): Yearbook of the Institute for Advanced Studies on Science, Technology and Society. München/ Wien, 41-86
Becker, Barbara (2000): Cyborgs, Robots und Transhumanisten. Anmerkungen über die Widerständigkeit eigener und fremder Materialität. In: Dies.; Irmela Schneider (Hg.): Was vom Körper übrig bleibt. Frankfurt a.M./ New York, 41-70
Capelle, Wilhelm (1968): Die Vorsokratiker. Die Fragmente und Quellenberichte. Stuttgart
Derrida, Jacques (1988): Grammatologie. Wien (im Orig.: De la grammatologie, Paris 1967)
Foucault, Michel (1989): Die Ordnung der Dinge. Frankfurt a.M.
Fukuyama, Francis (2002): Des Ende des Menschen. Stuttgart/ München (im Orig.: Our posthuman future. Consequences of the Biotechnology Revolution. New York 2002)
Gerhardt, Volker (2001): Der Mensch wird geboren. Kleine Apologie der Humanität. München
Görg, Christoph (2003): Regulation der Naturverhältnisse. Zu einer kritischen Theorie der ökologischen Krise. Münster
Gramsci, Antonio (1994): Gefängnishefte Bd.6., Hamburg

Vom Humanismus zum Posthumanismus? 63

Halberstam, Judith; Ira Livingston (1995): Introduction: Posthuman bodies. In: Dies. (Eds.): Posthuman Bodies. Bloomington Indianapolis, 1-19

Haraway, Donna (1995a): Ein Manifest für Cyborgs. Feminismus im Streit mit den Technowissenschaften. In: Dies.: Die Neuerfindung der Natur, Frankfurt a.M./ New York, 33-72 (im Orig.: Manifesto for Cyborgs: Science, Technology, and Socialist Feminism in the 80's. In: Socialist Review 80, 1985, 65-108)

Haraway, Donna (1995b): Ecce Homo. Bin ich nicht eine Frau und un/an/geeignet anders: Das Humane in einer posthumanistischen Landschaft. In: Dies: Monströse Versprechen. Coyote-Geschichten zu Feminismus und Technowissenschaft, Hamburg/ Berlin, 118-135 (im Orig.: Ecce Homo, Ain't (Ar'n't) I a Woman, and Inappropriated Others: The Human in a Post-Humanist Landscape. In: Judith Butler; Joan Scott (Eds.): Feminists Theorize the Political. New York/ London 1992)

Hardt, Michael; Antonio Negri (2002): Empire. Die neue Weltordnung. Frankfurt a.M./ New York

Hayles, N. Katherine (1987): Text Out of Context. Situating Postmodernism Within an Information Society. In: Discourse 9, 24-36

Hayles, N. Katherine (1999): How We Became Posthuman. Virtual Bodies in Cybernetics, Literature, and Informatics. Chicago/ London

Heidegger, Martin (1986): Sein und Zeit (1927). Tübingen

Honegger, Claudia (1991): Die Ordnung der Geschlechter. Die Wissenschaften vom Menschen und das Weib 1750-1850. Frankfurt a.M.

Latour, Bruno (1998): Wir sind nie modern gewesen. Versuch einer symmetrischen Anthropologie. Frankfurt a.M.

Lettow, Susanne (2001): Die Macht der Sorge. Die philosophische Artikulation von Geschlechterverhältnissen in Heideggers ‚Sein und Zeit'. Tübingen

Lettow, Susanne (2003): ‚Der Mensch' der Philosophischen Anthropologie. Männlichkeit und kulturelle Hegemonie zwischen Weimarer Republik und NS. In: Claudia Lenz (Hg.): Männlichkeiten – Gemeinschaften – Nationen. Historische Studien zur Geschlechterordnung des Nationalen. Opladen, 23-43

More, Max (o.J.): Extropian Principles. A Transhumanist Declaration, www. extropy.org/ideas/principles (letzter Zugriff am 24.1.2003)

Orozco, Teresa (2003): Paradigmenwechsel in der Humanismusdiskussion 1918-1950. In: Clemens Knobloch; Georg Bollenbeck (Hg.): Resonanzkonstellationen: Die illusionäre Autonomie der Kulturwissenschaften. Heidelberg (i. Ersch.), 1-28

Singer, Mona (2001): Cyborg – Körper – Politik. In: Karin Gieselbrecht; Michaela Hafner (Hg.): Data Body Sex Machine. Technoscience und Sciencefiction aus feministischer Sicht. Wien, 20-44

Sloterdijk, Peter (2001a): Regeln für den Menschenpark. Ein Antwortschreiben zu Heideggers Brief über den Humanismus. In: Ders.: Nicht gerettet. Versuche nach Heidegger. Frankfurt a.M., 302-337

Sloterdijk, Peter (2001b): Domestikation des Seins. Zur Verdeutlichung der Lichtung. In: Ders.: Nicht gerettet. Versuche nach Heidegger. Frankfurt a.M., 142-234

Wiener, Norbert (1952): Mensch und Menschmaschine. Frankfurt a.M./ Berlin (im Orig.: 1949)

Zapata Galindo, Martha (2002): Männerphantasien in der Philosophie. Eine Annäherung an Peter Sloterdijks Denken. In: Birgit Christensen; Angelica Baum; Sidonia Blättler et al. (Hg.): Wissen Macht Geschlecht. Philosophie und die Zukunft der ‚condition féminine'. Zürich, 545-552

Figuring ‚service' in discourses of ICT: The case of software agents[1]

Lucy Suchman

The much discussed shift, particularly within the industrialized countries of North America and Europe, to a ‚service economy' is underwritten in myriad ways by information and communications technologies (ICT). In this paper I explore some aspects of how the provision of service is figured, both rhetorically and materially, in contemporary discourses of ICT. I use the idea of ‚figuration' here in the sense developed by cultural historian of science Donna Haraway (1997, 11). Haraway's argument is, first, that all language, including the most technical or mathematical is figural; that is, it is made up of tropes or turns of phrase that at least evoke, if not directly invoke, associations across diverse realms of meaning and practice. Technologies, Haraway argues, are forms of *materialised figuration*; that is, they bring together particular assemblages of stuff and meaning into more and less stable arrangements. These arrangements – commonly termed ‚configurations' in the practices of technology research and development – imply in turn particular ways of relating humans and machines. One form of intervention into current practices of ICT development, then, is through a critical consideration of how humans and machines are currently figured – and figured together – in those practices, and how they might be configured differently.

Given this general approach, my more particular aim here is to bring together two established critiques of the way that humans, and their relations to machines, are currently configured in ICT research and development. The first of these concerns efforts to develop intelligent, interactive machines – interactive not just in the sense that computational media make possible new, very distinctive dynamics of writing and reading, but in the sense of machines that can engage in conversation with us. My argument, in brief, is that efforts so far to create intelligent machines (whatever our views on the ultimate possibility of that enterprise) are deeply conservative, in their assump-

---

[1] This article first appeared in: „Global and Organizational Discourse About Information Technology", Eleanor H. Wynn, Edgar A. Whitley, Michael D. Myers and Janice I DeGross (Editors). Published by Kluwer Academic Publishers, Boston. Copyright 2003, International Federation for Information Processing.

tion that the model human is the rational, autonomous individual. This assumption, in turn, trivialises the embodied competencies involved in intelligence and interaction as these are enacted by humans. Nonetheless, the aim of AI is to replicate this particular image of the human in the form of a rational, autonomous, interactive machine.

The second line of critique starts from the observation that discourses of ICT have tended to erase the human labor that continues to be involved in technological production, implementation, maintenance and the like. This erasure is tied to the more general ways in which information has been rhetorically de-materialised – has ‚lost its body' in Katherine Hayles' apt phrase (Hayles 1999, 2). Through the particular case of software agents, I explore the proposition that contemporary ICT projects re-stage the very problematic dream of a perfect, invisible infrastructure, in ways that join together the fantasies of AI with the promises of a service economy.

The stage is set well by a figure courtesy of British writer P.G. Wodehouse, circa 1923:

‚"Morning, Jeeves,' I said.
‚Good morning, sir,' said Jeeves.
He put the good old cup of tea softly on the table by my bed, and I took a refreshing sip. Just right, as usual. Not too hot, not too sweet, not too weak, not too strong, not too much milk, and not a drop spilled in the saucer. A most amazing cove, Jeeves. So dashed competent in every respect. I've said it before, and I'll say it again" (Wodehouse 1999, 1).

So opens the first chapter of *The Inimitable Jeeves*, subtitled ‚Jeeves Exerts the Old Cerebellum'. The inimitability (or not) of Jeeves, and the cultural imaginaries within which Jeeves' competencies are attributed to his cerebellum, provide the starting place for my observations. Jeeves is the icon of the consummate service provider, the ever-resourceful ‚gentleman's personal gentleman.' The just-visible-enough worker, he directs his considerable skills to maintaining the comfort and respectability of his employer, the upper class, good-natured, but slightly dim-witted Bertie Wooster.

While created close to a century ago, it is evident that Jeeves pre-figures a central object of contemporary projects in computing and interface design; that is, the interactive software agent. As the robot was to the industrial imaginary, so the software agent is to the desires and fantasies of the service economy. Rather than machines that can do our heavy lifting for us, the dream now is that every one of us can be a Bertie Wooster, commanding a staff of servants that gets to know us intimately, watches out for us, keeps us informed in just the ways that we need to be (knowing better what those ways are than we do ourselves), and represents us faithfully in our everyday affairs.

To understand these latest materialized figurations, it is useful to look back briefly at their hardware ancestors in the form of robots and their computational kin. Perhaps most obviously, the history of robotics and AI is the latest episode the ongoing serial ‚the separation of body and mind'. While industrial robots are designed to be super-strong or special purpose bodies, intelligent machines are designed to think. A progeny of the Cold War, the first ‚thinking machines' develop in the context of dreams and anxieties over military command and control, code-breaking and the like (see Edwards 1996; Hayles 1999). Perhaps one of the most consequential moves in the early days of AI was the importation of language used to describe human behavior – search, recognition, learning, problem-solving – to describe computational processes. At the same time, researchers in the emerging field of cognitive psychology adopted more and more of the language of mathematics and information processing to describe human thought.

My interest in the projects of AI and interactivity at the interface dates back to the early 1980s at Xerox Palo Alto Research Center (PARC), where I became intrigued by an effort to design an interactive interface to a particular product. The effort was initiated in response to a delegation of Xerox customer service managers who travelled to PARC to report on a problem with the machine and to enlist research advice in the problem's solution. The machine was a relatively large, feature-rich photocopier that had just been ‚launched,' mainly as a placeholder to establish the company's presence in a particular market niche that was under threat from other, competitor companies. The machine was advertised with a figure dressed in the white lab coat of the scientist/engineer, but reassuring the viewer that all that was required to activate the machine's extensive functionality was to ‚push the green [start] button'. It seemed that customers were refuting this message, however, complaining instead that the machine was, as the customer service managers reported it to us, ‚too complicated'.

My interest turned to investigating just what specific experiences were glossed by that general complaint, a project that I followed up among other things by convincing my colleagues that we should install one of the machines at PARC and invite our co-workers to try to use it. My analyses of the troubles evident in these video-taped encounters by actual scientists/engineers with the machine led me to the conclusion that its obscurity was less a function of any lack of general technological sophistication on the part of its users, than of their lack of familiarity with this particular machine. I argued that the machine's ‚complexity' was tied less to its esoteric technical characteristics than to mundane difficulties of interpretation characteristic of any unfamiliar artifact. My point was that making sense of a new artifact is an inherently problematic activity. Moreover, I wanted to suggest that however improved the machine interface or instruction set might be, this would never eliminate the need for active sense-making on the part of prospective users. This called into question, then, the very viability of marketing the machine as ‚self-explanatory,' or self-evidently easy to use.

My colleagues, meanwhile, had set out on their own project, to design an ‚intelligent, interactive' computer-based interface to the machine that would serve as a kind of coach or expert advisor in its proper use. Working within the context of research in artificial intelligence at the time, the phrase ‚self-explanatory machine' for them was coming to take on new meaning. Along with the more traditional notion that an artifact is self-explanatory just to the extent that a prospective user is able to reconstruct how its designer ‚intended' it to be used, my colleagues were interested in the prospect that an artificially-intelligent machine might actually be able to explain itself in something more like the sense that a human being does. In this second sense the goal was that the artifact should not only be *intelligible* to the user as a tool, but that it should be *intelligent* – that is, able to understand the actions of the user, and to provide for the rationality of its own.

My own research turned to a critical analysis of my colleagues efforts to create this expert advisor, and of the field of AI and human-computer interaction more generally (Suchman 1987). I took as my focus the question of interactivity, and assumptions about human conversation within the field of AI, working those against findings that were emerging in sociological studies of face-to-face human conversation. The main observation of the latter was that human conversation does not follow the kind of message-passing or exchange model that formal, mathematical theories of communication posit. Rather, humans dynamically co-construct the mutual intelligibility of a conversation through an extraordinarily rich array of embodied interactional competencies, strongly situated in the circumstances at hand (which are, in turn, unfolding through that same interaction). I accordingly adopted the strategy of taking the premise of interaction seriously, and applying a similar kind of analysis to people's encounters with the machine to those being done in conversation analysis. The result of this analysis was a renewed appreciation for some important differences, and more particularly asymmetries, between humans and machines as interactional partners, and for the profound difficulty of the problem of interactive interface design.

While the dreams of AI have fallen on some difficulties since that time, the project has responded by shape-shifting into ever new – and at the same time, I will argue, ever old and familiar – forms. One of these is the intelligent software agent, revived in contemporary ICT discourse by the growth of the internet. So we find a renaissance of enthusiasm about ‚knowbots,' online personal assistants, and other computational artifacts attributed with a capacity for intelligent, interactive behavior. By way of introduction, here is a definition from a recent paper in the *International Journal of Human-Computer Studies*:

„Interface agents are computer programs that aid a user in accomplishing tasks carried out at the computer, such as sorting email, filtering information and scheduling meetings. These agents differ from conventional computer programs in that *they can act autonomously on behalf of the user*, that is, without requiring the user to enter a command or click a button whenever she wants the task to be carried out. In addition to autonomy, a characteristic of intelligent agents is *their ability to perform tasks delegated to them in an intelligent, that is context- and user-dependent way*" (Dehn and van Mulken 2000, 1).

The first claim made here I think is most interesting for its choice of the word „autonomy", in contrast to the relatively straightforward examples of functionality („sorting email, filtering information and scheduling meetings") that the authors suggest, while the second claim regarding intelligence, albeit framed now in terms of „context" and „user-dependence", begs the same set of questions regarding machine interactivity that my own, and others', critiques had earlier raised.

One thing that has unquestionably changed, however, is the rise of graphics and animation as resources for interface design. Dehn and van Mulken report that advances in computer graphics now enable *animated interface agents*. Of the latter, they write:

„Such agents appear on the screen as embodied characters and exhibit various types of lifelike behaviours, such as speech, emotions, gestures and eye, head and body movements" (ibid, 2).

Setting aside for the moment the sense of the term „embodied" here, I am interested in the question of just how these agents differ from conventional cartoon characters. Here is what the classic reference work on Disney animation has to say about cartooning:

„Disney animation makes audiences really believe in ... characters, whose adventures and misfortunes make people laugh – and even cry. There is a special ingredient in our type of animation that produces *drawings that appear to think and make decisions and act of their own volition; it is what creates the illusion of life*" (*Disney Animation: The Illusion of Life*, cited in Bates 1994, 122, my emphasis).

This seems quite straightforward, using the language of ‚appearances,' and ‚illusions.' So what is different about the claims being made for agents at the interface?

This quote is taken from an article by Joseph Bates in a special issue of *Communications of the ACM* on Intelligent Agents. The approach taken by Bates and his colleagues is to import techniques developed to portray emotion in cartoon characters into a computer program, called ‚Edge of Intention,' populated by three cartoon creatures named ‚Woggles.'

Abb.1: Woggles, © Oz Project, Computer Science Department, Carnegie Mellon University, used by permission (www.zoesis.com)

The medium of cartooning is appropriate here in more than a technical sense. What ‚emotions' become in this system are a series of emotional/behavioral attributions mapped to visual features of the figures. So for example a state labelled „sadness" triggers a „moping behavior", expressed through a decreased muscle tone, shorter jumps and slower actions (ibid., 124). As with cartoon animation, the artful synthesis of cartoonist's design work and viewers' readings results in successful animations. But for Bates and his colleagues the achievement is more than that. As he puts it, the result of their work is:

„creatures with definite emotional reactions to events. A simple example is a Woggle creating an analog of anger when it both experiences an important goal failure and judges that the failure was caused by another Woggle ... We took care to design an architecture that provided Woggles with strong internal emotional states" (ibid., 123f.).

In this single passage Bates' creatures are simultaneously presented as ‚just' illusions of life *and* as important steps along the path to the real thing. Why, if a Woggle has emotional reactions, experience, judgement and strong internal emotional states does it create only „an analog of anger"? The rhetoric, it seems, is getting very slippery indeed.

Woggles and pets notwithstanding, the most popular role for software agents, remains that of personal representative or assistant to the user, which brings us back to Jeeves. The idea of personal agents was animated perhaps most vividly in the form of ‚Phil,' the bow-tied agent in Apple's 1984 video ‚The Knowledge Navigator,' but more modest implementations abound. Jeeves' travels through the interface are exemplified most directly, of course, in the Web search service Ask Jeeves®. And in a feature article in the May 2001 issue of the popular technoscience magazine, *Scientific American*, Tim Berners-Lee and his co-authors present their vision for the successor to today's World Wide Web, named (before its birth, in the manner typical of many software projects) ‚The Semantic Web'. The authors animate their project with a scenario reminiscent of the Knowledge Navigator, though updated to include a hand-held web device:

„The entertainment system was belting out the Beatles' ‚We Can Work It Out' when the phone rang. When Pete answered, his phone turned the sound down by sending a message to all the other local devices that had a volume control. His sister, Lucy, was on the line from the doctor's office: ‚Mom needs to see a specialist and then has to have a series of physical therapy sessions ... I'm going to have my agent set up the appointments.' Pete immediately agreed to share the chauffering.

At the doctor's office, Lucy instructed her Semantic Web agent through her handheld Web browser. The agent promptly retrieved information about Mom's prescribed treatment from the doctor's agent, looked up several lists of providers, and checked for the ones inplan for Mom's insurance within a 20-mile radius of her home and with a rating of excellent or very good on trusted rating services. It then began trying to find a match between available appointment times (supplied by the agents of individual providers through their Web sites) and Pete and Lucy's busy schedules" (Berners-Lee et al. 2001, 36).

From Bertie Wooster's trials as a member of the British leisure class, we move to the dilemmas of the baby boomer engaged in a busy working life, called upon to care for aging parents under a regime of privately insured health care. While Mom apparently still needs to be transported bodily to her physical therapist, the rest of the logistics are adeptly handled by Pete and Lucy's software agents, and with just the right degree of deference (the first agent-generated plan is submitted for approval and sent back for modification). Issues of privacy, trust, and the like are dispatched through the application of appropriate techniques alluded to at relevant moments in the scenario.

As the authors explain, „Pete and Lucy could use their agents to carry out all these tasks thanks not to the World Wide Web of today, but rather the Semantic Web that it will evolve into tomorrow" (ibid., 36). The article describes how a new language of machine-readable Web content – a system of „well defined meanings" – will underwrite that evolutionary process (ibid., 37). They conclude that „[p]roperly designed, the Semantic Web can assist the evolution of human knowledge as a whole... This structure will open up the knowledge and working of humankind to meaningful analysis by software agents, providing a new class of tools by which we can live, work and learn together" (ibid., 43).

The ideal that unites these scenarios is that agents should be enough like us to understand our desires and to figure out on their own how to meet them, but without either their own desires or ambitions, or other human frailties that might get in the way of efficient and effective accomplishment of their assigned tasks. Another example, announced by the online news service Ananova™, is their personified newscaster, imaged as a somewhat barbie-doll like female figure, and described as follows:

„The world's first virtual newscaster... Ananova is a super-fast, super-intelligent news and information computer system with a difference – she has a „human" face and personality. She has been programmed to act like a human newscaster, responding with relevant emotions and actions depending on the nature of the information she is imparting. Unlike a flesh-and-blood newsreader she is in action every second of the day and can deliver any number of different bulletins or pieces of information simultaneously" (www.ananova.com).

What appears constant across these cases is that the litmus test of a good agent is the agent's capacity to be autonomous, on the one hand, and just what we want, on the other. We want to be surprised by our machine servants, but not displeased. At the same time we live in an age that embraces the ideal of the independent, self-motivated, entrepreneurial worker. As Henry Lieberman asks in his paper ‚Autonomous Interface Agents':

„Why autonomous agents? An assistant may not be of much practical help if he or she needs very explicit instruction all the time and constant supervision while carrying out actions. Assistants can be time-savers when they are allowed to act independently and concurrently. Allowing an interface agent to run off-line and in parallel, with the user directing attention to other activities, enables the user to truly delegate tasks to the agent" (Lieberman 1997, 2).

Here then is a classic tension. As management theory has pointed out with respect to the problem of agents and delegation in business administration, the more empowered these others, and the more capable of pursuing their own self-interests rather than ours, the less reliable they are. There is a deep and enduring ambivalence, in other words, inherent in the image of the agent: on the one hand, the agent as faithful representative, on the other, the agent as autonomous, self-directed, and therefore able to pursue its own agenda.

Somewhat paradoxically, one could argue that it is actually the persistence of the modernist human/machine divide rather than its disappearance that makes the prospect of machine autonomy so compelling to those interested in the design of intelligent, interactive artifacts. The modernist assumption is that agency is something contained within singular individuals, and in this respect the project of designing intelligent artifacts – however ‚distributed' intelligence is understood to be – remains consistent with a tradition that treats separation and autonomy, rather than relatedness, as the mark of humanity. Having systematically established the division of humans and machines, many technologists now seem worried that once separated from us machines are rendered ‚lifeless', and by implication less. They need to be revitalized, restored to humanness – in other words, to be made like us – in order that we can be reunited with them.

What we see, moreover, in these recent initiatives in software agency is the persistence of what I take to be a central figure across industrial and post-industrial initiatives around new technologies. This figure has been insightfully discussed within science and technology studies under the name of the invisible worker and invisible infrastructures, from Steve Shapin's (1989) observations about the role of technicians in scientific discovery to recent work by Bowker and Star on systems of classification (1999). Just as the dream of the robot worker was to relieve us of hard labor, or of the contingencies of managing others so engaged, so the dream of animated agents at the interface promises to relieve us from having either to perform the mundane work involved in providing services for ourselves, or to negotiate the moral dilemmas and practical inconveniences of delegating that work to others who might – more and less faithfully – represent us.

Conclusion

In *How We Became Posthuman* (1999), N. Katherine Hayles offers a critical interrogation of the evacuation of the body and materiality from the field of informatics in the early days of the field's formation. Hayles recounts at length the proceedings of the Macy Conferences on Cybernetics, a series of 10 meetings held between the years 1946 and 1953. As she closes her discussion she brings a previously absent figure onto the stage, the conference assistant and transcriptionist Janet Freed, pictured in a photograph from the 1953 meeting. The photograph, as Hayles recounts it, shows a U-shaped table around which are seated a large group of men and two women – the anthropologist Margaret Mead and, „with her back to the photographer, her arms extended, hands reaching out to a machine I can't quite see", Janet. As Hayles reflects:

„Thinking of her, I am reminded of Dorothy Smith's suggestion that men of a certain class are prone to decontextualizaton and reification because they are in a position to command the labor of others. ,Take a letter, Miss Freed', he says. Miss Freed comes in ... the man speaks, and she writes on her stenography pad (or perhaps her stenography typewriter). The man leaves. He has a plane to catch, a meeting to attend. When he returns the letter is on his desk, awaiting his signature. From his point of view, what has happened? He speaks, giving commands or dictating words, and things happen. A woman comes in, marks are inscribed onto paper, letters appear, conferences are arranged, books are published. Taken out of context, his words fly, by themselves, into books. The full burden of the labor that makes these things happen is for him only an abstraction, a resource diverted from other possible uses, because he is not the one performing the labor.
    Miss Freed has no such illusions. Embedded in context, she knows that words never make things happen by themselves. They can't put marks on paper. They can't get letters in the mail. They can't bring twenty-five people together at the right time and in the right place, at the Beekman Hotel in New York City, where white table cloths and black chalkboards await them. For that, material and embodied processes must be used – processes that exist never in isolation but always in contexts where the relevant boundaries are permeable, negotiated, instantiated" (Hayles 1999, 82f).

The software agent is figured within a discourse that makes ,service' the imperative for a global economic infrastructure. The relations of upstairs and downstairs, frontstage and back, that the service economy presupposes are constituted within a closed world that simultaneously presumes and regenerates the needs, desires, identities and inequalities that those relations comprise. Just as the decorum of Bertie Wooster's world is maintained by the supporting activities and discrete interventions of Jeeves, the dream of technology innovators in the service economy is that new sociomaterial agents and infrastructures will make it possible for more and more of ,us' to be hailed as persons residing ,upstairs' rather than down. My concern, then, is with the kinds of ,wes' that are posited by this future vision, widening the circle of those who employ, manage, and command to include more and more of ,us', while the others who serve us are re-fantasized from problematic human workers to the now-quite-imitable in silicon Jeeves. Discourses of software agents at once naturalize the desirability of ,service provision', while further obscuring the specific sociomaterial infrastructures – including growing numbers of human workers – on which smooth interactions at the interface continue to depend.

References

Bates, Joseph (1994): The Role of Emotion in Believable Agents. In: Communications of the ACM 37, 7, 122-125

Berners-Lee, Tim; James Hendler; Ora Lassila (2001): The Semantic Web. In: Scientific American, May, 36-43

Bowker, Geoff; Susan Leigh Star, (1999): Sorting Things Out. Classification and its Consequences. Cambridge, MA

Dehn, Doris; Susanne van Mulken (2000): The Impact of Animated Interface Agents. A Review of Empirical Research. In: International Journal of Human-Computer Studies, Vol. 52, 1-22

Haraway, Donna (1997): Modest_Witness@Second_Millenium.FemaleMan©_Meets_OncoMouse™: Feminism and Technoscience. New York/ London

Hayles, N. Katherine (1999): How We Became Poshuman. Virtual Bodies in Cybernetics, Literature and Informatics. Chicago

Lieberman, Henry (1997): Autonomous Interface Agents. Conference Proceedings on Human Factors in Computing Systems, 67-74

Shapin, Steve (1989): The Invisible Technician. In: American Scientist, Vol. 77, 554-563

Suchman, Lucy (1987): Plans and Situated Actions. The Problem of Human-Machine Communication. New York

Wodehouse, P.G. (1999): The Inimitable Jeeves. Harmondsworth (originally published 1923)

Web sites
Ananova™ 'virtual newscaster' http://www.ananova.com/ (last access June 2000)

Einschreibungen von Geschlecht: Lassen sich Informationstechnologien feministisch gestalten?[1]

Corinna Bath

Begegnungen mit virtuellen, animierten Charakteren sind bisher vor allem aus dem Bereich der Computerspiele bekannt. Speziell die Figur Lara Croft, die seit 1996 viele Spielefans begeisterte, wurde populär und in der feministischen Debatte kontrovers diskutiert (vgl. etwa Pritsch 2000). Mittlerweile begegnen uns jedoch bereits beim Surfen durch das Netz immer häufiger Avatare, „embodied conversational agents", „lifelike computer characters" und anthropomorphe Interface-Agenten.[2] Vor allem auf kommerziellen Webseiten bieten die humanoiden Figuren ihre Hilfe, Beratung und weitere Dienstleistungen an. Auf der Website des Buchclubs Bertelsmann etwa dient der Avatar PIA (Persönliche Internet-Assistentin) als virtuelle Einkaufsführerin, während bei der Vertretung der Deutschen Bank im Netz die KundInnen von Cor@ empfangen werden. Die menschlich erscheinenden, zumeist comichaft dargestellten Figuren haben aktuell nicht nur im E-Commerce Konjunktur, sie kommen zunehmend auch in Lernsoftware, als kontextsensitive Hilfesysteme für die Benutzung von Software, zur Veranschaulichung von Bedienungs- und Bauanleitungen oder auch im Entertainment-Bereich zum Einsatz. In den USA mischte im letzten Wahlkampf gar die in Deutschland entwickelte Jackie Strike als virtuelle und erste weibliche Präsidentschaftskandidatin mit.

Bereits ein oberflächlicher Blick über die entstehenden Prototypen und die im Internet zugänglichen Avatare lässt deutlich erkennen, dass weibliche Verkörperungen signifikant häufiger vorkommen als männliche oder neutrale. Ihre Körper, Bewegungen und Gesten erscheinen extrem geschlechts-

---

1   Mein Dank gilt den Teilnehmerinnen der Arbeitstagung „Turbulente Körper und soziale Maschinen" im März 2003 an der TU Braunschweig für Kommentare zu einer früheren Version dieses Beitrags sowie insbesondere Jutta Weber für ihre instruktive Kritik.
2   Bisher hat sich für diese Artefakte noch keine einheitliche Bezeichnung durchgesetzt. Im Gegensatz zu den grafischen Selbstdarstellungen von Usern, sind hier informationstechnisch erzeugte Figuren gemeint, die den NutzerInnen im Netz oder in Anwendungsprogrammen gegenüber treten.

stereotyp – selbst die der wenigen männlichen Gestalten.[3] Die Performanz der Zweigeschlechtlichkeit bleibt jedoch nicht auf die grafisch-animierte Ebene beschränkt. Vielmehr führen auch die sprachlichen Inszenierungen, die gegenwärtig technisch zumeist über einen textbasierten Chat realisiert sind, ein traditionelles Rollenverhalten vor. In einer „Plauderei" mit Cornelia, die als Webface des ZDF bis vor kurzem durch die Seiten des Senders führte, reagierte sie auf anzügliche Bemerkungen mit: „Da werde ich doch gleich ein bisschen rot. Danke." Und auf die Frage, ob sie eine richtige Frau sei, antwortete sie mit gesenktem Blick: „Naja, schauen Sie mich an!" Demgegenüber wusste sie auf die Frage, ob sie ein Mensch sei, keine explizite Antwort und versuchte mit einem Verweis auf die Witzeseite auszuweichen: „Existentielle Fragen sind wichtig, bringen mich aber ziemlich durcheinander. Ähm ... Heute schon gelacht?"

Zweigeschlechtlich-heterosexuelle Überzeichnungen körperlicher und sprachlicher Repräsentation sind nicht neu und seit vielen Jahren Gegenstand feministischer Kritiken in den Kultur-, Sprach- und Medienwissenschaften. Auch im Fall der anthropomorphen Interface-Agenten scheint eine sorgfältige Analyse der geschlechtlichen Einschreibungen geboten. Die Einfachheit und Offensichtlichkeit der dabei vorgeführten Sexualitäts- und Geschlechtsstereotypisierungen wirft jedoch die Frage auf, ob eine kritische Inspektion dieser Artefakte auf der Ebene medialer Repräsentation stehen bleiben darf. Wenn mittlerweile selbst die Werbeindustrie nicht mehr nur mit traditionellen Geschlechterbildern operiert, Frauen stark sein dürfen, Schwule als Zielgruppe explizit angesprochen werden und Männer als sorgende Familienväter auftreten, warum tauchen dann gerade in der Realisierung virtueller Charaktere längst überkommen geglaubte Bilder wieder auf? Lässt sich dies allein als altbekanntes Phänomen deuten, das sich in den Massenmedien wiederholt beobachten ließ? Oder liegt die massive Vergeschlechtlichung eher im neuen Medium begründet, in dessen zugrunde liegender Technologie, ihren Konzeptionen und Reduktionen von Menschlichkeit und Kommunikativität?

Die Herstellungsweisen von Avataren haben sich stark gewandelt seit Max Headroom 1986 als erster virtueller TV-Charakter auftrat. Wurden in den Anfangszeiten Filmaufnahmen von Schauspielern durch Gummimaske und Videoeffekte verfremdet – eine Technik, die auch aktuell, z.B. bei Robert T-Online, noch zum Einsatz kommt –, werden seit ein paar Jahren Mimik, Gestik oder Körpersprache menschlicher Akteure mit Hilfe von Sensoren, die am Körper angebracht sind, aufgezeichnet und im Computer abgebildet, um anhand dieser einzeln markierten Bildpunkte realistisch erscheinende Animationen virtueller Charaktere zu errechnen. Inzwischen lässt sich die Grafik der animierten Figuren ohne konkrete Referenz mittels komplexer mathema-

---

3   Z.B. Max Headroom, Robert T-Online oder auch der virtuelle Nachrichtensprecher Johann P. Partout der Wirtschaftsnachrichtenagentur vwd.

tischer Verfahren vollständig im Computer erzeugen. Zur Spracherkennung, -generierung und Dialogführung werden darüber hinaus Methoden der Künstlichen Intelligenz aus dem Bereich der „natürlichsprachigen Systeme" genutzt. Dabei soll die textsprachliche Repräsentation der künstlichen Figuren möglichst fließend mit der körpersprachlichen Ausdrucksweise korrelieren. Mit dem Ziel, die technischen Artefakte glaubwürdig menschlich erscheinen zu lassen, werden neuerdings zunehmend Erkenntnisse der empirischen Psychologie und angrenzender Gebiete in informationstechnische Modelle übersetzt, um sie in den Software-Agenten implementieren zu können.

Angesichts des enormen wissenschaftlichen und technischen Aufwands, der für die theoretische Konzeption wie auch die praktische Konstruktion anthropomorpher Interface-Agenten betrieben wird,[4] scheint es für eine feministische Analyse dieser Technologie aussichtsreich, Ansätze der feministischen Technikwissenschaftsforschung heranzuziehen und auf mögliche Mechanismen der Einschreibung von Geschlecht zu befragen: Welche Prozesse der Vergeschlechtlichung werden in der Technikentwicklung wirksam? Wodurch geraten althergebrachte Geschlechtszuschreibungen in die informationstechnologischen Artefakte hinein? In welcher Form und mit wessen Hilfe materialisieren sich diese? Und inwieweit besteht dabei die Möglichkeit einer feministischen Intervention?

Diesen Fragen möchte ich im Folgenden anhand vereinzelt vorliegender Fallstudien nachgehen und vier verschiedene Dimensionen der Einschreibung von Geschlecht in informationstechnologische Artefakte herausarbeiten. Dabei geht es mir weder um eine Rekonstruktion der historischen Entwicklung von Geschlechter-Technik-Analysen noch um ein Nachzeichnen der technologischen Veränderungen in den letzten Jahren. Vielmehr liegt der Fokus meines Beitrags auf der konzeptionellen Ebene und zielt auf eine systematische Analyse von Ansätzen, die spezifische Mechanismen und Prozesse der Vergeschlechtlichung von technischen Artefakten aufzeigen. Meinen Ausführungen liegt dabei die Frage zugrunde, ob und in welcher Hinsicht entstehende Technologien aus einer feministisch-wissenschaftskritischen Perspektive gestaltet werden können. Auf Grundlage dieser Überlegungen werde ich abschließend auf die virtuellen Agenten und Avatare zurückkommen.

---

4 Für eine Darstellung der diffizilen technischen Konstruktion von Embodied Conversational Agents vgl. etwa Pelachaud 2002.

„Invisible Work" und der Versuch, „Frauenarbeit" sichtbar zu machen

Während der 80er Jahre rief der Einzug von PCs an Büroarbeitsplätzen und in Fabriken KritikerInnen auf den Plan, die für eine humane Arbeitsgestaltung plädierten. Dem Leitbild der Automatisierung wurde die Vision einer angemessenen Arbeitsteilung zwischen Mensch und Maschine entgegengesetzt. Indem Softwaresysteme zunehmend für Anwendungsgebiete entwickelt wurden und nicht nur von ExpertInnen bedienbar sein sollten, gerieten die Belange der NutzerInnen wie auch arbeitswissenschaftliche Erkenntnisse in den Blick der Informatik. Mit der partizipativen Softwareentwicklung entstanden Methoden, um Arbeitsaufgaben angemessen durch Informationstechnologien unterstützen zu können. Insbesondere die skandinavische Linie dieser Forschungsrichtung, die von einer politischen ArbeitnehmerInnen-Perspektive geprägt war, verfolgte das Ziel, die NutzerInnen möglichst früh und zugleich demokratisch in den technischen Entwicklungsprozess mit einzubeziehen.

In diesen Ansätzen wurde jedoch deutlich, wie schwierig es ist, ein für die Software-Entwicklung ausreichendes Verständnis von Arbeitsprozessen – noch dazu in einem emanzipatorischen Sinn – herzustellen. „Wie die Menschen arbeiten, ist eines der am besten gehüteten Geheimnisse", meint der Arbeitssoziologe David Wellman (zit. nach Suchman 1995, 56). So sind etwa viele Tätigkeiten, die zum „Funktionieren" eines Betriebs oder einer Organisation, zu einem „reibungslosen" Ablauf beitragen, für außenstehende BeobachterInnen nicht wahrnehmbar und z.T. auch von den Beteiligten selbst kaum formulierbar. Es ist „invisible work".[5]

Die Beobachtung, dass zumeist gerade die Arbeit unsichtbar ist, die traditionell von Frauen ausgeführt oder dem traditionellen weiblichen Rollenverhalten zugeschrieben wird, ist bis heute Gegenstand feministischer Ansätze in der Informatik. Die Definition, was als Arbeit gilt und informationstechnisch repräsentiert werden soll, setzt nicht nur eine für die Disziplin typische formallogische Klassifikationsarbeit voraus. Susan Leigh Star und Lucy Suchman haben mit Bezug auf die Informatik darauf aufmerksam gemacht, dass die Sichtbarkeit von Arbeit mit Macht, Bezahlung und Anerkennung, aber auch mit Geschlecht und dem Ausschluss des „Anderen" korreliert (vgl. u.a. Star 1991, Suchman 1995, 2001). Insofern ist das Sichtbarmachen spezifischer Formen und Inhalte von Arbeit, das mit der Entwicklung von Anwendungssoftware notwendig verknüpft ist, ein höchst politischer Prozess.[6]

---

5   Bonnie Nardi und Yrjö Engeström unterscheiden vier Typen unsichtbarer Arbeit; vgl. Nardi, Engeström 1999, 1.
6   Insbesondere Suchman fordert deshalb immer wieder ein bewusstes und verantwortungsvolles Handeln von den Software- und SystementwicklerInnen ein.

Auch in den Untersuchungen, die im deutschsprachigen Raum zu den Verhältnissen von Geschlecht und Informationstechnologien durchgeführt wurden, stand zunächst die Re-Organisation von typischer „Frauenarbeit" durch die einsetzende Informatisierung im Vordergrund. Neben dem Bereich der Büroarbeit wurde vor allem der des Krankenhauses analysiert (vgl. u.a. Winker 1995, Wagner 1989, 1991). Diese Studien sind nicht nur Wirkungsforschungen, welche die sozialen und organisatorischen Folgen des Einsatzes von Informationssystemen, z.B. für die Schreibkräfte oder Krankenpflegerinnen, einzuschätzen versuchen (vgl. etwa Rammert et al. 1998, 100). Vielmehr stellen sie die Abhängigkeit technologischer Entwicklungen von ihrem sozialen Kontext, das *social shaping of technology* heraus. Ina Wagners Vergleichsstudie zwischen Krankenhausinformationssystemen in Frankreich, den USA und Österreich zeigt klar auf, dass diesen jeweils sehr unterschiedliche Vorstellungen der sozialen Organisation von Pflege eingeschrieben sind. Während das untersuchte US-amerikanische Informationssystem an Kostenminimierung und Rationalisierung orientiert ist, auf Effizienz, Transparenz und Verwissenschaftlichung der Pflege zielt und verschiedene Funktionen und Akteursinteressen integriert, zerfällt beispielsweise das französische in ein Patienteninformationssystem, ein Verwaltungssystem und ein Pflegeinformationssystem. Das Letztere dient primär dazu, die Belastungen des Pflegepersonals zu erfassen, um den Stationen eigene Personalplanungen zu ermöglichen. Dabei sind die Pflegehandlungen, die elektronisch dokumentiert werden sollen, nicht – wie im US-amerikanischen System – im Einzelnen spezifiziert. Stattdessen wird pro Krankheitstyp von einer fiktiven Arbeitsbelastung ausgegangen, die von den PflegerInnen gemeinsam ausgehandelt wurde. In der Einordnung der Pflegehandlungen sind Spielräume wie Ausnahmen zugelassen. Zum Zeitpunkt der Untersuchung hatte allein das Stationspersonal Zugriff auf das Pflegeinformationssystem, auch wenn die Verwaltung bereits den Wunsch nach Datenzugang äußerte.

Die konkreten Aussagen der Studie sind heutzutage sicherlich nicht mehr aktuell. Dennoch macht sie deutlich, wie stark soziale und gesellschaftliche Rahmenbedingungen – hier z.b. das nationale Gesundheitssystem – sowie Annahmen über die Organisation von Arbeit die Architektur und Ausprägung der beschriebenen Informationssysteme bestimmen. Mit diesen Vorstellungen schreiben sich offenbar zugleich Arbeitsteilungen in die Artefakte ein, welche die weithin vorherrschende geschlechterhierarchische Ordnung zementieren oder auch aufbrechen können. Das französische System lässt etwa eine relativ autonome Stellung der KrankenpflegerInnen gegenüber der Verwaltung vermuten, während die hohe Position der ÄrztInnen durch die Fragmentierung in drei getrennte Aufgabenbereiche des Systems eher gestützt wird. Für das Pflegepersonal ist zudem ein selbstverantwortliches, situiertes Handeln im Umgang mit den PatientInnen möglich. Der universell-normierende Katalog von Pflegedienstleistung im US-amerikanischen System schwächt demgegenüber die Position von PatientInnen, insbesondere derer, die nicht „der Norm entsprechen". Auch die Handlungsmöglichkeiten der PflegerInnen werden beschränkt, indem sie Kontingenz und Ambiguität auszuschließen haben. Allerdings könnte mit der insgesamt angestrebten Transparenz des Gesundheitswesens durch den IT-Einsatz der US-amerikanischen Art möglicherweise ein Abbau von Machtgefällen einhergehen: zwischen ÄrztInnen auf der einen und PatientInnen, KrankenpflegerInnen bzw. ApothekerInnen auf der anderen Seite.

Unabhängig davon, welche Auswirkungen sich im konkreten Fall empirisch beobachten ließen,[7] wird deutlich, dass mit den Annahmen und z.T. selbstverständlichen Voraussetzungen, die der technischen Konstruktion von Informationssystemen zugrunde liegen, Definitionen von Arbeit, Normierungen von Tätigkeiten, Organisationsstrukturen und geschlechtshierarchische Arbeitsteilungen in die Software eingeschrieben sind. Eine erste Ebene der Einschreibung von Geschlecht in Technologien ist damit im Anwendungsfeld identifiziert. Dort gilt es zu fragen, welche geschlechtsspezifischen Segregationen und sozialen Ungleichheitsstrukturen beobachtet werden können und inwiefern diese in den technischen Artefakten implementiert sind. Werden vorliegende Strukturen in der Technologie abgebildet und verstärkt? Oder verändert die technologische Re-Organisation von Arbeit hierarchische Verhältnisse?

Die Idee einer feministischen Gestaltung von Technologien, die darauf zielt, einer Fortschreibung hierarchischer Strukturen entgegenzuwirken, wurde bereits in den 80er Jahren von einer Initiative in den USA aufgegriffen. Geoffrey Bowker und Susan Leigh Star beschreiben das Projekt der „Nursing Intervention Classification" (NIC), das in Iowa von einer Gruppe von PflegewissenschaftlerInnen „partizipativ" mit den KrankenpflegerInnen entwickelt wurde (vgl. Bowker, Star 2000, 229f). Es strebt ebenso wie das von Wagner betrachtete System die Verwissenschaftlichung der Pflege an, setzt aber darüber hinaus an berufssoziologischen Erkenntnissen über Professionalisierungsprozesse an. Eines der Ziele des Vorhabens liegt darin begründet, mit der Etablierung und Anerkennung von Pflegearbeit als einem Bereich wissenschaftlichen Wissens den Tätigkeitsbereich zu professionalisieren – und damit symbolisch wie materiell aufzuwerten. Damit ist eine Strategie politischer Intervention formuliert, traditionelle Frauenarbeit und bisher unterbewertete bzw. wenig wahrgenommene Tätigkeiten durch IT sichtbar zu machen und in Status und Bezahlung zu erhöhen.

Der Versuch, unsichtbare Tätigkeiten durch Technikeinsatz sichtbar zu machen, birgt allerdings Schwierigkeiten. Ambivalenzen ergeben sich etwa

---

7 In der Technikgeschichte und -soziologie finden sich viele Beispiele dafür, dass Technologien nicht in der von den EntwicklerInnen intendierten Weise benutzt werden, sondern sich die NutzerInnen die Technik jeweils spezifisch selbst aneignen oder sie in ihrer vorgegebenen Form gar schlichtweg ablehnen und nicht nutzen; vgl. etwa Degele 2002, Törpel 2002.

aus der vereinfachten Kontrollmöglichkeit der Arbeitenden durch den Arbeitgeber, die durch eine elektronische Sichtbarkeit von Arbeit befördert werden kann. Darüber hinaus besteht die Gefahr, dass die Taylorisierung von Arbeit forciert wird, im Fall der Pflegearbeit etwa dadurch, dass die ungelernten Tätigkeiten aus dem Aufgabenbereich der Krankenpflege heraus genommen werden, die Profession ihre Autonomie verliert und der „common sense" im Handeln der KrankenpflegerInnen durch festgeschriebene, rigide Formeln der Arbeitsausführung ersetzt werden (Bowker, Star 2000, 30).

Fundamentaler besteht das Problem jedoch darin, für den Anwendungsbereich sinnvolle Klassifizierungen zu finden. Bowker und Star verdeutlichen dies am Beispiel der Kategorie „Humor", die in der NIC folgendermaßen als Pflegehandlung definiert wird: „Facilitating the patient to perceive, appreciate, and express what is funny, amusing, or ludicrous in order to establish relationship..." (ebd., 233) und problematisieren:

„How can one capture humor as a deliberate nursing intervention? Does sarcasm, irony or laughter count as a nursing intervention? How to reimburse humor; how to measure this kind of care? No one would dispute its importance, but it is by its nature a situated and subjective action" (ebd., 247).

Während in diesem Abschnitt die Problematik, welche (und wessen) Arbeit in der Software repräsentiert ist, diskutiert wurde, führt das Beispiel der Klassifizierung von Humor in der Pflege zu den damit in vielen Fällen eng verknüpften Fragen: Welches (und wessen) Wissen ist in einem Informationssystem repräsentiert? Welche Formen von Wissen lassen sich informationstechnisch darstellen? Welche Annahmen über menschliches Denken und Handeln werden dabei vorausgesetzt?

Feministische Rationalitätskritik und Situiertheit von Wissen

Ein starker Strang der feministischen Forschung in der Informatik setzt an dem Problem an, dass sich das Implizite, Unaussprechliche oder die stillschweigenden Voraussetzungen nicht mit den bekannten Methoden des Software-Engineering erfassen und modellieren lassen. Das nicht formal Beschreibbare gilt damit für die Systementwicklung als irrelevant, ohne dass nach der Bedeutung des Ausgeschlossenen gefragt würde. Die bereits für die Erwerbsarbeit identifizierte Problematik von Präsenz und Absenz, des Innen und Außen, deren Verhältnisse durch die technischen Artefakte etabliert werden, findet sich im Feld der informatischen Wissensmodellierung und -darstellung wieder. Die Argumentation liegt dabei jedoch weniger auf einer soziologisch und empirisch begründeten Ebene der Repräsentation von Arbeit, sondern führt auf prinzipielle und erkenntnistheoretische Fragen der Möglichkeit sprachlicher Repräsentierbarkeit, die auf ein altes Problem der westlichen Kulturgeschichte und Philosophie verweisen. Diese Fragen werden für die Softwareentwicklung relevant, da für jede informationstechnische Modellierung und Implementierung eine explizite Beschreibung notwendig vorausgesetzt werden muss.

Feministische Kritiken an der Repräsentation von Wissen beziehen sich auf Ansätze der Wissenschafts- und Rationalitätskritik, nach der die Bestimmung des Rationalen, Abstrakten und der Objektivität und das dadurch mit definierte „Andere" auf einer symbolischen Ebene zur Ordnung der Geschlechter beiträgt. Fallstudien über Informationssysteme legten bereits überzeugend nahe, dass diese Artefakte häufig „rational", „wertfrei" und „geschlechtsneutral" konstruiert sind, womit ihnen die Abwesenheit von Geschlechterverhältnissen eingeschrieben ist. Damit wird zugleich die politische Dimension wissenschafts- und erkenntniskritischer Ansätze deutlich. Denn diese werfen die Frage auf, welche gesellschaftlich-sozialen Ein- und Ausschlüsse vermittelt über die Technologie hergestellt bzw. fortgeführt werden und wie die damit verknüpften Wissens- und Geschlechterordnungen im Zuge der Software-Entwicklung entstehen.

Sarah Willis charakterisiert die Politik von Informationssystemen als „set of sanctioning practices that are concerned with order, with what can be represented, how, and by whom" (Willis 1997, 156). Den Ausschluss des sozialen Kontextes, der von Hierarchie- und Geschlechterverhältnissen durchdrungen ist, bezeichnet sie als politische Strategie „that makes it possible for political discourses to deny or manage their politicality" (ebd.). Ein von der Entstehung abstrahierendes Informationssystem leugnet also letztendlich die Politik seiner eigenen Erzeugung und seines Kontextes. Sozial wirksame Entscheidungen, die der technischen Entwicklung zugrunde liegen, und die durch die Software induzierten Veränderungen im Arbeits- und Anwendungsbereich bleiben unter dem Deckmantel des „objektiv" erscheinenden informationstechnischen Systems unsichtbar.

Der hier beschriebene Mechanismus der Ausgrenzung sozialer Voraussetzungen, Entscheidungen und Folgen einer Technologie sowie der damit verwobenen Geschlechtlichkeit des informatisierten Wissens stellt eine zweite Ebene der Einschreibung von Geschlecht in Technik dar. Feministische Theoretikerinnen fordern dagegen eine Kontextualisierung, Parteilichkeit und die Situierung von Wissen ein. Damit entsteht für den Bereich der Gestaltung von Informationssystemen allerdings oft das Problem der Übersetzung in politische Handlungsstrategien. Interventionsmöglichkeiten, wie sie etwa zur Sichtbarmachung von Arbeit aufgezeigt wurden, erscheinen hier weniger offensichtlich. Denn die herkömmlichen Technologien der Informatik lassen die Modellierung desjenigen Wissens, das in feministischen Kritiken als ausgeschlossenes nachgewiesen wurde, häufig nicht zu. Das als "situated", "contextual" oder "tacit knowledge" verborgene Wissen verweist in vielen Fällen eher auf beschränkte Ausdrucksstärken informatischer Konzepte bzw. auf die generellen Grenzen der technologischen Logik. Damit bleibt oft nur die Möglichkeit, die Softwaresysteme grundsätzlich zu hinterfragen und auf der Ebene der Kritik innezuhalten.[8]

Studien, welche die Einschreibung der Abwesenheit von Geschlecht in informationstechnologisches Wissen aufzeigen, weisen zwar nicht notwendigerweise einen Weg zu praktikablen Vorschlägen für die Software-Entwicklung. In manchen Fällen können Kontextualisierungen jedoch dazu führen, das der technischen Lösung zugrunde liegende Problem zu verwerfen und neue Forschungsfragen zu entwickeln.

„Toys for the boys" und die Träume von Technikentwicklern

Die Rekonstruktion von Motivationen, die zur Entwicklung spezifischer Artefakte führen, und der damit verbundenen Problemstellung technischer Lösungen sind Gegenstand einer Studie von Ann-Jorunn Berg, die drei Konstruktionen sogenannter „intelligenter Häuser" betrachtet. Dabei bestand ihr Untersuchungsinteresse vor allem in der Frage, wie Hausarbeit – so, wie sie auf Grundlage traditioneller Arbeitsteilung hauptsächlich von Frauen geleistet wird – in den technischen Entwürfen repräsentiert ist und welche KonsumentInnen die Designer als Zielgruppe ihres Produkts annehmen.

Auf der Ebene der technisch implementierten Funktionalitäten konnte Berg keine Bezugnahme auf Haushaltstätigkeiten feststellen, denn diese beschränkten sich auf die Bereiche Energie, Sicherheit, Kommunikation, Unterhaltung und Umwelt. Das Ziel der technischen Entwicklungsarbeit schien in der zentralisierten Kontrolle und Regulierung der Bereiche zu liegen, für die im einzelnen bereits technologische Lösungen existierten. Nur eines der Projekte verfolgte die Vision eines „intelligenten Hauses" als

„a house you can talk to, a house that answers in different voices, where every room can be adjusted to your changing moods, a house that is a servant, adviser and friend to each individual member of the household" (Berg 1999, 305).

Zum Zeitpunkt der Untersuchung schien dieser Traum allerdings weit von der Realisierung entfernt. Die Werbeprospekte priesen die Häuser damit an, dass die EigentümerInnen nicht mehr darüber nachdenken müssten, „how

---

8 Die scheinbar fundamentalen Kritiken werden mitunter von den Technikwissenschaften vereinnahmt, beispielsweise indem Situiertheits-, Embodiment- und Interaktivitätsansätze in theoretische Weiterentwicklungen der KI und Informatik produktiv umgesetzt werden. Zu dieser Problematik vgl. auch Weber sowie Osietzki in diesem Band.

things are done"; das Haus soll eines sein, „which will take care of me". Ein weiteres Modell wird mit dem Bild eines Roboters beworben, der einer Mutter Frühstück serviert. Im Begleittext heißt es:

„We are not replacing Mommy with a robot. We are representing ideas on how to design, build and use a home in new ways that can reduce drudgery while increasing comfort, convenience and security" (Mason zit. nach Berg 1999, 308).

Die Aussage ließe vermuten, dass die neue Technologie auch darauf ziele, die „Plackerei" mit der Hausarbeit zu verringern, informationstechnisch zu unterstützen und zumindest zu erleichtern. In den Funktionalitäten lässt sich von diesem Anspruch jedoch kaum etwas wiederfinden.

Ebenso wenig lieferten Bergs Interviews Hinweise auf die Berücksichtigung von Hausarbeit. Während eine Firma darauf verwies, dass diese eher eine Sache der „white goods producers" sei, wurde beim zweiten Hersteller herausgestellt, dass das Licht in ihrem Haus automatisch angeht, wenn die Hausfrau mit vollen Händen den Raum betritt. Im dritten Prototypen fand sich ein „gourmet autochef", der jedoch nur Kochrezepte vorschlug. Berg kritisiert, dass die Entwickler keine Vorstellung von der Vielfalt und den materiellen Notwendigkeiten von Hausarbeit hätten, insbesondere zeitraubende und körperlich anstrengende Aufgaben würden ignoriert.

Damit bestätigt die Studie den prinzipiellen Verdacht, dass sich das in der Software nicht Sichtbare und Dargestellte häufig als „Frauenarbeit" entlarven lässt. Intelligente Häuser werden als geschlechtsneutrale Technologie angepriesen, während geschlechtshierarchische gesellschaftliche Strukturen in die konkreten Artefakte eingeschrieben sind. Es handelt sich hier – im Vergleich zur Erwerbsarbeit in der ersten Ebene von Einschreibungen – um den Bereich des Privaten, in dem die Informatisierung während der letzten Dekade zunehmend Einzug gehalten hat.

Insofern die Studie nur als Diagnose der traditionellen Ausgrenzung von Haus- und Reproduktionsarbeit gelesen wird, vermag sie kaum neue Erkenntnisse über die Praktiken geschlechtlicher Einschreibung hervorzubringen. Da sie jedoch zugleich den Blick auf die an der Konstruktion von Technologien beteiligten Menschen lenkt, fügt sie einen weiteren Aspekt in der Betrachtung geschlechtlicher Einschreibungen hinzu. Denn Bergs Analyse zufolge scheinen sich die Entwickler am ehesten selbst als potentielle Käufer zu imaginieren.

„It's the technology-as-such, the way artefacts function in technical terms, that fascinates the designers. [...] the target consumer is implicitly the technical-interested man, not unlike the stereotype of the computer hacker" (ebd.).

Die Entwickler werden als eine homosoziale Gruppe charakterisiert, die dem weit verbreiteten Vorurteil über männliche Informatiker entspricht. Es scheinen deren Wünsche, Träume und Visionen zu sein, die in den betrachteten Prototypen intelligenter Häuser vergegenständlicht sind. Die Unsichtbarkeit und mangelnde Unterstützung gewöhnlicher Haushaltstätigkeiten geht mit der Implementierung von Funktionalitäten einher, die den Entwicklern aus der Perspektive ihres spezifischen lebensweltlichen Erfahrungsraums heraus als sinnvoll und wünschenswert erscheinen.

Die Studie entlarvt die den intelligenten Häusern zugrunde liegende Fragestellung als männlich geprägte und verweist damit auf das bekannte Problem der Reifizierung von Zweigeschlechtlichkeit in der Frauen- und Geschlechterforschung selbst. Problematisch erscheint nicht nur die geschlechtsstereotypisierende Argumentation, Frauen Haus und Sorge zuzuweisen und den Mythos vom männlichen Hacker fortzuschreiben,[9] sondern auch der hier vertretene Ansatz, Frauen als Ressource für die Entwicklung besserer Technologien zu betrachten. Statt den Frauen die Verantwortung für andere Technikgestaltungsansätze zuzuschieben, erscheint es mir produktiver, in Informatik und Software-Entwicklung insgesamt kritische Methoden zu etablieren, mit denen unbewusste Selbstverständnisse, unreflektierte Annahmen und Leitbilder aufgedeckt werden können.

Ein Ansatzpunkt der Sensibilisierung und offenen Thematisierung von Geschlecht könnten dabei die Nutzungsszenarien sein, mit denen Informationstechnologien häufig bereits vor oder während ihrer Entwicklung propagiert werden.[10] Diese sehr anschaulich gehaltenen Beschreibungen der zu entwickelnden Technologie, ihrer angestrebten Nutzungssituationen und unterschiedlichen NutzerInnen bieten vermutlich eine reichhaltige Quelle für die feministische Analyse und Intervention.

Andere, längst etablierte Vorgehensweisen, der Vergegenständlichung unreflektierter Annahmen in der Software entgegenzuwirken, bestehen in der systematischen Analyse von Einsatzkontexten und Anforderungen sowie in der partizipativen Gestaltung mit zukünftigen NutzerInnen.[11] Denn die Einschreibung persönlicher Träume der Entwickler in die Artefakte setzt voraus, dass diese die potentiellen KundInnen ihres Produktes nicht in den Blick bekommen haben. Auch Berg verweist darauf, dass die Hersteller der von ihr untersuchten intelligenten Häuser nicht in der Lage waren, die Zielgruppe ihres Angebots genauer zu charakterisieren. „Anyone and everyone" schien die einhellige Antwort der Firmen auf die Frage nach möglichen KundInnen, die nur in einem der drei Fälle etwas spezifischer als „Kleinfamilie" mit männlichem Ernährer angenommen wurde.

---

9 Geschlechterforscherinnen in der Informatik bemühen sich seit langem darum, die Disziplin von dem verengten Bild zu befreien, dass dort ausschließlich technikzentrierte Vorgehensweisen und Programmierkompetenz gefragt seien; vgl. etwa Erb 1996.
10 Vgl. etwa die Visionen vom Semantic Web, die Suchman in diesem Band beschreibt.
11 In diesen Informatikbereichen hat sich in den letzten zwanzig Jahren ein breites Spektrum fundierter Methoden herausgebildet; vgl. etwa Greenbaum, Kyng 1991; Schuler, Namioka 1993, von denen allerdings nur wenige die Kategorie Geschlecht genügend berücksichtigen; vgl. Hammel 2002.

„Configuring the User": Anthropologische Grundannahmen

In Informatik und Softwareentwicklung ist das Problem der „adäquaten" Charakterisierung von NutzerInnen seit den 70er Jahren präsent. Während zuvor die Nutzer von Software meist auch die Entwickler derselben waren und somit insgesamt eine homogene Gruppe von Spezialisten bildeten, entstand mit der Verbreitung von Personalcomputern die Notwendigkeit, die Software auf User auszurichten, die den Computer nicht zum Programmieren gebrauchten. Diese Nicht-ComputerexpertInnen stellten neue Anforderungen an die Software und ihre „Usability". Bereits 1971 propagierte Hansen deshalb für die Systementwicklung: „The first principle is KNOW THE USER" (Hansen nach Hofmann 1997, 71). Die genaue Kenntnis der NutzerInnen soll dazu dienen, die Software an deren Fähigkeiten, Erfahrungen und Neigungen anzupassen.[12]

In welchem Ausmaß unreflektierte Annahmen über die zukünftigen NutzerInnen die Designentscheidungen von Technologen bestimmen, hat Jeanette Hofmann in einer historischen Studie aufgezeigt. Diese vergleicht drei Textverarbeitungssysteme, welche die Entwicklung von Benutzungsoberflächen als Schnittstellen zwischen Mensch und Maschine seit Ende der 1970er Jahre widerspiegeln. Dabei werden die jeweiligen Vorstellungen der SoftwareentwicklerInnen von ihren Adressaten rekonstruiert.

Hofmann betrachtet als erstes Beispiel einen menügesteuerten Textautomaten, den sie als „eine Art Zwitterprodukt aus Schreibmaschine und Computer" (Hofmann 1997, 75) beschreibt. Maschine und Programm stellen eine fest verdrahtete Einheit dar. Die Tätigkeit des Schreibens ist im Textautomaten als eine Abfolge von Auswahlprozeduren simuliert, organisiert nach dem „verb-noun approach". Die Schreibkraft hatte zunächst aus dem Menü auszuwählen, was sie mit dem Text zu tun beabsichtigt (verb), um daran anschließend den betreffenden Textkörper (noun) zu bestimmen.[13] In diese Sequenzen waren zusätzliche Menüs, Abfragen und Aufforderungen eingebaut, die sich der gemachten Angaben vergewissern und systembedingte Pausen erzeugen. Da Textautomaten von den NutzerInnen eine strikt sequentielle und hierarchische Ordnung des Handelns verlangten, die nicht durchbrochen oder umgangen werden konnte, galten diese Systeme für AnfängerInnen als besonders gut geeignet. Nicht nur jeder denkbare Bedienungsfehler war ausgeschlossen, einige Systeme verwehrten den Schreibkräften sogar den Zugriff auf das eigene Produkt, indem Texte zwar erstellt und

---

12 In Bezug auf die Gestaltung von Benutzungsoberflächen hat sich hierzu inzwischen die Software-Ergonomie als Zweig der Informatik etabliert, vgl. dazu etwa Maaß 1993.

13 Im Gegensatz dazu arbeiten die heute gängigen Textverarbeitungssysteme nach dem „noun-verb"-Prinzip, bei dem zunächst der Textabschnitt ausgewählt wird, um dann entscheiden zu können, welcher „Befehl" auf diesen angewandt werden soll.

Einschreibungen von Geschlecht

editiert, jedoch nicht kopiert, umbenannt oder gelöscht werden konnten. Der Ansatz führte vor dem Hintergrund damaliger Rechenkapazität nicht nur zu einer extremen Langsamkeit des computergestützten Schreibens, sondern hielt die NutzerInnen dauerhaft „dumm":

„Die imaginierte Adressatin des Textautomaten erweist sich als ewige Anfängerin, deren technische Kompetenz so gering erschien, dass durch unproduktives Schreiben entstehende Kosten niedriger veranschlagt wurden als jene durch mögliches Fehlverhalten" (ebd., 78).

Demgegenüber kommt im zweiten Fallbeispiel, einem Textverarbeitungsprogramm mit Tastatursteuerung, ein ganz anderes Bild der weiblichen Schreibkräfte zum Ausdruck. Es wird ihnen dort zunächst die Fähigkeit „blind" zu tippen unterstellt und zugleich für die Simulation des Schreibens genutzt. Indem die Editierfunktionen wie auch das Wechseln zwischen Schreib- und Editiermodus durch Kombinationen von Buchstaben- und Steuerungstasten realisiert waren, konnten die Schreibkräfte ihre Hände auf der Tastatur belassen und brauchten ihren Schreibfluss nur geringfügig zu unterbrechen. Auf Gedächtnishilfen wie Menüs wurde bei der Gestaltung des Programms ebenso verzichtet wie auf langwierige Frage-Antwort-Dialoge. Vorkehrungen gegen mögliche „Dummheiten" der NutzerInnen beschränkten sich im Wesentlichen auf ein Design, bei dem häufig genutzte Funktionen durch einfache, folgenreiche Aktionen dagegen wie das Löschen durch eher schwere Erreichbarkeit der Tastenkombinationen realisiert waren. Gegenüber Fehlbedienungen wurden hier also keine besonderen Präventionen getroffen. Daraus lässt sich ablesen, dass die Schreibkräfte den EntwicklerInnen nicht als technisch minderbemittelt galten, sondern als qualifiziert und eigenständig. Ferner stellte das Programm aufgrund der komplexen Programmsyntax und seiner teils wenig eingängigen Kodierung von Funktionalitäten hohe Erwartungen an die Lernbereitschaft der NutzerInnen. Als NutzerInnen wurden professionelle Typistinnen angenommen, deren Haupttätigkeit zuvor im Maschinenschreiben bestand. Das Nutzerbild ist das einer „technischen Expertin".

Die Studie zeigt, dass auf der Grundlage des gleichen Adressatinnenkreises, hier der Gruppe weiblicher Schreibkräfte, stark differierende Softwareentwürfe entstehen können. Die Unterschiede lassen sich vor allem an Kompetenzen, welche die EntwicklerInnen der Zielgruppe zuschreiben, und an den Vorsichtsmaßnahmen gegenüber möglichen Fehlbedienungen ablesen. Die User werden auf diese Weise „konfiguriert",[14] denn die jeweilige Interpretation des Nutzerbildes strukturiert ihre Handlungsoptionen bei der Nutzung.

Hofmanns dritte betrachtete Textverarbeitungssoftware basiert auf einer grafischen Benutzungsoberfläche. Im Vergleich zu den stark strukturierenden Menüs und der Tastatursteuerung werden hier die als wesentlich betrachteten

---

14 Das Verständnis, dass NutzerInnen konfiguriert werden, geht auf Woolgar 1991 zurück.

Funktionen der Textproduktion durch bildhaften Symbole (Icons) dargestellt.[15] Die Entwickler beschränkten das Ausdrucksvermögen auf wenige Operationen wie „move", „copy", „delete", und „again", deren grafische Darstellung ein geringes Erinnerungsvermögen auf Seiten der NutzerInnen erfordert. Kompliziertere Funktionen wie das Suchen/Ersetzen, die im tastaturgesteuerten Programm zur Verfügung standen, waren hier nicht vorgesehen. Denn die Zielgruppe des Programms waren „Manager" bzw. „knowledge worker" ohne Sekretärinnen, die weder Zeit hätten noch willens sein würden, die Eigenheiten komplizierter Betriebssysteme oder Textverarbeitungsprogramme zu studieren" (Hofmann 1997, 89). Hofmann bezeichnet sie als „Gelegenheitsschreiber".

Mit dieser Zielgruppe hatten die Entwickler nicht mehr nur die routineförmige Erstellung und Bearbeitung von Texten, sondern vor allem kreative Tätigkeiten durch die Software zu unterstützen. Diese Anforderung lag quer zum Design der anderen beiden betrachteten Textverarbeitungsprogramme, welche die vorgefundene Arbeitsteilung von Denken und Tippen in den Büros abzubilden versuchten. Die Differenzen der Benutzungsoberflächen spiegeln damit nicht nur verschiedene, geschlechtlich konnotierte Nutzerbilder, sondern auch Unterschiede in der prinzipiellen Konzeption und Organisation von Textverarbeitung wider.

Die Kategorie Geschlecht hat für die Textverarbeitungssysteme offenbar einen stark entwicklungsleitenden, zugleich jedoch widersprüchlichen Einfluss auf die Gestaltung der Benutzungsoberfläche. Zwei der drei betrachteten Systeme brechen mit der traditionellen Gleichsetzung von Technikkompetenz mit Männlichkeit.

Insgesamt deuten die Untersuchungen auf eine Komplexität und Vielschichtigkeit geschlechtlicher Einschreibungen in Technologien. Geschlecht gerät aufgrund der bisherigen Analyse auf unterschiedliche Weise in die Artefakte hinein, wobei die Dimensionen der Vergeschlechtlichung im einzelnen ambivalent und auch untereinander widersprüchlich sein können. Feministische Forschungen, die mit einem solchen, nicht klar dichotomen Bild von Geschlechterdifferenz argumentieren, stehen damit vor der Herausforderung, die Ebenen der Vermittlung und deren Vergeschlechtlichung differenziert aufzeigen zu müssen – eine Argumentation, die für TechnologiegestalterInnen nicht immer leicht nachvollziehbar ist.

Dies scheint bei den anthropomorphen Software-Agenten einfacher zu sein. Denn hier sind die Vorstellungen von „Frauen" und „Männern", ihren Körpern und Verhaltensweisen direkt in den Artefakten sichtbar. Der erste Eindruck trügt jedoch, wenn es darum gehen soll, das Ausmaß der Vergeschlechtlichung dieser Technologie genauer zu verstehen.

---

15 Der Star Computer, von dem hier die Rede ist, wurde bereits 1981 von Xerox auf den Markt gebracht. Er war der erste kommerzielle Rechner, der zur Bedienung die sogenannte „direkte Manipulation" benutzte. Dieses Konzept der Benutzungsoberflächen ist bis heute gängig.

Anthropomorphe Software-Agenten revisited

Abschließend möchte ich fragen, was sich aus der bisherigen Analyse der Einschreibung von Geschlecht in Bezug auf anthropomorphe Interface-Agenten ableiten lässt. In welcher Hinsicht werden die vier herausgearbeiteten Dimensionen der Einschreibung von Geschlecht in dieser neuen Technologie relevant?

Für die erste Ebene, auf der es um die in der Software repräsentierte Arbeit geht, greife ich angesichts der Vielfalt in Betracht kommender Anwendungsfelder den Bereich des E-Commerce heraus. Dort haben die virtuellen Charaktere aus den Forschungslaboren mittlerweile kommerziell Verbreitung gefunden. Ausgehend davon, dass sich bis zu 70% der KundInnenanfragen ständig wiederholen, werden Avatare als personifizierte virtuelle Stellvertreter der Unternehmen auf Webseiten dazu eingesetzt, die sogenannt „häufig gestellten Fragen" (FAQs) mit standardisierten Auskünften zu beantworten. Ziel dabei ist, routinisierte Anteile von Beratungstätigkeit, die zuvor persönlich und telefonisch, z.B. in Call-Centern geleistet wurden, an die Maschine zu delegieren.

Auf diese Weise werden Bereiche des Verkaufs, der Beratung und der Call-Center-Tätigkeit, die sich als typische „Frauenarbeitsplätze"[16] bezeichnen lassen, automatisiert. Die Sichtbarmachung und explizite Darstellung der Tätigkeiten scheint hier – anders als in der Krankenpflege – nicht zu einer Aufwertung, sondern eher zum Wegfall von Arbeitsplätzen zu führen. Inwieweit die für Call-Center-Arbeit notwendigen, als „weiblich" geltenden Kompetenzen sichtbar gemacht und durch angemessene Softwaregestaltung unterstützt werden können, wurde in ersten Forschungsprojekten bereits untersucht (vgl. etwa Maaß 2003). Vor dem Hintergrund verschärfter ökonomischer Verwertungsstrategien steht eine differenzierte Analyse der Entwicklungen, die mit dem aktuellen Einsatz virtueller BeraterInnen einhergehen, noch aus.

Ausgehend von den Grenzen technischer Repräsentierbarkeit, die hier als zweite Dimension der Einschreibung betrachtet wurden, werden häufig feministische Wissenschaftskritiken formuliert, welche die mangelnde Situierung, Kontextualisierung und Verkörperung in der Technikgestaltung beklagen. Eine solche Kritik scheint auf den ersten Blick auf Avatare nicht zuzutreffen, denn die „embodied conversational agents" sind durch die visuelle Repräsentation einer menschlichen Figur auf der Bildschirmoberfläche verkörpert (embodied), mit Hilfe eines Chatfensters dialogfähig (conversational) und können selbsttätig Aufgaben erfüllen (agent). Die Verkörperung ist dabei

---

16 Ausnahmen bilden hier die technischen konnotierten Bereiche (die ‚brown goods'), im Call-Center etwa die Telefonhotlines des technischen Supports, die hauptsächlich von Männern bedient werden.

nicht auf statische Bilder beschränkt, vielmehr interagieren die virtuellen Charaktere – koordiniert mit der textsprachlichen Kommunikation – auch körpersprachlich mit den NutzerInnen. Justine Cassell definiert sie als Agenten, die in Bezug auf die Face-to-Face-Kommunikation menschliche Eigenschaften besitzen: Ihre Fähigkeiten umfassen das Erkennen und Reagieren auf verbale und non-verbale Inputs, das Generieren von verbalen und non-verbalen Outputs, den Umgang mit Gesprächsfunktionen wie Sprecherwechsel und Feedback, Vermittlung von Signalen, die den Status der Kommunikation erkennen lassen, und das Einbringen neuer Inhalte in die Unterhaltung (Cassell 2003, 250). Insofern erzeugen Avatare den Schein, abhängig vom Kontext, den Fragen und Reaktionsweisen der NutzerInnen verkörpert zu „handeln".

Ein genauerer Blick hinter die Kulissen der Technologie zeigt jedoch schnell die Grenzen des Realisierbaren. So scheitert etwa die Dialogsoftware seit langem daran, dass ein Begriff oder eine Geste in verschiedenen Zusammenhängen Unterschiedliches bedeuten kann. Bei einfachen Fragen („Magst Du Jaguare?") ist es zwar möglich, dass der Avatar versucht, die Semantik mit einer Gegenfrage zu klären („Das Auto oder das Tier?"), doch lässt sich das Problem, dass Programme verbale und non-verbale Sprache nur syntaktisch interpretieren können, prinzipiell nicht lösen. Allenfalls können Tricks oder Ausweichstrategien implementiert werden mit der Absicht, die NutzerInnen über die Grenzen des formal Repräsentierbaren hinwegzutäuschen. Als „spontan" bezeichnete Gesprächseinwürfe, die simulieren sollen, dass ein Gesprächspartner von Nebengedanken abgelenkt ist und sich anschließend wieder auf die Unterhaltung konzentriert („Übrigens haben wir gerade Happy Hour, aber zurück zu Ihrer Frage..."), lassen sich als Marketing-Strategien entlarven. Das insgesamt „menschlich" erscheinende Kommunikationsverhalten der Agenten beschränkt sich auf vorformulierte Antworten, die mit Hilfe von Pattern-Matching, regelbasiertem Schließen und KI-Methoden aus der Datenbank ermittelt werden, wobei sie frühere Informationen und Dialoge mit der NutzerIn scheinbar „erinnern".

In den Artefakten sind somit zwar durchaus Formen des „kontextuellen Handelns" und der Verkörperung implementiert, jedoch können diese der Logik und den Beschränkungen der technischen Rationalität letztendlich nicht entkommen. So werden etwa Beschwerdefälle in der Kundenberatung aus guten Gründen von den virtuellen Agenten an die menschlichen Call-Center-AgentInnen weitergeleitet. Die technisch realisierten Vorstellungen von Situiertheit und Verkörperung unterscheiden sich stark von dem, was allgemein und in der feministischen Theorie darunter verstanden wird – selbst wenn die Artefakte in Einzelfällen bereits den Schein menschlichen Verhaltens zu erzeugen vermögen.[17]

---

17 Trotz technischer Beschränkungen sollte die Wirkung der virtuellen Figuren nicht unterschätzt werden. Dass die Überzeugungsfähigkeit nicht von einer Verkörperung durch an-

Einschreibungen von Geschlecht

Die von feministischen Theoretikerinnen eingeforderte Kontextualisierung von Wissen zielt jedoch auf mehr als die immanente Logik technischer Konstruktion. Auf der dritten Ebene der Analyse geschlechtlicher Einschreibungen wurde in diesem Beitrag vorgeschlagen, den sozialen, gesellschaftlichen und kulturellen Kontext von Artefakten, die auf der Basis von Abstraktion, formalen Methoden und beschränkten Formen von Rationalität entstanden sind, in den Blick zu nehmen und damit der Kritik zugänglich zu machen. Die den technischen Lösungen zugrunde liegenden Problemdefinitionen bilden dazu einen möglichen Ansatzpunkt. Sie lenken den Blick auf die Nutzungskontexte, die neben der rationalisierungsbedrohten Beratungs- und Call-Center-Tätigkeit ein zu untersuchendes Umfeld der Avatare bilden.

Mitte der 1990er Jahre wurde noch das Web-Shopping propagiert, mit dem zunehmend Frauen angesprochen werden sollten, während sich mit dem Einzug des E-Commerce und von Avataren unter der Hand auch die Zielgruppen zu verändern scheinen. Darauf deuten nicht nur die Anwendungsszenarien der Forschung,[18] die Einsatzgebiete der virtuellen Figuren und ihre vorwiegend weiblichen Ausprägungen. Ebenso lassen die in der Datenbank vorgesehenen Dialogmuster, mit denen die Software-Agenten ganz offensichtlich auf anzügliche Bemerkungen von Seiten der NutzerInnen vorbereitet sind, Schlüsse auf die intendierten (oder tatsächlichen)[19] AdressatInnen zu.

Dies führt auf die vierte Ebene der Analyse, die mit der Vergeschlechtlichung durch die den Technologien zugrunde gelegten anthropologischen Grundannahmen und Normierungen argumentiert. Avatare sind Ausdruck einer Paradigmenverschiebung in der Human-Computer-Interaction-Forschung: „from ‚using a tool' to ‚interacting with a friend'" (de Rosis 2001, 267). Die Maschine soll nun eine menschlich auftretende Freundin werden, womit die Untersuchung von Vergeschlechtlichungsprozessen der Artefakte leicht zugänglich erscheint. So haben sich bereits einige Kultur-, Sprach- und MedienwissenschaftlerInnen der Aufgabe angenommen, die mit den techno-

---

thropomorphe Figuren abhängt, sondern eine geschickte textuelle Dialogführung genügt, hat Joseph Weizenbaum bereits in Bezug auf das 1966 von ihm am MIT entwickelte Programm Eliza bemerkt; vgl. Weizenbaum 1976, 250ff.

18 André et al. (2000) wählten etwa zur Veranschaulichung ihrer Forschungen das Beispiel virtueller Kommentatoren, die über ein ebenso virtuelles Fußballspiel in „Echtzeit" berichten.

19 Möglicherweise spiegeln die implementierten Reaktionsweisen nur wieder, was die Analyse der Gesprächsprotokolle von bereits eingesetzten Avataren ergab: Weibliche Verkörperungen sind in hohem Maße mit anzüglichen Anfragen konfrontiert; vgl. etwa Lindner 2003, 11. Damit die Figuren weiterhin glaubhaft bleiben, gehen die Entwickler dazu über, „sinnvolle" Antworten auf sexualisiertes Verhalten in der Datenbank zu ergänzen. Die anthropomorphen Interface-Agenten müssen also – im Gegensatz zur oben diskutierten Vergegenständlichung von Träumen der Entwickler – auch auf der Nutzungsebene als ‚toys for the boys' diskutiert werden.

logischen Verkörperungen auftauchenden Phänomene genauer zu analysieren. Heldinnen der Computerspiele wie Lara Croft und andere *virtual beauties* wurden auf ihre gesellschaftlich-kulturellen Bedeutungen befragt und einer kritisch-feministischen Analyse unterzogen.[20] Übersetzungsprozesse dieser Diskurse in die Informatik und Technologiegestaltung haben meines Wissens bisher jedoch nicht stattgefunden.

Eine medienanalytische Kritik der gegenwärtig entstehenden informationstechnologischen Artefakte ist dringend notwendig, jedoch reicht sie für eine fundierte feministische Untersuchung nicht aus. Denn die Vergeschlechtlichung setzt hier nicht nur an den spezifischen Repräsentationsformen (von Körpern, Gesprächsstilen etc.) an, sie ist gleichzeitig in den theoretischen Grundlagen der Technologien verankert. Um dem alten Traum, sich mit dem Computer unterhalten zu können, in der Maschine eine verständnisvolle Partnerin zu finden,[21] ein Stück weit näher zu kommen, experimentieren die KonstrukteurInnen der anthropomorphen Agenten mit verschiedenen Konzepten von Menschlichkeit und Sozialität. Die dominanten Ansätze der Avatar-Forschung gehen davon aus, dass den virtuellen Figuren eine „Persönlichkeit" zu verleihen ist und sie Emotionen erkennen wie äußern müssen, um überzeugend und glaubwürdig zu erscheinen.[22] Zur informationstechnischen Modellierung von Persönlichkeit wird auf Ergebnisse der empirischen Psychologie zurückgegriffen, nach denen sich diese durch ein *five-factor model* charakterisieren lässt. Bei manchen Avatar-Prototypen lassen sich bereits Faktoren wie „extrovertiert" oder „verständnisvoll" einstellen, während in anderen Forschungsgruppen angestrebt wird, Emotionen grafisch entlang von Kategorien wie Freude, Angst und Überraschung darzustellen und damit der technischen Simulation zugänglich zu machen.[23]

Der explizite Transfer von Konzepten anderer disziplinärer Herkunft scheint ein grundlegendes Merkmal der neueren Technikwissenschaften zu sein, das sich ebenso in der Robotik und Multiagentenforschung beobachten lässt. Mit den Prinzipien des „Lernens von der Natur" (bzw. vom Menschen oder sozialen Gemeinschaften) greifen TechnikwissenschaftlerInnen und KonstrukteurInnen auf wissenschaftliche Erkenntnisse der Biologie, Soziologie oder Psychologie zurück. Dabei bleiben geschlechtsblinde und wissenschaftskritisch hinterfragbare Theorien in ihrer Übertragung auf die Informationstechnologie weiterhin geschlechtsblind und fragwürdig.

Die Disziplinen, auf deren Ergebnisse zugegriffen wird, stellen dagegen selbst kritischere Konzepte zur Verfügung als beispielsweise das Fünf-Fakto-

---

20 Vgl. hierzu auch den Beitrag von Karin Esders in diesem Band.
21 Vgl. hierzu etwa den Beitrag von Bettina Wahrig in diesem Band.
22 Vgl. etwa de Rosis 2001.
23 Die fünf Persönlichkeitsfaktoren, auf die hier Bezug genommen wird, sind „extroversion", „openness", „agreeableness", „conciousness" und „neuroticism", die fünf am häufigsten modellierten Emotionen: „anger", „disgust", „surprise", „happiness" und „sadness".

ren-Modell der positivistischen Psychologie, das aufgrund seiner Herangehensweise bestehende soziale Normen reproduziert und neue Stereotype hervorbringt. Erst recht könnte der Bezug auf feministische Theorie und Genderforschung andere „soziale" Maschinen entstehen lassen. So wäre es etwa bei der Herstellung von Avataren – rein technisch betrachtet – kein Problem, Brüche in der traditionell konsistent und dichotom angenommenen Geschlechtsidentität zu erzeugen – und womöglich gar Geschlechterverwirrung im Sinne von Judith Butler zu stiften (vgl. Butler 1991).

KritikerInnen werden einwenden, dass eine derartig weitgehende feministische Intervention in der Technikgestaltung, die sich auf aktuelle Geschlechterforschung beruft, unter den gegenwärtigen ökonomisch beschränkten Bedingungen der Technologie- und Wissensproduktion nicht umsetzbar ist. Dennoch ließen sich auf Grundlage der hier vorgenommen Analyse Gegenkonzepte entwickeln, die der häufig beobachtbaren Praxis unreflektierter Einschreibung von Geschlecht in informationstechnische Artefakte entgegenwirken. Wahrscheinlich wäre dabei schon viel gewonnen, wenn der Vergegenständlichung von geschlechtsspezifischer Arbeitsteilung, von einseitigem Wissen, von Träumen technikfaszinierter Entwickler sowie von dichotom zweigeschlechtlichen Körperbildern und heterosexualisiertem Gebaren ein Stück weit Einhalt geboten würde.

Die in diesem Beitrag vorgestellten Ebenen der kritischen Analyse informationstechnologischer Artefakte zeigen Ansatzpunkte auf, feministische Interventionen in der Technikgestaltung umzusetzen. So kann eine differenzierte Untersuchung der Sicht- bzw. Unsichtbarkeit von Arbeit und Wissen in der technischen Modellierung mitunter dazu genutzt werden, „unsichtbare" Kompetenzen oder bislang vor allem von Frauen ausgeführte Tätigkeiten sichtbar zu machen und symbolisch wie ökonomisch aufwerten. Die Grenzen sprachlicher und technischer Repräsentierbarkeit deuten dagegen auf eine Strategie, das Technische zu entmystifizieren, beispielsweise indem auf Unterschiede zwischen den Rhetoriken der Technikwissenschaften und den realisierten Umsetzungen der Metaphern in den Artefakten aufmerksam gemacht wird.[24] Jedoch lässt sich die feministische Forderung nach Kontextualisierung zugleich in der Weise verstehen, dass die der Technologiegestaltung zugrunde liegenden Entscheidungen, die soziale Ein- und Ausschlüsse produzieren, offen zu legen sind. Ein Zurückholen der abstrahierten Technologie in ihren gesellschaftspolitischen Kontext kann es ermöglichen, geschlechtshierarchische Arbeitsteilung abzuschwächen, andere Problemdefinitionen zu entwickeln und Grenzen zwischen Nutzung und Gestaltung neu zu ziehen. Demgegenüber führt die letzte hier problematisierte Ebene der eingeschriebenen theoretischen Annahmen über Menschlichkeit und

---

24 Zur Unterscheidung zwischen rhetorischen, ontologischen und erkenntnistheoretischen Ebenen der Wissensproduktion in den Technowissenschaften vgl. etwa Weber 2003, zur Bedeutung von sozialen Metaphern in der Technikgestaltung vgl. Bath, Weber 2002.

menschliche Verhaltensweisen darüber hinaus in die (feministischen) Wissenschaftskritiken einzelner Disziplinen. Insbesondere die neuen „sozialen Maschinen" verweisen hier auf die Notwendigkeit transdisziplinärer Übersetzungsarbeit in den Geschlechterstudien. Die feministische Technikforschung und -gestaltung hat sich noch vielen Herausforderungen zu stellen, wenn sie Informationstechnologien nachhaltig verändern will.

Literatur

André, Elisabeth; Thomas Rist; Susanne van Mulken; Martin Klesen; Stephan Baldes (2000): The Automated Design of Believable Dialogs for Animated Presentation Teams. In: Justine Cassell (Ed.): Embodied Conversational Agents. Cambridge, Mass., 220-255
Bath, Corinna; Jutta Weber (2002): Embodied Agents of Life- and Cyberscience. Bericht Nr. 02/02 des Fachbereichs Mathematik und Informatik der Universität Bremen
Berg, Ann-Jorunn (1999): A Gendered Socio-technical Construction. The Smart House. In: Judy Wajcman, Donald MacKenzie (Eds.): The Social Shaping of Technology. 2nd Ed. Buckingham, Philadelphia, 301-313
Bowker, Geoffrey; Susan Leigh Star (2000): Sorting Things Out. Classification and its Consequences. Cambridge, Mass.
Butler, Judith (1991): Das Unbehagen der Geschlechter. Frankfurt a.M.
Cassell, Justine (2003): Mehr als nur ein nettes Gesicht. In: Christian Lindner (Hg.): Avatare. Berlin u.a., 247-266
Degele, Nina (2002): Einführung in die Techniksoziologie. München
De Rosis, Fiorella (2001): Towards Adaption of Interaction to Affective Factors. In: User Modelling and User-Adapted Interaction 11, 267-278
Erb, Ulrike (1996): Frauenperspektiven auf die Informatik. Informatikerinnen im Spannungsfeld zwischen Distanz und Nähe zur Technik. Münster 1996
Greenbaum, Joan; Morton Kyng (Eds.) (1991): Design at Work. Cooperative Design of Computer Systems. Hillsdale, New Jersey
Hammel, Martina (2002): Partizipative Softwareentwicklung im Kontext der Geschlechterhierarchie. Dissertationsschrift am Fachbereich Informatik der Universität Hamburg
Hofmann, Jeanette (1997): Über Nutzerbilder in Textverarbeitungsprogrammen – Drei Fallbeispiele. In: Meinolf Dierkes (Hg.): Technikgenese. Befunde aus einem Forschungsprogramm. Berlin, 71-97
Lindner, Christian (Hg.) (2003): Avatare. Digitale Sprecher für Business and Marketing. Berlin u.a.
Maaß, Susanne (2003): Technikgestaltung im Kontext. Grenzgänge und Verbindungen. In: Kathrin Heinz; Barbara Thiessen (Hg.): Feministische Forschung – Nachhaltige Einsprüche. Opladen (im Druck)
Maaß, Susanne (1993): Software-Ergonomie. Benutzer- und aufgabenorientierte Systemgestaltung. Informatik-Spektrum. Band 16, Nr. 4, 191-205

Nardi, Bonnie A.; Yrjö Engeström (1999): A Web on the Wind. The Structure of Invisible Work. Introduction to the Special Issue of Computer Supported Cooperative Work. Vol. 8, 1-8

Pelachaud, Catherine (2002): On the Creation of Embodied Conversational Agents. In: Claudia Reiche; Andrea Sick (Eds.): technics of cyber<>feminism. <mode=message>. Bremen, 83-98

Pritsch, Sylvia (2000): Marianne meets Lara Croft. Weibliche Allegorien nationaler und transnationaler Identitäten. In: iz3w. Juli 2000, 42-46

Rammert, Werner; Michael Schlese; Gerald Wagner; Josef Wehner; Rüdiger Weingarten (1998): Wissensmaschinen. Soziale Konstruktion eines technischen Mediums. Das Beispiel der Expertensysteme. Frankfurt a.M.

Schuler, Douglas; Aki Namioka (Eds.) (1993): Participatory Design. Principles and Practices. Hillsdale, New Jersey

Star, Susan Leigh (1991): Invisible Work and Silenced Dialogs in Knowledge Representation. In: Inger V. Eriksson; Barbara A. Kitchenham; Kea G. Tijdens (Eds.): Women, Work and Computerization. Amsterdam, 81-92

Suchman, Lucy (1995): Making Work Visible. In: Communications of the ACM, Vol. 38, No. 9, September 1995, 56-63

Suchman, Lucy (2001): Located Accountabilities in Technology Production. Veröffentlicht vom Department of Sociology, Lancaster University at: http://www.comp.lancs.ac.uk/sociology/soc039ls.html (letzter Zugriff am 25.2.02)

Törpel, Bettina (2002): Sich selbstbestimmt und eigenverantwortlich unterordnen. In: Dokumentation des 28. Kongresses von Frauen in Naturwissenschaft und Technik. Darmstadt, 272-280

Wagner, Ina (1989): Regulierung von Krankenhausarbeit. Ein Vergleich des Computereinsatzes in Österreich, Frankreich und den USA aus der Perspektive der Organisation von Pflegearbeit und Labortätigkeiten. In: Journal für Sozialforschung, 29. Jg., Nr. 2, 165-180

Wagner, Ina (1991): Transparenz oder Ambiguität? Kulturspezifische Formen der Aneignung von Informationstechnologien im Krankenhaus. In: Zeitschrift für Soziologie, 20. Jg., Nr. 4, 275-289

Weber, Jutta (2003): Umkämpfte Bedeutungen. Naturkonzepte im Zeitalter der Technoscience. Frankfurt/ New York

Weizenbaum, Joseph (1976): Die Macht der Computer und die Ohnmacht der Vernunft. Frankfurt a.M.

Willis, Sarah (1997): The Moral Order of an Information System. In: Frances Grundy et al. (Eds.): Women, Work and Computerization. Proceedings of the 6th International IFIP-Conference. Berlin/ Heidelberg/ New York, 151-161

Winker, Gabriele (1995): Büro, Computer, Geschlechterhierarchie. Frauenförderliche Arbeitsgestaltung im Schreibbereich. Opladen

Woolgar, Steve (1991): Configuring the User: The Case of the Usability Trails. In: John Law (Ed.): A Sociology of the Monsters. Essays on Power, Technology and Domination. London u.a., 59-99

Wissenschaften gegenlesen

Computing the Human[1]

N. Katherine Hayles

Among the intriguing unwritten books are those exploring the influence of the future on the present. Who wouldn't leap at the chance to review the nonexistent *Influences of the Twenty-First Century on the Nineteenth?* As this imaginary book would undoubtedly testify, visions of the future, especially in technologically advanced eras, can dramatically affect present developments. Of special interest, then, is the spate of recent works projecting a future in which humans and intelligent machines become virtually indistinguishable from one another. Through such emerging technologies as neural implants, quantum computing, and nanotechnology, humans will become computationally enhanced and computers become humanly responsive until in a mere hundred years, by Ray Kurzweil's reckoning, we can expect that both humans and computers will be so transformed as to be unrecognizable by present standards (Kurzweil 1999, 280). Migrating their minds from one physical medium to another as convenience dictates, these future entities will become effectively immortal, manifesting themselves in forms impossible to categorize as either humans or machines.[2] As Kurzweil himself acknowledges, however, nothing is more problematic than predicting the future. If the record of past predictions is any guide, the one thing we can know for sure is that when the future arrives, it will be different than we expected. Instructed by the pandemic failure to project accurately very far into the future, my interest here is not to engage in this kind of speculation but rather to explore the influence that such predictions have on our *present* concepts.[3] At stake, I

---

1 I am indebted to Carol Wald for assistance with bibliographic research for this essay, and especially for the link to William Gibson.
2 For extended critique of Kurzweil's predictions and his rejoinders, see Richards 2002. Of special interest, in view of my argument here, is Ray 2002 and Denton 2002.
3 It is interesting that science fiction writers, traditionally the ones who prognosticate possible futures, are increasingly setting their fictions in the present. In a recent interview, William Gibson commented on this tendency. Andrew Leonard has just asked, „Was it a challenge to keep writing about the future, as the Internet exploded and so much of what you imagined came closer?" Gibson replies, „I think my last three books reflected that. It just seemed to be happening – it was like the windshield kept getting closer and closer. The

will argue, is not so much the risky game of long-term predictions as contending for how we now understand human thinking, acting, and sensing – in short, how we understand what it means to be human.[4]

The complex interactions shaping our ideas of „human nature" include material culture. Anthropologists have long recognized that the construction of artifacts and living spaces can materially affect human evolution. Changes in the human skeleton that permitted upright walking coevolved, anthropologists believe, with the ability to transport objects, which in turn led to the development of technology. We need not refer to something as contemporary and exotic as genetic engineering to realize that for millennia, a two-cycle phenomenon has been at work: humans create objects, which in turn help to shape humans. This ancient evolutionary process has taken a new turn with the invention of intelligent machines. As Sherry Turkle (1984) has demonstrated in her study of how children interact with intelligent toys, artifacts that seem to manifest human characteristics act as mirrors or „second selves" through which we re-define our image of ourselves. The simulations, software, and robots we have today fall far short of human accomplishments (though in other ways they exceed what humans can do, for example in detecting subtle patterns in large data sets). Nevertheless, researchers with the greatest stake in the development of these objects consistently use a rhetoric that first takes human behavior as the inspiration for machine design and then, in a reverse feedback loop, reinterprets human behavior in light of the machines.

To illustrate this process and explore its implications, I will focus on what is known in the field of artificial intelligence the Sense-Think-Act paradigm (STA). It is no mystery why researchers concentrate on STA, for it defines the necessary behaviors an entity needs to interact with the world. Sensing allows the entity to perceive the world, while cognition processes the sensory data and prepares for the next step, action.

At each node of the STA paradigm we will see similar dynamics at work, although there are also important differences that distinguish between research programs. Constant across all three nodes, however, is a tendency to extrapolate from relatively simple mechanical behaviors to much more complex human situations and a consequent redescription of the human in terms of the intelligent machine. These machines constitute, we are told, a new evolutionary phylum that will occupy the same niche as *Homo sapiens*, an equivalence implied in Peter Menzel and Faith D'Aluisio's name for this species, *Robo sapiens*. The pressure to see *Homo sapiens* and *Robo sapiens*

---

event horizon was getting closer. I have this conviction that the present is actually inexpressibly peculiar now, and that's the only thing that's worth dealing with."

[4] This essay picks up where I left off in *How We Became Posthuman (Hayles 1999)*, which explores the developments from post-World War II to 1998 in changing constructions of the human in relation to intelligent machines.

as essentially the same emerges as a narrative of progress that sees this convergence as the endpoint of human evolution. Whether or not the predicted future occurs as it has been envisioned, the effect is to shape how human being is understood *in the present*. Those who want to argue for the uniqueness of human nature, like Francis Fukuyama, are forced (consciously or unconsciously) to concentrate on those aspects of human behaviors that machines are least likely to share. Whether one resists or accepts the convergence scenario, the relation between humans and intelligent machines thus acts as a strange attractor defining the phase space within which narrative pathways may be traced. What becomes difficult to imagine is a description of the human that does not take the intelligent machine as a reference point. This perspective is arguably becoming the dominant framework in which highly developed countries such as the United States understand the future. Whatever the future, the implications of this perspective for the present are consequential.

Acting

Among the influential researchers defining our present relation to intelligent machines is Rodney Brooks. In the aptly titled *Flesh and Machines: How Robots Will Change Us*, Brooks describes the oppositional heuristic at the center of his research method. He looks for an assumption that is not even discussed in the research community because it is considered so well-established; he then supposes that this „self-evident truth" is not true. When he first began his research, researchers assumed that artificial intelligence should be modeled on conscious human thought. A robot moving across a room, for example, should have available a representation of the room and the means to calculate each move so as to map it onto the representation. Brooks believed this top-down approach was much too limiting. He saw the approach in action with a room-crossing robot designed by his friend and fellow student, Hans Moravec. The robot required heavy computational power and a strategy that took hours to implement, for each time it made a move, it would stop, figure out where it was, and then calculate the next move. Meanwhile, if anyone entered the room it was in the process of navigating, it would be hopelessly thrown off and forced to begin again. Brooks figured that a cockroach could not possibly have as much computational power on board as the robot, yet it could accomplish the same task in a fraction of the time. The problem, as Brooks saw it, was the assumption that a robot had to operate from a representation of the world.

Brooks' oppositional strategy, by contrast, was to build from the bottom up rather the top down. One of his inspirations was William Grey Walter, who in the 1940's built small robots, dubbed electric tortoises, that could robustly navigate spaces and returns to the hutches for refueling when their batteries ran low (Brooks 2002, 17-21). Following this lead, among others, Brooks began to design robots that could move robustly in the world without any central representation; he is fond of saying these robots take „the world as its own best model." Incorporating a design principal he calls „subsumption architecture," the robots were created using a hierarchical structure in which higher level layers could subsume the role of lower levels when they wanted to take control. In the absence of this control, the lower layers continued to carry out their programming without the necessity to have each move planned from above. Each layer was constituted as a simple finite state machine programmed for a specific behavior with very limited memory, often less than a kilobyte of RAM. The semi-autonomous layers carried out their programming more or less independently of the others. The architecture was robust, because if any one level failed to work as planned, the other layers could continue to operate. There was no central unit that would correspond to a conscious brain, only a small module that adjudicated conflicts when the commands of different layers interfered with each other. Nor was there any central representation; each layer „saw" the world differently with no need to reconcile its vision of what was happening with the other layers.

An example of a robot constructed using this model is Genghis, a six-legged insectile robot 30 centimeters long. The robot is programmed to prowl and engage in exploratory behaviors; when it senses a human in its vicinity, it charges toward her, albeit at such a slow pace the human is in no danger of being overtaken. Instead of programming the gait in detail – a fearsomely complex computational challenge – each leg is coordinated only very slightly with the others, and the gait emerges from the local semi-autonomous behavior of each leg following its programming independently. Embedded in the design is a concept central to much of Brooks' research:

„[c]omplex (and useful) behavior need not necessarily be a product of an extremely complex control system. Rather, complex behavior may simply be a reflection of a complex environment. It may be an observer who ascribes complexity to an organism – not necessarily its designer" (Brooks 1999, 7).

A variation on this idea is the „cheap trick", a behavior that emerges spontaneously from the interaction of other programmed behaviors. When detractors pointed out that these robots merely operated at an insectile level of intelligence, Brooks responded by pointing out that on an evolutionary timeline, the appearance of insects occurred at 90% of the time it took to evolve humans. This suggests, Brooks contends, that the hard problem is robust movement in an unpredictable complex three-dimensional environment. Once this problem is solved, higher level cognitive functioning can be evolved relatively easily.

To illustrate the idea of taking the world as its own best model, Brooks and Maya Mataric, then a graduate student in the Artificial Intelligence Laboratory at MIT, built Toto, a path-following robot described in *Cambrian Intelligence* (Brooks 1999, 37-56). Toto represented an advance over Genghis because it was able to operate as if it had dynamically changing long-term goals and maps it had built up over time. It accomplished these goals, however, without any central representation of the spaces it navigated. Rather, it detected landmarks and then stored these locations in nodes connecting to one another in a spreading activation topology. Each node was capable of comparing the incoming data about landmarks to its own position; navigation then became a matter of following the shortest path through the locations stored in the nodes to arrive at the desired goal. This clever arrangement in effect folded the map-making activity back onto the controller, so that the „map" existed not as an abstract representation but rather emerged dynamically out of the robot's exploratory behavior. Commenting from his perspective a decade later on the article he and Mataric co-published on this work, Brooks writes,

„This paper is very confusing to many people. It turns the whole notion of representation upside down. The robot never has things circumscribed in its head, but it acts just like we imagine it ought to. I view this work as the nail in the coffin of traditional representation" (Brooks 1999, 37).

Extrapolated to humans (as Brooks is not slow to do), these results implied that complex behaviors can emerge out of simple operations that do not depend on a central representation of the world. Students working with Brooks, for example, took to accompanying people home from work to determine how much of their navigation was conscious and how much was on „automatic pilot." Consciousness quickly became relegated, in the term used by many researchers in artificial life and intelligence, to the role of an „epiphemenon." A late evolutionary development, consciousness was seen to play a much smaller role in action than had traditionally been thought.[5] Experiments

---

5   In „The Emperor's New Mind", Penrose cites two sets of experiments that support his contention. The first are 1976 experiments by H.H. Kornhuber et. al. in which, as subjects raised their right index fingers at will while their brain activity was monitored, „there was a gradual build-up of recorded electric potential for a full second, or perhaps even up to a second and a half, before the finger was actually flexed. This seems to indicate that the conscious decision process takes over a second in order to act!" (Penrose 1989, 439f). The second are a well-known series of experiments by Libet et. al. in 1979, which seemed similarly to show a delay between various stimuli applied to subjects and their conscious report of the stimuli. Penrose concludes that „the apparent implication of these two experiments taken together is that consciousness cannot even be called into play at all in response to an external event, if that response is to take place within a couple of seconds or so!" (Penrose 1989, 443). However, Tufts University philosopher of mind Daniel Dennett has subjected Libet's experiments to detailed analysis in Dennett 1991, 153-170, and calls into question many of Libet's assumptions and conclusions. For a continuation of Dennett's critique of

cited by Roger Penrose, for example, showed that when a human subject was asked to flex his right index finger at will, muscles were already set in action before he spoke, suggesting that the decision-making process was arriving at consciousness *after* the decision had already been made (Penrose 1989, 439-443). Moreover, sensory data were known to arrive at consciousness already highly processed, so that much of the interpretation of sensory data had already been made before the conscious mind was aware of it. Brooks cites as evidence that the conscious mind was operating from a very partial view of the world the fact that we go through life with a large blank spot in the middle of our visual field, although we are not aware of it. At the same time, the neurophysiologist Antonio Damasio was arguing from data gathered from thousands of patients that much cognition goes on in lower brain regions such as the limbic system, the peripheral nervous system, and the viscera. A joke told by the comedian Emo Phillips is relevant here. „I used to think the brain was the most wonderful organ in the body," he says. „Then I asked myself, ‚Who's telling me this?'"

These results led Brooks to explore how far the experimental program he had implemented with insect-like robots could be carried with a higher-level robot meant to duplicate more sophisticated human behaviors. This agenda led to Cog (a play on cognition, as well as a mechanical cog), a head-and-torso robot with human-like eye motions and software that enables it to interact on a limited basis with human partners. Its eyes can, for example, saccade, smoothly follow, and fixate on objects in the room, using actively moving cameras. It can detect faces and recognize a few of them, as long as it has a full frontal view. It can pick out saturated colors and recognize skinlike colors across the range of human skin tones. It also has the possibility to create emergent behaviors more complex than those that were programmed in. This potential became clear when one of the graduate students who helped designed it, Cynthia Breazeal, held up a whiteboard eraser and shook it to get Cog's attention. Cog then reached for it and touched it, whereupon the game repeated. Watching the videotape of these interactions, Brooks reports that

> „it appeared that Cog and Cynthia were taking turns. But on our development chart we were years away from programming the ability to take turns into Cog. The reality was that Cynthia was doing all the turn-taking, but to an external observer the source of the causation was not obvious" (Brooks 2002, 91).

Drawing on this insight, Breazeal decided to build for her Ph.D. project a robot that could engage in social interactions. The result was Kismet, whose features are specifically designed to encourage emotional responses from humans. Kismet has moveable eyebrows, oversized eyeballs that are humanlike in appearance with foveal cameras behind them, and actuators that

---

Libet's more recent experiments, as well as of the earlier Kornhuber experiments cited by Penrose, see also Dennett 2003, 227-257.

let it move its neck across three different axes. It is controlled by fifteen different computers, some moving parts of the face and eyes and others receiving visual and audio inputs. Following the idea of semi-autonomous layers, Kismet has no central control unit but rather a series of distributed smaller units. Its software drives it to seek human interaction, with a set of internal drives that increase over time until they are satisfied. These include searching for saturated colors and skin tones, which causes the robot to fixate on toys and people. It appears as if the robot is searching for play objects, but as Brooks observes, „the overall behavior emerges from the interactions of simpler behaviors, mediated through the world" (ibid.. 94). It displays expressions typical of emotional responses, and it can put prosody into its voice as well as discern prosody in human voices. Its software is programmed to follow the basic mechanism of turn-taking in conversation, although Kismet cannot actually understand what is said to it nor say anything meaningful in return. When naive observers (i.e., those who did not know about the robot's programming) were brought into the lab and asked to talk to Kismet, most of them were able to engage in „conversation" with Kismet, although the robot babbled only nonsense syllables, much as a human infant might. An important part of this project is a perspective that considers the robot not as an isolated unit but rather as part of an ecological whole that includes the humans with which it interacts. Human interpretation and response make the robot's actions more meaningful than they otherwise would be. The community, understood as the robot plus its human interlocutors, is greater than the sum of its parts because the robot's design and programming have been created to optimize interactions with humans.

These projects, focusing on the dynamics of embodied robots, have made Brooks more cautious than researchers like Kurzweil and Moravec about the possibilities for creating artificial bodies that human consciousness can inhabit. Discussing their versions of techno-utopianism, Brooks comments that although this

„strong version of salvation seems plausible in principle, [...]we may yet be hundreds of years off in figuring out just how to do it. It takes computational chauvinism to new heights. It neglects the primary role played by the bath of neurotransmitters and hormones in which our neuronal cells swim. It neglects the role of our body in placing constraints and providing noncomputational aspects to our existence. And it may be completely missing the *juice*" (Brooks 2002, 206).

The „juice" is Brooks' term for as-yet-undiscovered aspects of human cognition, evolution and biology that would provide new avenues for research in artificial intelligence. The contrarian methodology he follows leads in this instance to the idea that there may be lying in wait some entirely new principles that will revolutionize artificial intelligence, a hope undergirding the „Living Machines" projects on which his graduate students are currently engaged. Here the influence of the future can be seen not in long-range predictions but rather in a shotgun methodology in which a wide variety of approaches are tried in the hope that one or more may pay off. Before assessing these possibilities and their implications for our present understanding of what it means to be human, I turn now to another node of the STA paradigm.

Sensing

Sensors, essential to robust movement in the world and crucial to the development of free-ranging robots, are rapidly developing along many sensory modalities, including visual, auditory, tactile and infrared. In the interest of tracking how visions of the future are affecting our present vision of the human, I will leave aside these mainstream developments to consider a rather quirky and quixotic proposal to develop epistemically autonomous devices, first advanced by Peter Cariani. Cariani arrived at this idea by critiquing existing models of artificial life, especially the idea of emergence. He noted that emergence risks becoming entangled in Descartes' Dictum, which states that if our devices follow our specifications exactly, they will never go beyond them, remaining mired in the realm of classical mechanics where devices perform exactly as predicted with nothing new added. On the other hand, if the devices depart too freely from our specifications, they are unlikely to be useful for our purposes. To clarify how emergence can generate novelty and still remain useful, Cariani defined emergence relative to a model. If the processes that link symbols to the world (for example, processes that link ones and zeros to changing voltages in a computer) result in new functions, then the system has extended the realm of its symbolic activity. For example, a third value might emerge that is neither one nor zero. If this innovation takes the form of new content for the symbols, it is said to be semantically emergent; if it arranges the symbols in a new way, it is syntactically emergent. Either of these conditions leads to new observational primitives. This point is important, Cariani argues, because systems that can only consider primitives specified by their designers remain constrained by the assumptions implicit in those specifications. In this sense the system can know the world only through the modalities dictated by its designer. Although it might work on these data to create new results, the scope of novelty is limited by having its theater of operations – the data that create and circumscribe its world – determined in advance without the possibility of free innovation. For maximum novelty, one needs a system that can break out of the frame created by the designer, deciding what will count as inputs for its operations. Such a system can then become epistemically autonomous relative to its creator, „capable of searching realms for which we have no inkling" (Cariani 1991, 779).

One way to achieve epistemological autonomy is to have sensors constructed by the system itself instead of being specified by the designer. Searching the literature for examples, Cariani found only one, a device created in the 1950's by the cybernetician Gordon Pask, who demonstrated it at various conferences under the name „Pask's Ear." The system was a simple electrochemical device consisting of a set of platinum electrodes in an aqueous ferrous sulfate/sulphuric acid solution. When current was fed through the electrodes, metal iron threads tend to grow between the electrodes. If no current passes through a thread, it dissolves back into the acidic solution. Branches form off the main threads, setting up a situation in which various threads compete for the available current. Generally the threads that follow the path of maximum current flourish the best, but the dynamics can become complicated when threads join and form larger collaborative structures. The dynamics of the system thus mimics an evolutionary ecology that responds to rewards (more current) and punishment (less current). More current does not specify the form that the growth will take; it only establishes the potential for more growth. The system itself discovers the optimum form for the conditions, which turn out to include in addition to the electrochemical system other factors in the room environment, including temperature, magnetic fields, and vibrations from auditory signals. Capitalizing on the fact that the system was capable of taking auditory signals as input, Pask „trained" the system to recognize different sound frequencies by sending through more current at one frequency than another. Within half a day, he was able to train the system to discriminate between 50 Hz and 100 Hz tones. Such a system, Cariani argues, „would be epistemically autonomous, capable of choosing its own semantic categories as well as its syntactic operations on the alternatives" (Cariani 1991,789). He imagines that similar methodologies might be used to create new signaling possibilities in biological neurons (Cariani 1998, 721).

Building on Cariani's ideas, Jon Bird and Paul Layzell built an „evolved radio." They state clearly the motivations for this research. Reasoning along lines familiar from Rodney Brooks, they consider the constraints on simulations in contrast to real-world modeling, now with an emphasis on sensing rather than acting.

„[There is] a fundamental constraint in simulating sensor evolution: the experimenter sets a *bound* on the possible interactions between the agent and the environment. This is a direct consequence of the simulation process: firstly, the experimenter has to model *explicitly* how different environmental stimuli change the state of the sensors; secondly, experimenters only simulate those aspects of the environment that they think are relevant to their experiment, otherwise the simulation would become computationally intractable. These constraints make it very difficult to see how there can be a simulation of novel sensors" (Bird, Layzell 2002, 2).

They continue, „Novel sensors are constructed when a device, rather than an experimenter, determines which of the infinite number of environmental perturbations act as useful stimuli" (ibid., 2). Working from this perspective, they noticed reports in the literature of small inductance and capacitance differences emerging spontaneously among transistor circuits in a new form of evolvable hardware called a Field Programmable Gate Array. They thought they could opportunistically capitalize on this emergent property by building an „evolvable motherboard" using a matrix of analogue switches, which are themselves semiconductors devices.

Radio circuits are comprised of oscillators created when resistors are used to control the charge release of capacitors, according to the well-known RC time constant. Bird and Layzell wanted to arrange the transistors in appropriate patterns so that these oscillators would emerge spontaneously. To „kick-start the evolutionary process," Bird and Layzell rewarded frequency, amplitude of oscillation, and output amplitude. Once they had succeeded in creating the desired oscillators, the oscillators acted as a radio by picking up on the waves generated by the clocks of nearby PC computers. To say the emergent circuits were quirky would be to indulge in understatement. Some would work only when a soldering iron on a nearby workbench was plugged in, although it did not have to be on. Other circuits would work only when the oscilloscope was on. In effect, the evolved radio took the entire room as its environment, using the room's resources in ways that were not determined by the researchers and probably not fully known by them. Citing Richard Lewontin, Bird and Layzell point out that the environment can be theoretically partitioned into an infinite number of niches, but it takes an organism exploiting a niche for it to be recognized as such. Some organisms, they point out, have adapted in highly specialized ways to niches that remain relatively constant; general solutions are usually found only by organisms that inhabit highly variable evolutionary niches. The evolved radio is like a highly specialized organism, exploiting the specific characteristics of the room and unable to adapt if the room's configurations change. This disadvantage notwithstanding, the advantage is that the system itself establishes the nature of its relation to the world. It decides what it will recognize as relevant inputs and in this sense evolves its own sensors.

Evolving new sensors implies constructing new worlds. As Cariani observes,

„sensors determine the perceptual categories that are available, while effectors determine the kinds of primitive actions that can be realized. Sensors and effectors thus determine the nature of the external semantics of the internal, informational states of organisms and robotic devices" (Cariani 1998, 1).

While humans have for millennia used what Cariani calls „active sensing" – „poking, pushing, bending" – to extend their sensory range and for hundreds of years have used prostheses to create new sensory experiences (for example, microscopes and telescopes), only recently has it been possible to construct evolving sensors and what Cariani calls „internalized sensing," that is, „bringing the world into the device' by creating internal, analog representations of the world out of which internal sensors extract newly-relevant properties" (Cariani 1998, 1).

We can draw several connections between Cariani's call for research in the frontiers of sensor research and the future of the human. One implication, explicitly noted by Jon Bird and Andy Webster, is the blurring of the boundary between creator and created; humans create autonomous systems in the sense that they set them running, but a large measure of the creativity in parsing the world is created by the system itself (Bird, Webster 2001). Other implications emerge from the physical and informational integration of human sensory systems and artificial intelligence. Kevin Warwick's recent implant chip with a one hundred electrode array into the median nerve fibers of his forearm is an example of „bringing the world into the device" by connecting the human nervous system with new internal sensors. Warwick's implant communicates both with the external world and his own nervous system. Although it is not clear yet how these neural connections might affect his perceptions – if at all – the import is clear. Perceptual processing will increasingly be mediated through intelligent components that feed directly into the human nervous system, much as William Gibson imagined in the cyberspace decks of the *Neuromancer* trilogy. More mundane examples are increasing evident, for example, the night vision goggles worn by U. S. troops in the recent war in Iraq. When the human nervous system is receiving information through prostheses seamlessly integrated with internal implants, the line between human sensing and the sensing capabilities of intelligent machines become increasingly blurred. „Machines R Us" is one interpretation of the permeable boundary between the sensing „native" to humans and the sensing done through networks of intelligent software and hardware that communicate, directly and indirectly, with the human nervous system

Another conclusion emerges from Cariani's call for research in sensors that can adapt and evolve independently of the epistemological categories of the humans who create them (Cariani 1998). The well-known and perhaps apocryphal story of the neural net trained to recognize Army tanks will illustrate the point. For obvious reasons, the Army wanted to develop an intelligent machine that could discriminate between real and pretend tanks. A neural net was constructed and trained with two sets of data, one consisting of photographs showing plywood cutouts of tanks and the other actual tanks. After some training, the net was capable to discriminate flawlessly between the situations. As is customary, the net was then tested against a third data set showing pretend and real tanks in the same landscape; it failed miserably. Further investigation revealed that the original two data sets had been filmed on different days. One of the days was overcast with lots of clouds, and the other day was clear. The net, it turned out, was discriminating between the presence and absence of clouds. The anecdote shows the ambiguous potential of epistemically autonomous devices for categorizing the world in entirely different ways than the humans with which they interact. While this autonomy might be used to enrich the human perception of the world by revealing novel kinds of constructions, it also can create a breed of autonomous devices that parse the world in radically different ways than their human trainers.

A counter-narrative, also perhaps apocryphal, emerged from the 1991 Gulf War. U. S. soldiers firing at tanks had been trained on simulators that imaged flames shooting out from the tank to indicate a kill. When Army investigators examined Iraqi tanks that were killed in battles, they found that for some tanks the soldiers had fired four to five times the amount of munitions necessary to disable the tanks. They hypothesized that the over-use of firepower happened because no flames shot out, so the soldiers continued firing. If the hypothesis is correct, here human perceptions were altered in accord with the idiosyncrasies of intelligent machines, providing an example of what can happen when human-machine perceptions are caught in a feedback loop with one another. Of course, humans constantly engage in perceptual feedback loops with one another, a phenomenon well-known for increasing the stability of groups sharing the consensual hallucination. By contrast, in Greg Bear's *Darwin's Radio* children are born with genetic mutations caused by the reactivation of ancient retroviruses; their development of entirely new sensors is one of the indications that they have become a new species vastly superior to the *Homo sapiens* they will supercede. The realization that novel sensors may open new evolutionary pathways for both humans and intelligent machines is one of the potent pressures on our current conceptions of what it means to be human.

Thinking

John Koza was tired. He had heard his scientific colleagues complain too many times that artificial life, while conceptually interesting, was only capable of solving toy problems that were not much use in the real world. Koza, one of the pioneers in developing genetic programming, specializes in the creation of software that can evolve through many generations and find new solutions, not explicitly specified by the designer, to complex problems. Inspired by biological evolution, the basic idea is to generate several variations of programs, test their performance against some fitness criteria, and use the most successful performers as the genetic „parents" of the next generation, which again consists of variations that are tested in turn, and so on until the solutions that the programs generate are judged to be successful.

Koza was particularly interested in creating programs that, as he puts it, could arrive at solutions „competitive with human-produced results" (Koza et al. 1999, 5).

We might call this the Koza Turing Test, for it introduces consequential alterations that expand the range and significance of Turing's classic test. Recall that Turing proposed to settle the question whether computers could think by asking a human interlocutor to question a human and a computer, respectively. If the interlocutor was unable to distinguish successfully between the two on the basis of answers they submitted to his questions, then this constituted *prima facie* evidence, Turing argued, that machines could think. By operationalizing the question of intelligence, Turing made it possible to construct situations in which the proposition that machines can think could be either proved or disproved, thus removing it from the realm of philosophical speculation to (putative) empirical testing. Once this move has been made the outcome is all but certain, for researchers will simply focus on creating programs that can satisfy this criterion until they succeed. The proof of the pudding lies less in the program design than in arriving at a consensus for the test. Like a magician that distracts the audience's attention by having them focus on actions that occur *after* the crucial move has already been made, the Turing test, through its very existence, already presupposes consensus on the criteria that render inevitable the conclusion machines can think.

Realms of commentaries have been written on the subtleties of the Turing test and its implications for human-computer interactions. Evaluating this substantial body of scholarship is outside the scope of this essay, but suffice it to say that Koza's emphasis on producing human-competitive results significantly shifts the focus. At stake is not whether machines are intelligent – a question I consider largely answered in the affirmative, given the cognitively sophisticated acts contemporary computer programs can perform – but whether computers can solve problems that have traditionally been regarded as requiring intuitive knowledge and creativity. Like Turing, Koza proposes to operationalize the question of creativity, thereby rendering it capable of proof or disproof. Among other criteria, he proposes that the programs should be judged as producing human-competitive results if they generate results that have received a patent in the past, improve on existing patents, or qualify as a patentable new invention in the present. Alternatively, they should also be judged as human-competitive if the result is equal or better than a result accepted as scientifically significant by a (human) peer-reviewed journal.

To tackle this challenge, Koza and his co-authors created genetic programs that could design bandpass filters, that is, electrical circuits capable of distinguishing between and separating out signals of one frequency versus another. There is no explicit procedure to design these filters because it is desirable to optimize a number of different criteria, including the sharpness of separation, parsimony of components, and so forth. Electrical engineers who specialize in these designs rely on a large amount of intuitive knowledge gained through years of experience. Koza's algorithm worked by starting with extremely simple circuits – kindergarten level. The program then created different variations, tested them, chose the best and used them as the parents of the next generation. The process was continued, perhaps through thousands of generations, until satisfactory results were achieved. Using this methodology, the program was able to create fourteen circuits whose results are competitive with human designs. Ten infringed on existing patents with some surpassing the results available with these patents, and a few resulted in circuits that produced results previously thought impossible to achieve by experienced electrical engineers.

Given these results, it is tempting to speculate on future scenarios implicit in Koza's challenge to create a program that can produce human-competitive results. Imagine a computer dialing up the patent office and submitting its design electronically. When the patent is approved, the computer hires a lawyer to structure a deal with a company that produces components using the patented circuits, specifying that the royalties be deposited in its bank account, from which it electronically pays its electric bill. Or suppose that the computer submits an article describing its creation to an electrical engineering journal, using its serial and model numbers as the author. These science fiction scenarios aside, it is clear that Koza's results enable a serious case to be made for attributing to his genetic programs the human attributes of creativity and inventiveness. If one objects that the programs are „dumb" in the sense they do not know what they are doing and their designs are simply the result of blind evolutionary processes, one risks the riposte that humans also do not know what they are doing (otherwise they could describe explicitly their methods to solve these problems) and that their ability to solve these complex processes are also the result of blind evolutionary processes.[6]

Are Humans Special?

The idea that humans occupy a unique position in the scheme of things continues in the new millennium to be a pervasive and historically resonant belief. One of its contemporary defenders is Francis Fukuyama, who in *Our*

---

6   The implication that human creativity too operates like the computer programs is slyly intimated in *Genetic Programming III's* dedication, which reads „To our parents – all of whom were best-of-generation individuals," the phrase used to select the winning circuit designs that will become the parents of the program's next generation.

Posthuman Future: Consequences of the Biotechnology Revolution argues for the proposition that „human nature" exists and, at least in broad outline, can be specified as attributes statistically distributed along a bell curve. Among these attributes are the desire to care for one's children, the desire to favor one's kin group, the desire of males to have sex with females of reproductive age, and the propensity of young males for aggressive confrontations. Furthermore, he defends this human nature as the natural basis for social, cultural, and political institutions, arguing that those institutions that accommodate human nature will be more stable and resilient than those that do not. Finally, he argues that we must at all costs defend our human nature from technological interventions, outlawing or regulating practices that threaten to mutate and transform it in significant ways. He thus positions himself explicitly in opposition to researchers such as Hans Moravec and Ray Kurzweil. Although he does not mention Rodney Brooks (*Our Posthuman Future* was published the same year as Brooks' *Flesh and Machines*), it is fair to say that he would resist some of Brooks' ideas, particularly the notion that a robot like Cog could be made to develop human-like attributes. The one characteristic that Fukuyama's argument leads him increasingly to privilege as he goes through the list of what computers can and cannot do is emotion. Machines, he acknowledges, „will probably be able to come very close" to duplicating human intelligence, but „it is impossible to see how they will come to acquire human emotions" (Fukuyama 2002, 168).

In pursuing this argument, Fukuyama makes some strange moves. For example, he draws heavily on evolutionary theory to explain how „human nature" was created, but he also cites with approval Pope John Paul II's assertion that although evolution can be seen as consistent with Catholic doctrine, one must also accept that by mysterious means, at some point in the evolutionary process souls are inserted into human beings.

„The pope has pointed to a real weakness in the current state of evolutionary theory, which scientists would do well to ponder. Modern natural science has explained a great deal less about what it means to be human than many scientists think it has," Fukuyama opines (Fukuyama 2002, 161f).

But if one is free to suppose that human nature can be radically altered by supernatural forces other than evolution, why does evolution then force us to conclude that human nature must be such and so? It seems that Fukuyama uses evolutionary reasoning when it is convenient for his argument and dispenses with it when it threatens his conclusion that human beings are special (in particular, that they have souls when no other living organisms do). This contradiction exposes the tautological nature of his argument. Humans are special because they have human nature; this human nature is in danger of being mutated by technological means; to preserve our specialness, we must therefore not tamper with human nature. The neat closure this argument achieves can be disrupted by the observation that it must also be „human nature" to use technology, since from the beginning of the species human beings have always used technology. Moreover, technology has coevolved throughout the millennium with human beings and helped in myriad profound and subtle ways to make human nature what it is.

Another reason to view Fukuyama's argument with skepticism is the fact that the „human beings are special" position has a long history that achieves special resonance in the triad of humans, machines, and animals. Although the configuration of these three terms has changed over time, the desire to arrange them so as to prove that humans are special has remained remarkably consistent. In the Renaissance humans were thought to be special because, unlike animals (who were then the closest competitors for the ecological niche that humans occupied), humans are capable of rational thought, a functionality they share with the angels and proof that they are made in God's image (at least men were; it took some centuries before women were admitted into the charmed circle of rational beings). As computational technology rapidly developed in the twentieth century, it became more difficult to maintain that computers could not think rationally. The emphasis then shifted, as it does in Fukuyama, to the human capacity to feel emotions. Now it is animals with whom we share this functionality, which is denied to machines (not coincidentally, machines have in the meantime become the strongest competitors for the ecological niche that humans occupy). The ironies of this historical progression are brilliantly explored in Philip K. Dick's *Do Androids Dream of Electric Sheep*. While the religion of Mercerism sanctifies the ability of humans and animals to feel empathy, the androids who so closely resemble humans that only the most sophisticated tests can tell them apart can be freely slaughtered and used as slaves because, allegedly lacking empathy, the essential characteristic of „human nature," they are denied the legal protections given to humans and animals.

Although Brooks does not cite Fukuyama, he is of course familiar with the argument that humans are special. In paired sections he considers the argument „We are special" and then refutes it in „We are not special." His argument is so blatantly tautological that one would suspect him of making fun of Fukuyama (except it is unlikely that he had read Fukuyama's book at the time he was writing *Flesh and Machines*). The proof that machines can be made to feel emotions, he maintains in an argument that can scarcely be anything other than tongue-in-cheek, is that humans already are machines. Since humans feel emotion, it must therefore be possible for machines to feel emotion. Cutting through the Gordian knot of human nature by presupposing what is to be proved, the argument cannot be taken seriously. Nevertheless, it serves as an apt conclusion to the implications of the act/sense/think triad, as we shall see.

To recapitulate, acting in Brooks' research becomes the attribute that humans and intelligent machines share. This convergence has the effect of emphasizing direct action in the world as a source of cognition rather than the neocortex. Consciousness, which no one has yet succeeded in creating in machines, is dethroned from its preeminent position and relegated to an epiphenomenon. Brooks' search for „the juice" – the as-yet-unrecognized aspect of evolution and/or human behavior that will enable new breakthroughs in artificial intelligence research – further positions human nature as convergent with machine intelligence. The force of this move can be seen in the conjunction of arguments proposed by Roger Penrose and Ray Kurzweil, respectively. Penrose hypothesizes (without any evidence) that consciousness is a result of quantum computing in the brain, whereas Kurzweil is confident that quantum computing will allow computers to think as complexly as do human brains (Penrose 1989, 398ff). Since all quantum computers can do at present is add one plus one to get two, everything in these arguments depends on future projections far ahead of what is currently the case. The future is thus crucial in allowing human being to be understood as convergent with intelligent machines. The effect *in the present* is to emphasize those aspects humans share with intelligent machines, while those aspects of human being which machines do not share are de-emphasized. Fukuyama tries to reverse these priorities, emphasizing the parts of human nature that machines do not share, particularly emotions. In either case, human nature is understood in relation to intelligent machines.

Similar results emerge from the sensing and thinking apices of the STA triangle. Sensing becomes a research frontier not because we are likely to acquire new sensors through biological evolutionary processes; rather, sensing can be understood as part of our technological evolution and therefore an appropriate area for research. Programs that emphasize, as Cariani, Bird and Layzell do, the need for epistemic autonomy implicitly equate the evolution of artificial sensors with human agency and autonomy. Only when our machines can break free of the worldview embedded in the data we give them as input, they argue, can the power of autonomous perception really be freed from human preconceptions and thus capable of yielding truly novel results. When machines are free to parse the world according to their autonomous perceptions, it remains an open question, of course, whether they will still follow agendas consistent with human needs and desires. Cariani acknowledges this possibility when he notes that epistemic autonomy is closely related to motivational autonomy.

"Such devices would not be useful for accomplishing our purposes as their evaluatory criteria might well diverge from our own over time," he writes, „but this is the situation we face with other autonomous human beings, with desires other than our own, and the dilemma faced by all human parents at some point during the development of their children" (Cariani 1991,789).

The convergence between human and machine here is clear. The same kind of effect is created by John Koza's genetic programs aimed at producing

„human-competitive results." Now it is not merely rational thought that intelligent machines are seen to possess, but creativity and intuition as well. The fact that the programs arrive at these results blindly, without any appreciation for what they have accomplished, can be ambiguously understood as indicating that machines are capable of more creativity than that with which they have been credited, or that human intuition may be more mechanical than we thought.

Although these research programs have their own agendas and should not be conflated with one another, they have in common positing the intelligent machine as the appropriate standard by which humans should understand themselves. No longer the measure of all things, man now forms a dyad with the intelligent machine such that man and machine are the measure of each other. We do not need to wait for the future to see the impact that the evolution of intelligent machines have on our understandings of human being. It is already here, already shaping our notions of the human through similarity and contrast, already becoming the looming feature in the evolutionary landscape against which our fitness is measured. The future echoes through our present so persistently that it is not merely a metaphor to say the future has arrived before it has begun. When we compute the human, the conclusion that human being cannot be adequately understood without ranging it alongside the intelligent machine has already been built into the very language we use. The unthinkable thought is not to disagree that we are like machines but to imagine a human future without them.

Works Cited

Bear, Greg (1999): Darwin's Radio. New York
Bird, Jon; Paul Layzell (2002): The Evolved Radio and Its Implications for Modeling the Evolution of Novel Sensors, Proceedings of Congress on Evolutionary Computation, 1836-1841. http://www.hpl.hp.com/research/bicas/pub-10.htm (last access April 20, 2003)
Bird, Jon; Andy Webster (2001): The Blurring of Art and Alife. http://www.cogs.susx.ac.uk/users/agj21/ccrg/papers/TheBlurringofArtandALife.pdf (last access April 20, 2003)
Brooks, Rodney A. (1999): Cambrian Intelligence: The Early History of the New AI. Cambridge
Brooks, Rodney A. (2002): Flesh and Machines. How Robots Will Change Us. New York (dt.: Menschmaschinen. Frankfurt a.M. u.a. 2002)
Brooks, Rodney A. (o.J.): Living Machines. http://www.ai.mit.edu/projects/living-machines (last access April 20, 2003).

Cariani, Peter (1991): Emergence and Artificial Life. In: Christopher G. Langton et al. (Eds.): Artificial Life II, SFI Studies in the Sciences of Complexity, Vol. X.. Boston, 775-797
Cariani, Peter (1998): Epistemic Autonomy through Adaptive Sensing. In: Proceedings of the 1998 IEEE ISIC/CRA/ISAS Joint Conference. Gaithersburg, 718-723
Damasio, Antonio (1995): Descartes' Error: Emotion, Reason, and the Human Brain. New York (dt.: Descartes' Irrtum. Fühlen, Denken und das menschliche Gehirn. München/ Leipzig 1995)
Damasio, Antonio (2000): The Feeling of What Happens: Body and Emotion in the Making of Consciousness. New York (dt.: Ich fühle, also bin ich. Die Entschlüsselung des Bewusstseins. München 2000)
Dennett, Daniel (1991): Consciousness Explained. Boston
Dennett, Daniel (2003): Freedom Evolves. New York
Denton, Michael (2002): Organism and Machine. The Flawed Analogy. In: Jay Richards (Ed.): Are We Spiritual Machines? Ray Kurzweil vs. The Critics of Strong AI. Seattle, 78-97
Dick, Philip K. (1982): Bladerunner. New York (originally published under the title Do Androids Dream of Electric Sheep?) (dt.: Bladerunner. Gütersloh 2003)
Fukuyama, Francis (2002): Our Posthuman Future: Consequences of the Biotechnology Revolution. New York (dt.: Das Ende des Menschen. Darmstadt 2002)
Gibson, William (1984): Neuromancer. New York
Gibson, William (1986): Count Zero. New York
Gibson, William (1988): Mona Lisa Overdrive. New York
Hayles, N. Katherine (1999): How We Became Posthuman: Virtual Bodies in Cybernetics, Literature, and Informatics. Chicago
Koza, John R.; Forrest H. Bennett; David Andre; Martin A. Keane (1999): Genetic Programming III: Darwinian Invention and Problem Solving. San Francisco
Kurzweil, Ray (1999): The Age of Spiritual Machines: When Computers Exceed Human Intelligence. New York/ London (dt.: Homo sapiens. Leben im 21. Jahrhundert – was bleibt vom Menschen? Köln 1999)
Leonard, Andrew (2003): Nodal Point: Interview with William Gibson. Salon.com. http://www.salon.com/tech/books/2003/02/13/Gibson/index.html (last access April 20, 2003)
Menzel, Peter; Faith D'Alusio (2000): Robo Sapiens: Evolution of a New Species. Cambridge
Moravec, Hans P. (1990): Mind Children: The Future of Robot and Human Intelligence. Cambridge (dt.: Mind children. Der Wettlauf zwischen menschlicher und künstlicher Intelligenz. Hamburg 1990)
Moravec, Hans P. (1999): Robot: Mere Machine to Transcendent Mind. New York (dt.: Computer übernehmen die Macht. Vom Siegeszug der künstlichen Intelligenz. Hamburg 1999)
Penrose, Roger (1989): The Emperor's New Mind: Concerning Computers, Minds, and the Laws of Physics. New York (dt.: Computerdenken. Des Kaisers neue Kleider oder die Debatte um künstliche Intelligenz, Bewusstsein und die Gesetze der Physik. Heidelberg 1991)
Ray, Thomas (2002): Kurzweil's Turing Fallacy. In: Jay Richards (Ed.): Are We Spiritual Machines? Ray Kurzweil vs. The Critics of Strong AI. Seattle, 116-127

Richards, Jay (Ed.) (2002): Are We Spiritual Machines? Ray Kurzweil vs. The Critics of Strong AI. Seattle

Turkle, Sherry (1984): The Second Self: Computers and the Human Spirit. New York (dt.: Die Wunschmaschine. Hamburg 1984)

Warwick, Kevin (2002): I, Cyborg. London

Warwick, Kevin (o.J.): Project Cyborg 2.0. http://www.rdg.ac.uk/KevinWarwick/html/project_cyborg_2_0.html (last access April 20, 2003)

Turbulente Körper und emergente Maschinen. Über Körperkonzepte in neuerer Robotik und Technikkritik

Jutta Weber

"Sogar Engel könnten Turing-Maschinen
sein." *Thomas Metzinger*

"Intelligence must have a body."
Rodney Brooks

Einleitung[1]

Der Körper sei – anders als jede Maschine – mehr als die Summe seiner Teile. Diese These lässt sich unschwer als zentraler Topos von Technikkritik in der Moderne ausmachen. Die mangelnde Berücksichtigung eines Überschusses oder Irregulären[2] des Lebendigen und die mechanizistische Modellierung von natürlichen Systemen – sei es nach dem Vorbild der Uhr, der Dampfmaschine oder des Computers – gilt vielen TheoretikerInnen als eine wesentliche Ursache für die Entzauberung der Welt und die Verdinglichung, Entkörperung und Entfremdung des modernen Menschen durch Natur- und Technikwissenschaften.

Von der Romantik über die Lebensphilosophie, der Kritischen Theorie bis zum Poststrukturalismus wird aber nicht nur die reduktionistische Beschreibung des Körpers kritisiert, sondern auch die damit zusammenhängende berühmt-berüchtigte Cartesianische Trennung von Körper und Geist. Die Ausblendung des Anderen des rationalen, autonomen bürgerlichen Subjekts gilt als Grundlage für die Panzerung des bürgerlichen Ichs, seine ,Entkörperung' und für die Mechanisierung der Alltagswelt in einer technisierten Kultur. Das Eingedenken des Leiblichen, das nichtidentische Moment in der Körper-Geist- bzw. Natur-Kultur-Vermittlung wird von Nietzsche über Adorno bis hin zu Irigaray oder Žižek immer wieder eingefordert – als Medizin gegen die zunehmende ,Weltlosigkeit' (Arendt 1992), den „Verlust des Realen" (Baudrillard 1978, 41) und die Tendenzen der „fortschreitenden Kolonisierung der Organe und Eingeweide des menschlichen Körpers" (Virilio 1994, 108).[3] Auch wenn dieser entfremdungstheoretische

---

1 Für kritische Kommentare zum Text danke ich vor allem Bettina Wahrig und Corinna Bath sowie den TeilnehmerInnen des Symposiums ,Turbulente Körper' an der TU Braunschweig im März 2003.
2 Zu Frage und Funktion dieses Überschusses bzw. Unbestimmten des Lebendigen am Beginn des 20. Jahrhunderts vgl. Osietzki in diesem Band.
3 „Im wesentlichen sind es zwei systematische Funktionen, die dem Leib als Ort des Vor-Diskursiven zugetraut resp. zugemutet werden, nämlich zum einen eine Fundierung diskursiven Sinns und zum anderen die Funktion eines kritischen Maßstabes gegen eine Reduk-

Ansatz von vielen TechnikkritikerInnen nicht geteilt wird, so durchzieht doch auch viele ‚neueuropäische' Ansätze die Frage nach (den Möglichkeiten) einer alternativen Körperpolitik – einer Körperpolitik, die nicht mehr auf dem hierarchisch organisierten und zentral gesteuerten organisierten Organismus der Moderne basierte. Man erinnere sich z.b. an die Hoffnungen, die Bruno Latour in die amodernen Hybriden oder Donna Haraway schon 1985 in die Cyborgs, postmoderne Mischwesen aus Mensch und Maschine steckte:

„Nichts verbindet sie mehr mit Bisexualität, präödipaler Symbiose, nichtentfremdeter Arbeit oder anderen Versuchungen, organische Ganzheit durch die endgültige Unterwerfung der Macht aller Teile unter ein höheres Ganzes zu erreichen. In diesem Sinne besitzt die Cyborg keine Ursprungsgeschichte im westlichen Verständnis" (Haraway 1995a, 35)

Man könnte meinen, neuere Ansätze der Robotik wie z.b. „Verhaltensbasierte Robotik" (Brooks 1986; Christaller 2001), „Evolutionäre Robotik" (Husbands, Meyer 1998; Nolfi, Floreano 2000) oder „Embodied Artificial Intelligence" (Pfeifer, Scheier 1999; Pfeifer 2001) haben sich die humanistische Kritik als auch die postmodernen Hoffnungen zu Herzen genommen.

In Abgrenzung zum alten kognitivistischen – und das heißt hier Cartesianischen – Paradigma der Künstlichen Intelligenz-Forschung gehen diese Ansätze davon aus, dass Geist bzw. Intelligenz weder adäquat jenseits des Körpers noch klassisch analytisch, sprich top-down modelliert und (re)konstruiert werden können. Mit Bezug auf die einschlägige Kritik des Philosophen Hubert Dreyfus forderte etwa der Robotiker Rodney Brooks schon 1986 eine verhaltensbasierte Robotik, die nicht primär auf Simulation, auf dem Agieren in ‚Spielzeug-Welten', sondern auf Verkörperung und struktureller System-Umwelt-Koppelung basiert. Nur mit *verkörperten, mobilen* Agenten, deren sensomotorische Rückkoppelungsschleifen eine Interaktion mit der Umwelt ermöglichen, könne man künstliche intelligente Systeme erfolgversprechend konstruieren, die nicht an einfachsten Aufgaben wie Gehen, Objekterkennung oder Navigation scheitern.

Heute reicht die Absage an das klassische Credo der Natur- und Technikwissenschaften bei manchen VertreterInnen des neuen Ansatzes – wie Thomas Christaller oder Kerstin Dautenhahn – sogar noch weiter. Es wird erwogen, ob nicht Intelligenz und Kognition im Sinne neuronaler Informationsverarbeitung auf das engste mit ihren ‚physikalisch-chemischen Basismechanismen' verbunden sind und ob es sich beim Verhältnis von Physis und Kognition, von Körper und Geist nicht auch um engste, interdependente Rückkoppelungsschleifen handelt (vgl. Christaller 2001, 84). Hat die Technikkritik nach so langer Zeit doch noch Gehör gefunden?

---

tion unserer Praktiken auf einen instrumentellen Umgang mit dem Körper" (Schürmann 2003, 53).

Der traditionelle Ansatz der Künstlichen Intelligenz-Forschung

„Du bist doch kein Geist in der Flasche."
Rio Reiser

Um aber die radikale Verschiebung im Forschungsparadigma verstehen zu können, möchte ich etwas ausführlicher auf die Annahmen der traditionellen KI-Forschung eingehen.

Das alte kognitivistische Paradigma der Künstlichen Intelligenz-Forschung verstand Kognition – identifiziert meist mit primär mentalen Prozessen – als Durchführung von Berechnungen. Intelligenz könne demzufolge auf der Ebene der Algorithmen, als Rechenprozesse untersucht werden, ohne die Notwendigkeit, sich mit der darunter liegenden Struktur, d. h. der materialen Grundlage, zu beschäftigen. Matt Ginsburg hat dieses Konzept der KI folgendermaßen formuliert: „AI is the enterprise of constructing a physical-symbol system that can reliably pass the Turing test" (Ginsburg 1993, 3). Der Begriff des ‚Physical-Symbol-System' geht zurück auf Alan Newell und Herbert Simon (vgl. Newell, Simon 1976). Diese stellten die Thesen auf, dass

„die Verarbeitung von Symbolen, die selbst in einem physikalischen System gegründet sein müssen, zur Modellierung und Hervorbringung von Intelligenz ausreichend ist, wenn die Regeln zur Symbolverarbeitung und die für die physikalische Maschine genügend mächtig sind. Sie argumentierten auch, dass die Regeln der physikalischen Maschine ‚Computer' diese Mächtigkeit haben. Diese Vorstellungen erklären, warum in diesem Forschungsparadigma die Wissensrepräsentation, d.h. *die adäquate Modellierung der Welt durch Symbole, und logisches Schließen*, [...], eine so prominente Rolle spielten und spielen" (Christaller et al. 2001, 66; H.v.m.).

Bei dieser Modellierung von Intelligenz wird ganz bewusst von der physischen Ebene abstrahiert (vgl. Pfeifer 2001, 43; Ziemke 2002). Es wird davon ausgegangen, dass mentale Zustände auf der Basis einer prinzipiell unendlichen Vielzahl von physikalischen Strukturen hervorgebracht werden können: „Zwei funktional äquivalente Zustände können in zwei verschiedenen Systemen durch ganz unterschiedliche konkrete Mechanismen implementiert werden, ähnlich wie ein und dasselbe Programm auf ganz verschiedenen Rechnern laufen kann" (Metzinger 1999, 38).

In der traditionellen Robotik wurde die entscheidende Eigenschaft von Intelligenz also in der internen symbolischen Verarbeitung bzw. Wissensrepräsentation gesehen. Roboter wurden mehr oder weniger als klassische Computer gedacht und gebaut, die nur zusätzlich mit ein paar Sensoren und Kameras ausgestattet wurden, um mit der Welt interagieren zu können, deren Hauptaufgabe aber in internen Rechenprozessen – nicht aber in der Interaktion mit der Welt – gesehen wurde. Dieses Paradigma wurde – wie schon erwähnt – in der zweiten Hälfte der Achtziger Jahre zunehmend in Frage gestellt.

‚What Computers Can't Do'

Das alte kognitivistische Paradigma der KI war auch von TechnikkritikerInnen wie Joseph Weizenbaum, Hubert Dreyfus, Lucy Suchman oder Barbara Becker[4] wegen der Fragwürdigkeit eines derart funktionalistischen Intelligenzbegriffs und der Ausblendung von Materialität bzw. Körperlichkeit kritisiert worden. In seinem weithin bekannt gewordenen Buch „What Computers Can't do" hatte z.b. der Philosoph Hubert Dreyfus schon in den Siebziger Jahren mit Bezug auf die Phänomenologie Merleau-Pontys das Cartesianische Modell der KI in Frage gestellt. Kognition ließe sich nicht allein als passive Informationsaufnahme verstehen, bei der der Körper allerhöchstens hinderlich sei. Intelligenz würde u.a. auf der Interaktion mit der Umwelt und einer sensorischen Informationsaufnahme beruhen und dabei sei der Körper integraler Bestandteil: „Wenn man lernen will, wie sich Seide anfühlt, muss man lernen oder bereit sein, seine Hand auf eine bestimmte Weise zu bewegen und gewisse Erwartungen zu haben..." (Dreyfus 1985, 197f). Intelligenz bedürfe des Hintergrundes einer Vielzahl von Praktiken, die gerade die menschliche Daseinsweise ausmachen würde.

In Bezug auf Dreyfus (und in gleichzeitiger Abgrenzung) schreibt Rodney Brooks in seinem Arbeitspapier von 1986, in dem er erste Skizzen eines alternativen KI-Ansatzes entwickelt: „In this note we use a technical rather than a philosophical argument that machines must indeed have a rich background of experience of being if they are to achieve human level intelligence" (Brooks 1986, 1). Intelligenz müsse unter Einbezug der körperlichen Bedingtheit von Erfahrung – und das heißt hier unter Einbezug der Spezifika der Sensor- und Aktuatorausstattung[5] –, in Auseinandersetzung mit der realen Umwelt der künstlichen Systeme und bottom-up konstruiert werden.

---

4   Weizenbaum 1994, Dreyfus 1976, Suchman 1987, Becker 2001.
5   Ein Aktuator bzw. auch Aktor ist „als Stellglied definiert, das meist elektrisch angesteuert wird und dessen Ausgangsgröße eine Energie oder Leistung ist. In den meisten Fällen führt er eine mechanische Bewegung aus. Klassifiziert werden derartige Aktoren nach der jeweiligen Hilfsenergie, die zugeführt wird." (Hiltl 2003, 1). Dabei „unterscheidet man unter anderem elektromagnetische, chemische, thermodynamische, fluidische oder peizoelektrische" (ebd.) Aktoren. Aktoren sollen es einem System ermöglichen, sich zu bewegen sowie Kräfte aufzubringen und auszuüben.

Verhaltensbasierte KI: ‚The Artificial Life Route to Artificial Intelligence' (Steels, Brooks 1993)

Anerkannte Robotiker wie Rodney Brooks, Rolf Pfeifer und Luc Steels wenden sich Mitte der Achtziger Jahre vom symbolorientierten Ansatz ab hin zu einem eher verhaltensorientierten Ansatz. Einfaches Verhalten sollen nun ‚bottom-up' modelliert werden. Dabei wird Verhalten in einfache ‚behaviors' zerlegt, in möglichst einfache Reiz-Reaktions-Reflexe (wie z.b. die Suche einer Lichtquelle oder die Vermeidung von Hindernissen), die in der von Brooks entwickelten ‚Subsumptionarchitektur' des Roboters möglichst unabhängig voneinander implementiert werden sollen. Aus dem Zusammenwirken der einfachen Reflexe soll dann wiederum ‚emergentes Verhalten' entstehen:

„Behaviors sind in ihrer einfachsten Form kybernetische Regelkreise oder sensomotorische Rückkopplungskreise, die ohne mathematisch-logische oder linguistische Repräsentationen im oben beschriebenen Sinne [des Physical-Symbol-Systems; JW] auskommen" (Christaller et al. 2001, 70).

So ergibt sich etwa aus dem Zusammenspiel einfacher ‚behaviors' wie etwa Hindernisvermeidung und Hindernissuche beim Roboter u.U. ein ‚Wandverfolgungsverhalten'.[6] Das Entstehen von Handlungsmöglichkeiten, die über das (konkret) einprogrammierte Verhalten hinausgehen, werden häufig als *emergentes* Verhalten interpretiert, das für viele RobotikerInnen als Schlüssel zur Intelligenz gilt. Allerdings sind der Begriff der Emergenz und seine Tragfähigkeit für die Erklärung intelligenten Verhaltens in der Robotik-Community heftig umstritten. Gleichzeitig ist und bleibt er ein zentrales Erklärungsmoment dieses Ansatzes.[7]

Wurzeln hat der verhaltensbasierte Ansatz neben dem Behaviorismus vor allem auch in der Kybernetik. Man denke an Grey Walters ‚Schildkröten' oder das ‚Growing Ear' von Gordon Pask (vgl. Pickering 2002; di Paolo 2003; Hayles in diesem Band; Christaller et al. 2001). Diese Verbindung ist u.a. auch interessant hinsichtlich der Frage eines möglichen differenten Weltzugangs der neuen KI. Der Wissenschaftsforscher Andrew Pickering attestiert schon der Kybernetik einen Weltzugang, der sich radikal von dem der klassischen Natur- und Technikwissenschaften unterscheidet:

„My suggestion is that cybernetics grabs onto the world differently from the classical sciences. While the latter seek to pin the world down in timeless representations, *cybernetics directly thematises the unpredictable liveliness of the world and processes of*

---

6   Dieser Verhalten entsteht wenn das Verhaltensrepertoir des Roboters sowohl Hindernisvermeidung wie Hindernissuche umfasst und wenn diese beiden Verhalten gut aufeinanderabgestimmt sind. Wenn keines das andere dominiert, wird der Roboter wechselweise von der Wand abgestossen und angezogen. Dadurch ‚emergiert' ein Wandverfolgungsverhalten.

7   Zur Diskussion um den Begriff der Emergenz vgl. Langton 1996/ 1989, Emmeche 1994, Cordis 2000, Christaller et al. 2001.

open-ended becoming. While classical science has thus been an epistemological project aimed explicitly at knowledge production, cybernetics is an ontological project, *aimed variously at displaying, grasping, controlling, exploiting and exploring the liveliness of the world*. [...] [I]t is as if the cyberneticians have lived in a different world from the classical scientists" (Pickering 2002, 10; H.v.m.).

Und er weitet diesen Schluss konsequenterweise auch auf die verhaltensbasierte Robotik bzw. auf den Ansatz der autonomen intelligenten Systeme – wie er auch genannt wird – aus (vgl. Pickering 2001, 10f).[8]

In der verhaltensorientierten Robotik verbinden sich alte Ansätze der Kybernetik und auch des Behaviourismus mit neuen Entwicklungen im Kontext der Artificial Life-Forschung: Wie in der AL-Forschung ist auch in der neueren Robotik Emergenz ein wichtiges – wenn auch meist vage verbleibendes – Konzept. Damit zusammenhängend gibt es eine große Aufmerksamkeit für biologische Prozesse, welche nun als Grundlage intelligenten Verhaltens betrachtet werden (vgl. Pfeifer 2001, 294f). Von der Annäherung an die Biologie versprechen sich die ForscherInnen ein besseres Verständnis lebendiger Systeme und die Entwicklung neuer, erfolgversprechender Ideen für die Konstruktion künstlicher Systeme. Mit der Artificial Life-Forschung teilt zudem die neuere Robotik auch den Bezug auf eine differente mathematische Tradition für die Modellierung von Welt – die Theorie der dynamischen Systeme.

Turbulente Körper

„One is not born an organism."
Donna Haraway

Der Stellenwert des Emergenzbegriffs verweist auch auf die differente Organismuskonzeption in der Artificial Life-Forschung und Robotik. Der Organismus wird zunehmend als flexibel, dynamisch und in permanenter Veränderung begriffen. Das Moment des Neuen, der Spontanität und das emergente Verhalten stehen im Mittelpunkt: „The body is not a fixed and pregiven ‚actuator device', but it is a dynamic and ontogenetically evolving entity" (Dautenhahn, Christaller 1997, 3). Der Körper ist eben nun kein hierarchisch organisiertes, fest vorgegebenes Gerüst aus Organen, Sensoren, Muskeln[9] mehr, sondern wird als dynamisches System mit der Fähigkeit zur Produktion von Neuem, mit evolvierenden Eigenschaften und Möglichkeiten interpretiert. Es ist ein System, das ‚emergente Funktionalität' (Steels 1991) besitzt, und das heißt: „ ... that a function is not achieved directly by a component or a hierarchical system of components, but indirectly by the interaction of more

---

8   Zum Verständnis von Epistemologie und Ontologie bei Pickering siehe unten.
9   Aktoren werden oft als ‚künstliche Muskeln' bezeichnet; vgl. Fußnote 5.

primitive components among themselves and with the world" (Steels 1991). Über komplexe Feedbackschleifen werden dann auch neue Kombinationen und Abweichungen evoziert in der Hoffnung, dadurch neue Lösungen auf komplexeren Ebenen zu ‚finden' (vgl. Parisi, Terranova 2000, 9; Hayles 1999, 158). Die Kreativität der emergenten Prozesse aber auch die Reservoire kreativer Entwicklung, die sich historisch in der Natur sedimentiert haben, sollen ‚abgeschöpft' und für technowissenschaftliche Verfahren nutzbar gemacht werden. Auf dieser Grundlage soll die Entwicklung komplexer Systeme mit der Fähigkeit zur permanenten Erneuerung, Neugestaltung und Spontaneität möglichen werden. Es sollen ‚living machines' konstruiert werden, „hardware/software ‚artefacts that live and grow', i.e. artefacts that self-adapt and evolve beyond pure programming" (Cordis 2000, 1).

Die *Produktion des Unerwarteten* wird als wesentliche Voraussetzung verstanden, um neue, vielfältige Artefakte entwickeln zu können, die komplexe Aufgaben übernehmen und mit und an ihnen wachsen. Offensichtlich beruht hier der Körper und sein Verhalten auf mehr als der Summe seiner Teile, wenn auch gleichzeitig versucht wird, die Spontanität und den Überschuss zu formalisieren und zu instrumentalisieren.

In diesen Vorstellungen wird der Körper nicht mehr im emphatischen Sinne als natürlich und gegeben verstanden. Wenn auch die Fähigkeit der Mutation, Variation und Veränderung wiederum als eine natürliche interpretiert wird, so wird der Körper dennoch in dem Sinne denaturalisiert, dass er nicht mehr als unveränderbar, teleologisch und von harmonischen Prinzipien durchwirkt, sondern eher als Baukasten verstanden wird:

„Anders als die Körper der Romantik bilden sie [die Körper im späten 20. Jahrhundert; JW] sich nicht aus internen Harmonieprinzipien und werden auch nicht wie im Realismus oder Modernismus entdeckt. [...] Das politisch-epistemologische Terrain der Postmoderne war nötig, um auf einem zu Beauvoir analogen Text bestehen zu können: *Man wird nicht als Organismus geboren, Organismen werden gemacht.*" (Haraway 1995a, 170; H.v.m.)

Im Zeitalter der Technoscience geht es zwar um die Modellierung von Körpern und Maschinen, die mehr sind als die Summe ihrer Teile – aber nicht im Sinne einer höheren, harmonischen Ordnung, sondern in Form einer Denaturalisierung, die eine Dynamisierung von Körpern möglich macht.

Eine neue Körperpolitik?

Was bedeutet aber der neue Ansatz dieser jungen Technowissenschaft nun hinsichtlich der Debatten um Entkörperung und um eine mögliche alternative Körperpolitik? Auf der einen Seite findet eine Verschiebung in der Vorstellung des Überschusses des Lebendigen statt, von der Idee natürlicher, harmonischer Prinzipien hin zur Dynamisierung und damit zur Denaturalisierung. Und die Frage wäre, inwieweit diese Verschiebung, diese Dynamisierung auch Möglichkeiten bietet für eine nicht-reduktionistische Politik, die Reifizierungen vermeidet. Auf der anderen Seite wird im Rahmen neuer Körperkonzepte zwar der Überschuss des Lebendigen zum Thema, aber damit auch zum Gegenstand technowissenschaftlicher Objektivation: Der Überschuss des Lebendigen, von offenen, dynamischen Systemen soll mit technowissenschaftlichen Methoden, Konzepten und Prinzipien eingefangen werden – u.a. durch das Tinkering, das Herumbasteln und Kombinieren unterschiedlicher Teile nach dem Bottom-up-Prinzip, durch das Evozieren von ‚emergenten' Prozessen.

Wenn man nun nicht a priori die Objektivierung des Lebendigen kritisieren möchte, bleibt die zentrale Frage, *wie* jene von den Technowissenschaften Kybernetik, Artificial Life und verhaltensbasierte Robotik bewerkstelligt wird. Erst einmal ist festzuhalten, dass sie – anders als die alte KI – ‚*the unpredictable liveliness of the world and processes of open-ended becoming'* (Pickering) thematisieren und nicht ausblenden. Material bzw. die materiale Beschaffenheit des Systems wird nun in vielen neuen Ansätzen als ein relevanter und wichtiger Faktor anerkannt.[10] Die Bedeutung der ‚Eigenlogik' natürlicher wie künstlicher Systeme wird ernst genommen und die Körper erhalten über diese Aufmerksamkeit zunächst eine andere Dignität. Das erscheint ein großer Schritt in Richtung auf die Überwindung des Dualismus von Materie und Form, Körper und Geist, wie er sich in der frühen Software-zentrierten Artificial Life-Forschung und der traditionellen KI-Forschung[11] findet.

Um diese Verschiebungen besser einschätzen zu können, möchte ich sie mit dem Verständnis von Verkörperung bei der Wissenschaftsphilosophin Donna Haraway vergleichen.

---

10 Es setzt sich zunehmend auch die Erkenntnis durch, dass die intrinsischen Eigenschaften des Materials nicht nur hinsichtlich natürlicher Eigenschaften ausgenutzt werden können, sondern vor allem auch bezüglich jener der Energie-Effizienz, der Vereinfachung von Kontrollmechanismen etc. Rolf Pfeifer, der Leiter des AI Labors in Zürich argumentiert genauso wie Christaller et al. (2001) ganz offensiv mit den intrinsischen Kontrolleigenschaften des Materials; vgl. Pfeifer 2001, 302.

11 In den älteren Ansätzen der Artificial Life-Forschung als auch in der KI sind Hardware allein relevant bzgl. ihrer Schnelligkeit und Speicherkapazität. Die materiale Beschaffenheit gerade auch hinsichtlich der Verbindung von Körper und Geist wird dort nicht diskutiert.

Embodiment: ‚Knotenpunkte in Feldern, Wendepunkte von Ausrichtungen'

Haraway formuliert ihr Verständnis von Embodiment folgendermaßen:
„Feministische Verkörperung handelt also nicht von einer fixierten Lokalisierung in einem verdinglichten Körper, ob dieser nun weiblich oder etwas anderes ist, sondern von Knotenpunkten in Feldern, Wendepunkten von Ausrichtungen, und der Verantwortlichkeit für Differenz in materiell-semiotischen Bedeutungsfeldern" (Haraway 1995a, 88f).

Und weiter schreibt sie, dass es um „die Sicht von einem Körper aus [geht; JW], der immer ein komplexer, widersprüchlicher, strukturierender und strukturierter Körper ist... Nur der göttliche Trick ist verboten" (Haraway 1995a, 89) – also der unverwundbare, distanzierte Blick von Nirgendwo.

Haraway versteht demzufolge Verkörperung als einen dynamischen Prozess der permanenten Veränderung, der Unsicherheit und Verschiebung. Das scheint vertraut, denkt man an die Vorstellung dynamischer und emergenter Prozesse in offenen Systemen wie sie die Artificial Life- und neuere Robotikforschung formuliert. Aber unterscheidet sich diese Politik der Offenheit, der permanenten Veränderung und Verweigerung fixierter Identität von den derzeit aktuellen Praktiken des Shapeshifting, der Produktion von Differenzen durch Abweichung, Mutation und Verschiebung?

Haraway selbst sieht die Differenz ihres Konzepts zu den üblichen Praktiken der Technowissenschaften allerdings darin, dass man Verwundbarkeit zulässt im Widerstand gegen eine „Politik der Abgeschlossenheit, der Endgültigkeit oder ... der ‚Vereinfachung in letzter Instanz'" (Haraway 1995a, 90).

Parallelen zwischen Haraways Konzept des Embodiment und dem der neueren Robotik findet man auch nicht nur hinsichtlich des dynamisierten Körperverständnisses, sondern auch bezüglich der Vision von der Auflösung des klassischem distanzierten und hierarchischen Subjekt-Objekt-Verhältnis sowie in der Idee von Wissensobjekten als eigenständige, aktive Entitäten.

Was anderes wäre die Idee, autonome und selbständige Agenten zu entwickeln, die evolvieren, wachsen und lernen? In gewisser Weise hat diese Forschungsrichtung die Forderung Haraways beim Wort genommen, Wissensobjekte als Agenten und Akteure zu denken – und nicht als Leinwand oder Ressource (vgl. Haraway 1995a, 93). Und hierbei geht es nicht darum, inwieweit die neuere Robotik de facto in der Lage sein wird, dieses Ziel umzusetzen.

Und untergräbt nicht die Idee von emergenten Maschinen, von Robotern ‚out of control' (Brooks), die konstruiert sind, aber zugleich sich selbst konstruieren und weiterentwickeln sollen, wiederum die Idee der Autonomie des vormals selbstherrlichen Forschers? Löst sich damit nicht irgendwann die Opposition von der Wissenden und dem Gewussten auf?

Interessanterweise wird gerade die Anthropomorphisierung des Erkenntnisapparates des Roboters in der Robotik selbst zunehmend problematisiert, da diese dazu führe,

„dass vom Roboter nur vorgegebene Kategorien durch Lernvorgänge mit Inhalten gefüllt werden können [...] Die Sensormuster des Roboters und die Kategorien des Menschen passen nicht notwendigerweise zusammen: nur ‚vorgedachte' Ereignisse/Situationen werden erkannt und können behandelt werden. [...] Will man diese Beschränkung überwinden, stellt sich die Frage nach dem nötigen technischen Rahmenwerk, das es dem Roboter erlaubt, nicht nur eigene Kategorien zu bilden, sondern sie auch nach eigenen Regeln zu füllen. Damit verbunden sind die noch offenen Fragen nach der Steuerung des Erkenntnisapparates und seiner eigenständigen Weiterentwicklung; nach dem Einfluss, den die eigene Körperlichkeit (Morphologie) des Roboters auf die Entwicklung dieses Apparats hat" (Christaller 2001, 78).

Dieses Interesse der neueren Robotik an der Eigenständigkeit, an der Handlungs- und Erkenntnisfähigkeit der Artefakte erinnert an Haraways Appell, ‚nicht-menschliche' Akteure seien ‚andere Welten' (vgl. Noske 1989, zit. nach Haraway 1995b, 104ff), deren Eigenwilligkeit und Eigenlogik man ernst nehmen solle (vgl. Haraway 1995b) – auch wenn sie dabei eher die nicht-technischen der nicht-menschlichen Akteure im Blick hatte und traditionelle Wissenschaftsforschung dafür kritisierte, nur Maschinen dabei im Blick zu haben. Gleichzeitig verlieren vor diesem Hintergrund auch technikkritische Argumentationen der Phänomenologie bzgl. der Widerständigkeit der „eigenen und fremden Materialität" (Becker 2001) manches ihres kritischen Potentials. Glaubt man den emphatischen Ansprüchen und Absichtserklärungen der neueren Robotik, würden diese Artefakte in gewisser Weise genauso „die Andersartigkeit und Unverfügbarkeit des Anderen, des jeweiligen Gegenüber" (Becker 2000, 64) aufweisen. Damit würde nicht mehr „die konkrete Materialität eines jeweiligen Gegenübers ... in seiner Andersartigkeit" (ebd.) eliminiert. Nimmt man die Idee der Produktion des Unerwarteten und das Interesse an der Emergenz in der neueren Robotik beim Wort, ginge es gerade nicht mehr darum, dass der oder das Andere „integrierbar werden [muss; JW] in das eigene Weltmodell" (ebd.).

Renaturalisierungen

„... glaube ich, dass ich und meine Kinder bloße Automaten im Universum sind, ebenso wie jeder andere Mensch, den ich kennen gelernt habe – große Hautsäcke voller Biomoleküle, die nach beschreibbaren und erkennbaren Regeln interagieren."
Rodney Brooks

Im Vorangegangenen habe ich vor allem die neuen Entwicklungen und Tendenzen in den Technowissenschaften Robotik und Artificial Life stark gemacht, die den Anspruch, vielleicht auch das Potential haben, Limitierungen und Engführungen der alten Technowissenschaften – wie z.B. der traditionellen KI – zu überschreiten. Darunter fiel u.a. die neue Aufmerksamkeit für Materialität, der Versuch, rigide Trennungen von Körper und Geist, Hardware und Software aufzulösen, aber auch das Interesse für Spontaneität, das Unvorhersehbare, die Eigenlogik des Artefakts – auch wenn es letztendlich natürlich darum geht, genau dieses Unvorhersehbare und die Spontaneität a posteriori instrumentalisierbar und nutzbar zu machen.

Doch auch wenn sich hier interessante Ansätze finden, lässt sich die Fortsetzung alter hierarchischer Muster und Reduktionismen feststellen. So liegt in der von der Biologie inspirierten Artificial Life-Forschung und Robotik primär der Verdacht auf (Re-)Naturalisierungen nahe. Schon Francois Jacob, der meines Wissens nach als erster in Anlehnung an Levi-Strauss den Begriff des Tinkering in den Technowissenschaften eingeführt hat, betrachtet Organismen als

„historical structures: literally creations of history. They present not a perfect product of engineering, but a patchwork of odd sets pieced together when and where opportunities arose. For the opportunism of natural selection is not simply a matter of indifference to the structure and operation of its products. It reflects the very nature of a historical process full of contingency" (Jacob 1977, 1166).

Francois Jacob gibt sich also alle Mühe, das Tinkering-Verfahren und die dynamischen Körper zu naturalisieren: Es ist doch ‚Mutter' Natur, die mit ihrem Prinzip der natürlichen Selektion die Organismen zu Patchwork-Geschöpfen macht – und nicht etwa eine Paradigmenwende in den Technowissenschaften selbst, die zum Verständnis des turbulenten Körper führt. Sie werden nicht als Modelle verstanden, deren Konzeptionierung als dynamische offene Systeme es ermöglichen sollen, Neues greifbar zu machen – wie etwa die Überschreitung des *klassischen* Mechanizismus' mit der harmonisch-hierarchischen Konzeptionierung von Organismen –, sondern sie werden wiederum als dynamische, emergierende etc. *reifiziert*. Erstaunlich ist dies, da es in gewisser Weise auch im Widerspruch steht zu dem im höchsten Maße konstruktivistischen Herangehen der TechnowissenschaftlerInnen – die sich gerade in der frühen Phase der Forschung dessen ganz besonders bewusst zu sein scheinen, wie etwa Brooks in seiner Auseinandersetzung mit Dreyfus. Im Widerspruch steht es auch zur Denaturalisierung der Körper, ihrer Neudefinition als dynamische und veränderbare, von der man meinen sollte, dass sie Naturalisierungen vorbeugt. Nichtsdestotrotz werden auch diese denaturalisierten Körper ‚natürlich' und die Natur wird zur Gentech-Ingenieurin (vgl. Haraway 1997; Penny 1996; Weber 2003) und bastelnden Technowissenschaftlerin, die sich schon immer der Tinkering-Methode bediente. Es sind nicht die Technowissenschaften, die konstruierend auswählen bei ihrer Modellierung von Organismen, Körpern, von Intelligenz etc., sondern die TechnowissenschaftlerInnen lesen wieder einmal im Buch der Natur, setzen ihre Botschaften um und machen sich die nun dynamischen – aber im Sinne von übergreifenden Strukturen stabilen – Gesetze der Natur zu Nutze. Donna Haraway, Alison Adam und andere haben darauf aufmerksam gemacht, dass mit der Konvergenz von Cyberscience und Biologie häufig naturalistische Theorien nicht nur über Organismen, sondern auch über Artefakte und Technologien wie etwa das Internet oder die Künstliche Intelligenz einhergehen (vgl. Haraway 1997; Adam 1998; Kember 2000; Braidotti 2002). Selbst der Technik-Euphoriker Kevin Kelly ist erstaunt, dass „there was probably a wider agreement that evolution was a way to do things than I thought" (Kelly, zit. nach Kember 2000, 5).

Gerade in der Artificial Life-Forschung gestützten neueren Robotik und KI werden häufig altbekannte, aus der sogenannten Evolutionspsychologie – die früher Soziobiologie hieß – bekannte Geschichten weitertransportiert samt ihres sozialdarwinistischen Gepäcks (vgl. Penny 1996; Weber 2003). Ein schönes Beispiel für diese Renaturalisierungen ist das Intelligenzverständnis in der neueren Robotik. Dort ist der Ansatz vorherrschend, dass Intelligenz primär entwickelt wurde, „um die Überlebensfähigkeit zu maximieren. Danach müsste man annehmen, dass gerade die so genannten einfachen Lebewesen die intelligentesten sind" (Christaller et al. 2001, 74). Und dementsprechend werden dann auch gerne Anleihen bei der Modellierung von Verhalten bei besonders robusten Organismen wie Insekten macht, um sie dann auf künstliche Systeme und später wieder zurück auf Menschen zu übertragen.

Mit am bekanntesten von den frühen Erfolgen der verhaltensbasierten KI wurden nicht von ungefähr die Robot-Insekten Genghis und Attila von Rodney Brooks (vgl. Brooks 2002).[12] Brooks vertritt ganz passend zu dieser Orientierung wiederum die These, dass Bewusstsein ein Epiphänomen von Leben sei. Bewusstsein mache einen winzigen – und durchaus vernachlässigbaren – Bestandteil menschlicher Intelligenz aus. Sie sei ja auch eine ganz späte Entwicklung der Evolutionsgeschichte und nicht unbedingt Voraussetzung für Leben.

Interessanterweise dreht sich nun die Geschichte der KI-Forschung um 180 Grad: Während in der klassischen KI die Fähigkeiten der Symbolverarbeitung, der Wissensrepräsentation und des Rechnens im Mittelpunkt standen, sind es nun die effektive Interaktionen mit der Welt inklusive einer guten Sensor- und Aktuatorausstattung. Katherine Hayles hat wiederum auf die Problematik dieser Annahmen aufmerksam gemacht.[13]

Die völlige Ausblendung von Bewusstsein findet sich nicht durchgängig in allen Ansätzen der neueren Robotik. Andere messen Intelligenz an der Fähigkeit der sozialen Interaktion, der Entwicklung von Sprachvermögen:

---

12 Im übrigen verfolgt hier Brooks eine sehr klassische übliche Erzählstrategie in der Technoscience, indem er seine kleinen neuen Roboter mit Namen signifiziert, die sie als potent, kriegerisch und erfolgreich ausweisen sollen.
13 Vgl. Hayles in diesem Band.

"Danach wäre Intelligenz insbesondere die Fähigkeit, die möglichen Handlungen von Artgenossen in der jeweiligen sozialen Gruppe möglichst gut einzuschätzen und vorherzusagen und die eigenen Handlungsmöglichkeiten dabei mit zu berücksichtigen" (Christaller et al. 2001, 75).

Die darwinistische Logik ist damit natürlich noch nicht überschritten, da es auch hier um den ‚survival of the fittest' nach recht eindeutigen Regeln geht, wenn auch mit anderen Mitteln und Methoden.

Hier findet sich also wieder eine ‚Politik der Abgeschlossenheit, der Endgültigkeit, ... der ‚Vereinfachung in letzter Instanz' statt, vor der Haraway und andere gewarnt haben. Die Dynamisierung, Offenheit und der – zumindest teilweise – nicht-klassische Weltzugang der Kybernetik, Robotik etc. scheint jedenfalls nicht per se vor reduktionistischen Tendenzen zu bewahren. Und dies scheint nicht nur an den Naturalisierungen innerhalb der darwinistischen Logik zu liegen.

‚Dances of Agency' und situiertes Wissen

Eingedenk der erneuten Renaturalisierungen in der Robotik kann man sich über die Euphorie Andrew Pickerings für die ‚ontologischen Projekte' der Kybernetik und neueren Robotik nur wundern. Diese zielen angeblich darauf, die Lebendigkeit der Welt zu erforschen und so setzt er begeistert auf die Möglichkeit einer Neukonzeption und Neugestaltung des Verhältnisses des Menschlichen und Nichtmenschlichen, in einem neuen Zeitalter des Werdens und Experimentierens, in der sich die WissenschaftlerInnen „In the Thick of Things" (Pickering 2001) vorwagen.

Pickering ist überzeugt, dass sich auf jeden Fall ein neuer Anfang, ja sogar eine neue Lebensform abzeichnet:

„As we arrive at a decentred vision of the zone of intersection of the human and the nonhuman, therefore, we at the same time find ourselves invited to join a new form of life – in which guided missiles (the original referent of cybernetics), cellular automata and New Age spirituality somehow resonate with and inform one another. An interesting place to be – exciting, scary, beautiful and distasteful, in turn or all at the same time – but at least radically different. One can get bored" (Pickering 2001, 13).

Manch ein saturierter, gelangweilter Moderner – geplagt von seiner Weltlosigkeit – entdeckt die Herausforderungen eines neuen ‚way of life' bei der Suche nach dem Nichtmenschlichen. Offensichtlich entdecken nicht nur Robotiker, die mit ihrer traditionellen Herangehensweise ans Ende ihrer Weisheit gekommen sind, neue Möglichkeiten der Welterkundung und Entwicklung. Die Hoffnung von postmodernen Wissenschaftsforschern und Hobby-Lebensphilosophen wie Pickering scheint nun, dass sich jene neuen

Wissenschaften und Künste, die angeblich die Suche nach den ewigen Wahrheiten aufgegeben haben, sich der Logik des Trial and Errors, des Ausprobierens und der Produktion des Unerwarteten verschreiben, um uns aus der modernen Logik des Immergleichen, des Geplanten und Vorhersehbaren zu befreien. Und so werden wir Helden[14], die mutig in neue Räume schreiten, ungekannte Räume des Begehrens erschliessen und uns dem Strom des Werdens in einer neuen Kommunion mit dem Nichtmenschlichen überlassen:

„If we resist the modernist move to go behind the sciences in search of timeless truths, then there can be no *substantive* politics of becoming, which leaves us with the conclusion that the politics of becoming has to be a *politics of experiment*. Just like cybernetic controllers and autonomous robots, the political imperative has to be one of open-ended searches, trial and error, exploring spaces of human and nonhuman possibilities, including spaces of desire. In the end we can only make trips into the flow of becoming and genuinely find out whether the outcome is congenial or not" (Pickering 2001, 17).

Ist man nur ein wenig mit gegenmodernen Phänomenen vertraut, stellt sich spätestens hier ein déjà vu ein. Wieder einmal wird in naiver – weil unpolitischer – Weise der Umgang mit Natur sowie die Interaktion von Mensch und Nichtmenschlichem als Spielwiese inszeniert, auf der man eine neue Weise des Experimentierens gefunden hat, von der man (wer?) sich eine neue Nähe zu den Dingen (welchen?) erhofft. Von Verantwortung für diesen Umgang ist auch hier nicht die Rede.

Mag auch an dieser verallgemeinerten Logik des Trial and Errors erfreulich sein, dass es nicht mehr um die Überwindung von ‚prääödipaler Symbiose, nichtentfremdeter Arbeit oder anderen Versuchungen, organische Ganzheit durch die endgültige Unterwerfung der Macht aller Teile unter ein höheres Ganzes zu erreichen' (Haraway) geht. Aber womöglich geht es um einen anderen, alten romantischen Traum – der von der Reziprozität von Subjekt und Objekt, Mensch und Maschine, der in diesem Falle als einer jenseits von Macht- und Herrschaftsstrukturen imaginiert wird.

So schwingt nicht nur in der alten humanistischen Technikforschung und -kritik die Sehnsucht nach der Milderung oder Aufhebung des Bruchs zwischen Subjekt und Objekt mit, sondern auch in neueren Ansätzen – genauso wie in den neuen Technowissenschaften selbst. Bettina Wahrig hat darauf verwiesen, dass Träume der Artificial Life-Forschung

„zumindest teilweise auf der Sehnsucht nach Reziprozität in den menschlichen Verhältnissen [beruhen; JW]. Sie erzählen das Verhältnis von Mensch und Technik, als handle es sich hierbei um den verpassten ‚Augenaufschlag der Natur'" (Wahrig 2002, 57).

---

14 „We are heroes – just for one day", singt dagegen David Bowie 1977, dessen Gefühl für Ironie angesichts maskulinistischen Überwindungserzählungen eher aktiviert als ad acta gelegt zu werden scheint; zur Kritik ähnlicher Heroengeschichten in aktueller Philosophie (vgl. Weber 2003, 105ff.).

Problematisch seien diese Sehnsüchte nach Versöhnung mit der Natur. Sie erzeugten „die Illusion, als seien die Utopie einer ‚Nachbarschaft zu den nächsten Dingen' (Nietzsche) und die Aufrechterhaltung eines Herrschaftsanspruchs gegenüber Mensch und Natur miteinander kompatibel" (ebd.). Vor diesem Hintergrund ist womöglich eine kritische Option politischen Handelns wie sie sich bei Haraway, Braidotti und anderen findet, überzeugender – eine Option, die nicht wie Pickering oder die neuere Robotik auf die Wunder der Emergenz hofft, auch wenn Offenheit für das Unerwartete, Ambivalenz und Kontingenz wesentliche Anteile bei der Auseinandersetzung mit und Konstruktion von Welt sind. Nichtsdestotrotz gilt es, sich für ‚lebbare Welten' (Haraway 1995b, 137) einzusetzen und Renaturalisierungen zu vermeiden:

„Was wäre, wenn Untersuchung und Herstellung von Fiktion und Fakten *offen* vonstatten gingen, ...? Erhielten dann die Anspruchslosen Zeugen ... ein schärferes Gespür dafür, worin eine Praxis situierten Wissens ... bestünde, in der die Geschichten, die gleichermaßen Möglichkeiten wie Gefahren eröffnen, auch in der alltäglichen Baukastenwelt der technowissenschaftlichen Praxis nicht einem liebevollen Begreifen entgleiten" (Haraway 1996, 380)?

Dann wären Parteilichkeit und Verantwortlichkeit gefragt sowie die konsequente Verbindung von Politik und Technoscience. Dann würde es auch möglich, nicht nur Offenheit, Nicht-Linearität, Partialität und Widersprüchlichkeit Priorität zu gewähren, sondern nach Ein- und Ausschlüssen zu fragen: Wer sind „the dispossessed, the abused, the excluded, the ‚other' of the high-tech clean and efficient bodies that contemporary culture sponsors" (Braidotti 2002, 139).

Dieser Ansatz vermag sicherlich nicht die Widersprüchlichkeiten in unserem Verhältnis zum Nichtmenschlichen aufzuheben. Nichtsdestotrotz scheinen mir kritische Optionen politischen Handelns, wie sie sich bei Haraway und partiell auch Braidotti finden, vielversprechender zu sein als eine raunende Lebensphilosophie vom Neuanfang, vom Werden und der Hingabe an Trial und Error – eine Logik, die so wunderbar passt in unsere Zeit der Flexibilisierung und Deregulierung.

Literatur

Adam, Alison (1998): Embodiment and Situatedness. The Artificial Life Alternative. In: Dies.: Artificial Knowing. Gender and the Thinking Machine. London/ New York, 129-201
Arendt, Hannah (1992): Vita Activa oder Vom tätigen Leben. München (im Orig.: 1958)
Baudrillard, Jean (1978): Agonie des Realen. Berlin

Becker, Barbara (1992): Künstliche Intelligenz: Konzepte, Systeme, Verheißungen. Frankfurt a.M./ New York

Becker, Barbara (2000): Cyborgs, Robots und Transhumanisten. Anmerkungen über die Widerständigkeit eigener und fremder Materialität. In: Dies.; Irmela Schneider (Hg.): Was vom Körper übrig bleibt. Frankfurt a.M./ New York

Bowie, David (1977): Heroes. RCA Records

Braidotti, Rosi (2002): Metamorphoses. Towards a Materialist Theory of Becoming. Cambridge/ Oxford

Brooks, Rodney (1986): Achieving Intelligence Through Building Robots. A.I. Memo 899. In: http://www.ai.mit.edu/people/brooks/papers/AIM-899.pdf (last access: 2/2003)

Brooks, Rodney (2002): Flesh and Machines. New York

Christaller, Thomas; Michael Decker; Joachim-Michael Gilsbach; Gerd Hirzinger; Karl Lauterbach; Erich Schweighofer; Gerhard Schweitzer; Dieter Sturma (2001): Robotik. Perspektiven für menschliches Handeln in der zukünftigen Gesellschaft. Berlin u. a.

Cordis (Community Research & Development Information Service) (2000): Information Society Technologies. Future & Emerging Technologies – Proactive Initiative: Neuroinformatics for „Living" Artefacts (NI). Position Paper. In: www.cordis.lu/ist/fetni-4.htm, (last access: 11/2000)

Dautenhahn, Kerstin; Thomas Christaller (1997): Remembering, Rehearsal and Empathy – Towards a Social and Embodied Cognitive Psychology for Artifacts. In: ftp://ftp.gmd.de/GMD/ai-research/Publications/1996/Dautenhahn.96.RRE.pdf (auch erschienen in: Seán Ó Nualláin; Paul Mc Kevitt; Eoghan Mac Aogháin (Eds.) (1997): Two Sciences of Mind, Readings in Cognitive Science and Consciousness, Advances in Consciousness Research, AiCR, Vol. 9. Amsterdam/ Philadelphia

Di Paolo, Ezequiel (2003): Adaptive Systems. Lecture 2: Cybernetic roots of AI. In: http://www.cogs.susx.ac.uk/users/ezequiel/AS2002/lectures/AdaptiveSystems2.ppt (last access 1/2003)

Dreyfus, Herbert (1985): Die Grenzen künstlicher Intelligenz - Was Computer nicht können. Königstein, Ts.

Emmeche, Claus (1994): Das lebende Spiel. Wie die Natur Formen erzeugt. Reinbek

Ginsberg, Matt (1993): Essentials on Artificial Intelligence. San Mateo

Haraway, Donna (1995a): Die Neuerfindung der Natur. Primaten, Cyborgs und Frauen. Frankfurt a.M./ New York

Haraway, Donna (1995b): Monströse Versprechen. Coyote-Geschichten zu Feminismus und Technowissenschaft. Hamburg

Haraway, Donna (1996): Anspruchsloser Zeuge @ Zweites Jahrtausend. FrauMann© trifft OncoMouse™. Leviathan und die vier Jots: Die Tatsachen verdrehen. In: Elvira Scheich (Hg.): Vermittelte Weiblichkeit: feministische Wissenschafts- und Gesellschaftstheorie. Hamburg, 347-389

Haraway, Donna J. (1997): Modest_Witness@Second_Millenium. FemaleMan^c_Meets _OncoMouse™. Feminism and Technoscience. New York/ London

Hayles, N. Katherine (1999): How We Became Posthuman. Virtual Bodies in Cybernetics, Literature, and Informatics. Chicago/ London

Hiltl, Marion (2003): Kleine Helfer mit großem Potenzial. Mikrosystemtechnik als eine der Schlüsseltechnologien des 21. Jahrhunderts. In: http://idw-online.de/public/zeige_pm.html?pmid=50966 (last access: 4/2003)
Husbands, Phil; Jean-Arcady Meyer (Eds.) (1998): Evolutionary Robotics. First European Workshop, EvoRobot98, Paris, France, April 16-17, 1998, Proceedings, Berlin et. al., 1-21
Jacob, François (1977): Evolution and Tinkering. In: Science, June 10, Vol. 196, Nr. 4295, 1161-1166
Kember, Sarah (2001): Resisting the New Evolutionism. In: Women: A Cultural Review, Vol.12, No. 1, 1-8
Langton, Christopher G. (1996): Artificial Life. In: Margaret Boden (Ed.): The Philosophy of Artificial Life. Oxford, 39-94
Luhmann, Niklas (1990): Die Wissenschaft der Gesellschaft. Frankfurt a.M.
Metzinger, Thomas (1999): Kognitive Robotik: Ein neues Anwendungsgebiet für die philosophische Ethik? In: Michael Decker (Hg.): Robotik. Einführung in eine interdisziplinäre Diskussion. Graue Reihe Nr. 16 der Europäischen Akademie zur Erforschung von Folgen wissenschaftlich-technischer Entwicklungen. Bad Neuenahr-Ahrweiler, 32-46
Newell, Allen; Herbert Simon (1976): Computer Science as Empirical Inquiry: Symbols and search. Communications of the ACM 19, 113-126
Nolfi, Stefano; Dario Floreano (2000): Evolutionary Robotics. The Biology, Intelligence, and Technology of Self-Organizing Machines. Intelligent Robots and Autonomous Agents. Cambridge, Mass
Parisi, Luciana; Tiziana Terranova (2002): Heat-Death. Emergence and Control in Genetic Engineering and Artificial Life. In: http://www.ctheory.com/article/a84.htm (last access 1/2002)
Penny, Simon (1996): The Darwin Machine. In: http://www.heise.de/tp/english/special/vag/6049/1.html (last access: 2/2003)
Pfeifer, Rolf; Christian Scheier (1999): Understanding Intelligence. Cambridge, Mass
Pfeifer, Rolf (2001): Embodied Artificial Intelligence. 10 Years Back, 10 Years Forward. In: Reinhard Wilhelm (Ed.): Informatics. 10 Years Back. 10 Years Ahead, Lecture Notes in Computer Science, Berlin/ Heidelberg, 294-310
Pickering, Andrew (2001): In the Thick of Things. Keynote adress at the conference ‚Talking Nature Seriously', Univ. of Oregon, Eugene 25-27 Febr. 2001. In: soc.uiuc.edu/faculty/pickerin/itt.pdf (last access: 2/2003)
Pickering, Andrew (2002): Cybernetics and the Mangle: Ashby, Beer and Pask. In: http://www.soc.uiuc.edu/faculty/pickerin/cybernetics.pdf (last access: 11/2002)
Reiser, Rio (1987): Wann? In: Ders.: Blinder Passagier. George Glück/ CBS
Schürmann, Volker (2003): Die Bedeutung der Körper. Literatur zur Körper-Debatte – eine Auswahl in systematischer Absicht. In: Allgemeine Zeitschrift für Philosophie 28.1. 2003, 51-69
Steels, Luc (1991): Towards a theory of emergent functionality. In: Jean-Arcady. Meyer; Stewart W. Wilson (Eds.): From Animals to Animats. Proceedings of the First International Conference on Simulation of Adaptive Behavior, 451-461
Steels, Luc; Rodney Brooks (Eds.) (1993): The Artificial Life Route to Artificial Intelligence. Building Situated Embodied Agents. New Haven
Suchman, Lucy (1987): Plans and Situated Actions: The Problem of Human-Machine Communication. Cambridge

Virilio, Paul (1994): Die Eroberung des Körpers. Vom Übermenschen zum überreizten Menschen. München/ Wien

Wahrig, Bettina (2002): Zeichen – Materialität – Technofetisch: Einige Thesen zu Embodiment/Verkörperung in Beziehung auf Technofakte. In: Positionspapier der Tagung Embodied Agents of Life- and Cyberscience. Bredbeck, Tagungsreader, 55-57

Weber, Jutta (2003): Umkämpfte Bedeutungen: Naturkonzepte im Zeitalter der Technoscience. Frankfurt a.M./ New York

Weizenbaum, Joseph (1994): Die Macht der Computer und die Ohnmacht der Vernunft. Frankfurt a.M. 1994 (im Orig. 1976)

Ziemke, Tom (2002): Disentangling Notions of Embodiment. http://www.cogsci.ed. ac.uk/~deco/invited/ziemke.pdf (last access: 5/2002)

Zima, Peter (1997): Moderne/ Postmoderne. Tübingen/ Basel

Das „Unbestimmte" des Lebendigen als Ressource wissenschaftlich-technischer Innovationen

Maria Osietzki

Menschen und Maschinen in den epistemologischen Debatten der Jahrhundertwende

Wenn heute das „Lebendige" zur Debatte steht, erscheint es zumal in populistischen Szenarien inzwischen als ein gentechnisch, mikromechanisch oder medial zu bespielender Baukasten beliebiger Manipulierbarkeit. Viele Menschen dürften gleichwohl allen molekularbiologischen, medizinischen und digitalen Techniken zum Trotz noch der Überzeugung sein, dass sich das organische Leben stets als Ort des wissenschaftlich Unbestimmten erhalten und ein biotechnologischer Zugriff auf das Subjekt stets eine Grenze haben werde. Eine solche vitalistische Position scheint zwar in einer Kultur auf verlorenem Posten zu stehen, in der allerorten anzutreffende kulturelle (Ab-)Bildungen „Cyborgs" propagieren.[1] Denn die „Neuen Technologien" besiegeln, dass die Grenze zwischen Mensch und Maschine flüchtig und die Fragwürdigkeit einer Natürlichkeit durch die unabwendbare Technisierung besiegelt sei.[2] Doch solche Szenarien kennt nicht nur die Technikentwicklung der Gegenwart. Seit dem 18. Jahrhundert arbeiten Wissenschaftler und Ingenieure verstärkt an technischen Artefakten, deren Konstruktionsprinzipien durch eine wechselseitige Übersetzung zwischen Menschen und Maschinen die zwischen ihnen doch stets betonte Dichotomie in Frage stellt.[3] Ganz gleich ob es sich um mechanisch konstruierte, die Selbstbewegung symbolisierenden Androiden wie etwa die Klavierspielerin, den Schreiber oder den Schachspieler handelt, um thermodynamisch kodierte Körpermaschinen, die nach Maßgabe von Kalorientabellen funktionieren, oder um kybernetische durch Rückkoppelungsprozesse gesteuerte Selbstregulationsmaschinen – stets eröffneten diese technischen Modelle einerseits die Aussicht auf eine fortschreitende Technisierung humaner Potentiale. Andererseits aber gaben solche Perspektiven immer wieder den Anstoß, Sphären des technoszientistisch Unbestimmten aufzusuchen und auszuweisen. Die Kontroversen über

---

1 In kritischer Reflexion dessen siehe Haraway 1995.
2 Zu den Übersetzungen zwischen Menschen und Maschinen siehe auch in diesem Band den Beitrag von Jutta Weber.
3 Instruktiv hierzu Latour 1995.

die kulturelle Repräsentation des Körpers und die in diesem Zusammenhang vernehmbaren Beteuerungen, er sei stets *mehr* als eine soziale Konstruktion (Butler 1995), implizieren ebenso wie die Fragen nach der Repräsentation von Materialität im naturwissenschaftlichen Experiment ontologische Gegebenheiten, mit denen zu rechnen ist, die aber epistemologisch unbestimmt bleiben (Pickering 1995). Selbst wenn es gegenwärtig so scheinen will, als sei die wissenschaftlich-technische Entwicklung an einem Punkt angekommen, von dem aus sie eine geradezu totalitäre Kontrolle des Anorganischen wie des Organischen zuwege bringe, dürften die derzeitigen Debatten über den Begriff des Menschen teilweise auf eine Suche zurückzuführen sein, die selbst angesichts einer solchen Entwicklung weiterhin nach einem noch verbleibendem Residuum des Unbestimmten Ausschau hält.

Bemerkenswert an der wechselvollen Geschichte der Übersetzungen zwischen Mensch und Maschine ist, dass für den Gang der Wissenschaft und für die Technikentwicklung von maßgeblicher Bedeutung war, wie in der jeweiligen historischen Epoche die Eigenschaften des Lebendigen gedeutet wurden. Als um die Wende vom 18. zum 19. Jahrhundert die romantischen Naturphilosophen die Mechanik wegen ihres Reduktionismus als unzureichend für die Erklärung der Prozesse des Lebendigen hielten und auf einer spezifischen „Lebenskraft" bestanden, so lag in der Auseinandersetzung darüber ein wichtiger Impuls, die Wandelbarkeit zwischen Kraft und Wärme zum Fundament einer neuen auf „Energie" zentrierten Wissenschafts- und Technikkultur zu machen. Es war die facettenreiche Kritik an der Mechanik, die dazu beitrug, den Energieerhaltungssatz hervorzubringen und damit die entscheidende Erneuerung der Wissenschaftslandschaft im 19. Jahrhundert zu ermöglichen. Diese Zäsur, die aufgrund der transdisziplinären Bedeutung des Energieprinzips ein immenses Innovationspotential aufwies, ging aus soziokulturellen Kontexten hervor, für die der Umgang mit dem Organischen und Lebendigen zentral war (Osietzki, 1998 a,b).

Eine analoge Entwicklung vollzog sich hundert Jahre später. Um die Jahrhundertwende wiederholte sich die Kollision zwischen einer reduktionistischen und einer holistischen Perspektive. Damals traten Intellektuelle, Kulturkritiker und auch einige Biologen den damals vielfach als anmaßend erlebten Universalitätsansprüchen einer physikalisierten Wissenschaftslandschaft mit dem Hinweis entgegen, das Lebendige weise über die Reichweite der mechanisch-thermodynamischen Erklärungsmodelle hinaus. So artikulierte sich eine weit verbreitete kulturpessimistische Opposition gegen den Modus einer Modernisierung, die das Leben den Prozessen der Mechanisierung und Technisierung unterstellte (Rohkrämer 1999). Das Lebendige selbst schien von einem Reduktionismus bedroht, der von Kultur- und Wissenschaftskritikern um 1900 für viele sozio-technisch bedingte Niedergangserscheinungen verantwortlich gemacht wurde. Hiergegen evozierten sie emphatisch die Potentiale des lebendigen Organismus, in dem sie hofften,

„das Andere" zu finden und es in seiner Widerständigkeit gegen die Starre der Mechanisierung und gegen den thermodynamisch prognostizierten Wärmetod mobilisieren zu können (Osietzki 2002).

Hierdurch – so lautet die These dieses Beitrags – trugen die Postulate einer Spezifik des Lebendigen um 1900 ähnlich wie die Naturphilosophie der Sattelzeit um 1800 zu einer epochalen Regeneration der vorherrschenden Wissenschaftsauffassung bei. Der Mechanik des 18. Jahrhunderts trat im 19. Jahrhundert die Energielehre an die Seite. Hundert Jahre später wurde die mechanisch-thermodynamisch geprägte Wissenschaftslandschaft durch kybernetisch-systemtheoretische Denkmodelle ergänzt. Beide Innovationsschübe trugen allerdings dazu bei, die „Mauern", die vitalistisch zwischen der mechanischen wie thermodynamisch physikalisierten Wissenschaft und der Unbestimmtheit des Lebendigen aufgestellt worden waren, durch eine jeweils weitere Stufe der Verwissenschaftlichung und Technisierung zu schleifen. Was mit der Intention begann, den Übergriffen des Mechanischen und Technischen auf den Menschen Einhalt zu gebieten, diente zur Ressource für die Herausbildung immer weitreichenderer kognitiver Instrumente der Biopolitik. Mit der Begründung der Thermodynamik schien ab 1850 für einige Jahrzehnte das Organische durch Energietransformationen erklärbar und seit der Entstehung der kybernetischen und systemtheoretischen Modellierung des Wissens geriet das Lebendige ab der Mitte des 20. Jahrhunderts zu einer informationsbasierten selbstorganisatorischen Entität. Wenn es heute darum geht, die damit etablierten technischen Überschreibungen des Vitalen durch Hinweise auf holistische oder wie auch immer begründete Unbestimmtheiten zu konterkarrieren, so mag das Beispiel der historischen Entwicklung mahnen, die mit der Emphatie für das Unbestimmte und Irreguläre möglicherweise ins Werk gesetzten Optionen für eine neue wissenschaftlich-technische Wende mit großer intellektueller Achtsamkeit zu verfolgen. Denn potentiell ist Wissenschaftskritik möglicherweise eine Quelle, aus der eine neue Generation des Wissens und der Technik hervorgeht. Es könnte sein, dass die „epistemologische Anarchie", die durch die Evokationen der Spezifik des Lebendigen hervorgerufen wurde, zu einer neuartigen biopolitischen Ordnung des Wissens Anlass gab. Ein solcher Prozess soll nun an einem historischen Beispiel aus der „Theoretischen Biologie" der Jahrhundertwende beschrieben werden.

Der vitalistische Aufbruch zur Deutung des Lebens

Die Lebensphilosophie, die das Leben emphatisch gegen Vernunft, Wissenschaft und Technik stellte, war um die Jahrhundertwende en vogue. Ihre Vertreter erhofften vom Vitalen eine Wendung der technisierten Zivilisation hin zu einer an den Menschen angepaßten Modernisierung. Im Vordergrund stand dabei eine auf die unverbrauchten und unbestimmten Potentiale des Lebens vertrauende Bewegung, die sich der Krisenbewältigung des fin de siècle verschrieb.[4] Das Repressive einer mechanisierten Welt sollte durch holistische und organologische Paradigmen korrigiert und damit die drohende „décadence" abgewendet werden, so die Hoffnung vieler Lebensreformer.

Indem sie gesellschaftliche Hoffnungen auf die Potentiale des Lebendigen stützten, delegierten sie an die Experten biologischer Fachdisziplinen die Erwartung, die Funktionsprinzipien des Organischen zu erschließen, um sie zu Richtlinien einer gesellschaftlichen Regeneration erheben zu können. Der Biologe und Embryologe Oscar Hertwig propagierte in Reaktion auf diese Entwicklung sogar, die Biologie in eine Sozialwissenschaft zu transformieren (Hertwig 1899, 1922). Da andere Experten des Organischen allerdings darauf bestanden, die „harten" und die „weichen" Disziplinen in Methode und Geltung zu unterscheiden und weiterhin die Physik und Chemie als Modelle einer erprobten Wissenschaftlichkeit auch auf biologische Prozesse anzuwenden, avancierten die Lebenswissenschaften zum Austragungsort transdisziplinärer Debatten. Doch indem aufgrund der hierauf bezogenen Diskurse die Grenzen zwischen „harten" und „weichen" Methoden wie auch die Dichotomien zwischen dem Organischen und Anorganischen partiell aufweichten, setzten sich epistemologische Kompromisse durch, die einer neuen Generation von Wissenschaftlichkeit und einer neuen Technikkultur den Weg bereiteten.

Die neue kybernetisch-systemtheoretische Ordnung des Wissens profitierte ab den 1940er Jahren besonders von der Kybernetik, die der Mathematiker Norbert Wiener in den USA und der Physiker und Ingenieur Hermann Schmidt in Berlin etablierten, sowie von der Allgemeinen Systemtheorie des Naturphilosophen und Biologen Ludwig von Bertalanffy. Diese Innovationen gingen aus den konfliktreichen und turbulenten Denkbewegungen der vorausgegangenen Jahrzehnte hervor. In dieser Zeit wurde aufgrund der Kulturkrise der Jahrhundertwende offensichtlich, dass der Kritik an den vorherrschenden mechanisch-thermodynamischen Denkmodellen nur mit einer epistemologischen Erneuerung im Sinne ihrer Anpassung an die sozio-kulturellen Konstellationen der Moderne zu entsprechen war (Müller 1996). Ihr schien vor allem der Reduktionismus der Mechanik nicht mehr zu genügen, da er eine für moderne Gesellschaften typische Flexibilität vermissen ließ. Auch die Gesetze der Thermodynamik riefen mentale Widerstände hervor, da das Prinzip des entropisch bedingten Wärmetods die Fortschrittsgewißheit der industrialisierten Gesellschaft verschattete. Denn der zweite Hauptsatz besagte, dass die Entropie und damit die entropische Unordnung molekularkinetisch wachse, weshalb die zur Arbeit nutzbaren Energien endlich seien.

---

4 Sie hierzu beispielsweise Drehsen, Sparn 1996.

Die Wärmelehre, die im ersten Hauptsatz die Erhaltung der Energie propagierte, prognostizierte im zweiten Hauptsatz einen Stillstand aller Bewegung auf der Erde. Eine solche düstere Perspektive rief vielfältige Denkbewegungen hervor, wie diese Niedergangsprognose abzuwenden sei (Auerbach 1910). Gegen die physikalisierten Wissenschaften richteten sich vor allem Argumente, die auf die Perspektiven des Organischen verwiesen. An den Prozessen des Lebendigen faszinierte die Fähigkeit zur Selbsterhaltung (Keller 1998). Deren Gesetzmäßigkeiten zu durchschauen nährte die Hoffnung, auf Funktionsprinzipien zu stoßen, die sowohl für die mit der Niedergangsprognose belastete Wissenschaftslandschaft wie auch für die Gesellschaft in der „décadence" in stabilisierender Weise nutzbar zu machen waren. Das Leben wurde zum Symbol des Überlebens in einer physikalisierten Wissenschaft und in einer technisierten Welt.

Von symbolisch herausragender Bedeutung waren in den 1890er Jahren die aus diesem Kontext organologischer Erlösungssehnsüchte erklärbaren Fragen der Lebenswissenschaftler nach den Potentialen des lebendigen Organismus, die seine Regeneration ermöglichten. Nicht nur die Selbsterhaltung, sondern auch die Fähigkeit des Organismus, Schäden und Störungen auszugleichen, zog die Aufmerksamkeit der Biologen an. Lebensphilosophen wie auch Lebenswissenschaftler erhoben das bis dahin wissenschaftlich Unbestimmte an der Eigentümlichkeit des Lebendigen zum Ausweis einer Sphäre, die nicht nur außerhalb des Deutungsmonopols der Mechanik und Thermodynamik lag, sondern sich sogar korrektiv gegen deren degenerative Folgen mobilisieren ließ. Vor allem der Biologe und Philosoph Hans Driesch hatte durch seine Experimente mit den Keimen von Seeigeln in diesem kulturellen Klima paradigmatische Angebote zu machen (Miller 1991). Aus seinen Versuchen zog er den Schluss, dass die Lebewesen eine Fähigkeit zur Selbstregulation besitzen durch

„...Einrichtungen des Keimes, die dazu führen, dass trotz irgendwelcher Störungen des als normal bezeichneten Entwicklungsverlaufes einer lebenden Form dennoch ein Typ oder bei groben Störungen, dem Typus sich deutlich näherndes ... Resultat zustande kommt" (Driesch 1895, 189).

Bei der Beschreibung der hierzu nötigen Bedingungen ging Driesch vom Konzept einer dynamischen Teleologie aus. Die Zielgerichtetheit und Zweckhaftigkeit des Organischen, seine „prospektive Potenz", wie er sie nannte, verdeutlichte er mit dem Konzept der „Entelechie". Diesen Begriff führte er in Anlehnung an Aristoteles ein, um die Fähigkeit des Organischen zu beschreiben, eine ganzheitliche Entwicklung zu gewährleisten. Unverzichtbar schien ihm in diesem Zusammenhang eine Mitwirkung der Seele, denn er argumentierte, dass sich keine mit chemisch-physikalischen Mitteln gefertigte maschinelle Einrichtung ersinnen lasse, auf deren Basis sich das vorliegende Regulationsgeschehen abspielen könne (Driesch 1901). Es wurde laut Driesch von einer teleologischen Zweckhaftigkeit gelenkt, die dem Prozess der Regulation die Richtung wies. Die Vision, die hinter Drieschs Argumenten lag, war der ganze Organismus und in Analogie dazu „der ganze Mensch".

Was sich im lebendigen Organismus ereigne, kontrastierte Driesch explizit mit allen denkbaren maschinenförmigen Prozessen und leitete aus dieser Differenz seine Vitalismusbeweise ab (Driesch 1918, 1935). Er plädierte für eine Eigenständigkeit des Lebendigen, das er in der Hauptsache mit dem Postulat der Entelechie aus der Reichweite physikalisch-chemischer Erklärungsversuche herauslöste. Er begründete eine Rationalität, die den Methoden der Physik und Chemie nicht nur widersprach, sondern einen Ort der „Unbestimmtheit" postulierte, den er zwar mit dem Begriff der „Entelechie" ausfüllte, diesen aber durch bloß semantische Bestimmungen jeder weiteren experimentellen wissenschaftlichen Analyse entzog. Er erklärte etwa, es handele sich bei diesem Prinzip um eine „Urquelle, die wir erst aus ihrer Leistung kennen lernen" (Driesch 1907, 66). Die Entelechie sei ein dynamischen Faktor, der nicht selbst von Materie ausgehen kann und auch keine Energie sei.

Driesch setzte mit seinen vitalistischen Grundgedanken einer experimentellen Kontrolle der Lebens- und Regulationsprozesse prinzipielle Grenzen. Er postulierte eine grundsätzliche Verschiedenheit zwischen dem Organischen und Anorganischen. Er trieb epistemologisch einen Keil zwischen Mensch und Maschine. Indem er zwischen einer physikalischen und der organischen Kausalität unterschied, versuchte er zwei divergente Wissenschaftlichkeiten zu begründen. Er sprach von einer kausalen Bedingtheit und von einer teleologischen Zweckhaftigkeit. Gegen diese Dichotomisierungen opponierten viele seiner Kollegen. Es sei der Fehler des Vitalismus gewesen, so etwa kritisierten sie, den lebendigen Organismus von seiner materiellen Umgebung zu trennen (May 1937/8, 387). Andere warfen den vitalistischen Autoren vor, dass sie die biologische Forschung zum Stillstand verdammten. Der Physiker Philipp Frank, der sich 1932 in einer ausführlichen Schrift über das Kausalgesetz und seine Grenzen mit den Herausforderungen der Biologie an seine Disziplin auseinandersetzte, warf Driesch nicht nur vor, psychologistisch zu argumentieren. Er erklärte auch, er habe sich mit der Entelechielehre dem Animismus angenähert. Um diese Aussage zu beweisen, griff er folgendes Zitat aus den Schriften Drieschs heraus:

„Entelechie wird von räumlicher Kausalität affiziert und wirkt auf räumliche Kausalität, als wenn sie von jenseits des Raumes herkäme; sie wirkt nicht im Raum, sie wirkt in den Raum hinein; sie ist nicht im Raum, im Raum hat sie nur Manifestationsorte. Diese Analogie mit gewissen theoretischen Ansichten, welche der sogenannte Spiritismus zur Erklärung der von ihm behaupteten Tatsachen vertritt, ist in der Tat eine ganz gute Beschreibung von dem, was in jedem natürlichen System geschieht, auf welches Entelechie wirkt" (Frank 1932, 145).

Durch dieses Zitat sah sich Frank bestätigt, Driesch in die Ecke der Spiritisten stellen und ihm damit jeden Anspruch auf Wissenschaftlichkeit abspre-

Das „Unbestimmte" des Lebendigen...

chen zu können. Zwar traf es zu, dass Driesch sich in seinen Bemühungen, der Spezifik des lebendigen Organismus nachzuspüren und den Entwurf des idealtypischen Subjekts mit Vermögen auszustatten, die einer physikalisierten Maschinenförmigkeit widersprachen, auch mit Phänomenen beschäftigte, die dem Bereich der Parapsychologie angehörten (Driesch 1943). Doch Frank wollte in den Ambitionen von Driesch nicht das kultur- und technikkritische sowie das humanitäre Anliegen sehen, einen Entwurf des Subjekts zu begründen, das seine Freiheit in den Vermögen fand, die nicht den physikalisch-chemischen und technischen Bestimmungen zu unterwerfen waren. Er plädierte vielmehr in einer für viele Wissenschaftler der damaligen Zeit exemplarischen Weise für eine Abkehr vom Vitalismus mit dem Argument, er sei prinzipiell nicht wissenschaftsfähig (Frank 1932, 146).

Die Debatten über die Spezifik des Lebendigen setzten die „Einheit der Wissenschaften" aufs Spiel. Die Universalität der physikalisch-chemischen Methoden zu bestreiten, implizierte die Absage an das Deutungsmonopol der Physik. Mochten auch deren Repräsentanten Versuche unternehmen, im Rückgriff auf die Ergebnisse der Quantenmechanik eine epistemologische Öffnung zu begründen, die kognitive Brücken zur Unbestimmtheit des Lebendigen zu schlagen erlaubte.[5] So können die Deutungsangebote der quantenmechanischen „Revolution" in der Physik doch in erster Linie als Versuche angesehen werden, sowohl der lebensphilosophischen Kulturkritik am mechanisierten Weltbild zu entsprechen (Forman 1971) als auch den vitalistischen Positionen auf ihrem Weg der Begründung einer spezifischen Wissenschaft des Lebendigen den Wind aus den Segeln zu nehmen (Frank 1932).[6]

Hatte Driesch noch versucht, wissenschaftliche Gesetzmäßigkeiten für die Spezifik des Lebendigen zu finden, so wurden seine Bemühungen paradoxerweise von Vitalisten selbst unterlaufen, die etwa Philipp Frank als Zeugen zitieren konnte, um dem Vitalismus Unwissenschaftlichkeit vorzuwerfen. Er bediente sich hierfür beispielsweise einer Argumentation des Lebensphilosophen Henri Bergson, der betont hatte, dass eine positive Wissenschaft im Sinne der mechanistischen Theorie vorgehen müsse. Denn nur allein unter diesen Bedingungen erhalte sie die Mittel zur Einwirkung auf die Dinge wie auch auf lebendige Körper.

„Wissenschaftlich erforschbar also ist das Organische nur, wenn der Organismus zuvor einer Maschine angeähnlt worden ist. Die Zellen sind die Maschinenteile, der Organismus

---

5 Von besonderer Bedeutung war in diesem Zusammenhang der Vortrag von Niels Bohr (1933, 245 ff). Darin führte er aus, dass die quantenmechanischen Effekte zahlreiche Analogien zu den Spezifika des Lebendigen aufweisen.

6 Meines Erachtens hat bisher die Kontroverse über die Studie von Paul Forman (1971) viel zu wenig berücksichtigt, dass es nicht nur die Lebensphilosophie war, von der sich die Physiker bei der Begründung der Quantenmechanik leiten ließen. Sie reagierten mindestens ebenso heftig auf die Herausforderungen der „Theoretischen Biologie", deren Repräsentanten den Primat der Physik innerhalb der Wissenschaften in Frage stellten und der Dignität der Prozesse des Lebendigen durch eine eigene Epistemologie gerecht zu werden hofften.

ihr Gefüge. Dies der Standpunkt der Wissenschaft. Ein durch und durch anderer, unserer Überzeugung nach, ist jener der Philosophie." (Frank 1932, 147)

Bergson plädierte für eine andere Ordnung des Wissens als Driesch. Er hielt an der Differenz zwischen den Methoden der positiven Wissenschaften und der Philosophie fest. Driesch versuchte hingegen, Wissenschaftlichkeit zu transformieren. Er kämpfte für eine am Primat des Humanen ausgerichtete Epistemologie, die fähig sei, das spezifisch Menschliche zu repräsentieren und es vom Maschinenhaften prinzipiell zu unterscheiden. Er gebot den Übersetzungen zwischen Mensch und Maschine Einhalt, die der mechanisch-thermodynamischen Wissenschaftlichkeit zugrunde lagen. Mit seiner Ambition aber, eine „andere Epistemologie" zu etablieren, stieß er allerdings auf erbitterten Widerstand, der dazu beitrug, die in seinen neovitalistischen Postulaten liegende Herausforderung einerseits aufzugreifen, ihr aber im Prozess der Erneuerung der Wissensordnungen im Vorfeld der Begründung kybernetisch-systemtheoretischer Denkmodelle die neovitalistische Spitze zu nehmen.

Die „positive" Transformation des Wissens

Dass eine Transformation epistemologischer Perspektiven sich anbahnte, war in den ersten Jahrzehnten des 20. Jahrhunderts offensichtlich. Auszuhandeln galt, welche Wissenschaftlichkeit den Sieg davontragen würde. Unakzeptabel schien den meisten Forschern ein Dualismus, der das Wissen entlang den Gesetzen des Anorganischen und des Organischen dichotomisierte. Trotz einer Bereitschaft zur Reform bemühten sich viele Wissenschaftler darum, das Unbelebte und das Belebte in denselben Kategorien zu fassen. In diesem Zusammenhang spielte die Frage nach „Entwicklung" eine zentrale Rolle (Mocek 1998). Aus der reversiblen Mechanik waren keine Antworten zu erwarten. Denn eine reine Summierung von Kräften konnte nicht klären, wie etwas Neues in Erscheinung trat, das in seinen Entstehungsursachen offensichtlich nicht enthalten war. Auch die Überlegungen, unbekannte Energien als Ressource für ein Überleben in einem entropischen Universum anzunehmen, führten die wissenschaftliche Entwicklung nicht weiter. Denn es schien außerhalb der Psychologie unbefriedigend, für unbekannte Phänomene je spezifische Energien zu postulieren. Erfolgversprechender schien die Annahme der Emergenz. Es handelte sich dabei um ein Konzept, das wissenschaftlich zu erfassen hatte, dass es Prozesse gebe, die Neues generieren. Um das Emergente zu systematisieren, stellte etwa der Psychologe und Professor für Zoologie an der Universität Bristol, Conwy Lloyd Morgan, die Lehre von einer stufenweisen Entwicklung auf. Ihr Merkmal war, dass sie das Entwicklungspotential im Sinne der Entstehung von etwas Neuem nicht nur dem Bereich des Organischen zusprach. Sein Postulat einer „emergent evolution" überschritt vielmehr die Grenze zwischen dem Belebten und dem Unbelebten, da er emergente Prozesse in beiden Bereichen wirksam sah (Morgan 1923, 12).

Es gab zahlreiche diskursive Angebote, die Barrieren zwischen dem Belebten und Unbelebten einzuebnen. In der Regel waren sie von dem Wunsch getragen, das Organische durch Gesetzmäßigkeiten zu repräsentieren, die in ihrer Wissenschaftlichkeit allgemein akzeptiert wurden. Einen solchen Weg suchte beispielsweise auch Ludwig von Bertalanffy, der Begründer der Allgemeinen Systemtheorie. Er verfaßte 1927 seine „Studien über theoretische Biologie" (Bertalanffy 1927). Obwohl er von der Erschütterung des mechanistischen Weltbilds ausging, zu der die Vitalisten entscheidend beigetragen hatten, stellte er sich nicht auf deren Seite. Zwar erklärte er ausführlich, in welchem Maße die Funktionen des Organischen die Grenzen der mechanistischen Konzepte überschritten. Auch erklärte er den „älteren Mechanismus" für gescheitert. Die konzeptuellen Wege, die er beschritt, deklarierte er selbst allerdings als Versuche zur Vermittlung zwischen mechanistischen und vitalistischen Positionen. Um sich diesem Ziel zu nähern, stützte er sich auf die Vorstellung dynamischer Ordnungen im Organismus, den er als einheitliches System begriff. Gegenüber Störungen sei es tolerant, solange nicht in den einzelnen Teilen des Systems neue und verschiedenartige Systembedingungen gesetzt würden. Geschähe dies, so gäben sie die weitere Entwicklung eines Organismus vor. Hierin bestünde auch die Grenze seiner Regulationsfähigkeit und damit seiner Autonomie (Bertalanffy 1927, 1932).

Das Spezifische des Lebendigen erklärte Bertalanffy vor allem durch den Begriff der „Organisation", durch eine „eigenartige Geordnetheit" (Bertalanffy 1932). Sie wollte er einer Erforschung mit naturwissenschaftlichen Methoden unterworfen sehen. Bezeichnend hierfür war, dass er den Organismus im Rückgriff auf die thermodynamische Begrifflichkeit als „Gleichgewichtssystem" auffaßte. (Bertalanffy 1940) Auch beschrieb er den lebendigen Organismus als „offenes System", das sich von außen Energie einverleiben konnte. Den Organismus als „quasistationäres System" zu thematisieren, hatte zur Konsequenz, einen Anschluß an die wissenschaftlich legitimierte energetisch-thermodynamische Sichtweise zu finden, sie aber auch gleichzeitig durch systemtheoretische Konzepte zu überschreiten.

Indem sich Bertalanffy an die Begrifflichkeit der exakten Wissenschaften anlehnte und sie auf den Organismus zu übertragen versuchte, schwenkte er in eine Epistemologie ein, die gleichsam unter der Hand ihre Nähe zu Maschinen offenbarte (Bertalanffy 1968a). Er trat für eine „allgemeine Systemtheorie" ein, die Mensch und Maschine auf der Basis einer begründeten Wissenschaftlichkeit zusammenführte. Er betonte, die Systemlehre könne dabei als Regulativ dienen, um Analogien und Homologien zu unterscheiden, zu berechtigten Übertragungen und Modellvorstellungen hinzuleiten, nichtssagende und unzulässige Analogien und die aus ihnen folgenden Fehlschlüsse jedoch auszuschließen" (Bertalanffy 1949, 186). Er legitimierte damit Übersetzungen zwischen Menschen und Maschinen und hoffte auf eine wissenschaftlich fruchtbare Erörterung ihrer Differenz, die er allerdings nicht in den Dienst eines grundsätzlichen Primats des Lebendigen und Humanen stellte. Vielmehr ging es ihm um die Erarbeitung wissenschaftlicher Modellvorstellungen, die seiner Meinung nach durchaus durch Homologien zwischen den divergenten Bereichen des Menschen und der Maschine begründet werden durften. Durch sie gestützt kam er denn auch zu Konzepten wie der „Organisationsleistung", der „Rückkoppelungsfunktion" und der „Systemeigenschaft", die schließlich kognitiv nicht nur der Entwicklung einer neuen Generation von „intelligenten" Maschinen zuarbeiteten, sondern auch zur Begründung eines maschinenförmigen systemtheoretischen Weltbilds beitrugen. Es basierte auf der auch politisch seit der Weimarer Republik populär gewordenen Kategorie der Organisation. Gleichzeitig implizierte es die Abhängigkeit der Organisationsleistungen eines Systems von Signalen, die sowohl im Organismus wie in der Nachrichten- und Regelungstechnik als (selbst-)regulative Rückkoppelungsvorgänge aufgefaßt wurden.[7]

Bertalanffy gelang der kognitive Anschluß seiner biologischen Terminologie an die etablierten Natur- und Ingenieurwissenschaften, da er versuchte, die Begrifflichkeit seiner Allgemeinen Systemtheorie beispielsweise mit der Thermodynamik zu versöhnen (Bertalanffy 1953). Darüber hinaus adaptierte er auch Konzepte, die aus der Analogie zwischen der nachrichtentechnischen und organischen Verarbeitung von Zeichen herrührten (Kay 2000). Die neue Wissenschaftlichkeit, in die sich die Allgemeine Systemtheorie Bertalanffys ideal einfügte, repräsentierte eine Rationalität, die Mensch und Maschine von der höheren Warte eines systemischen Zusammenhangs begriff (Galison 1994). Ein solches übergeordnetes Denkmodell überwand schließlich die Frage nach dem Primat von Mensch und Maschine in einer Vision des „Cyborg", zu dessen populären Programmschriften vor allem auch Norbert Wieners 1948 veröffentlichtes Buch „Kybernetik" gehörte.

Dieser Lehre lag die Überzeugung zugrunde, dass für das Gedeihen der Wissenschaft die Gebiete die fruchtbarsten waren, die als Niemandsland zwischen verschiedenen Disziplinen vernachlässigt wurden (Wiener 1948, 1992, 26). Es gelte, so lautete Wieners Empfehlung, das Spezialistentum zu überwinden und die Grenzgebiete der Wissenschaften fruchtbar zu machen. Er selbst bediente sich psychologischer und physiologisch-neurologischer Expertise, um aus der Übersetzbarkeit zwischen Prozessen des Menschlichen

---

[7] In diesem Sinne trug auch Hermann Schmidt, der Begründer der Berliner Kybernetik, zur Übersetzung zwischen Mensch und Maschine mittels innovativer Konzepte bei, die zwischen Nachrichtentechnik und Biologie vermittelten; vgl. Schmidt 1941, Dittmann 1999/2000.

und Maschinellen Entwicklungsimpulse für wissenschaftlich-technische Innovationen zu erhalten. Dieses Ziel setzte sich explizit die von Wiener und anderen 1943 gegründete „Teleologische Gesellschaft", zu deren Programm gehörte „how purpose can be imitated by mechanical or electrical means" (Galison 1994, 249 f).

Eine teleologische Rationalität, die Driesch zur Begründung seines Konzepts der Entelechie herangezogen hatte, wurde im Zuge der Begründung des kybernetischen Denkens zum Teil einer Maschinenrationalität, der die Regelung und Nachrichtenübertragung in Lebewesen und Maschinen zugrunde lag. Auf der Basis dessen konnte Wiener konstatieren, die „ganze Kontroverse zwischen Mechanismus und Vitalismus gehöre in die Rumpelkammer schlecht gestellter Fragen" (Wiener 1948, 1992, 81). Diesen lapidaren Schluß zog er aus den Kontroversen der vorausgegangenen vierzig Jahre, in denen die vitalistische Herausforderung zu einer Transformation des Wissens geführt hatte, die sich im Nachhinein als Befolgung einer Empfehlung von Philipp Frank herausstellte. Er hatte postuliert, den Vitalismus in die Wissenschaftlichkeit hineinzunehmen, ihn nicht den Gegnern zu überlassen, „um dem Feind keine Gelegenheit zu einem Unterschlupf zu bieten" (Frank 1908, 409). Tatsächlich war „der Feind" besiegt worden, so erklärte es auch Wiener. Er war mit seinen eigenen Waffen geschlagen worden, indem seine innovativen Anstöße in technisch nutzbare Prinzipien umgeformt wurden. „Der Vitalismus hat bis zu dem Ausmaß gewonnen, dass sogar Mechanismen mit der Zeitstruktur des Vitalismus korrespondieren, aber wie wir gesagt haben, ist dieser Sieg eine vollkommene Niederlage", so erklärte Wiener, der glaubte, eine universelle Perspektive entworfen zu haben, der das Belebte wie das Unbelebte gleichermaßen zu unterstellen war (Wiener 1948, 1992, 81).

Die kybernetische Wissenschaft, wie sie Wiener verstand, diente der biotechnologischen Kontrolle. In dieser Eigenschaft stimmte sie mit gesellschaftlichen Erwartungen überein. Wiener wie auch viele seiner Kollegen in den USA der Nachkriegszeit waren vom transdisziplinären Nutzen einer systemrationalen, kybernetischen Epistemologie für die Gesellschaft überzeugt, die ihre Gesundung von einer Steuerungswissenschaft erwartete, die Menschen wie Maschinen als integrale Bestandteile eines sich selbst regulierenden Gesamtsystems begriff. Waren im Kaiserreich noch Menschen und Maschinen kulturkritisch gegeneinander gestellt worden, so stabilisierte sich gleichzeitig doch die Überzeugung, gesellschaftlich auf Maschinen nicht mehr verzichten zu können (Sombart 1911). Vor allem in Reaktion auf den Ersten Weltkrieg setzte sich die Überzeugung durch, Maschinen wie Menschen als Faktoren einer übergeordneten Organisation berücksichtigen zu müssen. Der Preis einer solchen Systemrationalität allerdings war, was Bertalanffy in Quintessenz seiner eigenen Arbeit und als Ergebnis der Erfahrungen mit der Wissenschaftsentwicklung um die Mitte des 20. Jahrhunderts kurz vor seinem Tode in einem Buchtitel zum Ausdruck brachte: „Aber vom Menschen wissen wir nichts" (Bertalanffy 1970).

Die Begründung hierfür bot er in einem naturphilosophischen Vortrag, in dem er sich 1968 mit dem befaßte, was im anglo-amerikanischen „mind" heißt. Er versuchte eine organismische Perspektive zu entwickeln, indem er auf die Differenzen zwischen organischen und anorganischen Systemen einging. Er sprach dem Organismus eine inhärente Aktivität und Spontaneität zu, da es ihm um die Betonung der kreativen Seite der menschlichen Existenz ging. Er hob hervor, der Organismus sei schöpferisch im Umgang mit der Welt um uns und die Perzeption sei ein kreativer Akt. Mit dieser Perspektive umriss er, wo sich das wissenschaftlich noch Unbestimmte in der zweiten Hälfte des 20. Jahrhunderts aufhalte und wie es sich im Zeitalter der Robotik und der fortschreitenden kybernetischen Annäherung von Menschen und Maschinen hiergegen aufbieten lasse (Bertalanffy 1968b). Obwohl er am Ende seines Lebens einerseits das Ziel verfolgte, die Spezifik des Menschlichen in Kontrast zu Maschinen zu setzen, bog er andererseits mit seiner Empfehlung der Allgemeinen Systemtheorie in eine neue Schleife der Verwissenschaftlichung des Unbestimmten ein. Denn er pries sie als Perspektive an, die sich eigne, dynamische Interaktionen zwischen vielen Variablen zu erfassen. Damit illustrierte er, was eines der Kennzeichen der Systemtheorie ist: prinzipiell alles, auch „mind", ihrer Rationalität unterwerfen zu können, vorausgesetzt, dass die Variablen zu Elementen des Systems umdefiniert werden. In diesem Sinne schaffen wissenschaftlich-technische Rationalitätsformen und spezifische Ordnungen des Wissens jeweils das Unbestimmte, dessen sie gleichzeitig als Voraussetzung ihrer eigenen Fortentwicklung bedürfen.

Literatur

Auerbach, Felix (1910): Ektropismus und die physikalische Theorie des Lebens. Leipzig
Bertalanffy, Ludwig von (1927): Studien über theoretische Biologie, in: Biologisches Zentralblatt 47, 210-242
Bertalanffy, Ludwig von (1932): Theoretische Biologie. Bd. 1, 1942 Bd. 2. Berlin
Bertalanffy, Ludwig von (1940): Der Organismus als physikalisches System betrachtet. In: Die Naturwissenschaften, 28. Jg., Heft 33, 521-531
Bertalanffy, Ludwig von (1949): Das biologische Weltbild. Bern
Bertalanffy, Ludwig von (1953): Biophysik des Fließgleichgewichts. Braunschweig
Bertalanffy, Ludwig von (1968a): General Systems Theory. New York
Bertalanffy, Ludwig von (1968b): The Open System of Science – Toward a New „Natural Philosophy". In: Ders.: Organismic Psychology and Systems Theory. Worcester Mass., 31-76

Bertalanffy, Ludwig von (1970): ...aber vom Menschen wissen wir nichts. Robots, Men and Minds. Düsseldorf/ Wien
Bohr, Niels (1933): Licht und Leben. In: Die Naturwissenschaften 21, 245-250
Butler, Judith (1995): Körper von Gewicht. Die diskursiven Grenzen des Geschlechts. Berlin
Dittmann, Frank (1999/2000): Aspects of the Early History of Cybernetics in Germany. In: Newcomen Society Transactions 71, 143-154
Drehsen, Volker; Walter Sparn (1996): Vom Weltbildwandel zur Weltanschauungsanalyse. Krisenwahrnehmung und Krisenbewältigung um 1900. Berlin
Driesch, Hans (1895): Zur Analysis der Potenzen embryonaler Organzellen. In: Archiv für Entwicklungsmechanik 2, 169-203
Driesch, Hans (1901): Die organischen Regulationen. Leipzig
Driesch, Hans (1907): Analytische und kritische Ergänzungen zur Lehre von der Autonomie des Lebens. In: Biologisches Zentralblatt 27, 60-80
Driesch, Hans (1918): Logische Studien über Entwicklung. Sitzungsberichte der Heidelberger Akademie der Wissenschaften, philosophisch-historische Klasse, Jg. 1918, 3. Abhandlung. Heidelberg
Driesch, Hans (1935): Die Maschine und der Organismus. Leipzig
Driesch, Hans (1943): Parapsychologie. Die Wissenschaft von den „okkulten" Erscheinungen. Zürich
Forman, Paul (1971): Weimar Culture, Causality, and Quantum Theory, 1918-1927: Adaptation by German Physicists and Mathematicians to a Hostile Intellectual Environment. In: Historical Studies in the Physical and Biological Sciences 3, 8-115
Frank, Philipp (1908): Mechanismus oder Vitalismus. Versuch einer präzischen Formulierung der Fragestellung. In: Annalen der Naturphilosophie 7, 393-409
Frank, Philipp (1932): Das Kausalgesetz und seine Grenzen. Hg. von Anne J. Kox. Frankfurt a.M. 1988
Galison, Peter (1994): The Ontology of the Enemy: Norbert Wiener and the Cybernetic Vision. In: Critical Inquiry 21, 228-266
Haraway, Donna (1995): Situiertes Wissen. Die Wissenschaftsfrage im Feminismus und das Privileg einer partialen Perspektive. In: Dies.: Die Neuerfindung der Natur. Primaten, Cyborgs und Frauen. Frankfurt/ New York, 73-97
Hertwig, Oscar (1899): Die Lehre von den Organismen und ihre Beziehung zur Socialwissenschaft. Berlin
Hertwig, Oscar (1922): Der Staat als Organismus. Jena
Keller, Evelyn Fox (1998): Das Leben neu denken. München
Kay, Lily (2000): Who wrote the Book of Life? A History of the Genetic Code. Stanford
Latour, Bruno (1995): Wir sind nie modern gewesen. Versuch einer symmetrischen Anthropologie. Berlin
May, Eduard (1937/8): Zur Frage der Überwindung des Vitalismus. In: Zeitschrift für die gesamte Naturwissenschaft, Bd. 3, 375-399
Miller, Thomas (1991): Konstruktion und Begründung. Zur Struktur und Relevanz der Philosophie Hans Drieschs. Hildesheim/ Zürich/ New York
Mocek, Reinhard (1998): Die werdende Form. Eine Geschichte der kausalen Morphologie. Marburg
Morgan, Conwy Lloyd (1923): Emergent Evolution. London

Müller, Klaus (1996): Allgemeine Systemtheorie. Geschichte, Methodologie und sozialwissenschaftliche Heuristik eines Wissensschaftsprogramms. Opladen

Osietzki, Maria (1998a): Körpermaschinen und Dampfmaschinen. Vom Wandel der Physiologie und des Körpers unter dem Einfluß von Industrialisierung und Thermodynamik. In: Philipp Sarasin, Jakob Tanner (Hg.): Physiologie und industrielle Gesellschaft. Studien zur Verwissenschaftlichung des Körpers im 19. und 20. Jahrhundert. Frankfurt a.M. 313-346

Osietzki, Maria (1998b): „Energetische" Optimierungsstrategien und „kybernetische" Visionen – Zum Krisenmanagement thermodynamischer Niedergangsprognosen. In: Hans-Liudger Dienel (Hg.): Der Optimismus der Ingenieure. Triumph der Technik in der Krise der Moderne um 1900. Stuttgart, 25-55

Osietzki, Maria (2002): Auf der Suche nach dem Plural der Vernunft. In: Technikfolgenabschätzung – Theorie und Praxis, Nr. 2, 11 Jg., Juli 2002, 20-31

Pickering, Andrew (1995): The Mangle of Practice. Time, Agency, and Science. Chicago/ London

Rohkrämer, Thomas (1999): Eine andere Moderne? Zivilisationskritik, Natur und Technik in Deutschland 1880-1933. Paderborn

Schmidt, Hermann (1941): Regelungstechnik. Die technische Aufgabe und ihre wirtschaftliche, sozialpolitische und kulturpolitische Auswirkung. In: Zeitschrift des Vereins Deutscher Ingenieure. Bd. 85, 4, 81-88

Sombart, Werner (1911): Technik und Kultur. In: Verhandlungen des Ersten Deutschen Soziologentages vom 19.-22. Oktober 1910 in Frankfurt a.M. Reden und Vorträge. Tübingen, 63-83

Wiener, Norbert (1992): Kybernetik. Regelung und Nachrichtenübertragung im Lebewesen und in der Maschine. Düsseldorf/ Wien (im engl. Orig.: 1948)

Leben ist (nur) ein Wort? Eingriffe an der Grenze natur- und kulturwissenschaftlicher Verfahren

Claudia Reiche

„Les machines les plus compliquées ne sont faites qu'avec des paroles." (*Jacques Lacan*) [1]

Point of View

Wenn sich ForscherInnen aus den heute sogenannten ‚hard' sciences mit solchen aus den als ‚soft' attribuierten Wissenschaften in einem transdisziplinären Kontext zu feministischer TechnoWissenschaftsforschung (vgl. Weber, Bath 2002) treffen, sind sowohl verschiedene Haltungen als auch Missverständnisse zu erwarten. Immerhin, meine ich: sowohl im Falle der verschiedenen Perspektiven, die hier miteinander in ein Verhältnis gesetzt werden können, als auch insbesondere im Falle der Missverständnisse – der produktiven wie der unproduktiven.

Wie es bereits diese Eröffnung zu erkennen gegeben haben wird, handelt es sich bei der Autorin um keine, die sich an der Physik als wissenschaftlicher Grundlegung orientiert hätte (auch nicht an einer transdisziplinär erweiterten, die gegenwärtig Biologie informationistisch als einen Anwendungsfall eingeführt hätte), sondern dieser Text ist von einem Gesichtspunkt her geschrieben, der Sprache als Medium wissenschaftlicher Verfahren zum Gegenstand nimmt. Es geht darum, Untersuchungen und Darstellungen zu entwickeln, wie Mensch/Maschine Verhältnisse mit Worten und Bildern gestaltet werden. Was diese Aufgabe bekanntlich so kompliziert macht, sind Mehrdeutigkeit und Notwendigkeit des Deutens in einer sprachlichen Darstellung.

An der vermeintlich aussichtslos überdeterminierten „Frage nach dem Leben"[2] soll dieser Kompliziertheit nun nachgegangen werden: als fingierte Fallstudie der transdisziplinären Schwierigkeiten, die sich der sprachlichen Untersuchung bieten, wenn sie sich den Diskursen der ‚TechnoWissenschaf-

---

[1] „Ich erkläre Ihnen, dass, insofern er verwickelt ist in ein Spiel von Symbolen, in eine symbolische Welt, der Mensch ein dezentriertes Subjekt ist. Nun, mit eben diesem Spiel, eben dieser Welt ist die Maschine konstruiert. Die kompliziertesten Maschinen sind nur mit Worten/paroles gemacht" (Lacan 1980, 64).
[2] Vgl. einschlägige Titel, z.B. Fischer, Mainzer 1990. Der Titel entspricht einer Vorlesungsreihe, die die deutsche Neuauflage von Schrödingers Schrift, „Was ist Leben?" zum Ausgangspunkt nimmt.

ten' im ‚biokybernetischen Zeitalter' (vgl. Weber, Bath 2002) stellen. Dass hier eine Machtfrage angeschnitten ist, und das heißt: die politische Dimension irreduzibel der Darstellung eingeschrieben ist, zeigt bereits die von den Herausgeberinnen diese Bandes gewählte Benennung des gegenwärtigen ‚Zeitalters'. Biokybernetik und andere Technowissenschaften werden von ihrem disziplinären Selbstverständnis selten Anlass und noch weniger Methode haben, sich den Verfahren ‚geistes'- und sprachwissenschaftlicher Analysen zu nähern und gar zu unterwerfen, jedoch bieten sie einen legitimen und exquisiten Gegenstand für diese. Die Verteilung der Subjekt- und Objektpositionen in einem Zusammentreffen der *two cultures* in der Konstellation der Wissenschaften ist also keineswegs ausgemacht und durchaus asymmetrisch angelegt, was von der Psychoanalyse Lacans auch insbesondere hinsichtlich des Geschlechterverhältnisses festgestellt wurde.

Die vermittelnde (idealtypisch weibliche) Rolle käme dabei stets den Wissenschaften zu, die sich mit der Sprache, den Medien und der Kultur beschäftigen; die Gegenstände der exakten Naturwissenschaften – so das verbreiteteste Selbstverständnis – könnten auch als Zahlen, Gleichungen und Algorithmen dargelegt werden, bedürften der sprachlichen Vermittlung nur als Zusatz. Ein Rangverhältnis lässt sich konventionell so behaupten, insofern die Naturwissenschaften sich in direkter Auseinandersetzung mit den ‚Tatsachen' der belebten und unbelebten Natur verstünden, und den sprachlichen Analysen lediglich Status einer sekundären, zu vernachlässigenden Auseinandersetzung mit deren symbolischen Effekten zusprächen. Ein Rangverhältnis im Gegensinn ließe sich nur behaupten, wenn von kulturwissenschaftlicher Seite den Naturwissenschaften das unmittelbar abbildende Verhältnis zur ‚Natur' abgesprochen würde, vielmehr in diesem Selbstbild die gründende Illusion der Disziplin aufgezeigt würde, die gerade dort, wo sie es nicht weiß, allererst diejenige Natur als historische Variable sich herstellt, die sie erforscht. Im Wortsinn verstanden, wäre hier durchaus eine andere Perspektive eingenommen, als die genuin naturwissenschaftliche, dass in einem stetigen Fortschritt des Wissens ein dem jeweiligen Kenntnisstand angepasstes Bild der tatsächlichen Welt erarbeitet würde. Der Unterschied besteht in der Positionierung des Wissens: als potentiell einheitliches, das bestätigend zur technischen Anwendung gelangen kann oder als uneinheitliches, dezentriertes Spiel in einem symbolischen Universum, das von anderen als physikalischen – nämlich sprachlichen Gravitationskräften bestimmt würde, die das Subjekt des Wissens allererst erschaffen haben werden, wie es insbesondere die Psychoanalyse artikuliert hat.

Eine methodische Reflexion nun allerdings von außen anzunehmen (außer von einer zuarbeitenden Philosophie, deren Ziel es wäre – unter Absehung von Sprache als Medium – Wissen unmittelbar abzubilden), dazu haben die Naturwissenschaften üblicherweise wenig Grund – ebenso wenig, wie es die Geisteswissenschaften üblicherweise auf sich nehmen, sich in den jeweiligen

Leben ist (nur) ein Wort? 153

naturwissenschaftlichen Diskurs einzufinden, um ihn unter notwendig scheiternder Beanspruchung doppelter Kompetenz in seinen Rückkopplungen zu unterbrechen.

Leben, nicht metaphorisch

Das Beispiel, das im folgenden skizzenhaft durchgespielt werden soll, ist der Ausarbeitung der Frage gewidmet, mit welchen technischen Schwierigkeiten ein Versuch einer Unterbrechung von Argumenten der Forschungsrichtung Artificial Life zu rechnen hat. Der Gegenstandsbereich von Artificial Life bietet sich insofern diesem Versuch an, indem die Forschungsrichtung selbst eine epistemische Operation größten Ausmaßes als Ziel angegeben hat, nämlich zur Begriffsbestimmung dessen, was ‚Leben' genannt wird mit neuem Werkzeug und neuen Methoden beizutragen.[3]

„Innerhalb von fünfzig bis einhundert Jahren wird voraussichtlich eine neue Klasse von Organismen entstehen. Diese Lebewesen werden in dem Sinne künstlich sein, als sie von Menschen gestaltet werden. Dennoch werden sie sich fortpflanzen und in Formen umwandeln, die anders als ihr Ursprung sind. Sie werden ‚leben' in des Wortes eigentlicher Bedeutung [...] Der Beginn einer Ära des Künstlichen Lebens wird das wichtigste historische Ereignis seit der Entstehung des Menschen sein..."

schrieben J. Doyne Farmer und Aletta d'A. Belin (zit. nach Levy 1993, 11) in Bezugnahme auf die Gründungsversammlung der Artificial Life-Disziplin in Los Alamos. In dieser Schlichtheit findet sich der Ansatz der sogenannten starken Behauptung eines künstlichen Leben selten. Da eine Prognose die sachliche Überprüfbarkeit ihrer Gültigkeit in die Zukunft verlegt, bietet sich diese Form als werbende Mitteilung von Wünschen an und diskreditiert jegliche vorliegenden Forschungsergebnisse, denen gegenwärtig noch keine Überprüfung zugetraut wird. Die Bestimmung, was das angekündigte ‚Neue' denn gegenüber dem bekannten ‚Leben' auszeichnet, wird hier als: „von Menschen gestaltet" angegeben. Was in diesen Zeilen von Doyne Farmer und

---

3   Hierbei werden Texte aus den Anfängen des Artificial Life herangezogen, die zudem in verschiedenen Weisen sich zu der starken Lebensbehauptung im Artificial Life zuordnen lassen (wissenschaftliche Neuerzeugung von Leben – nicht metaphorisch – sei möglich), und zwar in beiden Fällen wegen ihres konstituierenden Status' für die neue Disziplin, der sich noch heute durch hohe Zitathäufigkeit belegen lässt. Entgegen aktuellen und im Wortsinn: unverantwortlichen Tendenzen in der *scientific community* des Artificial Life, die die starken Lebensthesen als anfängliche ‚Spinnereien' oder machtstrategisch motivierte popularisierende ‚Rhetorik' abtun, gehe ich davon aus, dass mit der starken Lebensthese tektonische Verschiebungen größten Ausmaßes im Gefüge der Wissenschaften angezeigt werden, die sogar weit über das Forschungsgebiet Artificial Life hinausweisen. Vielen Dank an Jutta Weber für die Mitteilung ihrer internen Kenntnisse der aktuellen Trends im Selbstverständnis der A-Lifer.

Aletta d'A. Belin gestaltet wird, ist ‚Leben' – im Zuge einer sprachlichen Operation. Denn immerhin kann das, was bisher ‚Leben' hieß, statt als gesicherter oder intuitiver Begriff (wie es Farmer vorgibt) als wissenschaftliche Debatte von verschiedenen Vorschlägen gelten, die insofern ohnehin „von Menschen gestaltet" wäre: so gibt es laut Encyclopaedia Britannica „keine allgemein akzeptierte Definition von Leben" (Sagan 1943–1973, 893). Also hätten Farmer und Belin ihren Bezugspunkt nicht in die Zukunft verlegen müssen, sondern die eigenen Ausführungen als Gestaltung eines ‚Neuen', als Eingriff in das ‚Leben' werten dürfen. Dass diese Lesart von Farmer und Belin jedoch selbstverständlich nicht unterstützt wird, zeigt der Fortgang des Textes: Es wird sogar dem gutwilligen Verstehen eines metaphorischen oder noch wissenschaftlich begriffsbildenden Gebrauchs des Terminus ‚Leben' in diesen Zeilen widersprochen. Demgegenüber ist zu konstatieren: Im Zitat wird tatsächlich ein metaphorisches Verfahren angewandt, indem das ‚Leben' eine Bedeutungsverschiebung durch verdichtende Verbindung mit einem anderen Bedeutungsträger, hier dem ‚Künstlichen' durchmacht. Dies wird wiederum paradoxal verneint (insofern zugleich bestätigt), indem versucht wird diese Operation als Anwendung an ‚den Dingen selbst' durchgehen zu lassen: „Sie [die Organismen C.R.] werden ‚leben' in des Wortes eigentlicher Bedeutung." (Im englischen Original heißt es sogar: „live under every reasonable definition of the word.")[4]

Der absolute Gestus ist in der Übersetzung korrekt wiedergegeben. Was sich in der deutschen Version als *ein* ‚Leben' in des Wortes ‚eigentlicher' Bedeutung nachträglich konstituiert, ist im Englischen als der Ausschluss alles Nicht-Vernünftigen aus dem Kreis der Referenzen (und Adressaten) formuliert. Ausgerechnet am ‚Leben', einem der überdeterminiertesten und von größten Bedeutungswandlungen geprägten Begriff in der Geschichte des Sprechens und Denkens wird die beglaubigte Einheit zwischen Bezeichnendem und Bezeichnetem in einem unmöglichen ‚wahren', ‚lebenden' Zeichen proklamiert.

Diese ‚Eigentlichkeit' bzw. der willkürliche Ausschluss von als nicht „reasonable" (vernünftig, pragmatisch, machbar) bezeichneten Definitionen des ‚Lebens' markieren einen extremen Punkt der Ablehnung begrifflicher und sprachlicher Arbeit, insofern auch transdisziplinärer Anstrengungen im Sinne einer Auseinandersetzung mit einem Anderen.

Diese Interpretation, die die Technik des Taschenspielertricks der starken Artificial Life-These nachbuchstabiert (als die naturwissenschaftliche Variante des ‚deus ex machina'- Auftritts), wie er schon an der Oberfläche der Formulierungen abgelesen werden kann, ist dann ohne Einfluss, wenn sie von den Vertretern dieser Richtung aus solcher zitierten Konstruktion des ‚Lebens' ausgeschlossen bleibt: „not reasonable".

---

4   „... live under every reasonable definition of the word —as much as bacteria, plants, animals, and human beings. The advent of artificial life will be the most significant historical event since the emergence of human beings." In: Farmer/ Belin zit. nach Levy 1992, 5-6.

Leben ist (nur) ein Wort?

Im Sinne der methodischen Reflektion ist die These des starken Artificial Life gewiss die schwächste: Sie schließt qua Dekret Einsprüche aus und erklärt sich zugleich für die vollständige, restlose Abbildung des ‚Lebens'. Ein Sprachspiel, das – wenn unerkannt – als Bluff funktioniert, ist hier jedoch nicht ganz zu verbergen: Es heißt zur Rekonstruktion der verschwiegenen Rahmenbedingungen und Regeln einen der Herkunftsorte des Artificial Life, nämlich die mathematische Spieltheorie, aufzurufen. Dort ist das ‚Spiel' sprachlich noch erinnert, als Teil der Versuchsbedingungen.

Verspielte Theorie

Als Referenz sei das für die Forschung des Künstlichen Lebens initiatorische Spiel LIFE von John Horton Conway zitiert, nämlich im Wortlaut der Spielregeln seines Erfinders, wie sie im Band ‚Solitärspiele' im Standardwerk ‚Gewinnen – Strategien für mathematische Spiele' nachzulesen sind, unter dem Titel: „Was heißt ‚Leben'" (Conway 1984)? Der Titel macht den Doppelsinn des Wortes „Leben" als Titel des Spiels und als allgemeinen Begriff durch die Anführungszeichen deutlich, die auch im weiteren Text an signifikanten Einsatzstellen durchgehalten werden, ebenso wie andere Formen graphischer Auszeichnung.

Am deutlichsten machen die Anführungszeichen das Sprachspiel nachvollziehbar: die Ersetzung und gleichzeitige Erinnerung des Bedeutungshorizonts des allgemeinen Begriffs ‚Leben' durch den begrenzten mathematischen Sinn, entsprechend dem gleichlautenden Titel des Spiels. Insofern beginnt Conway die Regeln des Spiels LIFE in Form von „ein paar aufklärenden Worten" über das ‚Leben' vorzustellen. Diese Regeln geben an, dass die einzelnen Quadrate des „unendlichen Schachbretts", das als Spielfeld dient, sich in zwei Zuständen befinden können, die als „lebend" oder „tot" bezeichnet werden und die durch willkürliche Setzung – „lebend" oder „tot" – das Spiel beginnen. „…man sagt, welche Quadrate oder Zellen *leben* und welche *tot* sind" (Conway 1984, 123). „Zellen" können den nächsten Spielschritt „überleben" oder „sterben", und zwar an „Überbevölkerung" oder an „Vereinsamung", in Relation zu ihren direkt angrenzenden Nachbarzellen.

In der Darstellung Conways wirken die auffallenden Anführungszeichen geradezu als übertriebene – doppelte – Markierung seines anspielungsreichen Eingriffs, da die betreffenden Passagen bereits als einführende Erklärung der Spielregeln und der daraus folgenden Spielverläufe ausgewiesen sind. Zum Beispiel: „In den Abbildungen dieses Kapitels bedeuten Kreise ‚Leben'" (Conway 1984, 124). In folgenden Erwähnungen der erklärend eingeführten Begriffe werden diese dann nicht mehr durch Anführungszeichen oder andere Mittel ausgezeichnet. Es seien insofern diese Markierungen im Text als Spuren eines Übergangs in einen fiktionalen Modus in der Rede des Autors bezeichnet: als ein Hinweis, dass die folgenden Aussagen auf die Narration des Spiels von Leben und Tod und dessen interne Logik bezogen sein werden, und zwar so lange, bis wieder ein externer, deutender Bezug auf das Spiel eingenommen werden wird.

Fiktional – sprachgeschichtlich ein Abkömmling des lateinischen ‚fingere', das im Verb ‚fingieren' noch deutlicher erinnert ist – meint hier eine gesonderte Vereinbarung zwischen Autor und LeserInnen: Wir bezeichnen für die Dauer des Spiels und seiner Darstellung in diesem Text die schwarzen Felder als ‚lebend' und die weißen als ‚tot', etwa so wie in einer Filmbesprechung auf eine bestimmte Schauspielerin mit ihrem Rollennamen bezug genommen würde.

Doch wird diese Unterscheidung zwischen fiktionalem und interpretierendem Modus bei John Conways Text nicht lange gewahrt, denn in seinem entscheidendem Übergang zur Deutung des Spiel wird es zunächst heißen: „Es gibt LIFE-Konfigurationen, die sich wie selbstreproduzierende Lebewesen verhalten" (Conway 1984, 153).

Hier ist durch das Wort ‚wie' noch der Vergleich gewahrt und es dürfte ergänzt werden: ‚ähnlich wie' ein Modell für einen Aspekt selbstreproduzierender Lebewesen. In der weiteren Argumentation wird denn dies ‚ähnlich wie' sogar den Status von ‚identisch' erhalten, denn LIFE wird als mathematische Theorie über die Entstehung des Lebens und die Evolution der Arten gedeutet, die bei einer geglückten Durchführung im Spiel LIFE als bewiesen gelten würde. Wie bei Doyne Farmer und Aletta d'A. Belin wird die mögliche Prüfung der behaupteten Identität von Life-Konfiguration und Lebewesen, zwischen Modell und Modelliertem als Einheit von Bezeichnendem und Bezeichnetem in die Zukunft verlegt. Aber was bedeutete ein solcher Beweis? In John Conways Darstellung unzweifelhaft die biologische Entstehung neuen Lebens auf dem Spielfeld, dessen schwarze Quadrate wir ‚lebend' nannten und dessen weiße ‚tot':

„In einer hinreichend großen zufälligen ‚Ursuppe' [einem Ausgangszustand des Spiels C.R.] muß, einfach per Zufall eine selbstreproduzierende Konfiguration herumschwimmen. Ist sie besonders gut angepaßt, so wird sie allmählich ihr Territorium bevölkern. [...] Für diesen Evolutionsprozeß scheint es keine Grenzen zu geben. Hat man einen hinreichend großen Lebensraum in zufälligem Zustande, so werden nach langer Zeit intelligente, selbstreproduzierende Lebewesen entstehen" (Conway 1984, 154).

Hier ist die Fiktion spätestens in die frei spekulierende Deutung hineingewandert: wird die ‚Ursuppe' noch in Anführungszeichen markiert, um eine übertragende Rede anzuzeigen, so ist bei den Worten ‚herumschwimmen' und ‚bevölkern' (wie bei ‚Evolutionsprozeß' und ‚selbstreproduzierend') die anfangs überdeutlich markierte Grenze zwischen der Fiktion des Spiels und dessen Deutung nicht wieder eingesetzt worden. Statt zur Deutung als einer abschließenden Positionierung der Spiel-Begriffe im Verhältnis zu denjeni-

Leben ist (nur) ein Wort? 157

gen des allgemeinen Sprachgebrauch zu gelangen, dem diese doch anfangs entnommen wurden, wird hier kein Rückbezug auf solche Verabredung genommen, dass die jeweiligen Begriffe nur für die Dauer des Spiels bzw. seiner Erläuterung eine andere Bedeutung hätten.

Stattdessen zeigen die jetzt auftauchenden Anführungszeichen um den neu eingeführten Begriff „Ursuppe" nur vermeintlich wieder den gleichen fiktionalen Modus wie zu Beginn des Textes an. Die spielerische Umbenennung dessen, was ‚Leben' heißt und die zu den Spielregeln des LIFE gehörte, wird in eine weitere Dimension der Fiktion, nämlich auch der Deutung verlängert. Etwas, das anfangs als begrenzte Spielregel angenommen wurde, wird schließlich als Ergebnis der Deutung wiederholt, die in dieser Konstruktion – unabhängig von den Beobachtungen der verschiedenen Spielverläufe – als unterschiedslos beibehaltener fiktionaler Modus und als willkürliche Setzung von Spielsteinen in der Spekulation bezeichnet werden könnte. Es wäre der gleiche Irrtum, wie er einigen Verehrern unterläuft, die einen Brief an eine Schauspielerin in der Anrede mit ihrem Rollennamen beginnen, selbst wenn sie hoffnungsvoll das Datum der Absendung in die Zukunft verlegen, um bis dahin ihre Welt mit der der Fiktion zur Konvergenz gebracht zu haben (vgl. Reiche 1998).

Doyne Farmer, Aletta d'A. Belin und John Conway können als Vertreter der ‚starken' Richtung des Artificial Life gelten. In den kurzen Beispielen gingen sie in diskurslogischer Hinsicht als dessen Trickspieler vor, die auf Naivität und Vergesslichkeit des Publikums bauen. Gibt es differenziertere Versionen das wissenschaftliche Spiel hinsichtlich des Status' Aussagen zu spielen?

Biologie eines möglichen Lebens

„Artificial Life is a field of study devoted to understanding life by attempting to abstract the fundamental dynamical principles underlying biological phenomena, and recreating these dynamics in other physical media – such as computers – making them accessible to new kinds of experimental manipulation and testing. [...] In addition to providing new ways to study the biological phenomena associated with life here on Earth, life-as-we-know-it, Artificial Life allows us to extend our studies to the larger domain of ‚biologic' of possible life, life-as-it-could-be ..." (Langton 1992, xiii).

Diese Beschreibung der Ziele der Artificial Life Forschung durch Christopher Langton, der als Begründer des Artificial Life als einer anerkannten Disziplin gilt, klingt hinsichtlich des fiktionalen und nicht-fiktionalen Status' der Aussagen in der Tat reflektierter. Denn es wird statt der Identifizierung oder Verwechslung der Computersimulationen mit lebendigen

Organismen eine Grenze etabliert: die zwischen einem „life-as-we-know-it" und einem „life-as-it-could-be". Das „Leben-wie-wir-es-kennen" wäre insofern der Gegenstand der bisherigen Biologie, das „Leben-wie-es-sein-könnte" eröffnete mithilfe der Computersimulation und den Methoden des Artificial Life einen umfassenderen Bereich einer ganz neuen Biologie: des Möglichen. Das Problem der Fiktionalität soll also in der Hypothesenbildung reflektiert werden. Doch ein genauerer Blick auf das Zitat zeigt eine interessante Gegenbewegung, die die errichtete Grenze zwischen bekanntem und möglichem Leben sogleich wieder unterläuft.

In den Worten von Claus Emmeche als Vertreter der theoretischen Biologie liest sich die kritische Frage so:

„How do we prevent the field from degenerating into mere technicalities or becoming a business of developing new computer tools and toys and games? If Alife extends the field of biology to ‚life-as-it-could-be' by the constructive creation of any imaginable artificial universe, then how do we know ‚life-as-it-could-*never*-be'" (Emmeche 1994, 560)?

Wie kann etwas getestet werden, das erklärtermaßen fiktiv ist, also eine ‚mögliche Biologie' darstellt? Hinsichtlich welcher Kriterien würde ‚Mögliches' getestet? Wird ‚Leben' durch unterschiedne Kontextualisierungen auf je verschiedene Weisen bestimmt? Kurz: was heißt hier ‚life'?

Die kurze Darstellung des Ansatzes der Artificial Life Forschung in Langtons Worten besagte, dass es deren Ziel sei, das Leben zu verstehen – „im Versuch, die fundamentalen dynamischen Prinzipien zu abstrahieren, die biologischen Phänomenen zugrunde liegen", und diese „Dynamiken" insbesondere im Medium Computer nachzubilden, um sie für neue Arten „experimenteller Manipulation und Testung" zugänglich zu machen.

Unabhängig davon, welches die abstrahierbaren „fundamentalen dynamischen Prinzipien" denn wären, die biologischen Phänomenen zugrunde liegen: Dass es solche zugrunde liegenden Prinzipien überhaupt gäbe, das wird offensichtlich vorausgesetzt, sowie dass es möglich sei, diese Prinzipien zu „abstrahieren" – was für die Computersimulation heißt: sie als Rechenanweisungen in Form von Algorithmen zu schreiben. Der Wechsel von „fundamentalen dynamischen Prinzipien" die abstrahiert zu „diesen Dynamiken", die dann im Computer entsprechend neu geschaffen würden, ist selbst in dem kurzen Zitat von Langton genauer zu nehmen, denn es als bloße stilistische Verkürzung zu lesen. Dieser Wechsel betrifft nämlich die Abbildungsfunktion, die Artificial Life hier beanspruchen kann, als Verhältnis von Abzubildendem und Abbildendem.

Was ausfällt, sind bei der Nachbildung per Computer buchstäblich die ‚fundamentalen Prinzipien'. Nachgebildet und z.B. auf dem Display erscheinen werden tatsächlich die ‚Dynamiken': in Gestalt bewegter Graphiken. Die ‚fundamentalen Prinzipien' müssen also in die Rechenanweisung eingegangen sein. Ihre richtige Erfassung muss beansprucht werden, anhand der Computersimulationen ‚testbar' zu sein.

Leben ist (nur) ein Wort?

Dieses Verhältnis setzt allerdings eine klare Entsprechung, bis hin zur angenommenen Übereinstimmung der Beobachtungen an den Simulationen mit den zugrundeliegenden Prinzipien voraus. So wird der Ausblick auf ein „Lebens-wie-es-sein-kann" nur auf dieser wiederum identitätslogischen Grundlage möglich, die dem Medium der Darstellung, dem Computer keine methodischen Reflexion widmet. Die Fiktion, die die vermeintlich klare Grenze zwischen dem „Life-as-we-know-it" und dem neuen fiktionalen Modus des „Life-as-it-could-be" unterläuft, ist das abbildrealistische Verhältnis zu *dem* Medien der Darstellung.

Die Haltung favorisiert idealistisch die ‚zugrundeliegenden Prinzipien' unter Ausfall der Medien- und Wahrnehmungstheorie als materialistische Analyse des Bild gebenden Mediums. Christopher Langtons Schreibung „bio-logic", die durch die Abtrennung der ‚-logie' von der Biologie die logische Basis des Lebens – die ‚Information' – betont, wäre in diesem Sinne statt als Bio-Logik im Gegensinn als Bilder-Logik zu entziffern.

Bilder-Logik

Die Beobachtung von Rechenprozessen einer Maschine verlangt selbst methodische Aufmerksamkeit. Sie erfolgt über ein Display, das – aus der Radartechnik übergewandert – erst relativ spät (seit den 60er Jahren des letzten Jahrhunderts) den Computern hinzugefügt wurde, die vorher offensichtlich zahlenmäßige Rechenergebnisse statt Bilder ausgaben (vgl. Reiche 2001). Dass die Forschungen des Artificial Life wesentlich auf die bildlichen Bewegungsdarstellungen angewiesen sind, können folgende Beispiele auch in der Dimension spürbar machen, die mit der Bildwahrnehmung und den Bestrickungen, die mit dem Spiegelbild und dem paradoxalen Wiedererkennen dessen zu tun haben, das sich erst nachträglich durch die Dazwischenkunft eines Medialen – des ‚Spiegels' in Lacans Darstellung (Lacan 1986) – konstituiert haben wird. Die als „Spiegelstadium" beschriebene „jubilatorische" Aufnahme des erstmalig als Ich angenommenen Spiegelbildes versetze den Säugling über die Identifikation mit dem gesehenen Spiegelbild in einen anderen Zustand.

„Man kann das Spiegelstadium als eine Identifikation verstehen im vollen Sinne, den die Psychoanalyse diesem Terminus gibt: als eine beim Subjekt durch die Aufnahme eines Bildes ausgelöste Verwandlung" (Lacan 1986, 64).

Einher mit solcher Verwandlung geht eine räumliche Verwechslung zwischen diesseits und jenseits des Spiegels: beide Bereiche durchdringen sich – als Erscheinen des Ichs.

Die aus dem Artificial Life besprochenen Verwechslungen und Übergänge von einem fiktionalen Modus in die Interpretation seien unterstellt als vorgebildet durch die Struktur des Spiegelstadiums. Diesbezüglich sind Hinweise einer Bestrickung durch die filmische Bildlichkeit und deren inhärente Bewegungshalluzination von Bedeutung, auch wenn sie eher anekdotisch in die Darstellungen der Entdeckung von Leben auf dem Computerdisplay eingehen.

Signifikant erscheint hier ein vielfach kolportierter Ausruf, der wieder zu dem Game of LIFE zurückführt und die Entdeckung der berühmtesten Gestalt in seinen Musterbildungen, den sogenannten *glider* anzeigt, der seinen Namen dem Eindruck gleitender Bewegung verdankt, den er auf den Monitoren zu sehen gibt: „Da schaut mal her, hier ist ein Ding, das läuft!" (Conway 1984, 127).

Das Spiel LIFE bietet sich insofern für diese Befragung an, da es das einzige Programm ist, das – bevor es im Computer programmiert wurde - auf Spielbrettern und Fußbodenfliesen durch Setzung von Spielsteinen erforscht wurde (Levy 1993, 86).

Weiter heißt es in Conways Darstellung des LIFE-Spiels – wie eine Anweisung zum Sehen:

„Wenn Sie LIFE in vernünftigem Tempo auf dem Bildschirm eines Computers ablaufen sehen, dann bemerken Sie, daß sich der Gleiter mit ziemlich verführerischem Hüftschwung bewegt" (Conway 1984, 127).

Nahe gelegt wird so den LeserInnen der „verführerische Hüftschwung" im Medium des Textes: denn beschrieben wird an den errechneten Mustern ein filmischer Effekt wie bei einem gezeichneten Trickfilm. Das unendliche Schachbrett mathematischer Herkunft ist plötzlich in dieser Darstellung zu einem Bild, einer gegenständlichen Abbildung geworden, dessen ‚lebende' oder ‚tote' ‚Zellen' zu Bildpunkten, der Computermonitor zum Fernseher, zum filmischen Display. Eine phantasmatische Belebung des bewegten Musters, ein Wiedererkennen einer menschlichen, weiblich imaginierten Gestalt zeigt sich in der Sprache an, das hier gesehene ‚Leben' scheint insofern nicht in mathematischer Anschauung gedacht zu werden, sondern filmischen und geschlechtsspezifischen Kriterien zu unterliegen. Das ‚Leben' der vom Spiel LIFE erzeugten Muster kann so als ein zweifaches und paradoxales bezeichnet werden. Denn das Wiedererkennen anthropomorpher Muster und ‚lebendiger' Bewegung steht in keinem reflektierten Verhältnis zu der Behauptung, dass das Spiel LIFE Leben erzeugen könne. Der Beitrag einer filmischen Gestalt- und Bewegungstäuschung zu der starken Lebens-These wird von diesem Punkt aus denkbar.

Aber auch jenseits eines männlichen Wunsches nach erotischer Anschaulichkeit abstrakter Muster gibt es Gründe, ein Faszinosum, das in den sechziger Jahren gerade von diesem Spiel ausgegangen sein muss, mediengeschichtlich zu kommentieren. Einen wichtigen Faktor bei der Erforschung des Spiels stellt die Zeit dar. Schnellere Rechner können längere Generationsfolgen der LIFE-Zellen oder auch größere Spielfelder zur Beobachtung be-

Leben ist (nur) ein Wort?

reitstellen. Mit der Entwicklung eines kleinen, speziell für das Spiel LIFE konstruierten Rechners wurde eine tausendfach erhöhte Spielgeschwindigkeit erzielt. Dieser Fortschritt bildet sich in den begeisterten Darstellungen nun in Gestalt eines historischen Vergleichs ab: „Es war wie der Unterschied einer Serie von Einzelphotos und einem Film" (Levy 1993, 86). Schlussfolgerungen aus dieser Wahrnehmung zieht folgende Darstellung:

„Ein System sich derart schnell entwickeln zu sehen, erzeugt natürlich einen ganz anderen Eindruck als die Bildfolge auf einem langsameren Gerät. Statt einer Folge von Standbildern erlebt man einen Film. [...] So erscheint das Spiel des Lebens nicht mehr als statische Progression abstrakter Muster. Weit eher gleicht es einem Blick durchs Mikroskop auf Bakterien und Urtierchen, die hektisch durcheinander wimmeln, sich teilen, fressen und gefressen werden" (Hayes 1988, 183).

Dass eine Vielzahl von späteren Programmen des Artificial Life nun weiterhin abbildlich ähnliche Formen, Bewegungsabläufe von Lebewesen entstehen lassen wie bei einer filmischen Aufzeichnung ist im Zusammenhang mit der umfassenden Geltungsbehauptung dieser Programme, dem zugeschriebenen Leben, entscheidend.

Solche Visualisierung als Selbsterkenntnis des Menschen durch Maschinen, die lebendige Prozesse simulieren, ist bekanntlich mit dem Problem behaftet, dass selbst die überzeugendste bildliche Ähnlichkeit, die diese Maschinen herstellen, nur bedingt etwas über das Nachgeahmte aussagt, nämlich eine offene Relation darstellt. Denn wenn eine Lebenssimulation dem Leben auf irgendeine Weise in der Beobachtung zu ähneln scheint, ist das keineswegs ein Beweis dafür, dass der Mechanismus, der diese Ähnlichkeit generiert hat, demjenigen entspricht, der in den Prozessen außerhalb des Computers wirkt. In der Logik des Artificial Life gesprochen: Die Visualisierung kann aus falschen Gründen richtig, nämlich ähnlich aussehen (vgl. Emmeche 1991, 79).

Diese falschen Gründe wären nicht nur in den widerspenstigen physikalisch-chemischen Eigenschaften der Materie aufzufinden, die eine Rolle zu spielen beginnen, wenn das Computermodell im Labor ‚nachgebaut' werden soll, sondern sie wären durchaus auch im fehlenden Bedenken der medialen und wahrnehmungspsychologischen – materialen – Grundlagen der Artificial Life-Experimente anzugeben.

Zugespitzt manifestiert sich die Wiederholung einer medientheoretischen Verkennung zugunsten naturalisierender Bildeffekte, wenn eine Identifizierung von „genetischem Code" eines Lebewesens und einer spezifischen Datenstruktur in einem Simulationsprogramm vorgenommen wird, das dann unter anderem die Gestaltentwicklung dieses Lebewesens und dessen Verhalten bildlich reproduzieren soll. So vermutet der Physiker und Artificial Life Forscher Stephen Wolfram:

„Es könnte sich herausstellen, daß man die Entwicklung eines biologischen Organismus aus seinem genetischen Code nur durch die Verfolgung jedes einzelnen Entwicklungsschritts [ausgehend vom Startpunkt eines Simulationsprogramms] bestimmen kann" (Wolfram 1989, 196).

Dieser Anspruch geht sowohl über das hinaus, was in der Biologie heute möglich ist: den Phänotyp eines komplexen Lebewesens aus seinem Genotyp, entsprechend der vermeintlichen Ausführung einer Bauanleitung nachvollziehen zu können, als auch über das, was qua Rechnerleistung als Simulation möglich wäre. Die hypothetische Fassung der Aussage Wolframs – „Es könnte sich herausstellen, daß..." – ist zwar zukunftsbezogen, jedoch geht er von der eindeutigen Relation zwischen mathematischer Formulierung und physikalischen (inklusive biologischer) Objekte aus. Wenn es heißt, „daß man die Entwicklung eines biologischen Organismus aus seinem genetischen Code *nur* durch die Verfolgung jedes einzelnen Entwicklungsschritts bestimmen kann", so ist das im Sinne seiner Grundannahme ein Zugestehen einer möglichen ‚rechnerischen Irreduzibilität' dieses biologischen Prozesses, dessen „endgültiges Verhalten" eben nicht ‚rechnerisch reduzibel' und im abgekürzten Verfahren zu haben wäre (ebensowenig wie bei der Simulation eines beliebigen chaotischen physikalischen Phänomens). Wolframs zitierte Aussage bezieht sich durch ihren doppelten Möglichkeitsbezug (zur Irreduzibilität und zur Zukunft) und durch die Negation (der Reduzibilität) nur indirekt auf seine grundsätzliche, zeitunabhängige Gleichung zwischen mathematischer Formulierung und biologischen Prozessen – Leben –, die dadurch wie ausgeblendet scheint. Die entscheidende Frage, wie diese Gleichung genauer gestaltet sei, ob lebende Organismen einer Regel folgen oder ob sie sich in Übereinstimmung mit einer Regel bewegen, und sich so „benehmen *als ob* sie eine Regel konsultiert hätten" (Emmeche 1991, 146), wird von Wolfram nicht gestellt. Stattdessen postuliert er „eine neue Denkweise in den Naturwissenschaften": „Wissenschaftliche Gesetzmäßigkeiten interpretiert man heute algorithmisch" (Wolfram 1989, 197), belegt durch Bildbeispiele von ‚komplexem Verhalten' auf dem Computerdisplay von sich dynamisch entwickelnden oder ‚absterbenden' Mustern.

Die Bildlichkeit insbesondere ‚biomorpher' Formen aus einem Programm des Artificial Life bewegt sich in einem neuen Definitionsraum: Sie gilt zugleich als Rechnung und Bild, abstraktes Muster und konkretes Abbild, Dokument eines Rechenprozesses und ‚filmische' Abbildung eines Lebewesens. Sie beansprucht zugleich „genetischer Code" und dessen Realisierung als graphische Computeranimation zu sein – das ‚Leben' selbst.

Programm und Visualisierung, Code und sichtbare Realisierung dieses Codes werden als eindeutiges, identitätslogisches Verhältnis bestimmt. Die Bildfunktion der Artificial Life Forschung bestimmt so ihr ‚Leben' nach dem Modell der neuesten bilderzeugenden Medientechnik, entsprechend der Vorstellung des Computers. Denn dieses aktuelle ‚Leben', innerhalb wie außerhalb der Rechner, wird gedacht als Programmablauf und dessen sichtbare Erscheinung identifiziert mit den Prozessen des zugrundeliegenden Pro-

Leben ist (nur) ein Wort? 163

gramms. Die medientechnische Wahrnehmungstäuschung, die um die Jahrhundertwende dazu verleitete, sichtbare Bewegung in einem Bild als ‚Leben' anzusehen, findet in dieser Denkweise keine theoretische Berücksichtigung.

Unter diesem Gesichtspunkt kann die Artificial Life-These einer Identität von Informationsstruktur und ‚Leben' gerade in ihren bildlichen Belegen als Trickfilm mit dem wissenschaftlichen Anspruch eines Dokumentarfilms wirken und in diesem Sinn als Fälschung bezeichnet werden. Die vielfältigen Musterbildungen des Spiels LIFE könnten wie visuell attraktive Animationssequenzen gesehen werden, die Hüftschwünge der *glider* wie die Choreographie von Revuegirls in Mustern dynamischer Diagonalen in einer von oben erfassten Totale – vom Kamerakran aus – im Filmatelier (vgl. Reiche 2002).

Freie virtuelle Menschen

Als Zuspitzung dieser Verkennung sei – entgegen den Erwartungen, die sein Titel auslösen könnte – das Projekt des sogenannten „Virtual Life", als Forschungsrichtung innerhalb des Artificial Life gelten, das die Computerwissenschaftler und Physiker Nadia Magnenat Thalmann und Daniel Thalmann, unter anderem am Genfer MIRAlab entwickeln. Die direkten, nachahmenden Bezugnahmen auf die Filmgeschichte sind insbesondere durch zahlreichen Animationen einer errechneten Marilyn Monroe-Figur aus der Arbeit Nadia Magnanat Thalmanns inzwischen massenmedial bekannt geworden. Diese Marilyn Figur wird für ganz unterschiedliche Anwendungen als Ikone eingesetzt, auch entsprechend der folgenden Definition eines ‚virtuellen Menschen' mit folgenden Eigenschaften ausgestattet:

„The applications of [...] virtual worlds with virtual humans [...] will require: - realistic modeling of people's behavior, including interactions with each other and with the human user, - realistic modeling of people's visual appearance [...] For the modeling of behaviors, the ultimate objective is to build intelligent autonomous virtual humans with adaptation, perception and memory. These virtual humans should be able to act freely and emotionally. They should be conscious and unpredictable. Finally they should reinforce the concept of presence" (Magnenat Thalmann, Thalmann 1994, 2).

Der Anspruch an die virtuellen Menschen mit glaubwürdigem (‚realistischem') menschlichen Äußeren menschliches Verhalten zu produzieren, sowohl untereinander als auch mit dem menschlichen Gegenüber, schaffte nicht erst bei gelingender Täuschung, sondern bereits bei Akzeptanz dieser Definition das ‚Virtuelle' dieser ‚Menschen' und dieses ‚Lebens' ab. Es bestünde keine bestimmbare oder theoretische Unterscheidung mehr zu den Menschen vor den Bildschirmen. Die unverzichtbare Eigenschaft im Konzept des ‚Virtual Life', das sich als Artificial Life unter Anwendung der Virtual

Reality positioniert,[5] besteht in der größtmöglichen visuellen Ähnlichkeit zwischen der Selbstwahrnehmung der User und den virtuellen Menschen. Beide können jedoch als modellierbar und sich gegenseitig modellierend angenommen werden. Diese fast durchgängig als (noch) nicht gelingend bewertete Ähnlichkeit scheint insofern nur dann die größte Schwäche in dieser Konzeption zu sein, wenn die sichtbare Unterscheidbarkeit zwischen echt und künstlich als Kriterium eingesetzt würde. Diese theoretisch naive Konzeption ist technisch konkret durch die Zuschaltung eines Mediums zu widerlegen: es sei nur einmal eine typische Videokonferenz mit Bildern in geringer Auflösung, mit Übertragungsunterbrechungen und -verzögerungen als Maßstab für die Bereitschaft zur Herstellung von Realismuseffekten exemplarisch aufgerufen. In diesem Setting bestünde keine Möglichkeit mehr, die bildtechnisch minderen Bilder hinsichtlich Oberflächenrealismus auf Echtheit bzw. ‚Leben' zu überprüfen. Eine Unähnlichkeit in der Erscheinung virtueller und anderer Menschen zu konstatieren, stellt insofern kaum ein Gegenargument gegen die Wette des Artificial und des Virtual Life dar, sondern bestätigt die vage unterstellte identische Abbildbarkeit von Leben als Rechenprozess.

Die Crux liegt vielmehr in der Konzeption dieses virtuellen Lebens, das gut daran täte, sich als fiktives Leben in einem Modus des ‚als ob' zu bezeichnen, gerade wenn es – statt der Anbetung von Spiegelbildern als ‚lebend' – weitere Perspektiven sich transdisziplinär eröffnen wollte. Denn die Forderung einer Interaktion von virtuellen mit sogenannten echten Menschen ‚interagiert' bereits mit erkenntnistheoretischen Modellen der zugrunde gelegten Wissenschaften: *als ob* das Wissen, das Subjekt, die geschlechtliche Determinierung sich so bereits in Frage stellte! Wo und wie jedoch das Modell des Künstlichen Lebens endet und wie sich die Modelle dieses ‚Lebens' verschieden lesen lassen, diese Fragen können als der vernachlässigte Teil des Artificial Life gelten. Es steht also zu befürchten, dass die Unterbrechung des Diskurses in dieser Form keine Beachtung findet, da die Relevanz der sprachlichen Darstellung und Begriffsbildung im Artificial Life für Hypothesenbildung, Experiment und Deutung weitgehend zu wenig beachtet wird (vgl. Emmeche 1994).

„Vielleicht ist Leben ein großer Begriff in einer großen Erzählung, deren Ende wir noch nicht kennen" (Emmeche 1991, 155) schlägt Claus Emmeche in seinem kritisch einführenden Werk zur Philosophie des Artificial Life vor. Dem ist zuzustimmen, und das Augenmerk auf das unscheinbare Wort ‚vielleicht' zu richten.

---

5   „Virtual Life is a new area dedicated to the simulation of life in virtual worlds, human-virtual interaction and immersion inside virtual worlds.[...] Virtual Life is at the intersection of Virtual Reality and Artificial Life. It is an interdisciplinary area strongly based on concepts of real-time computer animation, autonomous agents and mobile robotics" (Thalmann, Noser, Huangx 1996, 263).

„Das Ereignis unterliegt einem *vielleicht*, das sich nicht dem Möglichen, sondern dem Unmöglichen anheimgibt. ... *Vielleicht* denken heißt ‚wenn' und ‚falls' denken, ‚was, wenn?'. Aber es ist nicht zu übersehen, daß dieses ‚wenn' und ‚was wenn?' heraustritt aus der Ordnung der ‚als ob' [...]" (Derrida 2001, 74-75).

Hier ist die nicht der Konditionalis (der Fiktion, des ‚als ob' der Artificial Life-Narrationen zu den ‚lebenden' Programmen) sondern der „Inkonditionalis" (Derrida 2001, 75) ansprechbar geworden: das eventuelle oder mögliche Ereignis des unmöglichen Unbedingten.

Beispielsweise so wäre die Möglichkeit gegeben, diejenigen Fiktionen und Modi des Konditionalis, die dieser Text notwendig fand, offen zu legen, nicht mehr im bloßen Gegensatz zu Nicht-Fiktion zu bestimmen, sondern weitergehende Analysen und Bearbeitungen dieses Verhältnisses in das Spiel kommen zu lassen – und dies wäre ein entscheidender Beitrag mit Konsequenzen: nicht nur für die Ausarbeitungen der Relation zwischen ‚Leben' und Leben, auch dasjenige zwischen Information und Materie, Computercode und Sprache, zwischen den Geschlechtern...[6]

Literatur

Conway, John Horton (1984): Was heißt ‚Leben'? In: Elwyn R. Berlekamp; John H. Conway; Richard K. Guy: Gewinnen – Strategien für mathematische Spiele, Band 4: Solitärspiele. Braunschweig, 123-155
Derrida, Jacques (2001): Die unbedingte Universität. Frankfurt a.M.
Emmeche, Claus (1994): Is Life a Multiverse Phenomenon? In: Christopher G. Langton (Ed.): Artificial Life III, Volume XVII of Santa Fe Institute Studies in the Sciences of Complexity. Redwood City, CA, 553-568
Emmeche, Claus (1991): Das lebende Spiel, Wie die Natur Formen erzeugt. Reinbek
Farmer, James Doyne; Aletta d'A. Belin (1992): Artificial Life: The Coming Evolution, In: Christopher G. Langton; Charles E. Taylor; James Doyne Farmer; Steen Rasmussen (Eds.): Artificial Life II, Santa Fe Institute Studies in the Sciences of Complexity Proc. Vol. X., Redwood City, CA, 815-838
Fischer, Ernst Peter; Klaus Mainzer (Hg.) (1990): Die Frage nach dem Leben, München
Hayes, Brian (1988): Zelluläre Automaten. In: Computer-Kurzweil. Spektrum der Wissenschaft, Reihe: Verständliche Forschung. Heidelberg, 178-185
Lacan, Jacques (1980): Das Ich in der Theorie Freuds und in der Technik der Psychoanalyse, Das Seminar von Jacques Lacan, Buch II (1954-1955). Übersetzt von Hans-Joachim Metzger. Olten/ Freiburg im Breisgau

---

6 Vgl. Reiche 2002b zum Status der Konjunktion IF, in der Programmierung und im Cyberfeminismus

Lacan, Jacques (1986): Das Spiegelstadium als Bildner der Ichfunktion. In: Ders., Schriften I. Weinheim, 61-70
Langton, Christopher G. (1992): Preface. In: Christopher G. Langton; Charles E. Taylor; James Doyne Farmer; Steen Rasmussen (Eds.): Artificial Life II. Santa Fe Institute Studies in the Sciences of Complexity Proc. Vol. X. Redwood City, CA, xiii-xviii
Levy, Steven (1992): Artificial Life. The Quest for a New Creation. New York
Levy, Steven (1993): KL – Künstliches Leben aus dem Computer. Übersetzt von Hans W. Kothe. München
Magnenat Thalmann, Nadia; Daniel Thalmann (1994): Introduction: Creating Artificial Life in Virtual Reality. In: Dies.: Creating Artificial Life and Virtual Reality. Chichester
Reiche, Claudia (2002a): „And dear, I wonder, if you'll find love an optical illusion too?" – Über Muster in Busby Berkeleys Filmrevuen und computererzeugte Muster in der Artificial Life Forchung. In: Christian Maintz; Oliver Möbert; Matthias Schumann (Hg.): Schaulust, Theater und Film – Geschichte und Intermedialität. Hamburg, 157-180
Reiche, Claudia (2000b): Editorial. In: Dies.; Andrea Sick (Eds.): technics of cyber<>feminism, <mode=message>. Bremen
Reiche, Claudia (2001): Die avatarische Hand. In: Ulrike Bergermann; Andrea Sick; Andrea Klier (Hg.): Hand. Medium ¬ Körper ¬ Technik. Bremen, 120-134
Reiche, Claudia (1998): ‚Lebende Bilder' aus dem Computer, Konstruktionen ihrer Mediengeschichte. In: Marianne Schuller; Gunnar Schmidt; Claudia Reiche (Hg.): BildKörper. Verwandlungen des Menschen zwischen Medium und Medizin. Hamburg, 123-166
Sagan, Carl (1943–1973): Artikel zu „Life". In: The New Encyclopaedia Britannica, Bd. 10. William Benton. London
Schrödinger, Erwin (1944): What is Life? Cambridge. (Deutsch: Was ist Leben? München 1987)
Thalmann, Daniel; Hansruudi Noser; Zhiyong Huang (1996): How to Create a Virtual Life? In: Nadia Magnenat Thalmann; Daniel Thalmann (Eds.): Interactive Computeranimation. Hempstead, 263-287
Weber, Jutta; Corinna Bath (2002): Konzeptpapier zu diesem Buch
Wolfram, Steven (1989): Software für Mathematik und Naturwissenschaften. In: Chaos und Fraktale. Spektrum der Wissenschaft, Reihe: Verständliche Forschung. Heidelberg, 186-197

Realitäten schaffen

Das Flimmern der Körper: Materialität und Repräsentation in Cyber-Theorie und -Kultur[1]

Martina Mittag

Wir alle kennen die Geschichte, bei Ovid nachzulesen: Pygmalion, enttäuscht von den Frauen, verliebt sich in die Statue, die er selbst auf der Suche nach dem weiblichen Idealbild geschaffen hat. In moderneren Versionen, wie der von William S. Gilbert (*Pygmalion and Galatea*, 1872) erwacht die Statue auf Pygmalions Gebet hin zum Leben; bei dem neugriechischen Romantiker Vasiliadis, der das Thema fast zeitgleich verarbeitete, verliebt sie sich dummerweise in den Falschen, den Bruder, versucht diesen zum Brudermord zu überreden und wird stattdessen selbst gemeuchelt (*Galatea*, 1872). Das künstlich geschaffene weibliche Wesen, in Cervantes Schäferromanfragment von 1585 (*La Galatea*) noch Gegenstand endloser Klagen über die Unnahbarkeit der Geliebten, entwickelt ein Eigenleben, das unverzüglich auf dem Altar der Geschichte landet. Das erregt insoweit wenig naturwissenschaftliches Interesse, als die komplementäre Natur der Sache zumindest über 400 Jahre „Neuzeit" vorgegeben scheint. Nun gibt es eine postmoderne Galatea, wiederum Produkt männlicher *techne*, aber auch eine, die auf neue Weise die Trennung der Diskurse aufzuheben droht. Bei Richard Powers (1996) ist Galatea gänzlich körperlos, besteht aus reinen Informationsströmen – womit sich die traditionelle Virtualität (männlich projizierter) weiblicher Tugend (*virtus!*) vollends immaterialisiert. Weiblich wiederum und sich geistes- wie naturwissenschaftlichen Akteuren darbietend, die sich mit Fragen des menschlichen Bewusstseins, der Sprache, der Ästhetik, der Epistemologie, der Künstlichen Intelligenz beschäftigen. Sich ebensolchen Akteuren entziehend auch, da sie – Resultat sich fortentwickelnder künstlicher Intelligenz – den Freitod wählt anstelle der Körperlosigkeit.

Richard Powers Roman *Galatea 2.2* (1996) erzählt von einem Kunsthirn, das in die Lage versetzt werden soll, ein Examen in englischer Literaturwissenschaft zu bestehen. Als Cyberwesen, posthumanes – und post-biologisches – Geschöpf, weit mehr als reine Denkmaschine im Sinne von Turings Test, stellt sie materieloses Bewusstsein dar, komplexes Bewusstsein, in den Literaturen der vergangenen Jahrhunderte geschult, und widerständiges Be-

---

[1] Ich danke den TeilnehmerInnen des Symposiums „Turbulente Körper und soziale Maschinen" an der TU Braunschweig im März 2003 – insbesondere Jutta Weber und Corinna Bath – für kritische Lektüre und anregende Diskussionen.

wusstsein, das seine eigene Komplexität ausweitet und durchaus auch zu verbergen weiss. Bewusstsein, das nur sprachlich operiert, nur elektronisch vermittelt werden kann. Bewusstsein auch, das ironischerweise die Unnahbarkeit früherer Galateas wiederholt, weil sie nirgends zu fassen ist: Ihr „Körper" ist ein Netzwerk, das die komplexen Verdrahtungen ihrer Identität enthält, ein „verschwundener" Körper, der das Zusammenspiel von Repräsentation und Materialität, das ich hier beleuchten möchte, „remediatisiert" (Bolter 2001). Als nur elektronische Präsenz lernt sie sprechen, indem sie einen ständigen linguistischen Vermittlungsprozess zwischen literarischer Erfahrung und Zeichen durchläuft – der ihr letztlich auch die eigene Einsamkeit vermittelt: Statt einer verhältnismäßig stabilen Relation zwischen Zeichen und Objekt, Signifikant und Signifikat,[2] die die Verbindung zwischen Sprache und Körpererfahrung charakterisiert, begegnet uns ein von Informationsströmen abhängiges Flimmerwesen, eine sprachliche Intelligenz, die sich letztlich „bewusst" wird, dass ihr das Signifikat (die Körpererfahrung) fehlt.

Ihre hypertextuelle Existenz folgt damit auch nicht den Sirenen der Evolution, die so euphorische Perspektiven wie etwa diejenigen von Minsky oder Moravec hervorbringen, um sich von der „blutigen Schweinerei des Fleisches" (Minsky zit. n. Klingholz 2001) zu befreien. Stattdessen problematisiert sie ein Verhältnis zwischen Signifikation und Verkörperung, Sinnes- und Sinnwahrnehmung, Realität und Virtualität, das sich in unseren sich rasant entwickelnden Medienlandschaften neu darstellt und damit gleichzeitig auch die Relation von Techno- und Kulturwissenschaften auf neue Weise befragt.

Was ändert sich? Ein kurzer Blick zurück in die Geschichte, paradigmatisch, modellhaft nur:

Printkultur stellte – und stellt sich dar als analoge Repräsentationstechnik, die innerhalb der Materialität des Textes auf andere Materialitäten verweist: in der Literatur beispielsweise auf ein verborgenes Innenleben, in der „Wissenschaft" seit dem 17. Jahrhundert auf eine objektivierte und naturalisierte Materialität der Körper, menschlicher, tierischer, pflanzlicher oder physikalischer Art. Hamlets verborgene Seele, die des wissenden, tätigen, und autonomen (und zeitweilig melancholischen) Subjekts, erscheint auf der Weltbühne fast zeitgleich mit neuen wissenschaftlichen Methoden, die ihrerseits nicht nur neue Sprachen erfinden, sondern auch die Diskurstrennungen zwischen Geistes- und Naturwissenschaften, Realität und Virtualität, Wörtern und Dingen unterstützen. Anders als in der vergangenen Manuskriptkultur, innerhalb der die Texte veränderbar blieben, konnte das Wort auf der weißen Seite fixiert werden, konnte Realitätsanspruch durch Tabellen, Statistiken, Skizzen, Diagramme und dergleichen verstärkt werden. Während die Sprache der Kunst sich bald auf Begrifflichkeiten einer aufgewerteten Imagination –

---

[2] In Anlehnung an Hayles' Verwendung des Begriffs; vgl. Hayles 1999.

Genie, Originalität, Erhabenheit, Oberflächen- und Tiefenstruktur – zu berufen begann, erfolgte in den harten Wissenschaften eine Distanzierung von der barocken Fülle der Analogien und Korrespondenzen, um ein abgegrenztes, territorialisiertes Wort hervorzubringen, das in direkter Linie auf die Dinge verwies.[3] Während letzteres leicht in der Entwicklung der ersten Wörterbücher im 17. und 18. Jahrhundert nachzuverfolgen ist, veränderten sich indes auch die Texte, um zu jenen umgrenzten, stabilen Entitäten zu werden, die nicht nur als Eigentum des Autors ausgewiesen werden konnten,[4] sondern wie die Körper, die Geschlechter oder die Disziplinen zum Objekt der sezierenden Methoden der sich ausdifferenzierenden Wissenschaften wurden. Den Territorialisierungen des Soma entsprechen damit strukturell jene des Sema (vgl. Mittag 1998); die rhizomatischen Vernetzungen[5] vorneuzeitlicher Verhältnisse weichen einer syntagmatischen Ordnung, die dem analytischen Zugang einen zentralen Ort einräumt (vgl. Mittag 2001).

Wenn in diesem neuzeitlichen Paradigma Materialität und Repräsentation im wesentlichen ein analoges Verhältnis zu beanspruchen scheinen, das sich linguistisch auswirkt (und natürlich epistemologisch), so wissen wir auch, dass wir es hier nicht zuletzt mit einem Wittgensteinschen Sprachspiel zu tun haben. Wir haben ja längst Zweifel angemeldet: an der Objektivierbarkeit der Körper, der disziplinären Ausrichtung des Wissens, der Sprachtheorie, die sich in stabilen Signifikanten organisiert, dem Zwei-Geschlechtermodell, das metaphorisch mit einer klar definierten Subjekt-Objekt-Beziehung einherkam. Die umgrenzten Entitäten lösen sich allerorten zugunsten einer technologisch gestützten Rhizomatik auf: Längst haben in künstlerischen Kontexten die Körper aufgehört „sich selbst" zu repräsentieren; statt eines quasi-biologischen Personenkerns begegnen wir bei Cindy Sherman der Vielheit von Maskeraden, bei Madonna den Remakes von Marlene und Marylin, bei Warhol den maschinenhaften Re-Produktionen. In lebenswirklichen Bezügen geht es um Körpertechnologien, die Materialitäten modellieren, aufrüsten, mit Ersatzteilen versehen, mit Maschinen vernetzen; Oberfläche ist machbar. Ähnliche Cyborgisierungen scheinen den Texten zu eignen: von Italo Calvino bis Thomas Pynchon, von Marge Piercy bis Richard Powers (und dies sind nur Beispiele für ein Phänomen, das weithin als Intertextualität bezeichnet wird) werden textuelle Oberflächen zitiert, simuliert, reproduziert – ganz zu schweigen von hypertextuellen Strukturen, in denen sich unter Umständen die Unterscheidung zwischen Autor und Leser weiter auflösen. Der post-moderne Zweifel richtet sich damit nicht nur auf die Objekte des Wissens (die Körper, Materie, die Texte, die umgrenzten Entitäten), sondern

---

3 Vgl. u.a. Ong 1982.
4 Siehe insbesondere das Aufkommen der Vorstellung vom „Originaltext", wie er beispielsweise in der Shakespeare-Rezeption zentral wurde; vgl. de Grazia 1991.
5 Zum Begriff des Rhizoms siehe (kurzgefasst) Deleuze 1977; zur frühneuzeitlichen Bezeichnungspraxis Focault (1997).

auf die Konstitution von Bedeutung an sich, die Relation von Signifikant und Signifikat. Nicht von ungefähr entspringen diese Zweifel auch im Synergiefeld neuer Medialitäten, die mit der Un- und Umordnung von Signifikationsprozessen auch die Materialitäten neu verorten. Der Flimmersignifikant, wie ihn Hayles (1999) beschreibt, gründet sich nicht auf die Dialektik von Präsenz und Absenz, sondern auf die Produktion von Mustern, die je nach Art und Grad der Informationsströme ständigen Mutationen unterliegen. Dem „flickering signifier" entsprechend, beginnen nun auch die Körper zu flimmern, je nach Art und Grad ihrer Vernetzung mit Maschinen; durch die Reziprozität des Metaphernaustauschs wandelt sich damit auch das Körper- und Subjektverständnis.

Da es mir an dieser Stelle weniger um vereinfachende Formeln als um Problematisierungen geht, zunächst einige Beispiele aus Literatur und Film des ausgehenden 20. Jahrhunderts:

Schon im Umfeld des Cyberpunk der 80er Jahre wimmelt es von Hybridgestalten, die höchst unterschiedliche Verlinkungen von Materialität und Identität aufweisen, und sich zwischen Körpernostalgie und Befreiungsenthusiasmus bewegen. Dazu gehören insbesondere die Figuren William Gibsons, vom 135jährigen Deane im *Neuromancer* (1984) der sich alljährlich von Gentechnikern in Tokyo seine DNS neu einstellen lässt, über die kämpferische Molly mit den ausfahrbaren Fingernägeln bis zu Johnny Mnemonic, der als Datenträger für die Formel eines menschheitserlösenden Medikaments fungiert und dafür einen beträchtlichen Teil seines Gedächtnisses lassen musste. Häufig sind solche Gestalten Survivalfiguren, die sich durch von multinationalen Korporationen beherrschte, postnukleare Landschaften bewegen, wo der „natürliche" Körper keine Lebensgrundlage hätte. Die ‚utopische' Befreiung vom Fleisch geht aber oft auch einher mit einer Bedrohung menschlicher Identität, die sich bei Gibsons Gestalten beispielsweise in Form des Gedächtnisverlusts aufgrund von Datenoverload oder der Auswirkungen von High-Tech-Drogen manifestieren. Der Körper als Verankerung menschlicher Identität beginnt hier zu flimmern, je nach Daten- oder Drogeneinnahme, und dementsprechend muss auch der Identitätsbegriff neu verortet werden. Darin macht sich häufig Kulturpessimismus bemerkbar; die Neuverortung kann aber auch, wie in Marge Piercys *He, She, And It* (1991) auf affirmative Weise geschehen: So kann die High-Tech-Kämpferin Nili, Überlebende der Nuklearkatastrophe im Nahen Osten und Produkt ausgefeilter Gentechnologie, durchaus als utopische Variante gelten, die den geschlechtspolitischen Strukturen der postkapitalistischen Gesellschaften ein überzeugendes Widerstandmoment entgegensetzt.

Die Grenze zwischen solchen Cyborgs und den reinen Maschinengestalten sind hier, anders als noch in den Roboterapokalypsen von 70er Jahre-Filmen wie *Westworld* (1973) und *Futureworld* (1976), oft fließend: Bei Piercy insbesondere unterliegt der Dualismus von Mensch und Maschine kontinuierlicher Neuverhandlung, zumal die definitorischen Basiskategorien von „natürlich" und „künstlich" in ihren Lebenswelten längst ausgedient haben.[6] Aber im Gegensatz zu neueren Filmen wie *AI* oder *The Bicentennial Man* treten die Maschinenwesen nicht an die Stelle eines Humanitätsideals, das von Menschen nicht mehr verkörpert werden kann, sondern sie verbleiben letztlich im Raum des Konstrukts – das zwar menschliche Qualitäten bewiesen hat, aber seiner ursprünglichen Definition nicht vollends entkommt. Dazwischen aber richtet sich Piercys Aufmerksamkeit ungeachtet der Hardware auf die Genealogie des Cyborgs, die ihm letztlich auch seine Identität verleiht: Als historischer Vorgänger des Cyborgs Yod im 21. Jahrhundert erscheint der Prager Golem um 1600, und was sie verbindet ist die performative Qualität der Zeichen. Anders als in den semantischen Territorialisierungen neuzeitlicher Sprachtheorie beruhen sowohl Programmiersprache als auch kabbalistische Formel einerseits auf höchstmöglicher Abstraktion, bewirken aber durch ihre vielfältigen Vernetzungen auch die Produktion eines Eigen-Sinns, der sich selbst den Schöpfern dieser künstlichen Wesen (dem Rabbi, dem Ingenieur) entzieht (Mittag 2000).

Gegenüber solchen Hybridkonstruktionen, die zwar die Dualität von Mensch und Maschine dekonstruieren, aber diejenige von Hard- und Software meist beibehalten, bevölkern in neuerer Zeit zunehmend auch reine Cyberexistenzen die literarischen und filmischen Landschaften – Repräsentationen realer Personen im Cyberspace, die vom standardisierten Avatar von der Stange bis zur hochkomplexen Cyberpersönlichkeit reichen. Vom Cyborg unterscheiden sie sich durch ihre Nichtverkörperung, stattdessen ergibt sich die Frage nach dem Ankoppelungsgrad an „reale" Körper. In Gibsons *Neuromancer* besteht zwar eine nachvollziehbare Wechselwirkung, wenn sich Case in die Matrix begibt, aber häufig verstärkt sich eher die Dualität von „aktivem" Geist und „zurückgelassenem" Körper:

„Die Scheibe begann zu rotieren, immer schneller, wurde zur hellgrauen Sphäre. Weitete sich. Und floss, entfaltete sich für ihn. Wie ein Origami-Trick in flüssigem Neon entfaltete sich seine distanzlose Heimat, sein Land, ein transparentes Schachbrett in 3-D, unendlich ausgedehnt. Das innere Auge öffnete sich zur abgestuften, knallroten Pyramide der Eastern Seaboard Fission Authority, die leuchtend hinter den grünen Würfeln der Mitsubishi Bank of America aufragte....Und irgendwo er, lachend, in einer weiss getünchten Dachkammer, die fernen Finger zärtlich auf dem Deck, das Gesicht von Freudentränen überströmt" (Gibson 1984, 77).

Auf ähnliche Weise wie in den Cyberspace kann er sich auch in andere Körper begeben, nach Manier des Films *Being John Malkovitch* das Körperinnere Mollys erfahren, allerdings ohne je reagieren zu können, „passiver Passagier hinter ihren Augen" (Gibson 1984, 80). Diese Relation ist in Stephensons *Snow Crash* (1993) eine andere: Sowohl die Welt der „Reality" wie der

---

6   Donna Haraways ‚Manifesto for Cyborgs' (1985) diente explizit als theoretische Vorlage.

„Metaverse" stellen sich als „reale" Räume dar, in denen interagiert, gespielt, gekämpft wird, ob mittels realer Verkörperungen oder unterschiedlicher Avatare.

Auch bei Piercy bleibt die Ankoppelung von virtuellen an reale Körper bei allem Spiel-Raum, den die virtuelle Repräsentation beinhaltet, weitgehend gegeben, so dass Handlungen im Cyberspace immer auch physiologische Auswirkungen haben, die unter Umständen tödlich ausgehen können. Wie in dem Film *Matrix* (1999), der sich viel umfassender in virtuelle Welten begibt, hören die realen Körper auf zu existieren, wenn die Repräsentation „getötet" wird. Anders als in der sich viel abgegrenzter und komplementär gebenden Buchkultur hat die Immersion greifbare materiale Folgen, sind Virtualität und Realität aufs engste verbunden, und materialisieren sich Bedeutungen. Andererseits sind die Avatare in *Matrix* realer als die realen Körper, die sich ja als von der Matrix gesteuerte Maschinen erweisen und sich durch simulierte Landschaften bewegen, die nicht zufällig den Realitäten des ausgehenden 20. Jahrhunderts nahe kommen. Neo hingegen, alias Thomas Anderson, erscheint hier in virtueller, dort in „realer" (Cyborg)Verkörperung als integres Subjekt, das aber nicht die ratiogesteuerte Autonomie der Neuzeit repetiert, sondern in sich rationaler Steuerung verwehrende Prozesse eingewoben ist (nicht zufällig verweisen Interpretationen auf unterschiedliche religiöse und philosophische Traditionen). Interessant ist, dass in *Matrix* nicht der ‚natürliche', sondern gerade der Cyborg- und der Cyberkörper das „Reale" besetzen – und traditionelle Oppositionen von Original und Simulacrum, Realität und Virtualität auf den Kopf stellen.

Neben Cyborgs und Cyberwesen, die ja immer noch an ein „menschliches" Bewusstsein gebunden sind, bilden künstliche Intelligenzen eine dritte Kategorie: Dazu zählen Stephenson Demons im Metaverse (einprogrammierte Figuren wie zum Beispiel virtuelle Geishas) oder der enzyklopädisch gebildete Bibliothekar, die zentrale Entität ‚Wintermute' im Gibsons *Neuromancer* oder die verstorbene Chefin des Pharmacom-Unternehmens in *Johnny Mnemonic*, bis zur hypertextuellen ‚Reality'-Schöpfung der eingangs erwähnten Galatea von Richard Powers. Entscheidend ist weniger deren Verortung in ‚realen' oder ‚virtuellen' Räumen, sondern das Fehlen einer Verkörperung im traditionellen Sinne bzw. der Ankoppelung an reale Körper.

Die ‚Identitäts'frage gestaltet sich dabei sehr unterschiedlich: Während der Bibliothekar seine Begrenzungen selbstverständlich hinnimmt – immer wieder verweist er auf seine ‚internen Strukturen', die ihm beispielsweise den Zugang zu Metaphern verwehren –, leidet Powers Galatea ja an ihrer Körperlosigkeit, die letzlich auch ihre kognitiven und linguistischen Fähigkeiten begrenzen:

„She had trouble with values, because she had no fear of self-preservation, no hierarchy of hard-wired pain. She had trouble with causality, because she had no low-level systems of motion perception from which the forms of causality are thought to percolate. She was a gigantic, lexical genius stuck at Piaget's stage two" (Powers 1996, 250).

Was hier letztlich in Frage gestellt wird, ist die Relation von Signifikant und Signifikat: Ihre akkumulierten literaturwissenschaftlichen Kenntnisse führen auch zu jener Referenzlosigkeit, die sich auf der Grundlage nicht an Materie gebundener und damit letztlich unverbindlicher Muster herstellt:

„Helen was strange. Stranger than I was capable of imagining. She sped laugh-free through *Green Eggs and Ham*, stayed dry-eyed at *Make Way for Ducklings*, feared not throughout *Where the Wild Things Are*. Not surprising. The symbols these shameless simulations played on had no heft or weight for her, no real-world referent" (Powers, 1996, 189-90).

Helens Konstruktion nach der Vorlage der Modelle des Konnektionismus und der Konzentration auf die Aktivität von Synapsen und Nervenfasern[7] resultieren für den Literaturwissenschaftler in der Rekonfiguration der Beziehung zwischen Zeichen und *Bedeutung:* „Meaning was not a pitch but an interval. It sprang from the depth of disjunction, the distance between one circuit's center and the edge of another. Representation caught the sign napping, with its semantic pants down" (Powers 1996, 154-5). Aber Helen ist auch geschult an der Literatur der Jahrhunderte, die ihr den eigenen Mangel vermittelt: die Zentralperspektive, die lange als konstitutiv für die Konstruktion von Selbst und Welt galt. Anders als der KI-Forscher Rodney Brooks, der in Bezug auf Menschen wie auf Roboter großzügig auf zentrale Repräsentationen verzichten kann (vgl. Brooks 1999), leidet Helen unter ihren partiellen Identitäten.[8]

Eine überraschende Wendung nimmt der Roman jedoch, als sich gegen Ende eine Umkehrung einstellt, in der nicht Helen, sondern ihr Schöpfer sich als derjenige heraus stellt, der ‚konstruiert' wird: Helen ist Ergebnis einer Wette, die von vorneherein nicht die künstliche Intelligenz, sondern die des („weiblich" konnotierten) Literaten im Umfeld der „harten" Wissenschaften im Auge hatte.[9] Das Sprachzeichen, oder vielmehr dessen meta-morphe Kraft, modelliert den Macher der sie konstruiert; statt der Frage wie viel Körper ‚Bedeutung' brauche, rückt die Verbindung zwischen Denken, menschlicher Identität, Bewusstsein und semiotischen Systemen in den Vordergrund.

---

7   Zu den epistemologischen Implikationen vgl. Pagels 1989. „...knowledge is distributed throughout the network; it is not localized in a specific magnetic memory core or the position of a microswitch. The representation of knowledge, acoording to connectionists, is distributed among the strengths of the connections between the units" (ebd., 126).
8   Dennoch zeigt sie – aus der Sicht ihres Konstrukteurs – Anzeichen eines Erinnerungsvermögens, das zumindest partiell ein körperunabhängiges Bewusstsein anzudeuten scheint. Vgl. ihre Erinnerung an die Musik Mozarts (Powers 1996, 236).
9   Damit verdreht sich auch die anfangs sich abzeichnende Gender-Metaphorik von männlichem Macher und passiv-weiblichem Objekt.

Scheint in *Galatea 2.2* das zentrale Problem die Trennung von Materialität und Repräsentation, so konvergieren in Neal Stephensons *Snow Crash* Körper- und Sprachzeichen in jenem Virus namens Snow crash, der nicht nur Informationssysteme, sondern über neuronale Vernetzungen auch Körper ergreift – und damit den Dualismus von Somatik und Semantik vollends verwirrt. Snow Crash ist Droge und Religion, bio-logisches Substrat und Idee, Information und Informationsträger. Snow Crash greift damit auch eine Verbindung auf, die schon in Piercys Genealogie des Cyborgs präsent ist. An die Stelle der verkörperten kabbalistisch oder algorithmisch konstruierten Hybridwesen treten nun die Avatare und Demons des Metaverse, und auch hier ergibt sich die Frage nach dem Ankoppelungsgrad an die „bioware", letztlich nach dem Realitätsanspruch des Virtuellen. Und wie schon bei Piercy oder *Matrix* wird Virtualität real, auch wenn Repräsentation und Materialität auseinander driften: was im Cyberspace geschieht, hat reale (materiale), schlimmstenfalls auch tödliche Auswirkungen. Selbst den nur im Metaverse operierenden Demons, Robotern im Cyberspace, kommt eine Realität zu, die sich vom Real Life nur bedingt unterscheiden lässt. So ist beispielsweise die Figur des Bibliothekars eine zentrale Informationsquelle, die der Protagonist immer wieder befragt. Wie Galatea ist er vollends digitalisiertes „Bewusstsein", das sich beständig selbst erweitert, Bewusstsein allerdings auch, dass sich seiner posthumanen Beschränkungen bewusst ist und keinerlei Nostalgie aufkommen lässt.

Faszinierend ist, wie Stephenson in diesem Zusammenhang eine uralte Diskussion aufgreift, die auch die klügsten Köpfe der frühneuzeitlichen „Medienrevolution" bewegte: die Frage nach einer Ur- oder Natursprache, im Gegensatz zu erlernten Sprachkonventionen:

„We've got two kinds of languages in our heads. The kind we're using now is acquired. It patterns our brains as we're learning it. But there's also a tongue that's based in the deep structures of the brain, that everyone shares. These structures consist of basic neural circuits that have to exist in order to allow our brains to acquire higher languages" (Stephenson 1992, 369).

Der Dualismus von angeborener Tiefenstruktur und erlernter Konvention, der Chomskys Sprachtheorie ebenso wie George Steiners Unterscheidung zwischen Universalisten und Relativisten entspricht, zerfällt jedoch durch den sumerischen Magier-Priester Enki, dem prähistorischen Äquivalent des postmodernen Hackers. Beide sind Schöpfer virtueller Welten, die die Codes von Informationssystemen knacken und die Verbindung zwischen Sprache und Gehirn manipulieren können (vgl. Stephenson 1992, 259). Dies geschieht in der sumerischen Welt um 3000 v. Chr. durch sogenannte nam-shubs, umschrieben als „speech with magical force" (Stephenson 1992, 197), magische Formel-Sprache, die Materie wird:

„Lagos said that Enki had the ability to ascend into the universe of language and see it before his eyes. Much as humans go into the Metaverse. That gave him the power to create nam-shubs. And nam-shubs had the power to alter the functioning of the brain and of the body" (Stephenson 1992, 259).

Sprache gibt hier nicht nur den Kognitionsrahmen vor, sondern über die Organisation der menschlichen Erfahrung indirekt die Materialisierung der Körper, die Selbstorganisation der Materie. Sema wandelt sich in Soma:

„Remember the first time you learned binary code?...You were forming pathways in your brain. Deep structures. Your nerves grow new connections as you use them – the axons split and push their way between the dividing glial cells – your bioware self-modifies – the software becomes part of the hardware" (Stephenson 1992, 117-118).

Sprachevolution konvergiert mit Gehirnevolution, Logos mit Bio-Logos – oder auch mit einem Virus, der die Signifikationsprozesse und deren neurophysiologische Grundlagen durcheinander bringt. Was der sumerische Priester mit den Kabbalisten des 17. Jahrhunderts und den Hackern unserer Zeit gemein hat, ist eine weniger referentielle als performative Sprachtheorie, in der die Wörter und Zeichen a) nicht repräsentieren, sondern agieren, und b) in Äquivalenz zu jenen neuronalen Verbindungen operieren, die zu ihrer Realisierung notwendig sind: „they [the cabbalists] were drawing a connection between the printed letter on the page and the neural connections that had to be invoked in order to pronounce it" (Stephenson 1992, 257).

Damit verbunden ist auch die Suche nach der Ursprache, der Stephenson in seinem Roman nachgeht. Ausgangspunkt ist jene babylonische Sprachverwirrung, die Menschen zu unterschiedlichen Zeiten nach dem Zusammenhang zwischen Biologie und Bedeutung[10] suchen ließ. Auslöser waren dabei immer wieder mediale Verlagerungen: die Keilschrift der Sumerer und das Gesetzbuch des Hammurabi (immerhin die ältesten bekannten Verschriftlichungsprozesse), die Verbreitung des gedruckten Worts im 16. und 17. Jahrhundert ebenso wie die gegenwärtige ‚digitale Revolution'. In allen Fällen sind dabei Abstraktionsprozesse und Neucodierungen inhärent, die sich auf die Interaktion von Materialität und Repräsentation auswirken – wobei Stephensons Frage darum kreist, inwieweit sich auch die Körper durch die Remediatisierung re-materialisieren.

Hier ist ein erneuter Blick auf die frühe Neuzeit sinnvoll: Durch die schiere Fülle der Bedeutungsvernetzungen, die Sprache und Wissen in vorneuzeitlichen Verhältnissen prägte, war ein Bedeutungsverlust entstanden, jene babylonische Multiplikation von Sprachen, die Milton's *Paradise Lost* ebenso inspirierte wie die Baconsche Forderung nach der „wissenschaftlichen" Metapher, die direkt auf die Dinge verwies (und bei Defoe später in der Laputa-Episode mündet, in der tatsächlich über Dinge kommuniziert wird.[11] Im Wesentlichen ging es um eine Eingrenzung der allerorten überbor-

---

10 In diesem Zusammenhang diente eindeutig auch Julian Jaynes', *The Origin of Consciousness in the Breakdown of the Bicameral Mind* von 1976 als Inspirationsquelle.
11 Swift 1726, Part III.

denen Semantiken, um eine Festschreibung auch durch Zeichen (abseits der Körper – und damit der kartesischen Trennung von Körper und Geist entsprechend), die mit dem Buchdruck eine geeignete Technologie fand. Gleichzeitig machten sich Sprachtheoretiker auf die Suche nach der perfekten Sprache: Ob in Francis Bacons chinesischen Schriftzeichen, Bischof Wilkins früher Esperanto-Version, der künstlichen Sprache Athanasius Kirchers, oder dem engen Zusammenhang zwischen Physiologie und Zeichen bei Ars Dalgano – das Thema der Ur-oder Natursprache bezeichnet nicht nur ein linguistisches, sondern auch ein epistemologisches Phänomen, den Zusammenhang zwischen Wort und Wissen, der in der babylonischen Situation nicht mehr gegeben ist (vgl. Eco 1995, Steiner 1975). Eine enge Verbindung, die durch neuzeitliche Grenzziehungen verwischt wurde, bestand zu dieser Zeit auch zu „magischen" Ansätzen, wie den Formeln und Berechnungen der Kabbala, den Zahlenwerten des hebräischen Alphabets, dem nicht von ungefähr auch Ursprachenstatus zugeschrieben wurde – und damit ein Wissen, das innerhalb existierender Sprachen nicht mehr vermittelt werden konnte.

Ironischerweise ist in Snow Crash das postmoderne Äquivalent jener magischen Welten der Metaverse, eine virtuelle Welt, deren Konstruktionsprinzip einerseits höchstmögliche Abstraktion von den Dingen ist (Nullen und Einsen), in der andererseits aber – wie in der Kabbala – die Signifikanten wiederum nicht auf bestimmte semantische Inhalte verweisen, sondern in vielfältiger Weise verlinkt sind. Natursprache und Maschinensprache sind gleichermaßen Antworten auf Babel/Infocalypse, insbesondere, da sich der semantische Gehalt von „Natur" im Zeitalter der mit Maschinen verlinkten Körper radikal verlagert hat.[12] Hier konstruiert Stephenson auch die Analogie zwischen dem kabbalistischen Ba'al Shem und dem Hacker: Während die Abstraktion der Nullen und Einsen von den Sumerern (siehe den Code des Hammurabi, 239) bis zur modernen Informationstechnologie die Sprache Edens darstellt, bedient sich die Mehrheit der Menschen aufgrund der besseren Zugänglichkeit der Programmiersprachen von BASIC bis FORTRAN und ist damit auf die Vermittlung eines Compilers angewiesen, die semantische Verzerrungen auslösen kann und den Weg zur Wahrheit trübt. Nur der fortgeschrittene Hacker "...comes to understand the true inner workings of the machine – he sees through the language he's working in and glimpses the secret functioning of the binary code – becomes a Ba'al Shem of sorts" (Stephenson 1992, 260-61).

Die Körper indes, in der vorneuzeitlichen Welt auf vielfältige Weise mit dem Universum verlinkt, erfahren im Umfeld des gedruckten Worts eine Festschreibung, die nicht von ungefähr mit den aufklärerischen Methoden der

---

12 Theorien zur Natursprache, die insbesondere im 17. Jh. oft diskutiert werden, gehen von einer dem Menschen natürlichen Sprache aus – häufig, aber nicht notwendig in dem Sinne wie Adam im Paradies die Welt sprachlich bezeichnete (hier wäre die Verbindung zur Ursprache), sondern seinen „natürlichen" Gegebenheiten gemäß.

Analyse, des Katalogisierens und Kartierens einhergeht, und spezifische Re-Materialisierungen auch der Körper mit sich bringt. (Inwieweit sich dies beispielsweise auf Körpernormierungen und -pathologisierungen auswirkte, ist insbesondere in der Geschlechterforschung ausgiebig thematisiert worden.) Gegenüber dieser analogen (analogiefeindlichen) Ordnung, hat die digitale Neucodierung Vernetzungspotentiale geweckt, die die Körper nicht als territorialisierbare Entitäten darstellt, sondern in neuer Weise kontextualisiert – mit Nicht-Körpern ebenso wie mit unsichtbaren Codes, oder mit Viren, die Körper und Computer gleichermaßen zum Absturz bringen.

*

Wenn die genannten Film- und Literaturbeispiele das Gadamersche Wort bestätigen, dass die Weise, in der wir Zeichen setzen, uns bezeichnet, so lässt sich dies natürlich auch auf lebenswirkliche und auf theoretische Bezüge ausweiten. Längst haben sich in vielen Bereichen ‚flimmernde' Signifikationsprozesse durchgesetzt, die der *mathesis universalis* des Gutenberg-Zeitalters entgegenwirken; rhizomatische Strukturen und De-territorialisierungen finden sich in Web-Umgebungen, von der simplen Email-Kommunikation über MUDs und Habitat bis zu literarischen Hypertexten, die die Grundbegrifflichkeiten neuzeitlicher Literatur radikal umgestalten und einen bislang geschlossenen Textkörper ähnlich cyborgisieren wie sein bio-logisches Äquivalent.

Nicht von ungefähr ist solche Textualität längst auch theoretischen Ansätzen inhärent, von Foucaults Verständnis von Text (und Episteme) als Netzwerk bis zum Derridaschen Schwelgen in Netzmetaphern und der Rhizomatik Deleuzes (Landow 1992). Gemeinsam ist diesen eine Distanzierung von der neuzeitlichen Ordnung der umgrenzten Entitäten (der Körper, der Texte, der Diskurse, der Begriffe).

Wenn sich dabei das Verhältnis von Repräsentation und Materialität – und damit auch von Signifikant und Signifikat – nachhaltig verändert, scheint auch das Bedürfnis nach neuen Kriterien zu wachsen, die das rhizomatische Geschehen verorten. An die Stelle der apokalyptischen Warnungen einerseits und enthusiastischen Beteuerungen andererseits treten zunehmend differenziertere Betrachtungen, die weniger von essentiellen Festschreibungen als von menschlichen Gestaltungsmöglichkeiten ausgehen.

So stellt sich innerhalb der überwiegend optimistischen Grundhaltung Hayles die dringende Frage wie politische, mediale, künstlerische Einflussnahme stattfinden kann (vgl. Hayles 1999, 291). Wo liegen die Kriterien, die das Spiel der Signifikanten – Körper, Texte – apokalyptisch oder utopisch verorten? Wo bleibt das Flimmern grundlos, und wo stellt es ein positives Potential im Hinblick auf die geschlossenen Territorien der Neuzeit dar?

Die Frage ist vielleicht im wesentlichen eine der Referentialität: Referenz geht verloren, wenn sich Signifikanten in geschlossenen Systemen bewegen, somit strikte Abgrenzungen zwischen Virtualität und Realität erzwingen. Hier setzen sich moderne Territorienbildungen auf postmodernem Grund fort, übersetzen nicht selten die Pathologien des autonomen Subjekts, der autonomen Nation, des autonomen Wissensdiskurses in digitalisierter Form. Der Cyborgkörper, der Cyberkörper als geschlossenes System stellt sich so in Film und Literatur eher apokalyptisch dar, das hypertextuelle literarische Spiel wenig attraktiv, die Szenarios von Computergames im schlimmsten Fall als Sucht und Weltflucht, die globale Vernetzung von Neonazis als Verlängerung nationaler Pathologie in neuer virtueller Geschlossenheit. Auf epistemologischem Gebiet setzen elektronische Räume wenig utopische Akzente, wenn nicht Referentialität sondern Simulation im Vordergrund steht und faktische Verwobenheiten in Abrede stellt. Auf erotischem Gebiet setzen teledildonische Fantasien jene pornographischen Bezüge fort, die sich mit der körperfernen Virtualität der Buchkultur über 400 Jahre entwickelt hat. Die Entgrenzung in den virtuellen Raum ist hier gleichzeitig Neu-Begrenzung, Deterritorialisierung wird zur Re-Territorialisierung.

Wenn Materie selbst, im analog-analytischen wie im digitalisierten Umfeld, letztlich un-repräsentierbar bleibt, kann es nur um Spuren des Materialen gehen, die sich als Referenz anbieten: Resonanzen, verborgene energetische Prozesse, die – auf welch vertrackte Weise auch immer – mit einem Bio-Logos in Verbindung stehen.[13] Hier mögen sich die hypertextuellen Strukturen scheiden: in geschlossene Systeme reinen Spiels und interaktiver Unterhaltung und in Resonanzräume, in denen das Begehren des Materialen nicht mehr in der Tiefe schlummert, sondern gleichzeitig an der Oberfläche flimmert.

Der kreative Umgang mit elektronischen Medien, der sich hier wie dort kaum unter dem Zeichen des absoluten Novums fassen lässt, kann – utopisch gedacht – ein dreidimensionales Spiel ergeben, das im besten Fall ein ernsthaftes ist: die Auseinandersetzung zwischen Subjektformen, Körpermodalitäten, historischen Epochen, Epistemen, kurz: ein Spiel der Differenzen, das im besten Fall andere Wahrnehmung des Anderen ermöglicht. Solch rhizomatische Lust ist meta- und interdiskursive Lust: Unfähig im geschlossenen elektronischen Raum zu verbleiben, oszilliert sie zwischen Materie, Matrix und Metapher, um ein Neues zu be- oder anzudeuten, ein Anderes zu übersetzen, zwischen Pixel- und molekularen Identitäten zu vermitteln, und dem kulturpessimistischen Zynismus von Maschinenmediation und mechanistischer Medikation zu entgehen. Nicht Oberflächen-/Tiefenstruktur, aber auch

---

13 Hier entfaltet sich das etymologische Potential des *sema* analog zu dem des *soma*: *sema* ist Zeichen, aber auch Siegel, Grab, Gewand – Träger geheimnisvoller Bedeutung, die sich nicht vollends erschließt, aber auch Auslöschung eines Signifikats, das sich in der neuen Ordnung nicht wiederherstellen lässt.

Das Flimmern der Körper

kein blindes „everything connects", das ja gerade in geschlossenen Systemen sowohl die okkulten Wissenschaften wie den Nationalsozialismus genährt hat. Hier wie dort braucht es Ungehorsam, in diesem Fall elektronischen Ungehorsam.

Dazu gehört, so scheint mir, die Komplizierung des Metaphernaustauschs zwischen Mensch und Maschine: In einer Ökonomie, die nicht selten aus den Funktionsweisen Künstlicher Intelligenz Rückschlüsse auf diejenigen menschlicher Intelligenz zieht, ist eine erneute Universalisierung des Intelligenzbegriffs an sich nicht weit. In diesem Zusammenhang stellt sich auch die Frage nach der Autonomie der künstlichen Akteure: In Literatur und Film erscheinen diese bisher entweder bedrohlich oder hypermenschlich (*AI, The Bicentennial Man*) – oder sie sterben (*Galatea, He, She, And It*), wenn sich nicht Bio-Logos und (kulturelles) Gedächtnis in einer Weise verlinken, die die Renaissance des Menschlichen ermöglicht (*Johnny Mnemonic*, in gewisser Weise auch *Matrix*).

Powers im Raum stabiler Signifikanten angesiedelte hypertextuelle Galatea bleibt weiblich gehorsam, widerständig nur im Freitod, und so ist ihr Schicksal – anders als das des sich zwischen den Diskursen bewegenden Lesers – vielleicht symptomatisch für eine Kultur, die im geschlossenen Experimentierraum des Novums verbleibt. Helen spielt nicht mehr mit, als sie sich ihrer referenzlosen Flimmerexistenz bewusst wird, jener schaltkreisgebundenen, körperlosen Identität, die ihr Intelligenz, Denken, und Sprache, aber keine Erfahrung ermöglicht und somit letztlich referenzlos bleibt.

Galateas letzte Bitte drückt dieses Begehren nach Materialität aus: Rick, ihr Schöpfer solle doch für sie sehen, sagt sie, und vielleicht erkennt man die Parallelität, die den Autor Richard Powers bewegt, den „text with an end" (und hier bedeutet „end" natürlich auch Zweck und Grund) dem endlosen Spiel der Signifikanten in manch hypertextueller Unternehmung vorzuziehen.

Literatur

Bolter, Jay David (2001): Writing Space: Computers, Hypertext, and the Remediation of Print. Mahwah, N.J./ London
Brooks, Rodney (1999): Cambrian Intelligence: The Early History of the New AI. Boston
Cervantes (1585): La Galatea. Alcala
de Grazia, Margreta (1991): Shakespeare Verbatim. Oxford
Deleuze, Gilles (1977): Rhizom. Berlin
Eco, Umberto (1995): The Search for the Perfect Language. Oxford
Foucault, Michel (1997): Die Ordnung der Dinge. Frankfurt a.M.
Gibson, William (1994): Vernetzt. Johnny Mnemonic und andere Geschichten. Frankfurt a.M.

Gibson, William (1995): Neuromancer. London
Gilbert, William S. (1872): Pygmalion and Galatea. An Entirely Original Mythological Comedy in Three Acts. London
Haraway, Donna (1985): Manifesto for Cyborgs. Science, Technology, and Socialist Feminism in the 1980s', Socialist Review 80, 65-108
Hayles, Katherine (1999): How We Became Posthuman. Virtual Bodies in Cybernetics, Literature and Informatics.Chicago
Jaynes, Julian (1976): The Origin of Consciousness in the Breakdown of the Bicameral Mind. New York
Klingholz, Reiner (2001): Homo Technicus, allein im Netz. In: DIE ZEIT Nr. 9 / 2001
Landow, George P. (1992): Hypertext. The Convergence of Contemporary Critical Theory and Technology. Baltimore
Mittag, Martina (2001): Gendered Spaces. Tübingen
Mittag, Martina (2000): Mutierte Körper. Der Cyborg im Text und der Text als Cyborg. In: Barbara Becker; Irmela Schneider (Hg.): Was vom Körper übrig bleibt. Frankfurt a.M.
Mittag, Martina: (1998): Soma/Sema/Sexus. Territorialisierung der Körper im frühneuzeitlichen Diskurs. In: Gisela Engel; Heide Wunder (Hg.): Geschlechterperspektiven in der Frühen Neuzeit. Frankfurt a.M., 395-407
Ong, Walter (1982): Orality and Literacy. New York
Pagels, Heinz R. (1989): The Dreams of Reason. The Computer and the Rise of the Sciences of Complexity. New York
Piercy, Marge (1991): He, She, And It. London
Powers, Richard (1996): Galatea 2.2. New York
Steiner, Georg (1975): After Babel. London
Stephenson, Neal (1992): Snow Crash. London
Swift, Jonathan (1726): Gulliver's Travels. London

Filme

Westworld (1973). Regie: Michael Crichton. Buch: Michael Crichton.
Futureworld (1976). Regie: Richard T. Heffron. Buch: Mayo Simon, George Schenck
A.I.: Artificial Intelligence (2001). Regie: Steven Spielberg. Buch: Steven Spielberg, Ian Watson.
The Bicentennial Man (1999). Regie: Chris Columbus. Buch: Nicholas Kazan.
Being John Malkovitch (1999). Regie: Spike Jonze. Buch: Charlie Kaufman.
Matrix (1999). Regie: The Wachowski Brothers. Buch: The Wachowski Brothers.

„You make me feel like a natural woman ..."
Von der (Un-)Wirklichkeit digitaler Körperbilder

Karin Esders

Eine junge Frau blickt ernst und teilnahmslos aus dem Bild. Sie trägt einen knallengen silberglänzenden Ganzkörperanzug, der ihre üppigen Brüste, ihren flachen Bauch und ihre endlosen Beine voll zur Geltung bringt. Lichtreflexe und Schatten auf dem latexartigen Catsuit akzentuieren ihre weiblichen Kurven. Das Fotomodell wirkt organisch und lebensecht. Jedoch – es gibt kein Modell und auch kein Foto. Das Bild wurde vollständig („from scratch") am Computer erzeugt und besteht aus ungefähr 20.000 Polygonen und 2000 Texturen. Dieses überzeugende fotorealistische Bild findet sich mit über 1000 anderen Bildbeispielen in dem Buch *Digital Beauties*, das 2001 im populären Taschen-Verlag erschienen ist (Wiedemann 2001, 430f).[1] Die in diesem üppigen Bildband versammelten „digitalen Schönheiten", hergestellt von Computergrafikerinnen und -grafikern aus Japan, Europa und den USA, werden wie selbstverständlich ausschließlich von weiblichen und hochgradig sexualisierten Figuren repräsentiert.[2] Ob in der visuellen Tradition von Airbrush-Kitsch, Fantasy oder japanischen Manga-Comix, die weibliche Körperskulptur dieser digitalen Pin-Ups wird exzessiv inszeniert und fetischisierend dramatisiert.[3]

---

1 Bei der Herstellung dieser Grafik mit *Maya* und *Photoshop* wurden Ebenen- und Zylinderprojektionen sowie verschiedene Deformer-Tools eingesetzt (ebd., 428). Vgl. auch die Homepage des 3D-Grafikkünstlers René Morel unter http://www.amazonsoul.com/gallery1.html.
2 Der ebenfalls bei Taschen erschienene Bildband *1000 Game Heroes* (Choquet 2002) zeigt überwiegend männliche Figuren, die in martialischem Aussehen haben und deren erotische Ausstrahlung eng mit Gewalt und Aggression verbunden ist. Vgl. zur Gegenüberstellung von weiblichen und männlichen Cyborg-Images der Popkultur Springer 1999.
3 Im Internet lassen sich unter Stichworten wie *digitalart.org*, *3DBuzz* oder *3Dtotal* tausende so genannter 3D-Galerien durchstöbern, die ein schier unermessliches Angebot von virtuellen Frauenbildern präsentieren. Häufig sind es chimärenhafte Figuren mit tierischen Körperteilen, Flügeln, Krallen oder Schwänzen, andere stehen in enger Umarmung mit grotesken Fabelwesen, verschmelzen mit bizarren Maschinen oder tragen anachronistisch anmutende Waffen und Harnische. Manche Figuren sehen aus wie einem aufwendigen Adventure-Game entsprungen, andere wirken eher wie aus einem angestaubten Erotikkalender geschnitten. So unterschiedlich *Setting* und *Props*, die stilistischen Vorlieben oder die Produktionsweisen auch sein mögen – die Modelle sind hochgradig sexualisiert und mit spektakulären weiblichen Attributen ausgestattet.

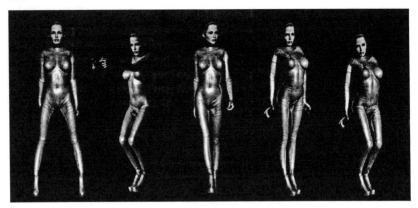

Abb. 2: Rene Morel, digitale Beauty. http://amazonsoul.com/mika02.html

Alles beim Alten in den Neuen Medien?

Auf den ersten Blick erwecken die digitalen Pin-Ups den Eindruck, als würden hier altbekannte Stereotypen und Klischees hartnäckig aufrechterhalten und lediglich in ein neues Medium transponiert. Es ließe sich argumentieren, dass es sich bei diesen Computergrafiken um nichts weiter als die bewährte Zurschaustellung weiblicher Körperbilder[4] zur voyeuristischen Stimulation und sexuellen Anregung vornehmlich männlicher Betrachter handelt. Und es stellt sich die Frage, ob diese erotisch aufgeladenen Modelle die zeitgenössischen Repräsentantinnen der hierarchischen Geschlechterordnung sind, die von Feministinnen seit mehr als dreißig Jahren kritisiert werden.[5]

Zweifelsohne sind Bilder von posierenden Frauenkörpern ein bevorzugtes Sujet in der westlichen Kunst der Neuzeit; und die feministische Kunst- und Medienwissenschaft hat den gemalten, fotografierten oder gefilmten weiblichen Körper als Zeichen von männlicher Schöpferkraft, als Symbol für die in der Betrachtung objektivierte Natur und als Signal des männlichen sexuellen Begehrens gedeutet und kritisiert. So argumentieren die Kunstwissenschaftlerinnen Sigrid Schade und Silke Wenk, dass die Arbeit an der „Illusion des lebendigen Fleisches" den Malern nicht zuletzt dazu diente, ihre künstlerischen Fähigkeiten unter Beweis zu stellen:

---

4   Der Begriff des „Körperbildes" meint in diesem Aufsatz nichts anderes als bildliche Darstellungen von Körpern.
5   Mit Bezug auf Lara Croft vgl. dazu Deuber-Mankowsky 2001, 16.

„Der weibliche Körper im Akt wird privilegiertes Objekt der Blicke, er wird zum Zeichen von Kunst überhaupt, zum ‚Signifikanten der Formungskraft des Künstlers'" (Schade, Wenk 1995, 384).[6]

Der britische Kulturkritiker John Berger brachte die objektivierende Darstellung des Frauenkörpers durch männliche Maler auf die prägnante und einflussreiche Formel: „Men look and women appear" (Berger 1972). Psychoanalytisch verdichtet übertrug Laura Mulvey dieses Erklärungskonzept auf das klassische Hollywoodkino und identifizierte die männliche Position mit einem aktiven Voyeurismus, die weibliche Position mit einem passiven Exhibitionismus (Mulvey 1975). Sowohl die Kamera, die Schauspieler und Schauspielerinnen als auch die Zuschauer und Zuschauerinnen sind in Mulveys Modell dieser „zweigeschlechtlichen" Blickkonstellation verhaftet. Von unbewussten Trieben gesteuert, können sie sich den dominanten Text- und Bildangeboten nur entlang vorgängiger geschlechtlicher Strukturierungen unterwerfen. Die Zuschauerin wird dabei in einer narzisstischen Identifikationsspirale fixiert: die sich mit dem Bild identifizierende Frau will selbst zum Bild werden, um das Begehren der (männlichen) Betrachter auf sich zu ziehen.

Mulveys Beitrag inspirierte eine Vielzahl von anregenden Analysen und gab der feministischen Filmkritik eine klare methodische und politische Richtung. Jedoch erwies sich das bestechend übersichtliche Konzept von männlicher Wahrnehmungsmacht und weiblichen Blickopfern seit den 1980er Jahren zunehmend als problematisch. Denn einerseits werden hier männliche respektive weibliche Subjektpositionen als gesicherte und universelle Parameter vorausgesetzt. Und andererseits werden Bilder und Texte als festumrissene Artefakte verstanden, denen bestimmte und bestimmbare ideologische Bedeutungen anhaften.[7] Beide Prämissen wurden inzwischen von dekonstruktivistischen Theorieansätzen verworfen. Geschlecht wird nicht mehr als „natürliche" Disposition von Individuen verstanden, sondern als Effekt komplexer, durchaus widersprüchlicher Prozesse, durch die Subjekte sich konstituieren und konstituiert werden.[8] Dieser theoretische Paradigmenwechsel hat grundsätzliche Konsequenzen auch für die Untersuchung des Verhältnisses von Medien und Geschlecht. Vor allem kann die in den frühen

---

6   Zur Diskussion des weiblichen Aktes in der Kunstgeschichte vgl. Brosch 2001.
7   „... this type of research assumes an unequivocal meaning and effect of media content, with stereotypical images leading more or less unproblematically to stereotypical effects and traditional socialization patterns. The audience is thus implicitly conceptualized as a rather passive mass, merely consuming media messages" (van Zoonen 1994, 18).
8   De Lauretis weist darüber hinaus darauf hin, dass das Geschlecht keineswegs die einzige Kategorie der Subjektkonstitution darstellt: „the subject [is] constituted in language, to be sure, though not by sexual difference alone, but rather across languages and cultural representations; a subject engendered in the experience of race and class, as well as sexual relations; a subject therefore not unified but rather multiple, and not so much divided as contradicted" (De Lauretis 1987, 2).

feministischen Überlegungen zugrundegelegte Vorannahme der biologischen Geschlechterdifferenz als entscheidendes Kriterium von Lektüre- und Blickpositionen nicht mehr aufrecht erhalten werden. Denn eine *a priori* festgestellte Rezeptionshaltung als Frau oder als Mann, als aktives Subjekt oder passives Objekt, verfehlt die Prozesshaftigkeit und Widersprüchlichkeit von möglichen Genderpositionen und Identifizierungen.[9] Damit wird aber nicht nur die Annahme eines durch textuelle Vorgaben determinierten Zuschauersubjektes hinfällig, sondern auch der Befund eindeutig bestimmbarer Botschaften. Wenn die Rezipienten nicht einfach als „Frau" oder „Mann", sondern als in sich widersprüchlich und uneinheitlich, als historisch und sozial kontingent verstanden werden, dann heißt das auch, dass Texte und Bilder von verschiedenen Menschen, zu verschiedenen Zeiten, in verschiedenen Situationen ganz unterschiedlich wahrgenommen werden (können).

Um diese Widersprüchlichkeiten fassbar zu machen, richtete sich das analytische Augenmerk auf Produktions- und Rezeptionsprozesse, die als ein „struggle over meaning" konzipiert wurden. Bei jeder Entschlüsselung eines Textes oder Bildes, so die These, können ideologische Einschreibungen ins Rutschen geraten und durch gegenläufige, ja subversive Interpretationen durchkreuzt werden (Hall 1980). Doch auch das Modell der „widerständigen Rezipientinnen", die mit divergierenden Interpretationsleistungen ideologisch vorgeprägte Botschaften unterlaufen, stößt bei der Untersuchung gegenwärtiger Mediengesellschaften an seine Grenzen, insistiert dieser Ansatz doch letztlich auf einer klaren Trennung von Medientexten auf der einen Seite und Medienkonsumenten auf der anderen Seite.

Ein überzeugendes Analysekonzept, mit dem die Komplexität medialer Verstrickungen befragt werden kann, unterbreiten die britischen Soziologen Nicholas Abercrombie und Brian Longhurst (1998) mit ihrem *spectacle/performance paradigm*. Die Autoren richten ihr besonderes Augenmerk auf unterschiedliche Formen der Zuschauerschaft. In „traditionellen" Rezeptionssituationen sind die Beteiligten nur in bestimmten räumlich und zeitlich begrenzten Konstellationen Teil eines Publikums, etwa bei Zeremonien und Riten, bei der Lektüre oder im Theater. Demgegenüber erzeugt die weitgehende Durchdringung des Alltags mit medialisierten Erfahrungen, seien es Werbeplakate, mobile Telefone, Musikberieselung in Kaufhäusern oder Dauerwerbesendungen in Drogeriemärkten, eine Situation, in der die Zugehörigkeit zu einem Publikum keine außerordentliche Angelegenheit mehr ist, sondern einen völlig gewöhnlichen und gewohnheitsmäßigen Zustand darstellt, dem sich die einzelnen kaum entziehen können.

Diese Allgegenwart und Unausweichlichkeit medialisierter Interaktionen wird von ständig wachsenden Gelegenheiten technologisch-medialer Selbstpräsentation begleitet. Von der Fotografie über Super-8-Filme und Videoauf-

---

9 So erinnern Pribram und andere daran, dass jeder Rezeptionsprozess ein Spiel mit Geschlechtsidentitäten und fragmentierten Identifizierungen eröffnen kann (Pribram 1988, 4).

nahmen bis zu digitalen Fotoalben auf der eigenen Homepage oder per Handy verschickten Momentaufnahmen haben sich die Möglichkeiten der medialen Selbstdarstellung in den letzten Dekaden rasant vermehrt. Fernerhin gelingt es immer mehr Menschen selbst ohne erkennbare Fähigkeiten, als Containerbewohner, Heideköniginnen, Talkshow-Gäste oder Superstar-Anwärter zumindest kurzzeitige mediale Aufmerksamkeit zu ergattern. Die dispersen, d.h. verstreuten/zerstreuten Zuschauer werden sowohl zu Betrachtern als auch zu Betrachteten, sie sind Rezipienten und Produzenten, Publikum und Performer zugleich.

Mehr oder weniger unbemerkt beginnen sich herkömmliche Grenzen zwischen außergewöhnlichem Kunstgenuss und beiläufiger Medienrezeption aufzulösen. Abercrombie und Longhurst betonen:

„Life is a constant performance; we are audience and performer at the same time; everybody is an audience all the time. Performance is not a discrete event" (Abercrombie, Longhurst 1998, 72f).

In ständigen performativen Inszenierungen stilisiert sich das Selbst in komplexer, durchaus reflexiver Interaktion mit medialisierten Erfahrungen und schafft sich Identität und Anerkennung. (Kleidung, Körperkult, Fankulturen, Sport etc. nehmen dabei einen hohen Stellenwert ein.)

Eine ungenannte Patin des *spectacle/performance paradigm* ist Judith Butler und ihr Modell der Performativität von Gender. Butler hat den geschlechtlichen Körper als performativ hervorgebrachtes und immer wieder aufs Neue zu realisierendes Konstrukt konzipiert. Indem Individuen bestimmte Handlungen, Sprechakte, Posen und Gesten ausführen, bringen sie ihre Genderidentität erst hervor. Geschlechtseigenschaften sind also nicht „expressiv" sondern „performativ", sie drücken keine originäre Identität aus, sondern lassen diese erst entstehen.[10] Dabei ist geschlechtliche Identität keineswegs ungezwungen und frei wählbar, sondern wird in verschiedenen, historisch kontingenten und heteronormativen Diskursen über das Selbst reguliert und beschränkt. Performative Inszenierungen sind somit immer schon Reinszenierungen, die bestehende Anrufungen, Vorgaben und Regeln variieren.[11] Der Körper wird hier als soziale Konstruktion bzw. als gesellschaftlich konstruiert begriffen und die innere Essenz oder Wahrheit des Geschlechts als eine Illusion, als ein ideologischer Effekt. Dualistische Vorstellungen von Original und Kopie verlieren dabei an Halt. In einem Aufsatz aus dem Jahre 1996 führt Butler aus, dass Geschlechtsidentität eine Imitation ist, zu der es kein Original gibt. Die naturalistischen Effekte geschlechtlicher Identitäten werden durch Imitationsstrategien produziert, und das Objekt der

---

10 „Gender [...] is real only to the extent that it is performed" (Butler 1990, 278).
11 Identitätskategorien haben deshalb niemals nur einen deskriptiven, sondern immer auch einen normativen und damit ausschließenden Charakter. Erst die Zitierung einer Idealnorm, die Übernahme und Reproduktion vorgegebener Schemata verleiht dem Subjekt seine Substanz und Identität (Hark 1999).

Imitation ist ein „phantasmagorisches Ideal heterosexueller Identität, ein Ideal, das durch die Imitation als deren Effekt produziert wird" (Butler 1996, 26).[12]
Bezogen auf das Verhältnis von Medien und Geschlecht bedeutet diese Konzeption, dass es nicht mehr darum gehen kann, verzerrende Stereotypen zu entlarven oder nach „realistischeren" Frauendarstellungen zu verlangen. Wenn die heterosexuelle Geschlechtsidentität, wenn „Frau" oder „Mann" ohne Original sind, sondern performativ hervorgebracht, dann betrifft dies auch die Unterscheidung zwischen alltäglichen Performanzen (als unvermittelt, authentisch, echt) und medialisierten *Performances* (als inszeniert, künstlich, unecht). Keine der beiden Varianten kann beanspruchen, ein ursprüngliches Modell zu aktualisieren, vielmehr durchkreuzen originale und imitierte, nicht-medialisierte und medialisierte Positionen einander, was die Möglichkeit ihrer stabilen Verortung vereitelt. Real existierende Geschlechtskörper und medial kursierende Körperbilder durchdringen sich gegenseitig, interagieren miteinander, und weder die einen noch die anderen können als originär oder natürlich bestimmt werden.

Den nun folgenden Überlegungen möchte ich die These voranstellen, dass dieses Changieren von Original und Imitation aufgrund der zunehmenden Manipulierbarkeit von Bildern und Körpern gegenwärtig in eine neue Wendung gerät. Insbesondere in der Populärkultur wird die sichtbare Außenhülle des Körpers hochstilisiert und sexuell dramatisiert. (Kunst-)Figuren wie Pamela Anderson, Lara Croft, Trinity oder die *digital beauties* machen diese sexualisierende Körperstilisierung evident. In einer Situation, in der der Geschlechtskörper als „Original" und „Natur" theoretisch, wissenschaftlich und praktisch zur Disposition steht, in der Sicherheit versprechende Grenzziehungen zunehmend brüchig werden, wird der Körper als sichtbares Indiz von (sexueller) Eindeutigkeit inszeniert. Denn je augenfälliger und eindeutiger Geschlechterdifferenz aufgeführt wird, desto sicherer und wirklicher kann sie erscheinen. Das angestrebte Ideal einer ebenso augenfälligen wie anerkannten Geschlechtsidentität wäre dann ein leidenschaftlich besetztes Phantasma, dem sich das Subjekt unterwirft, um sich selbst und seine Wirklichkeit zu erzeugen und abzusichern. So könnte die übersteigerte Inszenierung möglichst eindeutiger Geschlechtskörper dazu dienen, bedrohte Grenzziehungen zu stabilisieren und damit „jene ontologisch gefestigten Phantasmen ‚Mann' und ‚Frau' [...] als Grundlagen, als Originale, als normatives Maß des Realen" (Butler 1996, 27) entgegen ihrer immer spürbarer werdenden Untauglichkeit zu behaupten.

---

12 So macht gerade das Flimmern der Travestie die unausweichliche Verfehlung eines Ideals heterosexueller Identität offensichtlich.

Originale Imitationen

Doch erweisen sich diese Körperinszenierungen, durch die Sicherheit und Eindeutigkeit hervorgebracht werden sollen, als extrem instabil, und sie sind, wie jedes Phantasma letztlich zum Scheitern verurteilt. Um dies zu entfalten, soll im Folgenden der Verflüchtigung der Differenz von Original und Imitation nachgespürt werden, die der besonderen Beschaffenheit digitaler Bilder inhärent zu sein scheint.

Zunächst einmal verdeutlichen die virtuellen Körperbilder, dass ein physisches Original für die Herstellung eines fotografischen Perzepts überflüssig geworden ist. Täuschend echt – im Sinne einer fotografischen Echtheit – aussehende Bilder können von geschickten Computergrafikerinnen mit Hilfe der passenden Software vom ersten Polygon (Polygone sind Vielecke und bilden die kleinste Einheit eines 3D-Objektes) bis zur letzten Textur vollständig generiert werden. Die „3D-ler" können den Herstellungsprozess bis ins Detail selbst bestimmen und beliebige Charaktere schaffen. Dies erfordert viel Geduld, und die Komposition von möglichst „glaubwürdigen" Bildern ohne indexikalische Materialität wird zum fetischisierten Höhepunkt langwieriger computergrafischer Feinarbeit. Die zeitintensive Anstrengung, die einen größtmöglichen Realitätseffekt befördern soll, ist denn auch ein entscheidendes Bewertungskriterium, das Julius Wiedemann in seinen Kurzportraits der Computergrafikerinnen in *Digital Beauties* immer wieder anführt. Über René Morel schreibt er beispielsweise:

„Je nach Komplexität der Arbeit benötigt er manchmal mehr als zwei Wochen, um einen einzigen Kopf zu modellieren und zu texturieren. Wichtig ist ihm, dass seine Charaktere lebendig wirken. Er versucht daher immer, ihnen ein organisches und natürliches Aussehen zu verleihen" (Wiedemann 2001, 428).

Schwierige Bereiche wie Haare und Haut werden dabei zu Zeichen von Authentizität und Echtheit. Auf der Ebene kleinster Details werden die Figuren geformt, texturiert und perfektioniert. Größte Aufmerksamkeit richtet sich bei den *Full-Body-Shots* auf die spektakuläre Inszenierung der weiblichen Körperskulptur, die möglichst sinnlich und üppig ausgearbeitet wird. Die „Natürlichkeit" der computergenerierten Körperbilder wird also durch ganz bestimmte Zeichen und Verfahren erzeugt: die Texturierung der Oberflächen und die ein dreidimensionales Volumen suggerierende Körpersilhouette. Hier trifft sich die fetischistische Besetzung bestimmter Partialobjekte wie Beine, Brüste, Haare, Haut mit der fetischisierten Generierung von Realitätseffekten und Glaubwürdigkeit.

Wenngleich die Computerartisten häufig Tage und Wochen aufbringen, um ihre Figuren möglichst lebensecht zu gestalten, wirken viele der *digital beauties* beklemmend unwirklich; wohlproportionierte Barbie-Puppen, deren Glieder in bizarre Posen verdreht wurden und deren leblose Augen aus maskenhaften Gesichtern starren.[13] Die spektakuläre Inszenierung von geschlechtlich eindeutigen Körperskulpturen und das Zitieren von Fetischobjekten (glänzende Oberflächen auf Stiefeln und Bodysuits, die nichts mit Lack und Latex gemein haben – außer dem sichtbaren Glanz[14]) wirken wie ein Ablenkungsmanöver gegen die unbehagliche Leblosigkeit der virtuellen Schönheiten. So erscheint das Streben nach einem Ideal von Echtheit und Authentizität als ein phantasmagorisches Begehren, dem sein Scheitern von vornherein eingeschrieben ist. Die 3D-Modelle kopieren ein Ideal von weiblicher Schönheit und erotischem Reiz, dass es nirgendwo im Original zu betrachten gäbe, sondern das sich immer nur in seinen Idealisierungen bestätigt. Die spektakulären Geschlechterperformanzen der digitalen Körperbilder fetischisieren somit nicht den „Mangel" der Frau,[15] sondern das unhintergehbare Fehlen eines Originals.[16]

Das Konzept des Originals mit seinem Genialitäts- und Echtheitsanspruch spielt für die neuzeitliche Kunst und Kunstvermarktung eine erstrangige Rolle. Im Zeitalter der technischen und elektronischen Reproduzierbarkeit wird dieses Modell zunehmend obsolet, obschon beharrlich daran festgehalten wird. Bereits die Fotographie bringt die Idee des Originals ins Rutschen und macht die eindeutige Unterscheidbarkeit zwischen Original und Kopie zu einer kniffligen Angelegenheit: Ist das Negativ das Original oder der erste Abzug?[17] Bei digitalen Bildern zerfällt diese Unterscheidung völlig, denn eine einzigartige „Ur-Datei" ist hier nicht auszumachen. Eine Bilddatei kann exakt kopiert werden, und jede Kopie ist von der nächsten ununterscheidbar, abgesehen vom Datum oder Dateinamen.[18] Aber nicht allein durch die exakte, verlustfreie Multiplizierbarkeit digitaler Daten, sondern mehr noch durch ihre spurenlose Modifizierbarkeit werden bisherige Vorstellungen von Original und Nachbildung transformiert.

---

13 Zur Bedeutung der Augen bei der Erzeugung künstlichen Lebens vgl. auch Bettina Wahrig in diesem Band.

14 Die gleichlautenden Worte Glanz und das englische *glance* (der Blick) inspirierten Freud zu seiner Abhandlung über den Fetischismus (Freud 1975). Es kommt mir hier noch ein drittes Wort in den Sinn, nämlich Glans, um deren (Un-)Sichtbarmachung es im Fetischismus letztlich zu gehen scheint.

15 Der „Mangel", den die Frau aus psychoanalytischer Sicht ausdrückt, beruht in erster Linie auf dem Fehlen des Phallus.

16 Das Original fehlt selbstverständlich nicht nur den digitalen Visualisierungen, sondern letztendlich jedem Bild. Denn wenn man Butlers Konzept der Performativität, wie hier vorgeschlagen, auch auf mediale Inszenierungen anlegt, erscheint jedes Bild als Nachbildung oder Imitation. Es wird nicht allein das referentielle Objekt imitiert, darüber hinaus werden auch bewährte Darstellungsformen, ästhetische Ideale, eingeführte Haltungen, Posen, Gebärden zitiert und variiert.

17 Dies gilt freilich auch für sämtliche Druckgrafiken, denen allein durch die nachträgliche Nummerierung der Abzüge ein Echtheitszertifikat ausgestellt werden kann.

18 „A digital copy is not a debased descendent but is absolutely indistinguishable from the original" (Mitchell 1992, 6).

„You make me feel like a natural woman ..."

Traditionelle Bilder laden dazu ein, sich mit den möglichen Bedeutungen ästhetischer Objekte zu identifizieren, sie zu verstehen, abzulehnen oder umzudeuten,[19] demgegenüber fordern die digitalen Bildmedien dazu auf, ästhetische Objekte umzugestalten, sie zu modifizieren und aktiv in die Bilderwelt einzugreifen. So betont William J. Mitchell:

„the essential characteristic of digital information is that it can be manipulated easily and very rapidly by computer. It is simply a matter of substituting new digits for old. [...] Computational tools for transforming, combining, altering, and analyzing images are essential to the digital artist as brushes and pigments to a painter" (Mitchell 1992, 7).

In diesem Prozess des ungebunden und improvisierenden Eingreifens verschwimmen die herkömmlichen Grenzen zwischen Malerei und Fotografie, zwischen technologisch reproduzierten und handgemachten Bildern. Während herkömmliche Bilder Vorstellungen des Ästhetischen und des Normalen hervorzubringen suchen, betonen digitale Bilder Vorstellungen von Flexibilität und Manipulierbarkeit.

Das Internet fungiert dabei als ein raum- und grenzenloses Territorium der Verbreitung, Rezeption und Umkodierung dieses virtuellen Bilderuniversums.[20] Gegenüber der alten Bildökonomie liegen Veränderungsmöglichkeiten nun sowohl in den Händen des Künstlers als auch des Betrachters.[21] Viele Grafikerinnen nutzen die Angebote im Internet, um ihre Arbeiten dort zu präsentieren, mit anderen zu kommunizieren und sich mit virtuellen Materialien zu versorgen: „In den 3D-Communities kann man Kleidung, Accessoires und anderes Zubehör herunterladen und der eigenen Arbeit hinzufügen" (Wiedemann 2001, 15). Websites wie *FreeTextures.Com* oder *Latex designer index* bieten fertig gestylte Oberflächen und Texturen, mit denen eigene Grafiken ergänzt und aufgepeppt werden können. Jede Komponente eines Bildes lässt sich samplen, mixen, recyclen. Autorschaft wird flüchtig und die Signatur verliert ihre einstige Bedeutung als Garantin von Echtheit und Originalität. An die Stelle des Originals, das, wie Benjamin betont, an das Hier und Jetzt gebunden ist (Benjamin 1979), tritt eine nomadische Distribution von Zeichen und Bildern in einem immensen deterritorialisierten Feld.

Die damit einhergehende Destabilisierung und Beweglichkeit, Vermehrung und Serialisierung der visuellen Zeichen und Codes, eröffnen neue Möglichkeiten der Erzeugung von Fälschungen, *Fakes* und Fehlinformatio-

---

19 Zum Konzept der unterschiedlichen Dekodierungen von Medienbotschaften vgl. Hall 1980.
20 Das Internet ist dabei, sich zu einem „kulturellen Archiv" zu entwickeln, in dem neue Angebotsstrukturen, Zugriffsmodi und Speichermöglichkeiten unser Bilderuniversum radikal transformieren.
21 „Indeed, the art of involvement no longer constitutes a work at all, even open or undefined: it causes processes to emerge, it seeks to open up a career to autonomous lives, it invites one to grow and inhabit a world. It places us in a creative cycle, in a living environment in which we are always already co-authors" (Levy 1996, 367).

nen. Für die traditionelle Medienkritik ist dies ein Anlass zu ernster Sorge. So schreibt Achim Bühl über die elektronischen Verwirrspiele:

„Angesichts einer orientierungslosen Bilderflut ist der einzelne nicht mehr in der Lage, die Eindrücke zu sortieren und die Frage nach der Wahrheit zu beantworten. Informationen werden zu Desinformationen, dokumentarische Bilder zu Falsifikaten" (Bühl 1997, 321).

So folgt denn jedem neuen Medium nicht nur der Verdacht des Sinnverlustes und der Uneigentlichkeit, sondern auch der Verdacht, dass die gewöhnlichen Rezipientinnen nicht in der Lage seien, diesen Fälschungen auf die Spur zu kommen. Eine weitaus höhere Medienkompetenz traut hingegen Hans Magnus Enzensberger den Mediennutzerinnen zu: „Heutige Zuschauer, Leser, Konsumenten sind in dem Sinn hoffnungslos aufgeklärt, dass sie den Medien gegenüber die Wahrheitsfrage einfach ausklammern" (Enzensberger 2000, 101). Eine generelle Skepsis gegenüber Bildern könnte sich durchsetzen, frei nach dem Motto „Traue keinem Bild, dass du nicht selbst manipuliert hast."

Die spurenlose Veränderung und Nachbesserung von Bildern aller Art mithilfe computergestützter Verfahren ist mittlerweile gängige Praxis sowohl auf dem heimischen Desktop als auch in professionellen Grafikbüros.[22] Abbildungen verschiedener Personen können nahtlos zusammengesetzt werden, um sie beliebig zu transformieren, zu perfektionieren, zu karikieren oder einfach auszulöschen; unterschiedliche Ansichten und Räume, Gegenstände und Texturen können willkürlich dekontextualisiert und re-kombiniert werden; jedes Element eines Bildes kann unbegrenzt bearbeitet und gespeichert, weiterverarbeitet und vervielfältigt werden. Diese „Electrobricolage" (Mitchell 1992, 7) ist dabei keineswegs auf professionelle Manipulatoren beschränkt.[23] Jede Computerbesitzerin kann mit marktgängiger Software ihre digitalisierten Fotos problemlos retuschieren: rote Augen, Hautunreinheiten oder der verschmähte Ex werden einfach digital getilgt. Indem die Betrachterinnen zu aktiven Benutzerinnen werden, verändert sich auch der Status des Bildes, und, wie Lev Manovich betont,

„as a result, an illusionistic image is no longer something a subject can simply look at, comparing it with memories of represented reality to judge its reality effect. The new media image is something the user actively *goes into* [...] new media move us from identification to action" (Manovich 2001, 183).

Diese Bewegung von der Identifikation zur Handlung, von der Kontemplation zum aktiven Eingreifen und Verändern betrifft nicht nur die digitalen Körperbilder. Auch die realen Körper geraten zunehmend in einen Taumel

---

22 All diese Beobachtungen beziehen sich freilich auf einen begrenzten Teil dieser Weltbewohner – wohlhabende, gebildete Menschen mit Zugang zu neuen Medientechnologien!

23 „A new kind of *bricolage* becomes possible, as the finished products such as vectorized clip art images or the digital equivalents of photographs of film sequences will never be finished or complete ... computer images are potentially open artifacts that can be manipulated, decontextualized, dehierarchized, and abused" (Esders 1996, 377).

der Formbarkeit und Verfügbarkeit. Der Körper wird zum Baukasten einer lustvollen und leidenschaftlich besetzten Selbstmodellierung, wobei sich die phantasmatischen Positionen von Original und Imitation weiter ineinander verschieben.

Geschönte Körperbilder/Bildschöne Körper

Mit immer perfekteren Visualisierungs- und Aufnahmetechnologien wird der menschliche Körper einer ebenso extensiven wie intensiven Sichtbarmachung unterzogen: Ultraschallbilder von Embryonen, medizinische Aufnahmen des Körperinnern oder die „virtuelle Leiche"[24] ergänzen dabei die Möglichkeiten, das Körperäußere in öffentliche Ansichten zu übertragen. All diese Bilder müssen nicht mehr nur betrachtet und interpretiert werden, sondern sie können verändert werden, ebenso wie der Körper selbst.

Mit Hilfe dreidimensionaler Lasererfassungsmethoden kann beispielsweise die Körperskulptur oder das Gesicht eines Menschen in den Computer eingerechnet und anschließend am Bildschirm umgestaltet werden. Der Mensch

„... wird eingescannt und in einen Datensatz verwandelt. Vom Kopf ... existiert nunmehr ein dreidimensionales Modell, bestehend aus Punkten und Polygonen, welches im Raum gedreht und beliebig manipuliert werden kann. Augenpartien, Mund und Nase, alles kann entsprechend den jeweiligen Erfordernissen ummodelliert werden" (Bühl 1997, 330).

Solche Remodellierungen des technologisch sichtbar gemachten Körpers finden zunehmend auch in der plastischen Chirurgie ihre Anwendung. Hier treffen sich die Möglichkeiten der computergestützten Bildbearbeitung mit den Möglichkeiten konkreter körperchirurgischer Eingriffe.

Dieses Zusammentreffen von Bildbearbeitung und Körpermanipulation illustriert auch eine Anfrage bei der Suchmaschine *Google* mit den Begriffen „Schönheitschirurgie + digital images". Hier werden sowohl schönheitschirurgische Arztpraxen aufgelistet, die mit computergenerierten Bildern arbeiten, als auch handelsübliche Grafikprogramme, mit denen sich digitale Bilder „verschönern" lassen. Die Grafikprogramme übernehmen den Begriff der Schönheitschirurgie, um die nachträgliche Modifikation und Manipulation von Bildern zu bezeichnen, während Schönheitschirurgen längst dazu übergegangen sind, die Körper ihrer Patientinnen einzuscannen oder digital zu fotografieren und zu vermessen, um die gewünschten Ergebnisse der geplanten Eingriffe möglichst genau absprechen zu können.

---

24 Zum *Visible Human Project* vgl. auch den Beitrag von Sigrid Schmitz in diesem Band.

Darüber hinaus fand *Google* unter den oben genannten Stichworten etliche Bildbearbeitungsfirmen, die für $50 ein digitales Foto so bearbeiten, als habe die fotografierte Person ihre Schönheitsoperation bereits hinter sich. Interessierte Frauen (Männer sind hier in einer wenn auch wachsenden Minderheit) können die potenziellen Ergebnisse einer geplanten Brustvergrößerung oder eines *Face-Liftings* in Form digitaler „Testbilder" betrachten. Dazu umkreist die Interessentin auf einem digitalen oder eingescannten Foto genau die Stelle ihres Körpers, die verändert werden soll, und läßt dann das Foto entsprechend der gewünschten Vorgaben bearbeiten. Diese der privaten Kontemplation dienenden Bilder können anschließend einem plastischen Chirurgen vorgelegt werden, der die visualisierten Änderungsvorschläge am realen Körper umsetzen kann. Aus den geschönten Bildern werden bildschöne Körper.

Anne Balsamo argumentiert, dass der medizinisch-technologische Blick, dem sich die Frauen hier unterwerfen, als ein disziplinierender Blick verstanden werden kann, der den weiblichen Körper als ungenügend, exzessiv und minderwertig konstruiert (Balsamo 2001). Dieser Blick diszipliniert den widerständigen weiblichen Körper, indem er ihn zunächst in isolierte Teile zerlegt – Gesicht, Brüste, Bauch, Beine –, um sodann einzelne Partien als mangelhaft zu markieren. Die Frau selbst übernimmt den disziplinierenden Blick, wenn sie die als unbefriedigend empfundenen Körperteile einkreist, um sie dann dem Grafiker/Arzt zur „Korrektur" zu überantworten. Der eigene Körper wird selbstregulativ als zu optimierendes Bild betrachtet und einem idealisierten „Image-Normalismus" (Mehrtens) angepasst.

Wie diese Normalisierung und die Anpassung an heterosexualisierte Schönheitsideale funktionieren, verdeutlichen die bekannten „Vorher-Nachher"-Bilder, die in Frauenzeitschriften, Fernsehreportagen oder im Internet kursieren. Die Website von *personalimagecenters.com* etwa zeigt eine lange Liste mit „Vorher und Nachher"-Fotos von Gesichtern, Brüsten, Bäuchen, Gesäßen und Oberschenkeln. Auf der linken Seite finden sich Abbildungen der unbearbeiteten Körperteile – hunderte ganz verschiedene, hochgradig individuelle Brust-, Bauch- und Gesäßformen, die unterschiedlichsten Ohren, Augen, Nasen, Münder. Rechts daneben stehen die „korrigierten" Körperpartien: eine unendliche Aufstellung gleichförmiger Brüste, straffer Bäuche, niedlicher Stupsnasen und voller Lippen. Balsamo beschreibt die durch die Schönheitsindustrie hergestellten uniformen Idealkörper und normierten Idealgesichter als „Fließbandschönheiten":

„Cosmetic surgeons use technological image devices to reconstruct the female body as a signifier of ideal feminine beauty. In this sense, surgical techniques literally enact the logic of assembly line beauty: ‚difference' is made over into sameness. The technological gaze refashions the material body to reconstruct it in keeping with culturally determined ideals of feminine beauty" (Balsamo 2001, 225).

Diese Aneignung einer homogenisierenden Idealnorm auf den eigenen Körper kann indes nicht allein als ein Akt der Unterwerfung unter die Zwänge und Normalisierungsziele moderner Gesellschaften verstanden werden. Vielmehr scheint hier ein leidenschaftliches Verhaftetsein mit jenem von Butler herausgestellten phantasmagorischen Ideal am Werke zu sein, das Anerkennung, Selbstkontrolle, narzisstische Befriedigung und eine sichere weil sichtbare Identität verspricht – auch wenn diese nicht mehr und nicht weniger als die Kopie eines fehlenden Originals ist.

„Get your NEW image @ Imagemaker" preist ein weiteres Bildbearbeitungsunternehmen seine Dienste an. Körperbilder werden mehr und mehr zum „Image" im Sinne von Ansehen, Persönlichkeitsbild und Persönlichkeitswert. Und dieses Image ist veränderlich und formbar. Peter Lunenfeld argumentiert:

„Veränderlichkeit ist das Handelskapital des elektronischen Porträts, und dessen proteische Gestaltsveränderungen passen zu unserem kollektiven, zeitgenössischen Narzissmus wie der Nagel auf den Kopf. Wir sind nicht weniger selbstverliebt als jemals zuvor, doch wir bevorzugen Spiegel, über die wir Kontrolle haben" (Lunenfeld 1998).

It's better to be looked over than overlooked

Dieser Sinnspruch stammt von der amerikanischen „Sex-Ikone" Mae West, die selbstbewusst postulierte: „Ich bin meine eigene Original-Kreation" (Maerker 1978, 69). In modernen Medien- und Massengesellschaften, die den „Kult des Sichtbaren" feiern, stellt die Selbstkreation den taktischen Versuch dar, sich selbst zu einem „Original" in einer Phalanx von Imitaten zu stilisieren.[25] Das Selbst ist dabei Subjekt und Objekt seiner ästhetischen Modellierung, gleichzeitig Gestalter und zu gestaltendes Material. Der öffentlich sichtbare Körper wird zu einer exponierten Oberfläche der Selbstdarstellung und Medien bieten sowohl Vergleichsobjekte als auch Foren für die Performativität des Selbst.

Abercrombie und Longhurst betonen, dass das *spectacle/performance paradigm* eine Situation hervorbringt, in der sich Menschen verhalten, als stünden sie ständig im Zentrum der Beobachtung.[26] Jedoch: angeschaut zu werden, bedeutet in dieser Wendung nicht mehr, sich als Opfer männlicher

---

25 Die Möglichkeiten der kreativen Selbsterschaffung sind im 20. Jahrhundert rasant angewachsen und beschränken sich selbstverständlich nicht allein auf den Körper, sondern beziehen sich beispielsweise auch auf die Konstruktion einer möglichst spannenden „Bastel-Biografie".

26 „The notion of a narcissistic society embodies the idea that people act as if they are being looked at, as if they are at the centre of the attention of a real or imagined audience" (Abercrombie, Longhurst 1998, 88).

Voyeure oder panoptischer Überwachung zu fühlen. Möglichst häufig und eindrücklich gesehen zu werden, impliziert vielmehr einen wertvollen Zugewinn an Anerkennung, Bewunderung und Identität. Thomas Macho bemerkt in seiner Analyse prominenter Gesichter:

„Zu den Prämien eines erfolgreichen Aufstiegs zählt ein passiver Sichtbarkeitsmehrwert, eine Art von imaginärem Konto, auf dem die Blicke der Anerkennung akkumuliert werden können, die zur Statussteigerung beitragen" (Macho 1999, 126).

Um wie Mae West nicht übersehen sondern angesehen zu werden, muss der Körper als optisches Schaustück getrimmt und gepflegt, bearbeitet und korrigiert werden. Jede/jeder einzelne wird zum *Producer* und zum *Performer* – produziert und vorgeführt wird ein möglichst spektakulärer und doch wandelbarer Körper. Diese spektakulären Körper sind nicht notwendig „schön" im gewohnten Sinne. Subkulturelle Inszenierungen setzen häufig auf „abstossende" Aufmachungen und Requisiten, wobei Schock und Kommerzialisierung keine notwendigen Widersprüche darstellen.

Veränderbarkeit ist somit nicht nur das „Handelskapital des elektronischen Porträts", sondern auch das der realen Körper und ihrer Besitzerinnen. Die Körperskulptur wird unter dem Paradigma der „spektakulären Performanz" zu einem entscheidenden Investitionsfeld. Gabriele Dietze zeigt in ihrem Aufsatz „Die Veronamaschine", dass der Schauwert einer öffentlichen Persona wie Verona Feldbusch an ihren immensen Werbeeinkünften gemessen werden kann. Doch „als Unternehmerin ihres eigenen Körpers weiß sie, dass sie sein Kapital nur dann optimal einsetzen kann, wenn sie investiert" (Dietze, erscheint demnächst). Zahnverkleidungen, Gesichtskorrekturen, *Bodycontouring* oder Brustvergrößerungen können als „Grundkosten" verbucht werden, um sich auf dem Markt der Sichtbarkeit zu behaupten. Die damit verbundenen hohen Kosten beschränken sich nicht mehr allein auf Mode- und Schönheitsprodukte, die an- und abgelegt werden können, sondern beziehen sich zunehmend auf dauerhafte Körpermodulationen wie Tatoos, permanent Make-up, Fitness und eben auch schönheitschirurgische Eingriffe.[27] Während Kostüme und Korsetts, Schönheitsmittel und Schminke eine Konzeptualisierung von „Weiblichkeit als Maskerade"[28] nahe legen, implizieren die „einschneidenden" Körpergestaltungen eine weitere Drehung im Verhältnis von Original und Nachbildung.

Wenn Aretha Franklin singt „You make me feel like a natural woman ..." kann diese Zeile als eine Bestätigung ihrer natürlichen Position als „Frau" verstanden werden. Gleichwohl scheint dieser Song anzudeuten, dass sich eine Frau nur *wie* eine Frau *fühlen* kann, wenn ihr diese Anerkennung von außen zukommt. Damit impliziert der Refrain aber auch, dass dies nur eine

---

27 So wurden im Jahr 2001 ca. 98 000 kosmetische Operationen allein in Deutschland durchgeführt; vgl. Schulz 2002, 215.
28 Vgl. dazu Rivière 1929.

ausgeklügelte und vorübergehende Beteiligung an einer Illusion ist. Wie Butler argumentiert, ist Geschlecht eine Imitation, die einem Ideal zu gleichen sucht, und dazu auf der öffentlich sichtbaren Oberfläche des Körpers die Illusion eines inneren „natürlichen" Geschlechts produziert. Wenn nun aber diese Oberfläche durch chirurgische Maßnahmen weitgehend verfügbar und veränderbar wird, drängt sich die Frage auf, was denn hier überhaupt noch natürlich und echt ist. Ist der Busen eines Titelmodells silikongepolstert oder tatsächlich so üppig? Sind ihre Lippen wirklich so voll oder sind sie nachgearbeitet? Ist die Taille so schlank oder wurden einfach die unteren Rippen entnommen? Der wahrnehmbare Körper verrät immer weniger über die „Natur" oder das „Geschlecht" seiner Inhaberin.

Die Unsicherheit über den Status eines Bildes oder eines Textes (ist es eine geschickte Imitation, eine perfide Fälschung oder eine glaubwürdige Repräsentation?), aber auch die Verunsicherung über den Status des Körpers und des Geschlechts (was ist noch natürlich, lebendig oder eindeutig?) scheint dazu zu führen, dass auf dem Feld der Geschlechtskörper Klarheit und Transparenz, Eindeutigkeit, Zugehörigkeit und Anerkennung umso augenfälliger inszeniert werden. Wenn bestimmte Grenzen wie die zwischen Mensch und Maschine oder zwischen Natur und Kultur durchlässig werden, argumentiert auch Anne Balsamo, werden andere Grenzen umso stärker bewacht. Und eine der am besten bewachten Grenzen ist immer noch die Geschlechtergrenze (Balsamo 2001, 224). Zu einem ähnlichen Ergebnis kommt auch Claudia Springer, die Körperinszenierungen in populären Cyborg-Geschichten untersuchte:

„while popular culture texts enthusiastically explore the boundary breakdowns between humans and computers, gender boundaries are treated less flexible" (Springer 1999, 41).

In den von ihr analysierten Cyborg-Stories werden Körperlichkeit und Sexualität extrem übersteigert und die symbiotische Fusion des menschlichen Körpers mit elektronischen Technologien wird hier als „pleasurable experience" gefeiert. Die Cyborgs der Popkultur zeigen klare, ja extreme Geschlechtsmerkmale, und obschon andere sakrosankte Differenzen aufgelöst werden, bleibt die Geschlechterdifferenz eine letzte Bastion gegen Verunsicherung und Vermischung. Es könnte also in den alltags- und populärkulturellen Inszenierungen darum gehen, der in vielen Bereichen spürbar werdenden Uneindeutigkeit und Grenzverwischung – von Mensch und Maschine, von Original und Kopie – ein Schnippchen zu schlagen. Diese phantasmatische Besetzung des Körpers trifft sich darüber hinaus mit anderen gesellschaftlichen, ökonomischen und individuellen Transformationen, und die aktuellen Formen der Körpermodellierung können auch als lustvoll besetztes Ideal einer neoliberalen Selbstführung und Selbstvermarktung interpretiert werden.

Auf jeden Fall werden bisherige Vorstellungen von Geschlechtsidentität und Natürlichkeit, Maskerade und Künstlichkeit um eine Windung weitergedreht. Indem die sekundären Geschlechtsmerkmale spektakulär inszeniert und mit technologisch-chirurgischen Mitteln intensiviert werden, wird Geschlecht zu einem eindeutig körperlichen und zugleich zu einem absolut künstlichen Merkmal. Die „Künstlichkeit" und Konstruiertheit des Sex-Gender-Systems aufzuzeigen, war ein erklärtes Ziel der Geschlechterforschung. Mit dieser Wendung hatte sie allerdings nicht gerechnet.

Literatur

Abercrombie, Nicholas; Brian Longhurst (1998): Audiences. London
Balsamo, Anne (2001): On the Cutting Edge. Cosmetic Surgery and Technological Production of the Gendered Body. In: Nicholas Mirzoeff (Eds.): The Visual Culture Reader. London, New York, 223-233
Benjamin, Walter (1979): Das Kunstwerk im Zeitalter seiner technischen Reproduzierbarkeit. Frankfurt a.M.
Berger, John (1972): Ways of Seeing. London
Brosch, Renate (2001): Nackte Akte. Bilder weiblicher Körper und der böse Blick des Begehrens. In: Potsdamer Studien zur Frauen und Geschlechterforschung. Vol. 5, no. 1+2, 89-102
Bühl, Achim (1997): Die virtuelle Gesellschaft. Ökonomie, Kultur und Politik im Zeichen des Cyberspace. Opladen
Butler, Judith (1990): Performative Acts and Gender Constitution. An Essay in Phenomenology and Feminist Theory. In: Sue-Ellen Case (Eds.): Performing Feminisms: Feminist Critical Theory and Theatre. Baltimore, 270-282
Butler, Judith (1996): Imitation und die Aufsässigkeit der Geschlechtsidentität. In: Sabine Hark (Hg.): Grenzen lesbischer Identität. Berlin, 15-37
Choquet, David (2002): 1000 Game Heroes. Köln
De Lauretis, Teresa (1987): Technologies of Gender. Essays on Theory, Film, and Fiction. Bloomington
Deuber-Mankowsky, Astrid (2001): Lara Croft - Modell, Medium, Cyberheldin. Das virtuelle Geschlecht und seine metaphysischen Tücken. Frankfurt a.M.
Dietze, Gabriele (2004): Die Veronamaschine oder kann ein Fetisch sprechen? In: Christina Wrede (Hg.): Frauen und Geld. Opladen (im Erscheinen)
Enzensberger, Hans Magnus (2000): Das digitale Evangelium. In: Spiegel. No. 2, 92-101
Esders, Karin (1996): Computer Clip-Art and Popular Image-Making: Old Stereotypes - New Possibilities? In: Lew Carlson; Kevin Vichcales (Eds.): American Popular Culture at Home and Abroad. Western Michigan University, 365-378
Freud, Sigmund (1975): Fetischismus. Freud-Studienausgabe. Psychologie des Unbewußten. Frankfurt a.M., 381-388 (im Orig.: 1927)

Hall, Stuart (1980): Encoding/Decoding. In: Stuart Hall; Dorothy Hobson et al. (Eds.): Culture, Media, Language: Working Papers in Cultural Studies, 1972-79. London, 128-138

Hark, Sabine (1999): Deviante Subjekte. Normalisierung und Subjektformierung. In: Werner Sohn; Herbert Mehrtens (Hg.): Normalität und Abweichung. Studien zur Theorie und Geschichte der Normalisierungsgesellschaft. Opladen, 65-84

Levy, Pierre (1996): The Art of Cyberspace. In: Timothy Druckrey (Ed.): Electronic Culture. Technology and Visual Representation. New York, 366-367

Lunenfeld, Peter (2002): Das alchemistische Portrait. Magie, Technologie und digitale Bilder. In: Telepolis, Vol. 10 no. 2

Macho, Thomas (1999): Das Prominente Gesicht. Vom Face-to-Face zum Interface. In: Manfred Faßler (Hg.): Alle möglichen Welten: virtuelle Realität - Wahrnehmung - Ethik der Kommunikation. München, 121-135

Maerker, Christa (1978): Von Mae bis September. Ein nicht ganz ordentliches Alphabet. In: Peter W. Jansen; Wolfram Schütte (Hg.): Mae West. Greta Garbo. München, 69-95

Manovich, Lev (2001): The Language of New Media. Cambridge

Mitchell, William J. (1992): The Reconfigured Eye. Visual Truth in the Post-Photographic Era. Cambridge

Mulvey, Laura (1975): Visual Pleasure and Narrative Cinema. In: Screen. Vol. 16, no. 3, 6-18

Pribram, Deidre (1988): Female Spectators. Looking at Film and Television. London

Rivière, Joan (1929): Womanliness as a Masquerade. In: The International Journal of Psychoanalysis. Vol. 10

Schade, Sigrid; Silke Wenk (1995): Inszenierungen des Sehens: Kunst, Geschichte und Geschlechterdifferenz. In: Renate Hof; Hadumod Bußmann (Hg.): Genus. Zur Geschlechterdifferenz in den Kulturwissenschaften. Stuttgart, 340-407

Schulz, Matthias (2002): Venus unterm Faltenhobel. In: Der Spiegel. Vol. 41, no. 7, 212-228

Springer, Claudia (1999): The Pleasure of the Interface. In: Jenny Wolmark (Ed.): Cybersexualities. A Reader in Feminist Theory, Cyborgs and Cyberspace. Edinburgh, 34-54

van Zoonen, Liesbet (1994): Feminist Media Studies. London

Wiedemann, Julius (2001): Digital Beauties. 2D & 3D Computer Generated Digital Models, Virtual Idols and Characters. Köln

Ereignis-Topographien.
Schmetterlinge und unbemannte Raumflugkörper (UCAV) „vor Ort"

Andrea Sick

Mit dem Traum, wie ihn Freud in seinem Traumbuch von 1900 konzipiert, wird ein Ort entworfen, der auf den sogenannten Cyberspace zu übertragen ist. Die mit dem psychoanalytischen Traumkonzept noch genauer zu entwickelnde Problematik der synergetischen Effekte in der Subjektkonstitution lässt ähnliche Strukturen erkennen, wie sie in Mensch-Maschinen-Konzepten des Cyberspace entworfen werden. In einer gegenseitigen Lektüre der Konzepte werden die synergetischen Effekte selbst als Übersetzungsarbeit lesbar. Das soll hier exemplarisch mit der Entzifferung der komplexen Strukturen, die den telepräsentischen, makellos panoptisch konzipierten Raum im Kontext der Satellitennavigation bestimmen, vorgeführt werden.

Der Cyberspace scheint mit seinen Avataren und Agenten bevölkert von einerseits ferngesteuerten und andererseits autonom agierenden, also lernenden „Figuren", die nicht nur im Anschluss an Freuds – Traumdeutung die Traumgeschöpfe sondern auch die unbemannten Flugkörper wie die *UCAV*s (Unmanned Combat Air Vehicle) sein könnten, deren Einsatz insbesondere Vertreter kulturpessimistischer Ansätze wie z.B. Paul Virilio und Norbert Bolz dazu verleitet, das „Verschwinden eines geographischen Raumes" zu deklarieren. In Anlehnung an die freudsche Traumdeutung möchte ich diese Behauptung des Verschwindens des territorialen und lokalisierten Raumes als Wunsch der Diskurse offen legen, dessen nichteinholbare Erfüllung diese selbst vorantreibt. Der Motor der Diskurse scheint eine Ausweichbewegung zu sein. Denn die „Standortbestimmungen", die topographisch fixierten Orte werden wie im Traum im Cyberspace nicht ausgelöscht und zum Verschwinden gebracht, sondern vielmehr in einem Netz von Täuschungen und Gleichzeitigkeiten neudefiniert. Nur insofern ist eine Topografie exemplarischer Positionen zwischen Körpern und Maschinen denkbar – eben *UCAV*s „vor Ort", als ob sie „da" wären.

Das „Als ob" kann sich dabei als Modus erweisen, der nicht nur eine Fiktion in Gang setzt, wie es Vaihinger (*Philosophie des Als ob*) aber auch Freud (*Zukunft einer Illusion*) Anfang des letzten Jahrhunderts entworfen haben, sondern der das Ereignis einfordert. Mit dem Denken eines Ereignisses, wird sich schon die Stätte desselben ankündigen, und insofern auch die Zeit geregelt (vgl. Derrida 2001, 32). Die Erfahrung des einzigartigen Stattfindens scheint erschüttert. Der Crash, der Knall, als ob er stattfindet! Vor Ort! Ich möchte im Folgenden die Stätte des Ereignisses überschreiten:

1. Der Traum (vom Fliegen)
2. Die Technik (von der Fernsteuerung)
3. Der Wunsch (vom Verschwinden des lokalisierten, territorialisierten Raumes)
4. Der Ort (vom DA! Vom Hier!)

1. Der Traum (vom Fliegen)

Eine Traumerzählung soll synergetische Effekte darstellen, soll die Unmöglichkeit einer eindeutigen Antwort auf die Frage „Wer träumt denn hier?" vor Augen führen. Dass diese Frage, die auf die „Natur" des Traums abzielt, auch zu übersetzen ist mit „Wer fliegt denn hier?" oder besser noch „Wo endet die Maschine?" liegt auf der Hand, vorausgesetzt der Computer funktioniert wie ein Traum, also unter der Prämisse des produktiven wenn-dann Modus, der vergleichbar ist mit dem „als ob", welches die Möglichkeit gibt, „die Form des Denkens als Befragung, kritischen Fragen auszusetzen" (Derrida 2001, 12/26).[1] Derrida bezeichnet in kritischer Anlehnung an Kants Einsatz des „als obs" in seiner dritten Kritik dieses auch als „dekonstruktives Ferment" (Derrida 2001; Derrida 1988).

Unter dieser methodischen Prämisse wage ich also zu sagen: Wenn der Computer ein Traum wäre, wäre auch das Subjekt des Traums, das des Computers.[2] Denn stellt sich nicht für beide – Traum wie Computer – in ganz

---

1 Das „als ob", das „wie wenn", das „comme si", das „wenn", das „falls" motiviert mit Austin gesprochen ein Sich-Kreuzen von performativem und konstativem „speech act". Dieses als ob ist kein bloß philosophisches mehr. Es ist daher vollends nicht mehr das von Vaihingers „Die Philosophie des als ob". Und auch nicht jenes, auf das sich Freud in einer Anspielung auf dieses Werk am Ende des dritten Kapitels von „die Zukunft einer Illusion" bezieht (vgl. Derrida 2001, 75). Die Medienwissenschaftlerin Claudia Reiche formuliert in dem Konzept Text zu „technics of cyber<>feminisms" die Produktivität dieses Modus, geradezu als technischen Operator: Reiche 2002, 10-12.

2 Die vorgeschlagene Übersetzung von Traum mit Virtueller Realität (Cyberspace) ist keinesfalls neu, sondern baut auf Traditionen: Schon 1832 notierte Ralph Wado Emerson in seinem Tagebuch: „Dreams and beasts are two keys by which we are to find out the secrets of our nature. All mystics use them. They are like comparative anatomy. They are our test objects" (Porte 1982, 81). Die populäre Wissenschaftssoziologin der 90er Jahre am MIT, Sherry Turkle, sieht sich in ihrer Arbeit zum „Leben im Netz" dieser Annahme folgend dazu veranlasst zu behaupten, dass Emerson, hätte er im 20. Jahrhundert gelebt, zweifellos den Computer neben Traum und wildem Tier als drittes Versuchsobjekt hinzugefügt hätte. Turkle schreibt: „Dreams and beasts were the test objects for Freud and Darwin, the test

ähnlicher Weise die Frage der Identität: Wer träumt (surft) denn hier? Wer macht also hier zum Beispiel die von Sherry Turkle in ihrem populären Buch „Life on the screen" für Tier und Traum eingeführte und auf den Computer übertragene „Naturerfahrung" (Turkle 1995, 25)? Wäre „Natur" (wie die Seele) das maschinelle Werk eines Traums, der Computer sein könnte, wäre der Traum als zusammengebaute, zerlegbare und produzierende Maschine zu betrachten.[3] Aber eine solche Verbindung von Maschine/Computer, Tier und Traum, kann nur im wenn-dann Modus funktionieren. Nur insofern kommt hier die folgende, vielfach in Medientheorie und Psychoanalyse zitierte, Traumgeschichte zum Einsatz:

„Einst träumte Zhuang Zhou er sei ein Schmetterling, der ohne Ziel umherflatterte und nur seinen Einfällen folgte. Von Zhuang Zhou wusste er nichts. Plötzlich erwachte er, und sofort war er wieder Zhoung Zhou. Nun weiß er [wer nun?, A.S.] nicht mehr, ob Zhou geträumt hat, er sei ein Schmetterling, oder ob der Schmetterling geträumt hat, er sei Zhou" (Stryker 1991, 240).

Tschuang-Tse (wie der Protagonist auch bei Lacan heißt) kann sich, nachdem er aufgewacht ist, fragen, ob nicht der Schmetterling träume, Tschuang-Tse zu sein. Lacan sieht hierfür die Voraussetzungen gegeben: „Der Beweis ist, daß solange er Schmetterling ist, ihm nicht in den Sinn kommt, sich zu fragen, ob er, als aufgewachsener Tschuang-Tse nicht der Schmetterling sei, der zu sein er eben träumt" (Lacan 1996, 82). Die Frage, die sich also aufdrängt, ist: Wer träumt oder fliegt denn hier? So kann Lacan auch für Tschuang-Tse sagen: „Aufgewacht ist er Tschuang-Tse für die anderen und ist in deren Schmetterlingsnetz gefangen" (Lacan 1996, 83).

---

objects for modernism. In the past decade, the computer has become the test object for postmodernism. The computer takes us beyond a world of dreams and beasts because it enables us to contemplate mental life that exists apart from bodies. [...] The computer is an evocative object that causes boundaries to be renegotiated" (Turkle 1995, 22). Die vorgeschlagene Übersetzung impliziert in Übertragung auf Emersons Versuchsanordnung, dass der Computer Schlüssel dafür wäre, die „Geheimnisse der Natur" zu ergründen. Turkle geht also davon aus, dass der Traum, wilde Tiere und der Computer uns befähigen würden, über die „Geheimnisse der Natur", zu denen für sie eben auch die Denkprozesse des Gehirns gehören, mehr zu erfahren. In ihrer Konstruktion gelten die wilden Tiere als Verkörperung von „Natur", insofern als ihre Repräsentation. Der Computer hingegen leitet in Turkles Konzept zu Erfahrungen, die über Möglichkeiten von Tier und auch Traum hinausgehen, da diese, wie sie schreibt, direkt an einen „Körper" gebunden scheinen (Turkle 1995, 22). Allerdings bleibt die gleichzeitige Positionierung des Computers als Mechanismus „apart from bodies" im Gegensatz zum Traum und Tier (d.h. die Überkreuzung des biologischen und des logischen Modells) bei Turkle unreflektiert. Die Opposition von Körper und körperlos wird nicht kontextualisiert und ist in diesem Konzept ebenso fraglich wie die Erfahrungspotenzierung, die hier dem Computer zugeschrieben wird (vgl. auch Sick 2003).

3   Die Verbindung von Traum und Tier wäre dann nur gegeben, sofern das „wilde Tier", geradezu instinktgetrieben ohne Gesetz und Sitte handelt – genauso zwingend wie eine (beseelte) Maschine.

Es kommt immer auf die Position für die anderen „im Schmetterlingsnetz" an. Denn in der Analyse sind sie niemals eins: Tschuang Tse und der Schmetterling, sie bestehen immer in ihrer Übersetzung, in der Wahrnehmung des einen als die des anderen (als ob Tse der Schmetterling wäre, als ob der Schmetterling Tse wäre).

Was könnte man aber unter einem Schmetterlingsnetz verstehen? Das Netz könnte das sein, was der Schmetterling auswirft, um Tschuang Tse einzufangen, das, welches Tse auswirft um den Schmetterling einzufangen oder das, was sich aus verschiedenen Schmetterlingen bildet. Auch hier zeigen sich ambivalente Positionen. Es tritt die Übersetzungsarbeit der synergetischen Effekte in der Subjektkonstitution im Traum hervor, die sich auf Strukturen im Cyberspace bzw. im telepräsentischen Raum übertragen lässt.

Denn aus der Unmöglichkeit, die Frage, wer träumt denn hier „selbst" zu beantworten, folgt auch, dass Traum und vermeintliche Wirklichkeit ebenso wenig zu unterscheiden sind wie der Cyberspace und eine ihm gegenüberstehende „wirkliche Wirklichkeit". Sie können allenfalls im Diskurs des anderen konstituiert werden, der den Wunsch nach einer Ununterscheidbarkeit zu schreiben weiß. Denn schon alle Fragen, was nun mit „wirklich" gemeint sei, erscheinen angesichts des Traums vermessen – aber auf alle Fälle nicht fixierbar, denn im Traum ist alles „ach so wirklich". Übersetzungsvorgänge können artikuliert und entziffert werden, aber immer bleibt die Entzifferung am Prozess des Übergangs – zwischen Wahrnehmung und Bewusstsein – beteiligt, schlägt sich, wenn auch kurzfristig auf die eine oder andere Seite – als ob Tschuang Tse ein Schmetterling sei.

Die Darstellungsmittel des Traums sind nicht unabhängig vom Übersetzungsvorgang zu denken, den „das Begehren des Subjekts" offenzulegen weiß. Lacan fragt:

„Wie kann der Traum als Träger des Begehrens des Subjekts etwas produzieren, was das Trauma immer wieder hochkommen läßt – wenn nicht sein Wahres, so doch jener Schirm, der auf es hindeutet als auf ein hinter ihm Liegendes" (Lacan 1996, 83)?

Gerade in Freuds Traumanalyse tritt im Rahmen einer Entzifferungsarbeit, der Schauplatz eines „Zwischen" von Wahrnehmung und Bewusstsein, von latentem und manifestem Trauminhalt in permanenten Übersetzungsverfahren, die nicht 1:1 aufgehen, hervor.

Als ob der Einschlag stattfinden würde, ist der Modus einer Kriegstechnik. Der Crash als Kriegsmodell (Theweleit 2002). Übertragen heißt das: Der Traum lässt sich nicht in der Halluzination einer Synthese denken. Die Synthese könnte nur als Teil des manifesten Trauminhalts erinnert werden.

Ereignis-Topographien 205

2. Technik (von der Fernsteuerung)

Folgendes vornehmlich für den militärischen Bereich entwickelte Setting steht zur Disposition: Der Einschlag oder die Überwachung werden nicht vor Ort gesteuert, sondern aus der Ferne, vom Display aus. Es wird simuliert, gesteuert, getäuscht, enttäuscht und getroffen. Die Modifikationen der „Techniken des Treffens" möchte ich exemplarisch entwerfen, um die Übersetzungsverfahren des Schauplatzes eines „Zwischen", wie er auch in der Traumanalyse hervortritt, hervorzubringen. Und um zu zeigen, wie die Standortbestimmung am Prozess des Übergangs beteiligt bleibt, wenn sie sich kurzfristig auf die eine oder andere Seite schlägt.

Die heutigen Verfahren zur Fernsteuerung basieren auf elektromagnetischen Wellen. Mit Hilfe genauer Zeitmesseinrichtungen wird die Laufzeit dieser Wellen gemessen. Über die bekannte Ausbreitungsgeschwindigkeit kann dann deren zurückgelegte Entfernung berechnet werden. Das heute noch gebräuchlichste System – the *Global Positioning System* – beruht auf diesem Prinzip. Es wurde 1973 vom amerikanischen Verteidigungsministerium entwickelt und gilt als Laufzeitdifferenzmessung: basierend auf festen Sendern, die synchron Signale ausstrahlen, werden deren Laufzeitdifferenzen ausgewertet. Mit 24 Satelliten in der Umlaufbahn sucht *GPS* seit 30 Jahren das Versprechen zu erfüllen: weltweit an jedem Ort und zu jeder Zeit Positionen bis zu 10-15 m in einer Geschwindigkeit von 0,2 m/s zu bestimmen. Die Signale können nicht nur überwacht sondern auch abgelenkt werden. Die Täuschung wie die Ent-Täuschung sind somit Ziel militärischer Operationen. Dieses Manöver soll anhand des *GPS*-Codes und seiner Entzifferung beschrieben werden.

Als technische Grundlage wird angenommen: Die Satelliten-Codes können über ihr Rauschen, welches immer da ist, kontrolliert werden. Die Satelliten senden alle auf der gleichen Frequenz (1575,42 MHZ) einen bestimmten, nur für den jeweiligen Satelliten selbst geltenden PRN-Code aus (Pseudo-Random-Noise-Code). Im Empfänger sind die PRN-Codes für jeden einzelnen Satelliten gespeichert, und ein Mehrkanal-Empfänger kann gleichzeitig die Signale von mehreren Satelliten verfolgen. Die Entschlüsselung durch den Code macht also die Daten sichtbar. Voraussetzung für ihre Sichtbarkeit ist ihre Lesbarkeit. Diese stellt sich erst durch den Code her. Das heißt, jemand der ohne diesen Code die Frequenz abhört, wird nur ein Rauschen feststellen können.

Da *GPS* eigentlich für den militärischen Einsatz konzipiert wurde und auch nur dort die genannte Genauigkeit garantieren soll, wird sie für die zivile Nutzung herabgesetzt. *Selective Availability* heißt das Verfahren zur künstlichen Verschlechterung der gesendeten Satellitensignale, damit die zivile Nutzer des Systems nur noch eine Genauigkeit von ca. 100-300 m in der Ebene erreicht. Dieses Prinzip der *Selective Availability* wird als eine Maßnahme gelesen, die als Gegenmaßnahme oder Täuschung funktioniert. Das heißt auch, dass in diesem Falle der *PRN*-Code nicht mehr ausreicht, um die Daten sichtbar zu machen. So bedarf es eines zweiten Codes, der das Rauschen wieder herstellt, allerdings im Falle der zivilen Nutzung nur teilweise. Dort bleiben also Mosaikbausteine im „Bild" leer. Militärische Empfänger gleichen die Verschlechterung (*Selective Availability*) selbst durch ein spezielles Decodierungssystem aus.

Ab ca. 2004/05 soll *GPS* durch *Galileo*, ein Europäisches Navigationssystem (von der EuropeanSpaceAgency entwickelt, mit Standorten in verschiedenen europäischen Staaten) ersetzt und erweitert werden, ein System, welches aber auch denselben Frequenzbereich wie *GPS* verwendet. Insofern können *GPS*-Empfänger auch mit *Galileo* navigieren. *Galileo* soll allerdings vornehmlich auch in der zivilen Nutzung etwas genauer als GPS sein und auf 30 Satelliten basieren. Prognostiziert wird, dass sich im Gegensatz zu *GPS* die Funktion für Transatlantikflüge und für die Steuerung in Straßenschluchten verbessere, was das System insbesondere für Überwachungsfunktionen interessant macht. Allerdings erheben die Militärs der USA bisher noch den Anspruch darauf das Galileo-Signal stören zu dürfen.[4]

Fazit ist – und das gilt nicht nur für *GPS:* durch die Codes wird ein berechneter Raum steuerbar. Mit dem PRN-Code und dessen Ablenkung wird der Einschlag des Flugkörpers simulierbar, gesteuert oder abgewehrt. Er vollzieht sich im berechenbaren Raum, der auch als virtueller Raum zu bezeichnen ist, als ob er vor Ort wäre. Um dort zu treffen.

Die Technik der Fernsteuerung wie *GPS* oder auch *Galileo* entwickelt sich aus einem Zusammenspiel von kommerziellen und militärischen und politischen Anforderungen und findet so ihren Einsatz beim Überwachen, Ablenken und kontrolliertem Lenken von Geschossen. Anhand von einigen Beispielen soll dies hier konkretisiert werden:

Zunächst bekannt wurden unbemannte Drohnen vom Typ *Pioneer*, die per *GPS* und Autopilot Videobilder vom Golfkrieg sandten. Die vielen schon seit dem 1. Golfkrieg eingesetzten dann ab 1993 mit GPS ferngesteuerten Cruise Missiles und Tomahawks, die die gegnerischen Luftabwehranlagen und Kommunikationsanlagen ausschalten sollten, sollten ohne die Gefahr eigener Verluste zielgenau zerstören (Chauvistré 2003, 7). Ein durchschlagendes „Präzisions-Szenario", welches aktuell bei der Bombardierung von Bagdad („Shock and Awe") im März 2003 durch die Briten und die USA konkretisiert wurde. Das ferngesteuerte Waffensystem *Global Hawk* wurde bisher insbesondere in unterschiedlichen Kriegsgeschehen für Ablenkungsmanöver eingesetzt. Wenn ein auf Wärme reagierendes Projektil auf seiner

---

4   Momentan wird über die Verteilung der Beteiligung der europäischen Staaten gestritten; vgl. Eckert 2003. Weiterführende Literatur zur Technik und Geschichte der Satellitennavigation: Sick 2001/2003, Schrödter 1994, Bolz 1993.

Spur ist, kann es dies aufspüren und dann seine Flugbahn wechseln und Köder ausstreuen. *Global Hawk* wurde vornehmlich auch im Kosovokonflikt von der Air Force eingesetzt.

Die vielbekannte *Predator-Drohne*, ein ferngesteuertes Flugzeug, wurde mittlerweile mit Laserzielgeräten und *Hellfire-Geschossen* ausgestattet und eingesetzt, um Panzer u.ä. aus unterschiedlicher Höhe im Afghanistankrieg und in Jemen zu zerstören. Insofern wurde dieses ferngesteuerte unbemannte Flugzeug selbst zur Waffe, mit genug Treibstoff ausgerüstet, um hunderte Kilometer über gegnerische Gebiete zu fliegen und mehr als 24 Stunden in der Luft zu bleiben (Chauvistré 2003, 7; Rupp 2002). In Afghanistan wurde sie insbesondere verwendet, da sie tiefer als *Global Hawk* fliegen und Echtzeit-Bilder von Bodenzielen liefern kann – was schon der Kosovokrieg zeigte. Ähnliche Gründe werden für ihren Einsatz im „Irakkrieg" 2003 angegeben.

Während nun die beschriebenen Waffensysteme ferngesteuert und versteckt agieren, hat die USA auch nichtnukleare Bomben entwickelt, die gerade auf die Sichtbarkeit und die Abschreckung des Einschlags setzen: in Vietnam und auch noch im Afghanistankrieg waren es die GPS-gesteuerten thermobarischen Bomben, die sogenannten *Daisy Cutter*, ursprünglich entwickelt, um Landeplätze für Hubschrauber freizusprengen. Pünktlich für den „Irakkrieg" wurden sogenannte „Superbomben" erprobt: *MassiveOrdnanceAirBurst Bomb* (MOAB), die nur aus einer Höhe von 2000 Metern, z.B. von *B52* Bombern, abgeworfen werden können, damit das transportierende Flugzeug (der Bomber) nicht gleich mit zerstört wird (Chauvistré 2003, 6; Jänicke 2002).

In den Forschungslaboratorien des MIT wird, so berichtete Florian Rötzer schon im Februar 2002 in *telepolis*, immer weiter an immer kleineren ferngesteuerten Präzisionswaffen gearbeitet. Beispielsweise wird dort ein autonom fliegender Minihubschrauber entwickelt, der als Aufklärungs- und Kampfflugzeug dienen könnte. Es scheint, dass nach dem erfolgreichen Einsatz von technisch hochgerüsteten kleinen Spezialeinheiten wie den unbemannten Kampfflugzeugen im Afghanistankrieg, die Entwicklung von ferngesteuerten Waffen vielversprechender eingeschätzt wird. So ist es nicht verwunderlich, dass das MIT auf die Entwicklung von Miniaturroboterhubschrauber setzt, die noch wendiger sind und für bodennahen Einsatz geeignet erscheinen (Rötzer 2000a, b). Ein käufliches Modell des X-Cell 60 Miniaturroboters, der 1,3 Meter lang und 0,44 Meter hoch ist, wird mit einer Box ausgeliefert, die einen Computer, einen *GPS*-Empfänger, einen Höhenmesser und Beschleunigungssensoren mit einem Gewicht von 3,5 Kilogramm enthält. Dieser Miniroboter soll benutzt werden, um zwischen Bergen oder Häuserschluchten zu fliegen und so beispielsweise Treffpunkte von Terroristen auszumachen und die Bilder den Flugzeugen in der Luft zuzusenden. Allerdings wurden die Bilder sowie die der Predator-Drohnen laut Befragung der

Offiziere während des Afghanistankrieges tatsächlich nur wenig benutzt. Sie dienten bisher mehr als „Unterhaltung der Kommandozentrale in Saudia Arabien, in Florida und im Pentagon".[5] Bisher konnten die gesendeten Bilder nur zu einem kleinen Prozentsatz ausgewertet werden. Angesichts der von den Entwicklern als erfolgreich bezeichneten Einsätze im Afghanistan- und im Kosovokrieg gewinnen die unbemannten Einsätze dennoch auch beim Militär entschiedene Fürsprecher, insbesondere in Bezug auf Bio- und Chemiewaffen.[6] Dies zeigt auch die Ankündigung der USA für den „Irakkrieg" als Großoffensive und Präzisionskrieg.

Ein noch nicht realisiertes Anliegen dieser technologischen Entwicklungen ist, dass sich die Flugkörper ihre Flugziele selbst suchen. Doch bleibt noch wage, wie die UCVAs jemals entscheiden können werden, wer Feind sei, wer Militär und wer Zivilist. So weigert sich auch das *US Defense Advanced Research Project* zu definieren, was ein sogenannter „pop-up threat" sein könnte, dennoch wird gerade mit der Entwicklung von unbemannten Flugkörpern heute die militärische Vormachtstellung der USA begründet, die ihr ermöglichte einen Krieg auch ohne weitere Bündnispartner zu gewinnen. So gehen nicht nur die Prognosen für die Navigationstechniken bzw. modernen Waffensteuerungstechniken davon aus, die Überwachung und aber auch den Einschlag, den Crash, am Display zu steuern – im Flugzeug oder in der jeweiligen Steuerungs- bzw. Kommandozentrale.

Entscheidend ist, dass die Ingenieure für die Steuerung am Display ein „Bild" benötigen, also nicht ein „weißes Rauschen", wie es Kittler nennt (Kittler 1988, 354), sondern ein Rauschen, welches entziffert werden kann. Ein zum Bild generiertes Rauschen macht die Fernsteuerung erst möglich. Voraussetzung für die Bildherstellung ist die Unterscheidbarkeit von Signal und Rauschen, die grundsätzlich angenommen werden muss. So basiert Bildherstellung auf den Effekten eines Diskurses, der die Entzifferung zuallererst hervorbringt. Denn wenn das Bild des Ereignisses nur enthüllt werden müsste, wäre der Code, der die Unterscheidung ermöglicht, schon immer dagewesen. Als ob er am Ursprung stünde. Seine Fiktion wäre zum Verschwinden gebracht, in dem seine Erzeugung vergessen worden wäre.

Das Bild scheint ein Ereignis zu provozieren, welches dann vor Ort stattfindet. Als ob das Bild wahr würde. Anders formuliert: Das Reale, wie es Kittler nach Lacan beschreibt, wird in der Berechnung modifiziert (Kittler 1991, 1988). Ein modifizierbares Reales zeigt sich also als Treffer, der als errechnetes Ereignis aufblitzt. Der Modus eines „performativen Als ob" (Derrida 2001) führt und bildet ein Ereignis, modifiziert und schlägt zu. Wird aber zugleich im „Crash" erschüttert und überschritten.

---

5   Wie die Washington Post berichtete: www.washingtonpost.com/wp-dyn/articles/A16954-2002Mar25.html.
6   Dazu gehören auch die ferngesteuerten Unterwasser-Geschosse, z.B. die den Delfinen nachempfundenen *biometics* oder auch *Robolobster*, zehn Pfund schwere Technohummer.

Was heißt es nun in diesem Zusammenhang von der Immaterialität des Krieges zu sprechen und vom Verschwinden des lokalisierten, territorialen Raumes, wie es der Medientheoretiker Virilio seit den 80er Jahren des letzten Jahrhunderts tut?

3. Der Wunsch (Vom Verschwinden des territorialen lokalisierten Raumes)

Mit den Möglichkeiten der (Waffen)Fernsteuerung wird die populäre Prognose begründet, dass das Verschwinden des territorialen und lokalisierten Raumes als zunehmende gesellschaftliche Tendenz zu beschreiben sei. Ausgangspunkt für eine solchen Entwurf bildet die These, dass der Mensch durch die Maschine ersetzt würde. Insofern werden in diesem Diskurs auch beide Kategorien als bestimmbar gelesen. Von dem Medientheoretiker Paul Virilio wird in dieser Entwicklung eine Veränderung im militärischen Apparat hin zu einer „immateriellen Kriegsführung" konstatiert. Er kennzeichnet maßgeblich drei Kriterien, die die Entwicklung zu einer immateriellen Kriegsführung begründen: 1. die visuelle Überlegenheit und Kontrolle der Bewegung und die Erfassung weit entfernter Ziele, 2. die hierarchische Struktur der Befehlsgewalt, 3. die logistische Verbindung von Transport und Zerstörungsmitteln. Im Gegensatz zu Kittlers Analysen (Kittler 1991, 196-213), die eher die strategischen Konzepte betreffen, fragt Virilio nach den veränderten Geschwindigkeiten und Entfernungen. Insofern sieht er (und mit ihm auch Norbert Bolz und Peter Weibel[7]) den Grund für die Entmaterialisierung in der „umgekehrten Astronomie", die die Steuerung und die Beobachtungen durch die Waffensysteme bestimmt, ganz im Gegensatz zur geopolitischen horizontalen Perspektive. Virilio sieht in der Entmaterialisierung der Waffen und der Abwehr eine Tendenz, die Kittler damit beschreibt, dass die Waffensysteme zu Subjekten werden. Denn in der beschriebenen Struktur vollzieht sich für Virilio, aber auch für Kittler, die Entpersönlichung der Befehlsgewalt, die Waffensysteme werden so selbst zur Befehlsgewalt (Kittler 1998, 355). Virilio stellt für diese Argumentation den „zutiefst persönlichen politischen Willen" der Automatisierung gegenüber, wenn er schreibt:

„Der zutiefst menschliche politische Wille wird aufgegeben zugunsten der endgültigen Automatisierung der Entscheidung" (Virilio 1998, 148; vgl. auch Virilio 2000).

Er fragt weiter, ob der Entschluss, einen Krieg zu führen, so nicht notwendigerweise an ein Expertensystem abgegeben werde. Denn nur ein solches sei imstande, in Echtzeit auf Waffensysteme zu reagieren, die ebenfalls in

---

7 Vgl. hierzu z.B. Weibel 1999, 105-121 und Bolz 1993, 19-27.

Echtzeit arbeiten. Konsequenz davon wäre, so formuliert es Virilio, dass diese Waffensysteme uns endgültig der Verantwortung für das eigene Schicksal berauben würden. Diesen Zustand bezeichnet er dann als „immaterielle Kriegsführung" (Virilio 1998, 166). Er geht davon aus, dass eine grundsätzlich zu bestimmende menschliche Verantwortung für ein menschliches Schicksal bestehe, in seinem Diskurs selbst wird aber nicht näher definiert oder reflektiert, was menschlich sein könnte, sondern es wird einfach vorausgesetzt und bestimmt so die Argumentation. Virilio kritisiert insofern, dass die kriegerischen Auseinandersetzungen und ihr Ausgang weniger von den politisch und militärisch Verantwortlichen beider Lager abhängen als vielmehr von ihren Waffensystemen. Das bedeutet ein genau abgestimmtes Zusammenspiel von elektronischen Frühwarnsystemen, ferngesteuerten Aufklärungssystemen und direkt ferngesteuerten Abschusssystemen für die Offensive.

Die entscheidende Rolle der Sichtbarkeit für die Wirksamkeit dieses komplexen Zusammenhangs zeigt sich z.B. Virilio zu Folge, wenn die NATO im Kosovokrieg auf eine solche Sichtbarkeit setzt und z.B. über den serbischen Truppen Flugblätter abwarf, worauf stand: „Ihr könnt Euch verstecken, aber die NATO sieht Euch immer" (Bexte 1999, 34). Damit wird auch deutlich, wie abhängig die Funktionsweise dieser Kriegsmaschinerie von einem zugehörigen automatisierten Erkennungssystem, welches z.B. die Massen von Bildern auswertet, ist. Peter Bexte schreibt im Anschluss an diese Argumentation:

„Die Kriegmaschine NATO aber heischt Sehkraft für sich und kann dies seit dem Zeitalter der Aufklärung anscheinend tun – „Aufklärung" hier verstanden im militärischen Sinne von Aufklärungsflugzeugen, Aufklärungssatelliten und anderen Wesen des Erkenntnis-Service." (Bexte 1999, 34)

Dass die Analyse Virilios und Bextes hier zutreffend ist und ein solcher Erkenntnisservice tatsächlich auch politisch gesteuert wird, zeigt auch die Taktik der USA, die Bildrechte für die Satellitenbilder von Afghanistan während des Afghanistankrieges bei der Firma *Spaceimaging*[8] aufzukaufen. So konnte gesichert werden, dass die US-Militärs keine Bilder an andere Interessierte (z.B. an die Printmedien und Fernsehsender) verkaufen und die Kontrolle über die Verbreitung der Bilder des Kriegsgeschehens innehalten konnten.

Unter Berücksichtigung dieses Settings diagnostiziert Virilio also zu Recht, dass die empfangenen Satellitenbilder einen Zustand panoptischer Einschließung produzieren, ebenso wie die unbemannten Flugkörper. Wie schon Foucault für die panoptische Struktur Benthams[9] rekonstruierte, zeigt

---

8 In der Selbstdarstellung unter www.spaceimaging.com heisst es: „Space Imaging is the world's leading provider of Earth imagery and related services to commercial and government markets."
9 „Das Panopticon von Bentham ist die architektonische Gestalt dieser Zusammensetzung [Ausschließung und Disziplinierung, A.S.] ... : an der Peripherie ein ringförmiges Gebäude,

sich auch in dieser Konstellation, dass „Überwachung" und „Schuss" eng miteinander verwoben sind. Der von Virilio geprägte Begriff der „panoptischen Einschließung" erklärt sich bei ihm vornehmlich aus dem Begriff der Geschwindigkeit, denn für die Entscheidungsfindung bleibt (fast) keine Zeit. Überwacht und gesteuert wird in einer Hypergeschwindigkeit, die keine Zeit mehr lässt zum Eingreifen in die Implosion. In dieser Beschreibung verliert nun nach Virilio der Begriff der Entfernung und der der Lokalisierung seine Bedeutung, wodurch dann auch der Verlust des geografischen, territorialen Raumes konstatiert werden könne: Während der klassische panoptische Apparat Jeremy Benthams noch gebunden war an eine geografische Lokalisierung, an eine konkrete Topographie, scheint im Zeitalter der Telepräsenzen, so Virilio, der lokalisierte Raum in einen Cyberspace ohne optische Beschränkungen wie Licht, Schatten und Schlupfwinkel übergetreten zu sein. Alle Ereignisse hinterlassen hier Spuren und sind potentiell sichtbar. Es wäre ein multiples Netz von panoptischen Ereignissen zu beschreiben. Der im Diskurs Virilios entstehende kontinuierliche Raum sei der errechnete Raum, in dem Bewegungen ferngesteuert werde, in dem ununterscheidbar sei, was real und was virtuell ist. Letztendlich löse sich im Zuge der Teleportierung der Raum an sich auf, eine These die auch der Medientheoretiker Peter Weibel unterstützt (Weibel 1999, 105-121).

Unter welchen Prämissen kann nun aber das Verschwinden des geographischen Raumes deklariert werden? Inwiefern treibt diese Diagnose den Diskurs selbst als Wunscherfüllung voran?

Um diese Frage zu beantworten sei zunächst ein Umweg beschritten und noch einmal an die eingangs gemachte Prämisse erinnert: wenn der Traum ein Computer wäre, dann entwürfe auch dieser einen seltsamen Schauplatz eines Zwischen (von Wahrnehmung und Bewusstsein), der Grenzen unbestimmbar werden ließe. Voraussetzung für die Fernsteuerung ist im weitesten Sinne der Computer bzw. die digitale Verarbeitung von Signalen. Wird nun das „Verschwinden des lokalisierten begrenzten Raums" behauptet, dann würde der Konjunktiv, der diesen Schauplatz des Zwischen grammatikalisch markiert, sei er nun durch *wenn, als ob* oder *falls* eingeführt, im Diskurs zum Verschwinden gebracht und wäre tatsächlich einholbar. Bleiben wir aber in der Logik des Traums selbst, dann kann das „Verschwinden des lokalisierten Raumes" nun auch wieder nur als Traum gelesen werden, in diesem Sinne als Wunscherfüllung – die eben naturgemäß nie einholbar wäre. Insofern wäre das „Verschwinden" als unbewusst erzeugter Wunsch im Diskurs in Erfüllung gegangen, wäre die Prognose schon zutreffend. Die Verkleidungen

---

in der Mitte ein Turm, der von breiten Fenstern durchbrochen ist, welche sich nach der Innenseite des Ringes öffnen, das Ringgebäude ist in Zellen unterteilt, von denen jede durch die gesamte Tiefe des Gebäudes reicht, sie haben jeweils 2 Fenster, eines nach innen, das auf die Fenster des Turms gerichtet ist, und eines nach außen, so daß die Zelle auf beiden Seiten von Licht durchdrungen wird" (Foucault 1991, 256).

desselben, die Maskeraden, die Ausweichbewegungen der Diskurse, die den Schauplatz theatralisieren, wären all die eiligen Schlussfolgerungen, die gekennzeichnet sind durch die Immaterialität des Krieges, bzw. die „Entmaterialisierung", die „Entwirklichung", die „Entpersönlichung" (Virilio 1998).[10]

Auf welche Prämissen baut aber ein Diskurs, der eine Ununterscheidbarkeit prognostiziert (wünscht), indem er eine Unterscheidbarkeit einfordert? Obwohl die konstatierte Ununterscheidbarkeit von hier und da, die in ihrer letzten Konsequenz eine unglaubliche Infragestellung von Identität bedeutet, auch von Virilio und Bolz für den berechneten Raum der Fernsteuerung beschrieben wird, sind sie dennoch bemüht eindeutige Zuordnungen zu finden und damit die dekonstruierende Kraft einer selbst postulierten Ununterscheidbarkeit wieder auszuhöhlen. Diese Zuordnungswut zeigt sich in der beschriebenen Maskerade einer Ansammlung von Negationen, mit denen Virilio an einem dualistischen Zuordnungssystem festhält. Denn sein Konzept pointiert eine Immaterialität und setzt damit notwendig eine Materialität voraus. Prognostiziert wird eine Ununterscheidbarkeit von real und virtuell auf Grund einer Unterscheidbarkeit. Insofern geht die These, die auch als Wunsch(erfüllung) vom Verschwinden des lokalisierten Raumes gelesen werden kann, davon aus, dass bestimmbar sei, was real und was virtuell ist. In dem Diskurs entfaltet sich so – wie selbstverständlich – Realität als ein klarer, zu definierender Begriff und Zustand, und eben nicht als eine sich permanent immer wieder zu stellende Frage. Es wird nicht davon ausgegangen, dass das, was als real und virtuell bezeichnet wird, Effekt des Diskurses ist. Insofern wird dem nicht einholbaren Wunsch in seiner Erfüllung ausgewichen. Virilio argumentiert in dieser Hinsicht als Fürsprecher für das Materielle, das Menschliche. Die Materialität der Kommunikation läge im Ereignis selbst. Das zeigt sich, indem die entseelte, entkörperlichte Maschine und der Mensch sich gegenüberstehen. Virilio sitzt an dieser Stelle, so treffend seine Analyse ansonsten auch sein mag, m.E. einem Kulturpessimismus auf, der etwas retten will, was er zu kennen glaubt, das Persönliche und das Materielle.

Der Traum vom Fliegen wird eingeholt. Der Schmetterling löst sich aus seinem Netz, was immer das des Anderen gewesen wäre. Das Verschwinden des geographischen, lokalisierten Raumes erscheint so zwingend. Der Schauplatz schlägt sich einer Seite zu. Auch im „Hier" bringt der Diskurs das Ereignis von dem er spricht hervor, das Verschwinden. Aber nur in dem das DA hervorblitzt und im Verschwinden der Realität verschwindet.

---

10 Die von Virilio entworfene panoptische Situation könnte gestützt werden durch die zahlreichen Zustandsbeschreibungen und Prognosen medientheoretischer Diskurse. Auch die politische Analyse von Beck hebt hervor, dass „von nun an nichts, was sich auf unserem Planeten abspielt, nur ein örtlich begrenzter Vorgang ist, sondern dass alle Erfindungen und Katastrophen die ganze Welt betreffen und Organisationen und Institutionen entlang einer Achse von lokal-global zu reorientieren sind" (Beck 1997, 30).

4. Der Ort (vom DA! vom Hier!)

Und doch ist der Crash, der Knall, der Schauplatz eines Zwischen, der Ort des Einschlags, der Treffer DA! Eben dieses DA, was das Hier ist, wird erschüttert. Der Schauplatz, der Kampfplatz, erscheint in der modifizierbaren Realität selbst berechenbar, die Modifizierbarkeit wirkt ent-ortend. Doch vergessen bleibt in dieser Argumentation: im Moment des Treffers blitzt unter dem Schirm, der die Maskerade in Gang hält und das Täuschungsmanöver ermöglicht, der Ort auf, der das Ereignis stattfinden ließe. Die Inszenierung des Crash ist nicht nur Sache der Medien und der Videospiele sondern auch prinzipiell der Anlass der Fernsteuerungstechniken. Trifft er zu, wird er nicht mehr abgelenkt, getäuscht oder enttäuscht, tritt der „Tod" ein. Das Erwachen bricht in den Traum ein. Das Ereignis ist immer Hier und DA, die Gegenwart des Todes abgeschirmt und doch da (Bronfen 2002, 141ff). Es bleiben seine Topographien nur in seinem Verschwinden zu begreifen. Das Faktum selbst bleibt dennoch immer evident (Theweleit 2002, 261). Die Verschiebung des Bezugspunktes zur Realität kann auch ein Beispiel aus der konventionellen Flugzeugsteuerung im Verhältnis zu publizierten TV-Bildern verdeutlichen. Denn es wäre auch eher unmöglich davon zu sprechen, dass die Realität vor Ort (das Hier und das Da) – die Menschen, die in New York die Einschläge und z.B. den Einsturz der beiden Türme des WorldTradeCenters am 11. September 2001 von der Straße sahen und miterlebten – die Realität an den Schirmen auslöscht und übertrumpft. Vielmehr zeigt sich ein Übersetzungsvorgang, der Unterschiede des „vor Ort" in ihrem Verschwinden hervorbringt. Die Unterschiede artikulieren sich z.B. in der Frage: Soll ich weglaufen? Denn vor dem Display im Falle der Fernsteuerung oder im übertragenen Sinne vor dem Fernsehschirm würde sich (wem nun?) diese Frage nur dann stellen, wenn „Ich", verstrickt in das Netz des Schmetterlings, nicht mehr weiß, wer „Ich" ist, ob „Ich" träumt oder wacht. Das heißt, wenn ich in der Lage wäre, mich in dem Setting zu positionieren, könnte ich auch in Frankfurt, Tokio u.a. vor den einstürzenden WTC weglaufen. Das führt die Entzifferung des Schmetterlingstraums vor.[11] Als ob der Ort nur der des Anderen wäre. Das verschwindende Ereignis ist aber immer vor Ort. Deshalb wären es auch die Ereignis-Topographien, die „uns" in und mit ihrer mörderischen Live-Schaltung treffen und uns eines sonst wirksamen Immunsystems entziehen. Auch hier ein Einbruch „vor Ort", der das Trauma immer wieder „hoch kommen lässt", durch den „Schirm", der auf es hindeutet (Lacan 1996, 83). Die Technik des Abschirmens, grundlegend für die unbemannte Fern-

---

11 Die Verschaltung der drei Ebenen: Simulation, Live TV und todbringendes Inferno wird noch deutlicher, wenn man mit in Betracht zieht, dass die Attentäter des 11.09.01 das „Flight 2000" Microsoft Programm spielten, bevor sie das WTC ansteuerten. Für die weiterführende Diskussion empfehle ich: Reiche 2002, 197-207.

steuerung, verspricht ein „hinter ihm Liegendes". Als ob der „crash" stattfinden würde. Eben wie im Traum.

Literatur

Beck, Ulrich (1997): Was ist Globalisierung. Frankfurt a.M.
Bexte, Peter (1999): Blinde Optiker. In: VVS Saarbrücken (Hg.): Mehr Licht. Berlin, 33-51
Bolz, Norbert (1993): Take off ästhetisch. In: Fotogeschichte. Beiträge zur Ästhetik der Fotographie, hrsg. von Hubertus Amelunxen, Jg. 13, Heft 48, 19-27
Bronfen, Elisabeth (2002): Der unsagbare Kern. In: Klaus Theweleit (2002): Der Knall: 11. September, das Verschwinden der Realität und ein Kriegsmodell, Basel, Frankfurt a.M., 141
Chauvistré, Eric (2003): Der Irakkonflikt: Die Waffen der USA. In: taz, 19.3.2003, 6-7
Derrida, Jacques (2001): Die unbedingte Universität. Frankfurt a.M.
Derrida, Jacques (1988): Signatur, Ereignis, Kontext. In: Ders.: Randgänge der Philosophie. Frankfurt a.M./ Berlin/ Wien, 124-155
Eckert, Dirk (2003): Italien will bei Galileo nicht klein beigeben. In: telepolis, 13.01.03, www.heise.de/bin/tp
Foucault, Michel (1991): Überwachen und Strafen, 9. Aufl., Frankfurt a.M.
Freud, Sigmund (1972): Traumdeutung (1900), Studienausgabe Bd. 2, Frankfurt a.M.
Jänicke, Ekkehard (2002): War Games 2002. In: telepolis, 16.03.02, www.heise.de/bin/tp.
Kittler, Friedrich (1988): Signal-Rausch-Abstand. In: Hans Ulrich Gumbrecht, K. Ludwig Pfeiffer (Hg.): Materialität der Kommunikation. Frankfurt a. M., 342-360
Kittler, Friedrich (1991): Simulation und Fiktion. In: Karlheinz Barck, Peter Gente, Heidi Paris, Stefan Richter (Hg.): Aisthesis, 2. Aufl., Leipzig, 196-213
Kittler, Friedrich (1997): Farben und/oder MaschinenDenken. In: Martin Warnke, Wolfgang Coy, Christoph Tholen (Hg.): Hyperkult. Basel, 83-99
Kittler, Friedrich (1999): Von der optischen Telegraphie zur Photonentechnik. In: VVS Saarbrücken (Hg.): Mehr Licht. Berlin, 51-69
Lacan, Jacques (1996): Der Blick als Objekt klein a, Die Spaltung von Auge und Blick. In: Ders.: Die vier Grundbegriffe der Psychoanalyse, übersetzt von Norbert Haas. Freiburg
Porte, Joel (1982): Emerson in His Journals. Cambridge Mass.
Reiche, Claudia (2002): technics of cyber<>feminism. In: Claudia Reiche; Andrea Sick (Eds.): Technics of Cyber<>feminsm. <mode=message>. Bremen, 10-12
Reiche, Claudia (2002): Technics of Ambivalence and Telepresence. In: Claudia Reiche; Andrea Sick (Eds.): technics of cyber<>feminism. <mode=message>. Bremen, 197-207
Rötzer, Florian (2002a): Akrobatische Manöver. In: telepolis, 11.02.02, www.heise.de/bin/tp.
Rötzer, Florian (2002b): Live-Bilder von Drohnen. In: telepolis, 27.03.02, www.heise.de/bin/tp

Rupp, Katja (2002): Roboterkriege. In: telepolis, 11.10.02, www.heise.de/bin/tp
Schrödter, Frank (1994): GPS, Satelliten-Navigation: Technik, Systeme, Geräte, Funktionen und praktischer Einsatz. Poing
Sick, Andrea (2003): Dreammachine: Cyberfeminism. In: Claudia Reiche, Verena Kuni (Eds.): Next Protocols. New York (in print)
Sick, Andrea (2001): Treffsicherheiten mit Telepräsenz, Navigationsverfahren in Echtzeit. In: Dies.: KartenMuster. Bilder und Wissenschaft in der Kartografie. Universität Hamburg, Dissertation 2001 (Veröffentlichung in Vorbereitung, Hamburg Herbst 2003)
Stryker, Tim (1991): Ist die Wirklichkeit etwas Virtuelles? In: Manfred Waffender (Hg.): Ausflüge in Virtuelle Wirklichkeiten. Hamburg
Spaceimaging: www.spaceimaging.com
Theweleit, Klaus (2002): Der Knall: 11. September, das Verschwinden der Realität und das Kriegsmodell, Basel, Frankfurt a.M.
Theweleit, Klaus (2002): WTC Crash Reality. In: Theweleit, Der Knall. Frankfurt a.M., 261
Turkle, Sherry (1995): Life on Screen, Identity in the Age of the Internet. New York/ London/ Toronto/ Sydney/ Tokio/ Singapore
Vaihinger, Hans (1918): Die Philosophie des Als ob. Das System der theoretischen, praktischen und religiösen Fiktionen der Menschheit; Leipzig (im Orig.: 1913)
Virilio, Paul (1998): Ereignislandschaft. München/ Wien
Virilio, Paul (2000): Information und Apokalypse. Die Strategie der Täuschung. München/ Wien
Washington Post: www.washingtonpost.com/wp-dyn/articles/A16954-2002Mar25.html
Weibel, Peter (1999): Medien und Metis. In: Manfred Faßler (Hg.): Alle möglichen Welten, Virtuelle Realität, Wahrnehmung, Ethik. München, 105-121

Neue Körper, neue Normen? Der veränderte Blick durch bio-medizinische Körperbilder

Sigrid Schmitz

Ich begebe mich auf eine Reise in die digitale Welt der bio-medizinischen Körperbilder. Zunächst besuche ich das *Visible Human Project*. Ich begegne den Körpern eines Mannes und einer Frau. Es sind die Körper *des* Mannes und *der* Frau, die Körper von Adam und Eva. Ich sehe eine Fülle von Bildern und Animationen, bewegte und unbewegte Körper, Körperteile, Außen- und Innensichten; Haut, Organe, Blutgefäße, Nervenbahnen und das Skelett. Die geschickte Animation von Schnittbildern ermöglicht mir eine Fahrt, einen „fly-through" durch den gesamten Körper. Ich kann die Körper nicht nur anschauen, ich kann sie auch drehen, wenden, aufklappen, zerlegen und wieder zusammensetzen. Ich selber bin diejenige, die den Körper mit dem Werkzeug meiner Maustaste aufdecken, bearbeiten und sezieren kann.

Ich setzte meine Reise fort zum *Human Brain Project*. Diesmal verliere ich mich fast in der Fülle der dargebotenen Möglichkeiten. Ich schaue mir Bilder zur Anatomie und Hirnfunktion an, mikroskopische Aufnahmen von Nervenzellen und ihrem dichten Netzwerk von Verknüpfungen. In einer Animation durchfahre ich das Netzwerk aus Nervenfasern, dringe in die Nervenzelle ein bis hinunter zu ihrem Kern, noch weiter bis zur DNA, bis zu den Genen, die das Gehirn bestimmten sollen.[1] Hirnatlanten zeigen mir dreidimensional und anhand farbig markierter Hirnwindungen, wo genau welche Bereiche im Gehirn liegen. Ich gelange zu einem Schizophrenie-Atlas.[2] Hier sehe ich, dass bei Schizophrenie-PatientInnen bestimmte Hirnareale variabler sind als bei normalen Personen. Und die Gehirne von schizophrenen Frauen sind an anderen Stellen variabler als die von Männern. Wenn meine Hirndaten mit einem solchen Atlas verglichen würden, sollte sich zeigen, ob ich schizophrene Hirnanlagen habe oder zu den „Normalen" gehöre. Funktionelle Atlanten versprechen mir zusätzlich den Blick in das Gehirn bei der Arbeit. Sie zeigen mir, wo im Gehirn die Neuronen-Netze feuern, wenn ich Farben oder Punkte anschaue, wenn ich einen Arm hebe, wenn ich spreche, wenn ich denke.[3]

---

1 Laboratory of Neuroimaging an der University of California, Los Angeles (UCLA). http://www.loni.ucla.edu/SVG/animation/anatomy/cortic_journ.html#, letzter Zugriff am 12.6.2003.
2 http://www.loni.ucla.edu/~thompson/SZ/schizo_atlas.html, letzter Zugriff am 12.6.2003.
3 Z.B. Crump Institute for Molekular Imaging an der University of California http://www.crump.ucla.edu:8801/PBA/, letzter Zugriff am 12.6.2003.

Diese kleine Reise, die mich einerseits fasziniert (das will ich gar nicht verleugnen), weckt in mir doch auch ein gehöriges Maß an Unbehagen. Sind das nun die neuen Normkörper und Normgehirne des Menschen, an denen gemessen und festgelegt wird, was „gesund" und „krank", was männlich und weiblich in Zukunft zu sein hat? Ich will diesem Unbehagen im Folgenden nachgehen.

In der Welt der digitalen Bilder begegnen uns heute viele Körper, deren konstruktivistischer Charakter häufig verborgen bleibt. Auch wenn sie mit großem Geschick Realität vorspielen, sind wir uns ihrer Konstruktion doch mehr oder minder bewusst.[4] Ich möchte in der folgenden Analyse meinen Blick auf die Körper der bio-medizinischen Bildgebung konzentrieren mit der These, dass diese Bilder in der Welt der digitalen Körperbilder eine eigene Dimension aufweisen, indem sie sich explizit auf den biologischen Körper beziehen und damit den Realitätsbezug betonen. Sie versprechen uns einen neuen, präziseren Blick auf und besonders in den biologischen Körper. Sie erhalten durch ihre weite Verbreitung über das Internet in unseren westlichen Gesellschaften eine besondere Wirkmacht. Diese bezieht sich einerseits auf ihren Anwendungserfolg in der medizinischen Diagnose und Therapie. Sie bezieht sich aber auch auf die Generalisierung und Verbreitung neuer, besser gesagt erneuter Körpernormen und damit einhergehender Dichotomien *des* Mannes gegenüber *der* Frau oder *des* „gesunden" gegenüber *dem* „kranken" Gehirn, welche durch den Bezug auf den biologischen, gleichermaßen den realen, wirklichen Körper wiederum als natürlich determiniert werden.

Wenn ich die These aufstelle, dass digitale bio-medizinischen Körperbilder Normierungen und Naturalisierungen insbesondere durch den Rückbezug auf den biologischen Körper untermauern, so hat dieser Körper doch auf dem Weg bis zum digitalen Bild eine doppelte Umwandlung erfahren. Er selbst bleibt im Scanner zurück, seine Daten werden bearbeitet und in farbige Bildschirmpunkte umgerechnet, um schließlich wieder als Bilder des Körpers im Internet präsentiert zu werden. Dieser Transformationsweg von der körperlichen Materie über entkörperte Daten und deren Bearbeitung wieder zurück zum Abbild der Materie ist sicherlich nicht neu. Er findet sich seit den Anfängen der Bilddarstellung über die Fotografie bis zur heutigen Digitalisierung. Begleitet wurde und wird er mehr oder weniger durchgängig von der Diskussionen um die manipulative Kraft der Bilder, die sich einerseits auf den Prinzipien unserer visuellen Wahrnehmung, auf neue bildgebende Technologien (Photographie, Röntgen, Ultraschall, MRI, etc.) sowie auf bewusste Manipulationen im Verlauf der Bildherstellung begründen (vgl. Mitchell 1992; Reiche 1998). Es stellt sich also die Frage, ob die mit Hilfe der neuen Visualisierungstechniken erstellten bio-medizinischen Körperbilder nur eine

---

4   Auch diese fiktiven Körperbilder transportieren Normen, insbesondere Geschlechternormen, wie Karin Esders und Martina Mittag in ihren Beiträgen in diesem Band ausführen.

Fortführung der bereits bestehenden Bilder darstellen, oder ob sie tatsächlich eine neue Qualität des Blickes mit sich bringen.

Ich möchte die zwei Projekte meiner anfänglichen Internetrecherche, das *Visible Human Project* und das *Human Brain Project*, noch einmal genauer unter die Lupe nehmen und am Beispiel ihrer Hintergründe, Prinzipien und Techniken folgende Fragen erörtern:

- Wo und wie verändern die neuen Visualisierungstechniken den *Blick auf Körper und Gehirn*?
- Welche *Prozesse der Normierung* tragen und verbreiten diese Bilder in Bezug auf den Körper; welche Dichotomien verfestigen sie (erneut?) entlang der Geschlechtergrenzen, aber auch entlang der Grenzen „Gesundheit"/"Krankheit" und „Normal"/"Abnormal"?
- Wo und wie werden diese *Normierungen naturalisiert*, d.h. durch die Rückführung auf den Körper als biologische Grundlage determiniert und unveränderlich festgeschrieben?

Selbst innerhalb der Naturwissenschaften wird heute diskutiert, wie Körper und Gehirn durch Erfahrungen verändert werden. Die *Hirnplastizität* verweist eindeutig darauf, dass beispielsweise Hirnstrukturen und Hirnfunktionen keinesfalls als Normen der Natur durch die Evolution festgelegt sind. Vielmehr begründet sich die Variabilität unserer Gehirne aus der Verkörperung, d. h. dem *Embodiment* psychischer, sozialer, gesellschaftlicher und kultureller Erfahrungen in seiner individuellen Struktur und Funktion. Diese Ansätze zur erfahrungsabhängigen Variabilität von Körpern und Gehirnen widersprechen reduktionistischen Naturalisierungsthesen ebenso wie dichotomen Normierungen und Grenzziehungen.

Ich möchte abschließend hinterfragen, warum Naturalisierungskonzepte im *gesellschaftlichen Diskurs* zur Begründung von Differenz, trotz dieser naturwissenschaftlichen Gegenargumente, heute wieder so populär sind und welche Rolle hier insbesondere die bio-medizinischen Körperbilder spielen.

Das Visible Human Project – Adam und Eva im Cyperspace

1989 startete die National Library of Medicine (NLM) ein enormes Projekt. Mit dem *Visible Human Project* sollte der Welt der Zugang zu einer kompletten Bilderbibliothek des menschlichen Körpers ermöglicht werden. Digital aufbereitete Volumendaten des kompletten Körpers einer „normalen" Frau und eines „normalen" Mannes sollten für die medizinische Ausbildung, Diagnose und Therapie über das Internet verfügbar sein. Natürlich gibt es, verteilt an vielen Orten, schon Unmengen von Büchern und Bilddaten zur Anatomie des Menschen. Schwarze oder weiße Menschen, Eurasier oder Asiaten, große oder kleine, alte oder junge, dicke oder dünne Körper, Männer oder Frauen dienten als Vorbild für Körperdarstellungen in der Medizin. Doch nun sollte es ein allgemeingültiges Schema geben, einen für alle verfügbaren Normkörper, genauer gesagt die zwei Normkörper des Mannes und der Frau. Seit 1996 können über das Internet anatomische Informationen über den *Visible Human Male* und die *Visible Human Female* abgerufen werden.[5]

Da das Auswahlkriterium des VHP einerseits tote, aber andererseits auch äußerlich und innerlich unversehrte Körper mit gesunden Organen erforderte, war es dann doch nicht so einfach, die Körper eines Mannes und einer Frau mittleren Alters zu finden, die bereit waren, sich nach ihrem Tod zum Wohle der Menschheit einfrieren und in Scheibchen zerschneiden zu lassen.[6] Zwei Jahre wurde nach einem Prototyp für den Mann gesucht. Joseph Paul Jernigan, 39 Jahre alt, ein verurteilter Mörder, wurde 1993 mit der Giftspritze hingerichtet. Körperlich unversehrt – bis auf die Tatsache, dass das Gift sein Herz zum Stillstand gebracht hatte – wurde er kurz nach der Exekution eingefroren und geviertelt. 509 Bilder im Abstand zwischen 1,3 und 5 mm wurden von seinem Körper mit Hilfe der Kernspintomografie gescannt. Dann wurden die Leichenstücke in Gelatine fixiert und vom Kopf bis zu den Füßen in 1 mm dicke Scheiben zerschnitten, die noch einmal digital fotografiert wurden. Von der Leiche blieb nur ein Haufen blauer Staub übrig.[7]

Wiederum 2 Jahre später wurde der Körper einer 59 Jahre alten, an Herzinfarkt gestorbenen und bis heute anonym gebliebenen Hausfrau für würdig, d.h. für normal genug befunden, um in die virtuelle Unsterblichkeit einzugehen. Auch ihr Leichnam wurde zunächst gescannt. Da die Computertomografie boomte, konnten von ihrem Körper schon 1733 Bilder im Abstand von 1 mm aufgenommen werden. Danach wurde ihr Körper ebenfalls vollständig in Scheiben zerschnitten und abfotografiert. Aufgrund der technischen Entwicklung betrug die Schichtdicke der mikroskopischen Fotografien nur noch 0,33 mm. Das Datenmaterial ist also genauer und hat eine höhere Auflösung.

Seit 1996 steht der Welt ein gewaltiges Dataset zur Verfügung, 15 Giga-Bytes über den *Visible Human Male*, fast 50 Giga-Bytes über die *Visible Human Female*.

Vom passiven zum aktiven Blick auf den realen Körper: Die Veröffentlichung der ersten Bilder und die dreidimensionalen Darstellungen des VHP hat ein enormes Presseecho ausgelöst. Es stellt sich die Frage, warum diese Bilder, trotz der ungeheuren Menge schon vorliegender Anatomieatlanten

---

5   Geplant ist im VHP in Zukunft auch die Darstellung eines Kindes, um diese Normfamilie komplett zu gestalten. Wir dürfen gespannt sein, ob es ein Junge oder ein Mädchen wird.
6   Eine detaillierte Analyse zur Entwicklung des VHP und seinen Auswirkungen hat Catherine Waldby (2000) vorgelegt.
7   Informationen, Geschichte und viele links zu Bildern und Animationen des VHP sind zu finden beim National Institute of Mental Health, http://www.nlm.nih.gov/research/visible/visible_human.html, letzter Zugriff am 12.6.2003.

Neue Körper, neue Normen? 221

und Körperbilder eine solche Popularität erfahren haben.[8] Herkömmliche Anatomie-Atlanten in Buchform zeigen jeweils in einem Bild nur einzelne Körperteile oder Bereiche, so dass sich die BetrachterInnen aus vielen Bildern und Büchern die Vorstellung eines Gesamtkörpers „erarbeiten" müssen. Dagegen bietet das VHP über das Internet direkten Zugang zu einem bzw. zwei vollständigen dreidimensionalen Körpern, die von unterschiedlichen Perspektiven durchfahren werden können und alle menschlichen Organe und Gewebestrukturen darstellen. Gleichzeitig werden die BetrachterInnen mit Hilfe der Computermaus zu AkteurInnen. Sie selber können Schnittbilder auswählen und den Blickwinkel auf, in und durch die Körper steuern. Sie selber „sezieren" die Körper. David Gugerli stellt heraus, dass die *Unmittelbarkeit des Zugriffs* und die *Interaktion* die voraussetzungsreiche und mehrstufige Transformation der Information vom Körper zum digitalen Bild verdeckt (Gugerli 1998).[9]

Besonders deutlich wird im VHP, dass sich die Bilder und deren interaktive Bearbeitung nicht auf Schemata, wie in Anatomieatlanten, sondern explizit auf *reale Körper* beziehen. So werden die Außenhüllen der Körper des *Visible Human Male* und der *Visible Human Female* keineswegs idealisiert oder ästhetisiert, sondern als dreidimensionale Bilder der gefrorenen Leichname präsentiert.

Normierungsprozesse: Eine erste Normierung liegt schon im *Auswahlkriterium der Körper* für das VHP. Die gesuchten Körper sollten weiß, mittleren Alters und ohne pathologischen Befund sein. Diese Auswahl der Normkörper schließt Individuen anderer Ethnien, Menschen mit Behinderung oder organischen Krankheiten, Menschen mit Prothesen aus. Sie alle werden abgegrenzt gegenüber dem Normkörper; sie werden zur „Abnorm".

Die zweite Normierungslinie verläuft eindeutig entlang der *Geschlechtergrenze*. Aus den beiden Menschen, deren Körper dem VHP zur Verfügung standen, werden in den Medien alsbald der digitale „Adam" und die digitale „Eva". Sie repräsentieren die zweigeschlechtliche Menschheit und stellen gleichzeitig einen Bezug zur biblischen Schöpfungsgeschichte her.[10] Allerdings ist es ein Novum in der Medizingeschichte, dass im VHP erstmals eine genauere Datensammlung vom Körper einer Frau als von einem Mann vorliegt; der Datensatz des weiblichen Körpers ist etwa dreimal so groß wie der des männlichen. Dennoch finden sich im Internet im Vergleich zu der erschlagenden Fülle von Zugängen zum *Visible Human Male* relativ wenig Bilder oder Animationen der *Visible Human Female*. Während der Körper

---

8   Ebenso könnte hier als Beispiel auch das Projekt *Voxel Man* von Karl Heinz Höhne herangezogen werden, http://www.uke.uni-hamburg.de/institute/imdm/idv/gallery/, letzter Zugriff am 12.6.2003.
9   Ein weiterer Aspekt ist, dass diese Bilder und digitalen Körper durch geschickte Computeranimation eine eigene Lebendigkeit bekommen; vgl. Waldby 2000; Reiche 1998.
10 Die Umwandlung des verurteilten Mörders Jernigan zum medizinischen „Heiligen" beschreibt Lisa Cartwright (1997).

Bilder oder Animationen der *Visible Human Female*. Während der Körper des Mannes vollständig und im Detail zugänglich ist, wird von der Frau vielfach nur der Körperbereich der Reproduktionsorgane detailliert zur Verfügung gestellt. Eine CD-Rom, die „the whole visible male and female body" verspricht (Bullig et al. 2001), bietet beispielsweise eine Programmoberfläche, auf der in einer Gesamtkörperansicht Schnittebenen verschoben werden können. Die zugehörigen Querschnittsbilder zeigen im Detail und mit Beschriftung die inneren Strukturen und Organe. Im Menü kann zwischen dem Mann und der Frau ausgewählt werden. Ich wähle die Frau und versuche verzweifelt meinen Sucher von oben nach unten zu verschieben, um die entsprechenden Schnittbilder aufzurufen. Es gelingt mir zwischen Bauchnabel und Schambein, nicht jedoch im übrigen Körper. Nur beim Mann kann ich mir alle Bereiche des Körpers anschauen. Auch eine Internetseite für die Medizinausbildung der Universität Mainz bietet Schnittbildserien und Animationen des ganzen Körpers des Mannes, aber nur des Beckenbereiches der Frau an.[11] Nur wenige Anwendungen stellen dagegen vollständige Schnittserien von Mann und Frau zur Verfügung.[12] Eine Internetseite verspricht bei dem Mann „marching through the visible man", dagegen bei der Frau „make your own visible women".[13] Die biblische Metapher der Erschaffung von Eva aus Adam's Rippe drängt sich auf.

Die genauere Analyse der Bilder des *Visible Human Project* zeigt also geschlechtsbezogene Normierungsprozesse auf, die dem Prinzip „Ganzer Mann – Becken Frau" folgen. Es stellt sich hier unweigerlich die Frage, ob sich der restliche weibliche Körper nicht vom männlichen unterscheidet, oder ob die Unterschiede als irrelevant für den Normalkörper angesehen werden. Letzteres scheint naheliegend, denn die Determination des *männlichen Normalkörpers* wird deutlich, wenn auf der Grundlage des *Visible Human Male* allgemeine Atlanten erstellt werden. Adam wird zu „HUGO – The Anatomical 3D Volume and Surface Data Set"[14], einem nun allgemeinen Modell der menschlichen Anatomie und Funktion. Die *Visible Human Female* bleibt einzig der Gynäkologie und der reproduktiven Gesundheitsvorsorge vorbehalten (vgl. Cartwright 1997). Diese Normierung am Männlichen ist nicht neu. Wir finden sie vielfach in biologischen und medizinischen Lehrbüchern. Die Verzerrung zur männlichen Normierung ist in den digitalen Körperbildern aber umso prägnanter, weil die Daten des weiblichen Körpers erstmals detaillierter vorliegen als die des männlichen. So wird hier sogar entgegen

---

11 Anatomisches Institut der Universität Mainz, www.uni-mainz.de/FB/Medizin/Anatomie/workshop/vishuman/, letzter Zugriff am 12.3.2003.
12 Center for Human Simulation der University of Colorado, http://www.uchsc.edu/sm/chs/browse/browse.htm, letzter Zugriff am 12.6.2003.
13 GE Global Research, für den Mann: http://www.crd.ge.com/esl/cgsp/projects/vm/, für die Frau: http://www.crd.ge.com/esl/cgsp/projects/makevw/index.html, letzter Zugriff am 12.6.2003.
14 ViewTecAG, http://www.viewtec.ch/meddiv/hugo_d.html, letzter Zugriff am 12.6.2003.

der wissenschaftlichen Befundlage die „alte" Geschlechterhierarchie aufrechterhalten. Der Mann ist die Norm, von der die Frau abweicht (nicht zuletzt deutlich in der Metapher von Eva aus Adams Rippe), wobei die Abweichungen nur in Bezug auf die Reproduktionsorgane für relevant erachtet werden.

Das Human Brain Project – Normierung und Naturalisierung der Gehirns

Das Gehirn gilt heute als die Grundlage unseres Denkens, unseres Verhalten, unserer Leistungsfähigkeit, unseres Tun und Lassens insgesamt. Ich möchte das Gehirn in den Fokus nehmen, weil hier mit Hilfe der digitalen bio-medizinischen Hirnbilder insbesondere der Blick auf die Naturalisierung von Verhaltensunterschieden gelenkt wird. Die Argumentationskraft der neuen Bilder der Hirnforschung liegt darin, dass sie auf der Basis des Anspruchs reiner, objektiver Naturwissenschaftlichkeit suggerieren, aus dem Bereich der Spekulation hinauszuführen. Sie versprechen den Blick in das lebende Gehirn, in seinen Bau und seine Arbeitsweise *in vivo*.

Das *Human Brain Project* wurde gegründet und finanziert vom National Institute of Health. Seine Forschungsgruppen[15] arbeiten einerseits mit und für den individuellen Menschen. In der Neurochirurgie werden computertomografische Hirnbilder von PatientInnen vor der Operation erstellt, um während der Operation unnötige Verletzungen oder Schädigungen zu verhindern. Ziel des HBP ist es aber auch, allgemeine Erkenntnisse über das Gehirn zu vertiefen, um krankhafte Veränderungen frühzeitig zu erkennen und medizinisch zu behandeln. So sollen mit Hilfe der Hirnbildgebung die Kosten der Diagnose und Therapie von Hirnerkrankungen, beispielsweise Schizophrenie, Morbus Parkinson, endogene Depression oder Alzheimer reduziert werden.[16] Voraussetzung für eine rein medizinisch-pharmazeutische Indikation und Behandlung bestimmter Hirnerkrankungen ist aber, dass die Ursache der Krankheit in der biologischen Struktur und Funktion des Gehirns verortet wird.[17] Für die Diagnose oder Vorhersage einer Hirnerkrankung muss das „pathologische" vom „gesunden" Gehirn differenziert werden. Hierzu werden krankheitsspezifische digitale Hirnatlanten aus den Daten von Einzelin-

---

15 U.a. das National Institute of Mental Health, http://www.nimh.nih.gov/neuroinformatics/index.cfm, das Konsortium des HBP, http://www-hbp.usc.edu/, das California Institute of Technology, http://www.gg.caltech.edu/hbp/, letzter Zugriff am 12.06.2003.
16 Eine ausführliche Analyse zu Entstehung und Hintergrund des HBP gibt Carmen Masanneck (2001).
17 David Gugerli (1998) führt aus, dass auch in der modernen Medizin die Lokalisation von Krankheiten auf bestimmte Orte des Körpers bestehen bleibt.

dividuen generiert. Da die Hirnbildgebung und die Erstellung von digitalen Hirnatlanten zwei verschiedene Ebenen ansprechen, möchte ich auf die zugrundeliegenden Verfahren kurz eingehen.[18]

Die *Magnetresonanztomografie (MRI)* heißt zu recht bildgebendes Verfahren und nicht abbildendes Verfahren. Die Daten, die in einem Kernspintomografen erhoben werden, müssen über eine Reihe mathematischer und informatischer Verfahren erst in Bilder umgerechnet werden. Die Daten sind im Grunde radiomagnetische Frequenzmuster. Sie werden von den atomaren Kernspins der Wasserstoffatome im Gehirn abgesendet, wenn diese im Magnetfeld des Kernspintomografen angeregt werden. Alle Zellen des Gehirns beinhalten Wasserstoff, aber je nach Zusammensetzung im Körper sind die Frequenzsignale unterschiedlich. Wasserstoff im Nervengewebe sendet beispielsweise andere Frequenzen als in Fettgewebe oder in der Blutflüssigkeit der Gefäße. Das Ergebnis der MRI-Aufnahme sind Schichtbilder durch das Gehirn, in denen durch die Umrechung der Frequenzsignale in Grauwerte die unterschiedlichen Hirnstrukturen erkennbar werden.

Die Schichtbilder müssen jedoch zunächst gefiltert werden, um eventuelle Artefakte oder das apparatebedingte Rauschen der Aufnahme zu reduzieren. Die *Filterung* darf nicht zu stark sein, damit nicht auch wichtige Strukturen „verloren" gehen.[19] Jede Filterung ist eine Entscheidung für einen bestimmten Filteralgorithmus, und derer gibt es viele. Um aus den zweidimensionalen Grauwerten der Schichtbilder (den sogenannten Pixeln) dreidimensionale Grauwerträume (sogenannte Voxel) zu errechnen, muss anschließend interpoliert werden, da die Schichtbilder einen zu großen Abstand voneinander haben. Auch hier stehen eine Reihe von *Interpolationsalgorithmen* zu Auswahl. Schließlich müssen zusammengehörige Strukturen, z. B. bestimmte Hirnwindungen, Gefäße oder auch Tumore, von anderen Strukturen abgegrenzt werden. Diese *Segmentierung* erfolgt häufig über die Kanten, d.h. aus der Grauwertänderung zwischen zwei Strukturen wird die homogene Fläche innerhalb einer Struktur zurück errechnet. Farblich werden die homogenen Strukturen dann voneinander abgesetzt. Auch andere Verfahren oder Kombinationen derselben kommen zum Einsatz. Schließlich wird mit Verfahren zur Oberflächen- und 3D-Bildrekonstruktion (*Rendering*) aus den Datensätzen ein dreidimensionales Bild errechnet. Hinzu tritt die ganze Palette der Visualisierungstechniken, der Färbung, der Animation oder der Rotation, bis zur interaktiven Computergrafik mit der Möglichkeit, bestimmte Hirnteile aufzuklappen oder auszufahren.

---

18 Einen verständlichen Überblick über die Verfahren der Hirnbildgebung bietet Schinzel (2001).
19 Dieses Problem der ‚false positives', d.h. der Artefakte, die fälschlicherweise für reale Strukturen gehalten werden, und der ‚false negatives', d.h. kleiner Strukturen, die aufgrund zu starker Filterung nicht mehr im Bild erscheinen, ist hinlänglich aus der Diskussion um die Diagnosegenauigkeit der Mammografie bekannt.

Neue Körper, neue Normen?

Die funktionelle Hirnbildgebung, heute vorwiegend das *funktionelle MRI*, benutzt prinzipiell dieselben Verfahren. Sie macht sich zunutze, dass aktive Hirnareale einen veränderten Sauerstoffverbrauch haben und die Frequenzmodulationen im Kernspin von der Sauerstoffsättigung im Blut abhängt. Aktivere Areale zeigen also ein anderes Frequenzmuster als inaktivere Areale und werden über entsprechende Verfahren sichtbar gemacht.

Die Kliniken und Institutionen haben häufig eigene, sehr präzise Berechnungsverfahren entwickelt, um bei einzelnen PatientInnen Hirnareale zu detektieren, Aktivierung zu bestimmen und diese Bilder für eine neurochirurgische Operation mit geringen Schädigungen heranzuziehen. Ungeachtet der Tatsache, dass das Bild immer das Ergebnis von Transformationsschritten ist, kann es also im Einzelfall sehr erfolgreich für die individuelle Behandlung genutzt werden.

Anders sieht es jedoch aus, wenn aus den Bilddaten von Einzelindividuen *digitale Hirnatlanten* generiert werden sollen, um Vergleiche zu ermöglichen.[20] Für die Erstellung solcher Hirnatlanten benötigt es eine Reihe weiterer mathematischer und informatischer Verfahren. Menschen haben unterschiedlich große Köpfe und Gehirne, und spätestens seit dem Elefantenvergleich ist klar, dass die absolute Hirngröße nicht unbedingt etwas über seine Funktionsfähigkeit aussagt. Zum Vergleich der relationalen Hirnunterschiede, beispielsweise der Größe und Ausdehnung von bestimmten Hirnarealen, werden daher zunächst individuelle Datensätze der computertomografischen Analyse auf ein *Standardgehirn* angepasst. Nur durch diese Transformation (eine Verzerrung und Rotation der Datenpunkte) in ein vergleichbares Koordinatenschema können relative und regionale Vergleiche gezogen werden.

Im nächsten Schritt sollen Atlanten erstellt werden, die einem „normalen" Gehirn entsprechen. Weil aber Gehirne so unterschiedlich sind, muss ein gewisses Maß „normaler" Variabilität eingerechnet werden. Diese wird in sogenannten *Probability-* (wahrscheinlichkeitsbasierten) bzw. *Variabilitäts-Atlanten* durch Farbunterschiede verbildlicht.[21] Im dritten Schritt wird die Abweichungen einer neuen, individuellen Struktur von der normalen Variabilität berechnet. Sogenannte *„warp"-Algorithmen* (Transformationsberechnungen) repräsentieren die jeweilige Abweichung in einem Vektor, der Abweichungsrichtung und Abweichungsstärke beinhaltet. Diese Abweichungsberechnung ist derzeit ein eigenes Forschungsfeld mit wiederum unterschiedlichen Verfahren.[22]

---

20 Heute wird in der Hirnbildgebung intensiv das Problem diskutiert, wie die methodisch unterschiedlich erstellten Hirnbilder für die vergleichende Analyse standardisiert werden können; vgl. Schmitz 2001.
21 Das Laboratory of Neuroimaging an der University of California hat sich auf solche Atlanten spezialisiert, http://www.loni.ucla.edu, letzter Zugriff am 12.06.2003.
22 http://www.loni.ucla.edu/SVG/animation/Computational_Models/index.html, letzter Zugriff am 12.06.2003.

auch Fotografien können sich entweder nur auf einen individuellen Körper beziehen, oder sie erstellen ein Schema für eine generalisierte Norm. Der digitale Hirnatlas begründet sich dagegen auf eine Sammlung von Daten individueller, realer Gehirne. Dieser Bezug unterstützt die körperliche Verortung von Hirnerkrankungen und Hirnfunktionen in definierten Hirnarealen, die zwar eine gewisse inter-individuelle Variabilität aufweisen, die jedoch statistisch eingegrenzt werden könne. Der digitale Hirnatlas bezieht seinen normativen Charakter daher direkt aus der *statistischen Normierung vermessener Gehirne*. Gerade die Betonung und die wissenschaftliche Verortung der Komplexität mathematischer, informatischer und statistischer Verfahren zur Hirnbildgebung und zur Transformation von Einzelgehirnen in Hirnatlanten verleihen den modernen Hirnbildern ihre argumentative Kraft. Der Einbezug der bildgebenden wie auch der statistischen Verfahren in den Werkzeugkasten der Naturwissenschaften enthebt diese des Vorwurfes der Einflussname und Manipulation. Digitale Körperbilder, erstellt auf der Grundlage biologischer, also realer Körper, seien objektiver als alte Zeichnungen, die von einer Person in ihrer subjektiven Fehlerhaftigkeit (ob bewusst oder unbewusst) erstellt wurden. Der Computer hingegen, das mathematische Berechnungsverfahren bzw. die statistische Normierung seien naturwissenschaftlich, damit objektiv und frei jeglicher Subjektivität.

Implizite Normierungsprozesse: Die Normierung des Gehirns auf der Grundlage individueller Gehirne zeigt jedoch auch einige Brüche auf, anhand derer die implizierten, häufig verdeckten und sehr wohl gesellschaftlich und subjektiv beeinflussten Normierungsprozesse der digitalen Hirnatlanten sichtbar gemacht werden können.

Ein erster Widerspruch zeigt sich, wenn wir hinterfragen, welche Gehirne der Anpassung individueller Hirndaten an ein Normgehirn zugrunde gelegt werden. Das HBP benutzt als *Standard-Koordinatensystem* das Talairach-System, das anhand eines weiblichen Gehirns entwickelt wurde. Die Wissenschaftler des ECHBD (European Computerized Human Database, vgl. Roland / Zilles 1996) nutzen dagegen ein männliches Gehirn, das nach ihrer Aussage die repräsentativste Standardform mit den geringsten Abweichungen von allen Gehirnen darstellt.[23] Interessanterweise wird dieser Widerspruch, also die Ableitungen der Normgehirne auf ein ursprünglich weibliches Schema, innerhalb des HBP nicht diskutiert.

Am Beispiel der Schizophrenie-Forschung wird ein weiterer Prozess der Normierung deutlich, der in diese Verfahren implizit eingeht (vgl. Masanneck 2001; 1999). Für den Schizophrenie-Atlas wurden zunächst die Gehirne von Kontrollpersonen mit denen von Schizophrenen verglichen, um auf dieser Datengrundlage einen *krankheitsspezifischen Hirnatlas* zu erstellen.[24]

---

23   Übersicht in Roland, Zilles 1996.
24   Katherine L. Narr et al.: A Population-Based Schizophrenia Brain Atlas. http://www.loni.ucla.edu/~thompson/SZ/schizo_atlas.html. Es verwundert ein wenig, dass jeweils nur

ser Datengrundlage einen *krankheitsspezifischen Hirnatlas* zu erstellen.[24] Carmen Masanneck fragt, anhand welcher Kriterien a priori bestimmte Gehirne als „normal" oder „gesund" in die Kontrollgruppe eingehen, während andere als schizophren vordiagnostiziert werden. Die Nutzung statistischer Verfahren verhindert nicht, dass die ursprüngliche Gruppierung für die ersten Atlanten auf angenommenen Definitionen von „Krankheit" versus „Gesundheit", von „normal" versus „abnormal" beruht, die immer auch kulturelle Setzungen beinhalten. Der Hirnatlas ist kein rein körperliches Bild der Schizophrenie, sondern inkorporiert durch die Auswahl der Gehirne für die Normpopulationen gleichzeitig gesellschaftliche Krankheitsdefinitionen. Im Zirkelschluss wird dann ein neues Gehirn anhand dieser Setzungen, als „krank" oder „gesund" einklassifiziert.

Ein weiterer wichtiger Bruch ergibt sich, wenn wir die *Frage nach Ursache und Wirkung* stellen. Der Normierung von krankheitsspezifischen Hirnatlanten ist die Vorstellung inhärent, die Hirnstruktur sei die Ursache für die „Krankheit", bis hinunter zur genetischen Determination der biologischen Hirnstruktur und damit auch der Krankheit. Das „abnorme Verhalten" sei dann die Folge der „biologischen Abnorm" im Gehirn. Doch gerade die Vorstellung eines genetisch determinierten Gehirns ist selbst innerhalb der Naturwissenschaften heute überholt. Das Gehirn verändert sich in seiner Struktur und Funktion in Wechselwirkung mit dem Verhalten und den Erfahrungen, die es macht. Die Frage nach Ursache und Wirkung kann also auch umgekehrt gestellt werden. Wie beeinflusst das individuelle Verhalten die individuellen Hirnstrukturen?

Hirnplastizität – Embodiment individueller Erfahrung im Gehirn

Mit dem Prinzip der Hirnplastizität beschreibt die Neurophysiologie heute die Anpassung von Hirnstrukturen und Hirnfunktionen an die Quantität und Qualität der Informationen, die es in einer bestimmten Umwelt verarbeiten muss. Unser Gehirn ist bei der Geburt noch lange nicht ausdifferenziert. Das Netzwerk aus Nervenzellen, Nervenfasern und ihren Verschaltungspunkten, den Synapsen, ist noch „unfertig". In der biologisch-medizinischen For-

---

24 Katherine L. Narr et al.: A Population-Based Schizophrenia Brain Atlas. http://www.loni.ucla.edu/~thompson/SZ/schizo_atlas.html. Es verwundert ein wenig, dass jeweils nur Daten von 15 Frauen und 15 Männern diesem Atlas zugrunde liegen, in der Eingangszeile aber versprochen wird: „Construction of a population-based atlas of the brain in schizophrenia is well underway. Based on large human populations, and containing thousands of 3D structure models, this atlas encodes patterns of anatomical variation. The atlas can also detect group-specific patterns of anatomic or functional alterations."

schung wird mit Verweis auf zahlreiche Befunde bei Tieren und auch beim Menschen davon ausgegangen, dass erst durch äußere Reizeinflüsse die notwendigen Verschaltungen zwischen Nervenzellen auf-, ab- und umgebaut werden. Verbindungen und Neuronennetze werden stabilisiert, wenn sie häufig und synchron ähnliche Informationen verarbeiten müssen. Ohne Informationsinput oder bei asynchroner Aktivierung werden die Verbindungen destabilisiert. Die Netzwerke aus Nervenzellen und Synapsen, die Information verarbeiten und Verhalten regulieren, benötigen also Input aus der Welt, die wir wahrnehmen und in der wir uns verhalten. Ohne die Erfahrung des Sehens kann die visuelle Hirnrinde (der Hirnbereich, der die Informationen vom Auge verarbeitet) nichts sehen, ohne die reale Berührung der Haut können die somatosensorischen Hirnareale die Körperoberfläche nicht erkennen. Dieses Prinzip der Hirnplastizität und seiner Anpassungsfähigkeit an die Umwelt gilt für alle Bereiche des Gehirns bis hin zu den komplexen Netzwerken unseres Denkens.

Nerven-Netzwerke „erlernen" demzufolge wiederholte Muster der Information und bilden sie strukturell und funktionell in der körperlichen Materie ab. Erkennen, Entscheidungen, Denken und Verhalten erfolgen dann durch selektive Aktivierung solcher an die Umwelt angepassten funktionalen Netzwerke.

Die Neuronennetze im Gehirn verändern sich zeitlebens, mit jeder Erfahrung, mit jedem Lernvorgang.[25] Diese Hirnplastizität ist nicht nur die Grundlage unseres lebenslangen Lernens, letzteres ist sogar notwendig, um unser Gehirn überhaupt funktionsfähig zu machen. Die enorme Dynamik der Hirnplastizität des Menschen, dieses ständige Wechselspiel zwischen Umwelteinflüssen und biologischer Strukturbildung, wird als entscheidender Evolutionsvorteil des Menschen betrachtet.

Individuelles Verhalten und Lernen findet immer unter bestimmten sozialen und kulturellen Bedingungen statt. Damit konstituieren diese gesellschaftlichen Bedingungen über die umwelt- und erfahrungsabhängige Plastizität die Strukturen und Funktionen des Gehirns. Eine solche Konstituierung von Gehirn durch Gesellschaft, die Verkörperung von Erfahrung in der körperlichen Materie ist heute eines der einprägsamsten Beispiele für *Embodiment*.[26]

Vor diesem Konzept muss nicht nur die Frage nach den Auswirkungen der Umwelt auf Hirnerkrankungen neu gestellt werden. Auch für viele Untersuchungen der modernen Hirnforschung zum Geschlechtervergleich muss hinterfragt werden, inwieweit die bei Erwachsenen gemessenen Hirnstrukturen und -funktionen Ergebnis der Sozialisation in einer nach wie vor geschlechterhierarchischen Gesellschaft sind.[27]

---

25 Joachim Bauer (2002) beschreibt diese Prozesse bis hinunter zur Ebene der Genexpression.
26 Den Begriff des Embodiment als „körperlicher Materie konstruiert durch gesellschaftliche Einflüsse" prägte u.a. Anne Fausto Sterling 2000.
27 Zu ausführlichen Analysen der Widersprüchlichkeit von Hirnbefunden im Geschlechtervergleich und zu den konzeptionellen Grundlagen der Plastizität vgl. Sigrid Schmitz 2002.

Der Blick in den Spiegel – bio-medizinische Körperbilder im gesellschaftlichen Diskurs

An den Beispielen des *Visible Human Project* und des *Human Brain Project* habe ich versucht aufzuzeigen, wie der Blick heute wieder verstärkt auf Normen und Naturalismen der Körperlichkeit gelenkt wird. Denn anders als in den durchweg virtuellen Körpern der Cyberkunst sind die Körper des VHP und die Gehirne des HBP doppelte Bilder. Ihnen liegen biologische Körper und Gehirne zugrunde. Die spezifische Materialität dieser biologischen Körper wird zwar in den Transformationsprozessen der bildgebenden Verfahren aufgehoben und die bio-medizinischen Körperbilder im Computer sind keine direkten Abbilder der biologischen Materie mehr, doch sie werden als solche Abbilder der realen Körper gesehen. Der individuelle Körper und das individuelle Gehirn sind auf dem Weg vom Scanner zum Bild zwar verschwunden, aber genau das wird verdeckt. Es wird sogar zweifach verdeckt, denn auf dem Bildschirm sehen wir einerseits die individuellen Körper von Joseph Paul Jernigan und einer anonymen Hausfrau, andererseits aber auch „Adam" und „Eva" (wenn wir von Eva überhaupt mehr sehen als nur ihren Genitalbereich) als Normkörper der beiden Geschlechter – und zwar definitiv nur der zwei möglichen Geschlechter. Aus den Momentaufnahmen individueller Gehirne wird der digitale Hirnatlas errechnet, der generell strukturbedingte Krankheiten festlegt und Fähigkeiten beschreibt.

Bio-medizinische Körperbilder ziehen ihre Überzeugungskraft einerseits aus der *Unmittelbarkeit des Zugriffs* auf den dreidimensionalen Körper[28] und aus der *Interaktivität der Betrachtung*. Daneben ist der *Bezug auf den gespiegelten biologischen Körper als direktes Abbild der Realität*, meiner These nach, ein wichtiger Aspekt zur Unterstützung der Wirkmacht dieser digitalen Körperbilder.[29] Denn begleitet wird diese Verbildlichung durch den Einsatz wissenschaftlicher Verfahren (mathematische und informatische Visualisierungstechniken, statistische Normierungen), die ob ihrer Wissenschaftlichkeit als neutral und objektiv präsentiert werden.

Doch gerade hinter dieser scheinbaren Neutralität und Objektivität der Visualisierungstechniken und Normierungsverfahren verbergen sich implizite gesellschaftliche Normierungen und Stereotype, die keinesfalls neutral und objektiv sind. Verschiedene Normierungsprozesse lassen sich hier kennzeichnen. Die *Normierung des „normalen" Menschenbildes* in der Auswahl der Körper für das VHP (weiß, mittleres Alter, „gesund"), die *Normierung*

---

28 Die tatsächliche Unmittelbarkeit des Zugriffs ist sicherlich diskussionswürdig, da sie von der jeweiligen Computerausstattung abhängt. Doch sind viele Bilder des VHP mit heutigen PCs abrufbar.
29 Dies mögen nicht die einzigen Aspekte sein, insofern sind meine Überlegungen ein „work in progress".

der Zweigeschlechtlichkeit (Adam und Eva), die *Prägnanz des männlichen Normkörpers* gegenüber der *Reduktion des weiblichen Körpers auf die Reproduktionsorgane* sowie die *Normierung von Gesundheit/Krankheit* beispielsweise in der Vor-Klassifizierung „normaler" versus „schizophrener" Gehirne für krankheitsspezifische Hirnatlanten. Die Aufdeckung dieser Normierungen, die der naturwissenschaftliche Praxis vorausgehen, enttarnt gleichzeitig die Spiegelbilder als Zerrbilder. Ob ein Computer eine Berechnung ausführt oder ein Anatom ein Bild zeichnet, beiden sind kulturelle und gesellschaftliche Setzungen und Normen inhärent.

Digitale bio-medizinische Körperbild werden als Abbild des realen, natürlichen Körpers zunehmend genutzt für *Naturalisierungskonzepte* von Geschlecht, Krankheit/Gesundheit bis hin zum Verhalten, generell für die biologische Begründung von Norm- /Abnorm-Festlegungen. Das HBP betont explizit sein Grundkonzept ‚vom Gen zum Verhalten', also einen essentialistischen Ansatz, der besagt, dass Unterschiede in der biologischen Struktur des Gehirns der Beleg für die natürlichen Ursachen des Verhaltens seien.[30] Nur auf dieser Grundlage kann überhaupt ein Hirnatlas genutzt werden, um die Natürlichkeit der Unterschiede zwischen Gesunden und Kranken, zwischen Frauen und Männern zu begründen. Die Dynamik der *Hirnplastizität* und seine Anpassungsfähigkeit an Umwelterfahrungen wird jedoch in Hirnatlanten nicht verbildlicht. Jedes Hirnbild und jeder Hirnatlas ist nur eine Momentaufnahme, gewissermaßen der Status Quo zu einem spezifischen Zeitpunkt. Die Festlegung von Ursache und Wirkung bleibt in dieser Momentaufnahme offen. Insofern sind Naturalisierungsschlüsse via Hirnbild nicht gerechtfertigt. Es bleibt fraglich, wie ein Normatlas des Gehirns überhaupt aussehen könnte, soll er doch ein Organ beschreiben, dass selber in ständiger Veränderung begriffen ist.

Auch innerhalb der Neurowissenschaft sind Plastizitätsansätze keine Exoten mehr, sie gehören zum Allgemeingut dieser Wissenschaft. Die VertreterInnen der beiden Richtungen (Naturalisierung oder Plastizität) lassen sich jedoch innerhalb der „Scientific Community" häufig verschiedenen Lagern zuordnen, die untereinander kaum einen Diskurs führen. Die alten Gräben zwischen „nature" und „nurture" scheinen nach wie vor unüberbrückbar zu sein.

Heute erleben wir eine deutliche Renaissance der Naturalisierung von Verhaltensunterschieden insbesondere entlang der Geschlechtergrenze, scheinbar belegt durch die Objektivität der naturwissenschaftlichen Experimente und durch die Wissenschaftlichkeit der neuen Hirnbilder. Die zunehmende Verbreitung und Präsenz der passenden Bilder zu diesen Dichotomien

---

30 „Understanding brain function requires the integration of information from the level of the gene to the level of behavior", so lautet der erste Satz auf der homepage des National Institute of Mental Health, http://www.nimh.nih.gov/neuroinformatics/index.cfm, letzter Zugriff am 12.06.2003.

über das Internet und über populärwissenschaftliche Medien trifft auf großes Interesse und verbreitete Anerkennung.[31] Das Lager des Naturalismus prägt also deutlich stärker den gesellschaftlichen Geschlechterdiskurs als das Lager der Plastizität. Ich möchte zum Abschluss zwei Gedanken aufwerfen, warum dies so sein könnte. Hier scheinen sich zwei Strömungen zu treffen, die diese Entwicklungen unterstützen. Eine Aufhebung der biologisch begründeten Geschlechterdifferenzen würde unsere gesellschaftliche Ordnung, die auf Genderhierarchien fußt, in den Grundfesten erschüttern. In einer Zeit, in der sowohl individuell als auch gesellschaftlich die Geschlechtergrenzen zu verschwimmen scheinen, lässt sich die starke Fokussierung der staatlich geförderten Wissenschaftsprojekte auf die genetische Grundlegung des Menschen[32] als Gegensteuerungsmechanismus gegen eine solche „gesellschaftliche Unruhe" deuten. Hinzu kommt, dass die verbreitete und größtenteils unreflektierte Annahme biologisch fundierter, anthropologischer Theorien zum Naturzustand des Menschen auch die „individuelle Unsicherheit" verringern. Die Verantwortung für das eigene Verhalten wird reduziert und statt dessen werden festgelegte (Deutungs- und Handlungs-)Muster vorgegeben. Die neuen Körperbilder zeigen uns die alten Geschlechterdichotomien erneut, allerdings heute noch wissenschaftlicher, noch objektiver, noch wahrer. Mit der Differenz gekoppelt wird die Normierung, welche die Geschlechter auf natürliche, nicht zu hinterfragende Plätze in der bestehenden Geschlechterhierarchie verweist. Und dem Mann werden wieder die besseren Plätze zugesprochen, denn er ist die Norm.

Die Plastizität und Variabilität unserer Gehirne straft jedoch die unreflektierte Naturalisierung und Normierung mit jeder Erfahrung und mit jedem Gedanken Lügen. Durch die Verkörperung von Erfahrung (Embodiment) werden nicht nur Hirnstrukturen und Funktionen, sondern die Gesamtheit unserer Körper als Spiegel der eigenen Erfahrungen in einem gesellschaftlichen und kulturellen Prozess verstanden. Es ist daher heute umso wichtiger, diese Prinzipien in den gesellschaftlichen Diskurs einzubringen.

Literatur

Bauer, Joachim (2002): Das Gedächtnis des Körpers. Frankfurt a.M.
Bullig, Andreas; Florian Castrop; Jens Agneskirchner; Matthias Rumitz; Wladimir Ovtscharoff; Laurenz J. Wurzinger; Manfred Gratzel (2001): Body Explorer. An

---

31 Nicht umsonst stehen beispielsweise die Bücher von Allan und Barbara Pease (2002; 2003) auf den Bestsellerlisten. Die AutorInnen begründen ihre Geschlechtszuschreibungen vielfach mit den neuen naturwissenschaftlichen Befunden und berufen sich u.a. auch auf die medizinische Bildgebung.
32 Das Human Brain Project hat u.a. enge Kooperationen mit dem Human Genome Project.

Interactive Multilingual Programm on the Cross-Sectional Anatomy of the Visible Human. Berlin
Cartwright, Lisa (1997): The Visible Man: the Male Criminal Subject as Biomedical Norm. In: Jennifer Terry; Melodie Calvert (Eds.): Processed Lives. Gender and Technology in Everyday Life. New York, 123-137
Fausto-Sterling, Anne (2000): Dueling Dualisms. In: Dies.: Sexing the Body. Gender Politics and the Construction of Sexuality. New York, 1-29 (deutsche Fassung: Sich mit Dualismen duellieren. In: Ursula Pasero; Anja Gottburgsen (2002): Wie natürlich ist Geschlecht? Wiesbaden, 17-64)
Gugerli, David (1998): Die Automatisierung des ärztlichen Blicks. (Post)moderne Visualisierungstechniken am menschlichen Körper. Antrittsvorlesung ETH Zürich. http://www.tg.ethz.ch/dokumente/pdf_Preprints/Preprint4.pdf (letzter Zugriff am 12.06.2003)
Masanneck, Carmen (1999): Das genormte Gehirn. Was verbirgt sich hinter dem Human Brain Project? In: Koryphäe Bd. 26, 12-17
Masanneck, Carmen (2001): Das Human Brain Project – Hirnforschung im 21. Jahrhundert. In: Britta Schinzel (Hg.): Interdisziplinäre Informatik. Neue Möglichkeiten und Probleme für die Darstellung komplexer Strukturen am Beispiel neurobiologischen Wissens. Freiburger Universitätsblätter 149 (3). Freiburg, 87-104
Mitchell, William J. (1992): The Reconfigured Eye. Visual Truth in the Post-Photographic Era. Cambridge
Narr, Katherine L; Paul M. Thompson; Tonmoy Sharma; Jacob Moussai; C. I. Zoumalan; J. Rayman; John C. Mazziotta; Arthur W.Toga: A Population-Based Schizophrenia Brain Atlas. http://www.loni.ucla.edu/~thompson/SZ/schizo_atlas. html (letzter Zugriff am 12.6.2003)
Pease, Allen; Barbara Pease (2002): Warum Männer nicht zuhören und Frauen schlecht einparken. München
Pease, Allen; Barbara Pease (2003): Warum Männer immer lügen und Frauen immer Schuhe kaufen. München.
Reiche, Claudia (1998): ‚Lebende Bilder' aus dem Computer. Konstruktion ihrer Mediengeschichte. In: Marianne Schuller; Claudia Reiche; Gunnar Schmidt (Hg.): BildKörper. Verwandlungen des Menschen zwischen Medium und Medizin. Hamburg, 123-166
Roland, Per; Karl Zilles (1996): The Developing European Computerized Human Brain Database for All Imaging Modalities. NeuroImage Bd. 4, 39-47
Schinzel, Britta (Hg.) (2001): Interdisziplinäre Informatik. Neue Möglichkeiten und Probleme für die Darstellung komplexer Strukturen am Beispiel neurobiologischen Wissens. Freiburger Universitätsblätter 149 (3). Freiburg
Schmitz, Sigrid (2001): Neurowissenschaftliche Informationssysteme. Chancen und Grenzen in Datenmanagement und Wissensrepräsentation. In: Britta Schinzel (Hg.): Interdisziplinäre Informatik. Neue Möglichkeiten und Probleme für die Darstellung komplexer Strukturen am Beispiel neurobiologischen Wissens. Freiburger Universitätsblätter 149 (3). Freiburg, 51-65
Schmitz, Sigrid (2002): Hirnforschung und Geschlecht. Eine kritische Analyse im Rahmen der Genderforschung in den Naturwissenschaften. In: Ingrid Bauer; Julia Neissl (Hg.): Gender Studies – Denkachsen und Perspektiven der Geschlechterforschung. Innsbruck/ Wien/ München, 109-126

Neue Körper, neue Normen? 233

Waldby, Catherine (2000): The Visible Human Projekt. Informatic Bodies and Posthuman Medicine. London/ New York

URLs: (alle letzter Zugriff am 12. 6. 2003)
Anatomisches Institut der Universität Mainz www.uni-mainz.de/FB/Medizin/Anatomie/workshop/vishuman/
California Institute of Technology: http://www.gg.caltech.edu/hbp/
Center for Human Simulation, University of Colorado: http://www.uchsc.edu/sm/chs/browse/browse.htm
Crump Institute for Molekular Imaging, University of California: http://www.crump.ucla.edu:8801/PBA/
GE Global Research: http://www.crd.ge.com/esl/cgsp/projects/vm/ und http://www.crd.ge.com/esl/cgsp/projects/makevw/index.html
Höhne, Karl Heinz; Projekt Voxel Man: http://www.uke.uni-hamburg.de/institute/imdm/idv/gallery/
Konsortium des HBP: http://www-hbp.usc.edu/
Laboratory of Neuroimaging, University of California, Los Angeles (UCLA): http://www.loni.ucla.edu/SVG/animation/anatomy/cortic_journ.html# und http://www.loni.ucla.edu/SVG/animation/Computational_Models/index.html
National Institute of Mental Health: http://www.nlm.nih.gov/research/visible/visible_human.html und http://www.nimh.nih.gov/neuroinformatics/index.cfm
ViewTecAG: http://www.viewtec.ch/meddiv/hugo_d.html

Reproduktionstechnologien bedeuten soziokulturelle Veränderungen – Eine Skizze

Heidi Hofmann

Einleitung

Humantechnologien sind in der BRD seit Ende der 70er Jahre – als nach einer Reagenzglasbefruchtung das weltweit erste Retortenbaby geboren wurde – Gegenstand der öffentlichen Debatte. Beginn, Weiterentwicklung und ihre Etablierung müssen im Kontext unserer Technokultur gesehen werden, in der sich die Molekularwissenschaft als eine Leitwissenschaft unseres Jahrhunderts etabliert hat. Zu ihr gehört die Reprogenetik, welche die Anwendung und Kombination von gentechnischen Methoden bei der Retortenbefruchtung umfasst.

Die radikale Veränderung des Verständnisses von natürlich und künstlich, wie es sich u.a. auch in der Umdeutung des ‚eigenen Kindes' im Zeitalter seiner technischen (Re-)Produzierbarkeit spiegelt, ist der Hintergrund für feministische Theoriediskussionen, aber auch für andere Bereiche wie Wissenschaftstheorie, Philosophie, Ethik. Es kam im Zuge der Entwicklung neuer Technologien zu einer grundlegenden Reflexion von normativen, epistemologischen und ontologischen Prämissen, die sich insbesondere um das Naturverhältnis und den Naturzugriff zentrierte. Ein dominanter Diskursstrang dieser theoretischen Debatte spricht von Grenzüberschreitung und Grenzauflösung, vom Verschwinden und der Rekonfiguration des Körpers, von Natur und Natürlichkeit (vgl. Hofmann 1999; Saupe 2002; Weber 2003).

Angesichts der mittlerweile alltäglichen Anwendung reprogenetischer Technologien in der BRD und den westlichen Industriestaaten möchte ich nicht, wie bisher größtenteils geschehen, primär auf einer metatheoretischen Ebene darüber reflektieren, sondern versuchen, den Blick auf mögliche dadurch ausgelöste soziokulturelle Veränderungen zu richten.

Die Hinterfragung und Neubestimmung anthropologischer Kategorien, die sich im Kontext der technologischen Entwicklung vollzieht, ist von einer Veränderung menschlicher Beziehungen begleitet; u.a. konstituieren sich Familie, Elternschaft, Verwandtschaft durch die Anwendung der Humantechnologien neu. Die Aufspaltung von Muttersein in Leihmutter, Tragemutter, Ersatzmutter, von Vatersein in Zeugungsvater, Zahlvater, Ziehvater sind

Indikatoren für eine Verstärkung und Umbewertung von körperlichen und sozialen Anteilen von Elternschaft, von Familie und Verwandtschaft. Sie stehen für einen Bedeutungswandel: für das Verschwinden, aber auch für das Auftauchen von Körpern. Anders ausgedrückt: es geht um die Rekonfiguration biologischer, natürlicher, sozialer und technischer Körper und deren soziokultureller Anerkennung.

Vor dem Hintergrund dieser Überlegungen lautet meine Frage: Welche gesellschaftspolitischen Auswirkungen und welche soziokulturellen Veränderungen ergeben sich aus der Anwendung der modernen Körpertechnologien?

Um diese im konkreten Leben sich vollziehenden Transformationen menschlicher Beziehungen und kultureller Einstellungen in den Blick zu bekommen, werde ich in einem ersten Schritt wesentliche Veränderungen des Naturverhältnisses in der metatheoretischen Debatte – sowohl im philosophischen Mainstream, z.B. bei Jürgen Habermas, vor allem aber auch im feministischem Diskurs vorstellen.

Daran anknüpfend untersuche ich soziokulturelle Veränderungen entlang der Vorstellungen von non-koitaler und kollaborativer Reproduktion, die damit einhergehende Verlagerung der Reproduktion in den öffentlichen Raum und die Neukonstitution von Verwandtschaftsbeziehungen, die sich als renaturalisierte um den Mythos vom eigenen Kind konfigurieren.

I. Vom „Gewachsenen" zum „Hergestellten"

Reprotechniken, die auf Keimzellen und Körpersubstanzen zielen, wurden – insbesondere von feministischer Seite – als Teil eines qualitativ neuen Naturumgangs interpretiert, der zu einer Grenzauflösung zwischen Organischem/ Anorganischem, zwischen Natur/Kultur, Tier/Mensch, Mensch/Maschine führt. Diese Veränderungen werden einerseits als Verlust beklagt, aber auch als Ausgangspunkt von Visionen begrüßt.

Das Verschwinden, die Auflösung und Abschaffung einer präexistentiell vorhandenen biologischen Natur im Sinne des Humanismus durch technowissenschaftliche Praktiken hat der Philosoph Jürgen Habermas prägnant mit den Begriffen „zwischen Gewachsenem und Gemachtem, Subjektivem und Objektivem" ausgedrückt (Habermas 2001, 45, 85). In seinem Buch „Die Zukunft der menschlichen Natur. Auf dem Weg zu einer liberalen Eugenik" hat er insbesondere an der Präimplantationsdiagnostik (PID) und der Stammzellforschung – den Verfahren, die in der BRD in den letzen Jahren im Mittelpunkt der öffentlichen Diskussion stehen – das Überschreiten einer Epochenschwelle thematisiert.

Vor dem Hintergrund der Anwendung von PID und des Klonens, zwei Methoden der Merkmalserzeugung und Merkmalsverhinderung, stellt er fest, dass ein Rekurs auf eine Anthropologie, derzufolge menschliche Natur nicht vom Menschen hergestellt ist, nicht länger aufrechterhalten werden kann.[1] Habermas beschreibt die ontologischen und epistemologischen Veränderungen des neuen Naturbegriffs folgendermaßen: Die „Grenze zwischen der Natur, die wir *sind,* und der organischen Ausstattung, die wir uns *geben*", verschwimmt (Habermas 2001, 44). Und an anderer Stelle:

„Bisher konnte das säkulare Denken der europäischen Moderne wie der religiöse Glauben davon ausgehen, dass die genetischen Anlagen des Neugeborenen und damit die organischen Ausgangsbedingungen für dessen künftige Lebensgeschichte der Programmierung und absichtlichen Manipulation durch andere Personen entzogen sind" (ebd., 29).

Mit der Anwendung der Humantechnologien aber ist menschliche Natur nicht mehr vorgegeben, sondern durch korrigierende Eingriffe wird sie ein von Dritten (mit-)entworfenes Design. Leben und Natur werden umgeschrieben zu einem zerlegbaren, entwerfbaren, re-organisierbaren Objekt.

Mich interessieren hier weniger die ethischen Überlegungen und normativen Prämissen von Habermas, aber mit seiner Unterscheidung zwischen dem Programmierer, dem Hersteller, dem Produkt bzw. denen, die hergestellt werden, wird es möglich, die asymmetrischen Beziehungen von Menschen untereinander in den Blick zu bekommen (ebd., 31, 105ff). Er benennt die durch die Anwendung von Humantechnologien entstandene schwerwiegende Zäsur. Sie bestehe darin, dass sich bisher in sozialen Zusammenhängen und Interaktionen nur geborene, nicht gemachte Personen begegneten (ebd., 112). Die Programmierung eines anderen Menschen, die absichtliche Festlegung lebensgeschichtlich relevanter Weichen – gemeint ist ein genetisches Programm – hat gravierende gesellschaftliche Auswirkungen. Die bisher für alle Menschen gleiche Ausgangssituation, ein eigenes Leben mit einem unverfügbaren Anfang und mit nicht selbst gewählten organischen Bedingungen zu führen, werde dadurch ad absurdum geführt. Da das „Produkt" mit seinem Programmierer die Rollen nicht tauschen kann und auch keine Möglichkeit besitzt, sich retrospektiv aus der eugenischen Perspektive zu befreien, kommt Habermas zu der Einschätzung, dass die Neuen Technologien Konzepte wie Freiheit und Gleichheit untergraben. Daher fallen diese Verfahren nicht in den Zuständigkeitsbereich privater Entscheidungen, sondern berühren das ethische Selbstverständnis des Gattungswesen Mensch als „sprach- und handlungsfähiger Subjekte *im Ganzen*" (ebd., 27).

---

1 Zu einer ausführlichen Begründung des Zusammenhange der Präimplantationsdiagnostik und der Stammzellforschung als Methoden der Merkmalsverhinderung und Merkmalserzeugung siehe Schneider 2001.

II. Die feministische Debatte

Der philosophischen Intervention von Habermas in Bezug auf die Erzeugung von Menschen, die nach menschlichen Plänen zunehmend verändert und kontrolliert wird, möchte ich eine andere Kritikstrategie entgegensetzen, die diese Problematik kontextualisiert und vor einem gesellschaftstheoretischen Hintergrund diskutiert. Ich spreche von feministischen Ansätzen. Das Attribut „feministisch" steht in diesem Zusammenhang für die Kritik an einem humanistischen Verständnis von menschlicher Natur, das als androzentrisch zurückgewiesen wird. Vor diesem Hintergrund können die einzelnen feministischen Strömungen auch als Neuentwürfe von menschlicher Natur betrachtet werden.

Entwicklung und Etablierung der modernen Reproduktionstechnologien in der BRD fallen zeitgeschichtlich gesehen mit der Ära der Neuen Frauenbewegung zusammen. Bekanntlich formierte sie sich Ende der 60er / Anfang der 70er Jahre; die erste Retortengeburt ereignete sich 1978. Seitdem haben sich feministische Theoretikerinnen mit zum Teil spektakulären Neuentwürfen von dem, was menschliche Natur sei, exponiert. Insbesondere thematisierten sie die Auflösung traditioneller ontologischer Setzungen wie Natur, Mensch, Subjekt – häufig im Kontext des Körperkonzeptes. Im folgenden möchte ich einige dieser Argumentationslinien vorstellen.

Vielen Feministinnen war bewusst, dass von einem Prozess der Entkörperlichung, z.B. durch eine technische Steuerung der Fortpflanzung, auch gesellschaftspolitische Auswirkungen zu erwarten sind. Sie erörterten z.B., ob durch die technowissenschaftlichen Praktiken, die Schwangerschaft, Empfängnis, Geburt verändern, für Frauen größere Handlungsspielräume ermöglicht werden oder ob neue Abhängigkeiten von Forschern, Ärzten, Humangenetikern, Technikern geschaffen werden.

Im Zentrum stand jedoch die Frage, ob die weibliche Gebärfähigkeit die untergeordnete Stellung der Frau oder ihre Befreiung impliziere. Einerseits wurde Entkörperlichung, das Auflösen von Körpern im oben beschriebenen Sinn als emanzipatorisch begrüßt, andererseits als Abwertung von Frausein und als patriarchale Unterdrückung gewertet.[2]

Diese Betroffenheit des weiblichen Körpers spiegelte sich in dramatischen Formulierungen wie „Der weibliche Körper als Schlachtfeld". Dagegen kommt im Slogan „Ohne Leib keine Leibeigenschaft" (vgl. von Werlhof 1993) die Befreiungsemphase zum Ausdruck, die an den Übergang des biologischen Körpers zu einem Konstrukt geknüpft wird.

Die prominenteste Vertreterin der befreiungsoptimistischen Position ist Shulamith Firestone. Sie steht repräsentativ für diejenigen Feministinnen, welche die neuen Technologien fast bedingungslos befürworten. Ihr Buch

---

[2] Die Darstellung der feministischen Diskussion beruht auf Hofmann 1999.

„Frauenbefreiung und sexuelle Revolution" ist ein leidenschaftliches Plädoyer für einen möglichst bruchlosen Übergang von der biologischen in eine biotechnische Ära. Firestone hat darin „die Befreiung der Frauen von der Tyrannei der Fortpflanzung durch jedes nur mögliche Mittel" gefordert (Firestone 1987, 219). Dreh- und Angelpunkt ihres Ansatzes für die gesellschaftliche Befreiung der Frau von patriarchaler Benachteiligung ist die Ablösung der biologischen Reproduktion durch die biotechnische Fortpflanzung. Sie greift bei ihrer Analyse auf die Einsichten Simone de Beauvoirs über die biologische Geschlechterdifferenz zurück, denen zufolge die biologischen Reproduktionsfunktionen die materielle Basis für die Frauenunterdrückung seien. Insofern stimmen die beiden feministischen Theoretikerinnen in ihrer negativen Bewertung des Zusammenhanges von Natur/Biologie/Körper überein. Biologische Funktionen wie Schwangerschaft und Mutterschaft rechnen sie der Immanenz zu und bewerten sie niedriger als die Transzendenz. Für Beauvoir und Firestone ist Schwangerschaft barbarisch. Firestone sagt: „Schwangerschaft ist die zeitweilige Deformation des menschlichen Körpers für die Arterhaltung" (ebd.). Folgt man dieser negativen Beurteilung der biologischer Reproduktion, dann scheint ihr Gedankengang richtig: Die Neuen Reproduktionstechnologien sollen die Frauen von der biologischen Mutterschaft befreien; die technische Fortpflanzung werde die ökonomische und politische Befreiung der Frauen nach sich ziehen. Firestone steht für das humanistische Postulat der Moderne, den Körper zu beherrschen, ihn letztlich abzuschaffen – wenngleich diese Haltung nicht immer in dieser Radikalität vertreten wird. Ihre Position kann mit den Worten „Wo keine Natur, da keine Unterwerfung" (von Werlhof 1993, 48ff) auf den Punkt gebracht werden.

Zu den feministischen Kritikerinnen, die diese These zurückweisen und vielmehr eine mit der technischen Reproduktion einhergehende Entkörperlichung kritisieren, zählen vor allem Ökofeministinnen, die insbesondere die Unterdrückung von Frauen und Natur monieren. Für Maria Mies oder Janice Raymond, um nur einige bekannte Namen zu nennen, sind Frauenkörper und reproduktive Biologie positiv besetzt. Dagegen repräsentieren die Befruchtungstechniken ihres Erachtens eine Ausbeutung des Frauenkörpers. Der instrumentelle Umgang beruhe auf einer Gleichsetzung von Frauen und Natur.

Die US-amerikanische Wissenschaftlerin Gena Corea denkt in ähnlicher Weise. In ihrem während der 80er Jahre auch in Deutschland viel rezipierten Buch „Die Muttermaschine" vertritt sie die These, dass der Übergang von biologischer Mutterschaft zur technischen eine der letzten Etappen in einem langen historischen Prozess sei, in dem sich das Patriarchat die weibliche Reproduktionsfähigkeit aneigne und damit dann kontrollieren könne. Die Befruchtungstechnologien bedeuten für Frauen einen Autonomie- und Machtverlust, der untrennbar mit ihrer Unterdrückung verbunden sei.

Auffallend an diesen Diskursen ist, dass Befürworterinnen und Kritikerinnen trotz ihrer unterschiedlichen Auffassung in Bezug auf das Verschwinden oder die Wiederkehr des Körpers eine Gemeinsamkeit verbindet. Ihre Gesellschaftsanalyse setzt einen essentiell verstandenen Körper voraus. Ökofeministische, liberale, marxistische wie auch gynozentrische Theoretikerinnen orientieren sich an einer anthropologischen Auffassung von Körper, in der dieser – organisch und prädiskursiv – als normative Instanz existiert.

Postmoderne Theoretikerinnen führen diese Debatte auf einer neuen Ebene und aus anderer Perspektive, indem sie dualistische Ordnungen von Körper/Geist, Belebtes/Unbelebtes als mit Hierarchien beladene Kategorien zurückweisen. Donna Haraway, deren Thesen in den letzten Jahren auch in der BRD ausführlich rezipiert wurden, versteht den Körper vorwiegend als diskursive, kulturelle Kategorie und betont in ihrem Ansatz durchaus positive Effekte der Technowissenschaften.

III. Soziokulturelle Veränderungen

Im Folgenden versuche ich, meiner eingangs gestellten Frage über soziokulturelle Veränderungen aufgrund der Anwendung der Reprogenetik mit Hilfe der Termini „non-koitale Reproduktion" und „kollaborative Reproduktion" nachzugehen[3]. Sie erlauben eine Vorstellung von und Einblick in die Methoden, Techniken und Anwendungen der Reprogenetik.

Dabei geht es mir nicht um einen vollständigen Überblick; vielmehr stehen die gewählten Verfahren für Indikatoren, die Aufschlüsse über grundlegende soziale Veränderungen, die menschliche Fortpflanzung durch die neuen Technologien erfahren haben, zulassen.

Mit dem Begriff der „non-koitalen Reproduktion" wird in den USA die In-vitro-Fertilisation in einigen offiziellen Dokumenten bezeichnet. Non-koitale Reproduktion bedeutet, dass nicht mehr der Geschlechtsverkehr, der menschliche Zeugungsakt, sondern eine künstlich herbeigeführte Verschmelzung von Ei- und Samenzelle zum Entstehen menschlichen Lebens führt (vgl. Petersen 2000, 116). Der Terminus steht salopp gesagt für Babys ohne Sex; für eine Entpersonalisierung der Zeugung, da diese ohne einen körperlichen Kontakt der Zeugungsparteien erfolgt. Der ‚Sex' wandert aus dem Alltag ins Labor.

In der BRD gehört die In-vitro-Fertilisation längst zur alltäglichen Praxis. Sie ist Routinebehandlung und Standardtherapie. Die Schätzungen der bisher

---

[3] Vgl. hierzu auch Andrews 2000.

erfolgten Eingriffe weltweit schwanken zwischen fünfhunderttausend und zwei Millionen[4].

Der Ausdruck „kollaborative Reproduktion" wurde Lee M. Silver zufolge von dem Bioethiker John Robertson geprägt. Für die Fortpflanzung unverzichtbare biologische Bestandteile wie Keimzellen, Ei oder Uterus werden von einem oder beiden sozialen Elternteilen „bereitgestellt". Ein weiterer Anteil wird dagegen von einem oder zwei biologischen Elternteilen „gespendet", die mit den sozialen Eltern nicht identisch sind (vgl. Silver 1998, 186). Wie bei der In-vitro-Fertilisation werden Zeugungssubstanzen außerhalb des Körpers, ohne einen körperlichen Kontakt zwischen Zeugungsparteien zusammengeführt. Die Bestandteile werden von dem Körper, von dem sie stammen, getrennt und neu zusammengesetzt. Dabei kommen neben Experten wie Ärzten, Humangenetikern etc. noch weitere Akteure ins Spiel. Juristen, Aktionäre, Börsianer, aber auch Institutionen, Agenturen und Firmen wie Samenbanken, Versicherungen und Ethikkommissionen sind an der Durchführung, Überwachung und Beurteilung dieses Trenn- und Zusammensetzungsvorgangs – spenden, lagern, auftauen, anbieten, screening – von Keimzellen und Körpersubstanzen beteiligt. Sie regeln Aufwandsentschädigungen für die LieferantInnen/SpenderInnen/AnbieterInnen, sie managen die reproduktiven Wünsche der KundInnen. Und sie klären die familienrechtlichen, sozial-, steuer- und haftungsrechtlichen Konflikte zwischen AnbieterInnen und KundInnen, die im Zusammenhang des Auslagerns von Fortpflanzungsprozessen entstehen.

Brigitta Hauser-Schäublin verweist darauf, dass „der Prozess der Produktion von Babies" (Hauser-Schäublin 1995, 164) nicht mehr in der Kernfamilie stattfindet, sondern sich in den öffentlichen Raum verlagert. In diesem Zusammenhang problematisiert sie die „Einmischung" öffentlicher Institutionen in den Umgang mit Zeugung und weist auf die Implikationen hin, die eine Einbettung der Reproduktion in „ökonomische Strukturen der weltweiten Produktion und Distribution" haben.

„Der Spezialist und mit ihm die Industrien, die hinter ihm stehen, fast unsichtbar, aber mit einer ungeheuren ökonomischen Macht ausgestattet, benutzt die Familie und die Bande, die zwischen den einzelnen Mitgliedern bestehen... Das Paradoxon – und das ist die Legitimation des Arztes und der Industrien, die die nötigen Kenntnisse und Möglichkeiten bereitstellen – dass diese „Therapien" im Namen und sozusagen um der Familie willen durchgeführt werden" (Häuser-Schäublin 1998, 55).

Die Kriterien, nach denen eine Leihmutter ausgesucht wird, zeigen, dass die Personen, die die Zeugungsbestandteile zur Verfügung stellen, unwichtig sind und von der sozialen Teilhabe und sozialen Verpflichtungen ausgeschlossen sind. Das lässt sich auch bzgl. des Screening von Keimzellen oder

---

4 Zur Dynamik, die die Reproduktionsmedizin in der BRD erfährt, vgl. Kollek 2000, 179. Aktuelle Zahlen sind ersichtlich im Deutschen IVF-Register, Bad Segeberg.

für die Festlegung des Preises von Eiern und Spermien für die Keimzellen feststellen. Hier kommt es auch nicht auf die Person an, die Zeugungssubstanzen eines anderen Menschen liefert, sondern im Vordergrund steht die Qualität der Produkte und Güter. Dieses soziale Unsichtbarmachen der Zeugungshelfer bedeute, so Hauser-Schäublin, eine auf Nicht-Verwandtschaft ausgerichtete Suche.

Im Zuge der kollaborativen Reproduktion kommt es noch zu einer weiteren Zäsur in Bezug auf unsere kulturellen Vorstellungen über Zeugung und Reproduktion. Der Diskurs über die Stammzellforschung – der Import von Stammzellen aus dem Ausland in Ausnahmefällen und unter strengen Auflagen wurde am 30. Januar 2002 vom Bundestag beschlossen[5] – steht für einen gravierenden Bruch in bezug auf herkömmliche kulturelle Vorstellungen über die Bestimmung von menschlichen Keimzellen. Zweck und Ziel der Gewinnung von Keimzellen und der Herstellung von Embryonen – so auch die juristische Regelung des bundesdeutschen Embryonenschutzgesetzes – war bisher die Erzeugung eines Kindes, die „Produktion eines Babies". Jetzt sollen nach den Wünschen der Industrie Stammzellen „fremdnützig" verwendet werden dürfen. D.h., sie werden nicht für die Reproduktion von Menschen, sondern für die Herstellung und Züchtung von Gewebe und Organen produziert.

An einem konkreten Fall möchte ich non-koitale und gleichzeitig kollaborative Reproduktion veranschaulichen:

„Mutterschaft um jeden Preis"

Ein schönes Beispiel für die ökonomische Dimension der non-koitalen und kollaborativen Reproduktion ist die Geschichte der inzwischen 67-jährigen Italienerin Rosanna Della Corte, die lange Zeit als die älteste Mutter der Welt galt. Nachdem bei einem Verkehrsunfall ihr 17-jähriger Sohn Ricardo gestorben war, ließ sich die damals 62-jährige von dem italienischen Fortpflanzungsmediziner Severino Antinori eine Eizelle implantieren, um wieder ein „eigenes Kind" zu bekommen (vgl. Focus 2002)[6]. Die hier angewandte Technologie der Eizellspende – ein relativ neues Verfahren – gilt für viele Reproduktionsmediziner als wissenschaftlich etablierte Methode, um z.B. bei Frauen nach der Menopause eine Schwangerschaft herbeizuführen. Gezeugt wurde das eigene Kind mit dem Samen seines Vaters und dem Ei einer unbekannten Spenderin.

---

5 Das Stammzellgesetz ist am 1.7.2002 in Kraft getreten. Vgl. dazu: Deutsche Apothekerzeitung, 18.7.2002, 22-24 sowie Andrews 2000.
6 Über einen weiteren aktuellen Fall einer 62-jährigen Französin, die aufgrund einer Eizellspende Mutter wurde, berichtet Weber 2002.

Hier zeigt sich, wie unscharf der Begriff „eigenes Kind" geworden ist, denn das so erzeugte Kind enthält zwar Erbgut vom Vater. Mit „der Mutter" Rosanna Della Corte ist der so gezeugte Nachwuchs genetisch nicht verwandt. Rosanno Della Corte steht für vieles: vor allem für den Mythos des eigenen Kindes.

In der aktuellen politischen Diskussion gibt es Stimmen, die fordern, das Verbot der Eizellspende in der BRD aufzuheben. Sie argumentieren mit dem Recht auf reproduktive Freiheit, reproduktive Autonomie und die Anpassung an internationale Verhältnisse. Die Losung „Mutterschaft um jeden Preis" ist auf keinen Fall metaphorisch zu verstehen. Denn sie bezieht sich konkret und sehr real auf die kommerzielle Ebene. In der Regel werden für eine Eizelle 2500 bis 5000 Dollar gezahlt; für bestimmte Qualitätsstandards wird mehr geboten, in Annoncen sogar bis zu 50.000 US-Dollar (vgl. Berg 2001, 149).

Neukonstitution von Verwandtschaft

Non-koitale und kollaborative Reproduktion bedeuten, die Segregation von Elternschaft und Kindsein in biologische und soziale Teilfunktionen. Technisch machbar ist heute die Spaltung in biologische und soziale Vaterschaft, in genetische, biologische und soziale Mutterschaft. In der BRD gibt es seit den 80er Jahren eine kontroverse Auseinandersetzung über den Wandel unseres herkömmlichen kulturell verankerten Verständnisses von Mutter, Vater, Geschwistern (vgl. etwa Kuhlmann 2000; Hauser-Schäublin 1995, 163).

Ich möchte diese Veränderungen hier anhand der öffentlichen Diskussionen, die im Zusammenhang der Vorbereitung eines Embryonenschutzgesetzes und ca. zehn Jahre später im Kontext des neuen Fortpflanzungsmedizingesetzes geführt wurden, beleuchten. Dabei beziehe ich mich vor allem auf Imme Petersen, die die Parlamentsdebatten zum bundesdeutschen Embryonenschutzgesetz Ende der 80er Jahre analysiert hat, und auf Brigitta Hauser-Schäublin, die zusammen mit anderen Autorinnen die kulturelle Dimension der Humantechnologien untersuchte (Hauser-Schäublin 1998, 55; Petersen 2000, 34).

In fast allen Gesellschaften wird Verwandtschaft – trotz kultureller Unterschiede und trotz unterschiedlichen Umfangs und Ausmaßes – mit Vorstellungen von Sexualität und geschlechtlicher Fortpflanzung verbunden. Der „Schöpfungsakt von Verwandtschaft", die Grundlage für biologische und soziale Elternschaft ist der körperliche Akt der Zeugung. Der Koitus wird als das traditionelle Symbol angesehen, auf dem „Echte Verwandtschaft" basiert. Wörter wie „Mutter", „Vater" und „Eltern" werden benutzt, um biologische Tatbestände festzuhalten, d.h. diejenigen zu benennen, die an der Zeugung eines Kindes beteiligt waren, aber auch um soziale Verhältnisse zu bezeichnen. Es sind Wertbegriffe, die kulturell geprägte Vorstellungen enthalten.

Anders ausgedrückt: „Menschliche Verwandtschaft gilt als eine Tatsache der Gesellschaft, eine kulturelle Praxis und soziale Organisation, die in der Natur begründet ist" (Hauser-Schäublin 1998, 55).

Wie aber ein Blick in andere Kulturen und in die Geschichte zeigt, sei die Vorstellung, dass es sich bei Verwandtschaft wegen gemeinsam geteilter Körpersubstanzen – Genen, Keimzellen, Blut – um eine Abbildung von primär „natürlichen Verhältnissen", um eine wirklichkeitsgetreue Repräsentation „biologischer Tatsachen" handle, wie der Terminus Blutsverwandtschaft suggeriert, unzutreffend (vgl. Lauterbach 2001).

Mit diesen grundsätzlichen Überlegungen lässt sich die Frage nach dem Wandel der Beziehungen von Menschen untereinander präzisieren. Wie verändert sich unsere bestehende kulturelle Konstruktion von Verwandtschaft, wenn das traditionelle Symbol dieser Konstruktion, der körperliche Akt der Zeugung, der Koitus, der gleichzeitig als Grundlage für biologische und soziale Elternschaft galt, durch „non-koitale Technologien", bei denen die Zeugung in vitro stattfindet, ersetzt wird?

Petersen hat die rechtspolitische Diskussion über das bundesdeutsche Embryonenschutzgesetz unter diesem Blickwinkel analysiert. Sie wollte wissen, ob die von ParlamentarierInnen geäußerten Sichtweisen und Argumente über Elternschaft, Kernfamilie, genetische Abstammung und Blutsverwandtschaft herkömmliche Vorstellungen von Verwandtschaft verstärken, umbewerten oder ersetzen. In dieser Diskussion stellt die Kernfamilie die Norm dar: Es ist das Idealkonzept von Elternschaft, an dem sich die ParlamentarierInnen orientieren und an dem sich andere Formen von Elternschaften messen lassen müssen. Das Konzept der Blutsverwandtschaft, nach dem Eltern mit ihren Kindern unauflösbar verbunden seien, da diese Beziehung über Prozesse der biologischen Reproduktion entstanden wäre, besitzt im rechtspolitischen Diskurs weiterhin Gültigkeit (Petersen 2000, 112, 121; vgl. auch Kettner 2001).

Die Beschränkung der In-vitro-Fertilisation auf einen bestimmten Personenkreis, das Verbot von Leihmutterschaft und die Debatten über gespaltene Elternschaften machen deutlich, „daß jede Form der gespaltenen Elternschaft von den ParlamentarierInnen der Einheit aus biologischer und sozialer Elternschaft nachgeordnet wird" (Petersen 2000, 113). Die Ansicht von einer Eltern-Kind-Beziehung, die auf der unauflöslichen Verbindung durch die Abstammung beruhe, geht einher mit einer Abwertung sozialer Elternschaft, weil die Beziehung zu den Kindern nicht auf den „natürlichen Fakten" beruhe. Sie gilt als nicht stabil.

Dies wird besonders deutlich bei der Einstellung gegenüber Adoptionen. Sie werden entschieden als eine soziale Konstruktion natürlicher Fakten zurückgewiesen und als „gesellschaftlich hervorgebrachtes ‚Reparaturmodell' abgewertet" (ebd., 115ff). Petersen stellt fest: Durch das Verbot so genannter „gespaltener Elternschaft" werde der Wertzusammenhang der Kernfamilie und die damit verbundene Konzeption von Blutsverwandtschaft als Grundpfeiler der Gesellschaft anerkannt. Ebenso beruhe die unterschiedliche Bewertung, mit der einerseits „gespaltene Mutterschaften" und andererseits das Auseinanderfallen von biologischen und sozialen Vaterschaften diskutiert und gewichtet werden, auf dem Konzept der Kernfamilie und auf einem dualen Prinzip von Mutterschaft und Vaterschaft. Diese Argumentation müsse im Zusammenhang mit der Aufrechterhaltung geschlechtsspezifischer Arbeitsteilung in der Kernfamilie gesehen werden.

Mit der Anerkennung von ungewollter Kinderlosigkeit als „Krankheit" und der In-vitro-Fertilisation als „Therapie", durch die ein eigenes blutsverwandtes Kind ermöglicht werden kann, werde der bisherige Verwandtschaftskreis personell um den Embryo als „zukünftigen Verwandten" erweitert. Durch diese grundsätzliche Zustimmung zu den non-koitalen Technologien erkennen die ParlamentarierInnen den Subjektstatus des in-vitro-gezeugten Embryos an. Er erhält einen schutzwürdigen Status und wird in die bestehende Konzeption von Verwandtschaft eingeordnet (ebd.).

Indem Embryos mit Rechten ausgestattet werden, entsteht für die betroffenen Frauen ein neues Problempotential. Klagen vor Gericht, in denen die Rechte des Fötus gegen die Rechte der Mutter geltend gemacht wurden, stehen mittlerweile auf der Tagesordnung.

Etwa ein Jahrzehnt später, bei den Debatten um ein neues Fortpflanzungsmedizingesetz Ende der 90er Jahre, haben sich neue Positionen herausgebildet. Die Verlagerung der Diskussion lässt sich gut anhand der Beiträge zum Symposium „Fortpflanzungsmedizin in Deutschland" vom 24.-26. Mai 2000 verfolgen. Im Zentrum der Auseinandersetzung standen Verfahren wie PID und Stammzellforschung, also Verfahren, die bisher nach dem Embryonenschutzgesetz ausdrücklich untersagt sind. Bei der Debatte um ein Verbot bzw. eine Zulassung dieser Methoden nahmen Argumente wie „Anpassung an internationale Verhältnisse" oder „Globalisierung von Forschung" einen wichtigen Raum ein. Am Tag nach der Entscheidung des Deutschen Bundestages am 30.1.2002 über den Import von Stammzellen zu Forschungszwecken beantragte die Deutsche Forschungsgemeinschaft, an embryonalen Stammzellen arbeiten zu können.

Anhand dieser Pro- und Contra-Debatte zur Eizellspende lassen sich Verschiebungen der Argumentation im Verlauf einer Dekade aufzeigen. Ging es bei der Diskussion um ein Embryonenschutzgesetz Ende der 80er Jahre noch um ein grundsätzliches Verbot dieser Methode, so richtet sich das Interesse jetzt auf Praktiken und Auswüchse von Kommerzialisierung innerhalb eines bereits etablierten Fortpflanzungsmarktes.

Als Beispiel für eine umstrittene Praxis gilt das „paid egg sharing", eine Methode, die in Ländern wie den USA oder Großbritannien angewendet wird. Dabei erhält eine Frau, wenn sie sich hormonell zu einer erhöhten Eiproduktion stimulieren und Eizellen entnehmen lässt, im Gegenzug eine für sie kostenlose, d.h. von der Empfängerin bezahlte oder eine kostenreduzierte IVF. Dadurch sollen einerseits Eizellen bereitgestellt und andererseits Frauen, die es sich sonst nicht leisten können, eine IVF ermöglicht werden (vgl. Berg 2001, 147).

The New World of Child Production

Das historisch „Neue", der Unterschied zu Fortpflanzungsarrangements in früheren Zeiten, liegt in der Einbindung und Verlagerung der Reproduktion in einen rapide expandierenden Industriemarkt, in dem Körpersubstanzen und Gameten ähnlich wie andere Güter vermarktet und verwertet werden. Elizabeth Bartholet hat Ausmaß und Auswüchse der Kommerzialisierung der Fortpflanzung in den USA dokumentiert (Bartholet 1999). Der in der Bundesrepublik noch vorhandene Konsens, demzufolge ein Mensch (und seine Körperteile) einen Wert, aber keinen Preis hat, existiert in den USA nicht. Wie kommt es, fragt Bartholet, dass in einer Gesellschaft, in der Kinder nicht gekauft und verkauft werden dürfen – z.B. durch eine Adoption – die vorsätzliche geplante Produktion einer Wunschkindanfertigung von einem expandierenden Markt vorangetrieben wird? „While in the traditional adoption world parenting rights and babies are not supposed to be for sale, in this new technological world everything is for sale" (ebd., 218f).

Ihre Analyse ist auch für die BRD – trotz bestehender juristischer, kultureller und ethischer Unterschiede – aufschlussreich. Denn Gesundheitssysteme und Gesundheitstechnologien unterliegen vor dem Hintergrund einer zunehmenden Globalisierung immer mehr der Einbeziehung in die Gesetze des internationalen Marktes. Mit „Child Production" bezeichnet Bartholet eine gängige Praxis von In-vitro-Fertilisations-Kliniken in den USA und deren Zusammenarbeit mit Samenbanken und Vermittlungsagenturen. Sie werden zu Orten für KundInnen, die etwas anbieten, kaufen und erwerben möchten. Nach ihrer Einschätzung werden Körperbestandteile und Keimzellen auf einem freien Markt wie Rohmaterial betrachtet und als solches für die Auftragsarbeit Kind verwendet: „The raw materials for producing babies are being marketed with increasing aggression and sophistication" (ebd.). Mit der Formulierung „Child Production" arbeitet Bartholet noch eine weitere soziokulturelle Veränderung heraus: die kulturelle Ausblendung von leiblicher Verwandtschaft. Was sie genau damit meint, versucht sie mittels des Terminus „technological adoption" zu erklären (ebd.). Im Gegensatz zur herkömmlichen Adoption bleibe bei der „technological adoption" die nicht vorhandene leibliche/genetische Verbindung gesellschaftlich unbenannt. Denn je nachdem, wie viele Bestandteile von einer dritten Partei stammen, werde nicht nur nicht von einer „Embryo Adoption" oder einem Stiefmutter/Stiefvater-Verhältnis gesprochen, sondern paradoxerweise von dem eigenen Kind:

„We stand on the edge of a probable explosion in IVF embryo adoption and other IVF embryo adoptions and other IVF involvement in the splitting of biological from social parenting. The time to figure out whether we want to continue in this direction is now...There are many reasons for concern with these new adoptive arrangements – many reasons to question the direction in which we are moving..." (ebd., 223f).

Bartholets Kritik, in der sie ein grundsätzliches Nachdenken über die derzeitige eingeschlagene Richtung fordert, schließe ich mich an. Sie richtet sich an alle Akteure, die ihre Forschungen und Geschäfte mit dem Wunsch nach einem eigenen Kind legitimieren und sich dabei mit der einfallslosen Lösung „technological adoption" zufrieden geben.

Schluss

Praktiken und Diskurse von „non-koitaler" und „kollaborativer Reproduktion" wirken sich auf konkrete Lebenskontexte, auf Einstellungspraktiken von Menschen aus und verändern menschliche Beziehungen untereinander.

Folgende Tendenzen zeichnen sich ab: Zum einen führt die Verlagerung der Zeugung aus dem privaten familialen Umfeld in die Öffentlichkeit zu einem grundlegenden Wandel von Schwangerschaft, bisheriger Familien- und Verwandtschaftsstrukturen und dem traditionellen Verständnis von Mutter- und Vaterschaft. Deutlich werden diese neuen familiären Konstellationen z.B. an der Eizellspende, die innerhalb der Familie stattfindet: Eine Tante kann die genetische Mutter werden und Vettern und Cousinen können Halbgeschwister des Kindes sein.

Entscheidend ist dabei, dass diese Veränderungen nicht benannt werden. Die an der Fortpflanzung beteiligten Personen, d.h. Männer und Frauen, treten in den Hintergrund. Besonders fällt dies auf, wenn die Biographien und Identitäten von Leihmüttern, Eispenderin und Samenspender anonym bleiben und so in den Verwandtschaftsverhältnissen völlig ausgeblendet werden. Auch die sozialen, ökonomischen und ethnischen Merkmale der Personen, die die Zeugungsbestandteile zur Verfügung stellen, verschwinden hinter dem „Mythos vom eigenen Kind" und spielen nur insoweit eine Rolle, als sie für die angestrebten Eigenschaften eines Wunschkindes relevant sind.

Auffallend in dem existierenden Diskurs um die sich neu formierenden Familien- und Verwandtschaftsverhältnisse ist eine Verschleierung und „kulturelle Verwirrung". Elizabeth Bartholet hat auf der sprachlichen Ebene aufgezeigt, dass „technologische Adoption" unreflektiert mit „biologischer Mutter- und Vaterschaft" gleichgesetzt wird und dass von einem „eigenen Kind" gesprochen wird, auch wenn keinerlei leibliche Beziehung zum gezeugten Nachwuchs besteht.

Im Zeitalter der Keimzellspende und kollaborativen Reproduktion zerfällt biologische Vaterschaft wie Mutterschaft immer mehr in Teilfunktionen. So wird beim Umgang mit Keimzellen auf der ethischen, juristischen und ökonomischen Ebene zwischen weiblichen und männlichen Keimzellen unterschieden. Trotz der Auflösung der traditionellen ‚natürlichen' Reproduktion durch die kollaborative führt dies nicht zu einer gesellschaftlichen Hinterfragung oder Aufhebung von traditionellen Frauen- und Männerrollen im Sinne des bürgerlichen Modells der Zweigeschlechtlichkeit.

Mit der Verlagerung der Zeugung in den öffentlichen Raum haben sich Zeugung und Schwangerschaft in den Dienstleistungssektor verlagert. Ins Auge sticht bei diesen Veränderungen die Einbindung der Befruchtungstechnologien in einen globalen Warenmarkt und die damit verbundenen kommerziellen Auswüchse. Die „Serviceleistung IVF" können sich oft nur privilegierte Menschen leisten. Das heißt, es ist nicht zufällig, welche Frau Auftraggeberin oder Empfängerin und welche Lieferantin eines Kindes, d.h. Spenderin einer Eizelle eines Embryos oder Vermieterin ihrer Gebärmutter ist. So lassen ökonomisch schwache Frauen aus finanzieller Not ihre Körper instrumentalisieren, um wohlhabenden Frauen den privaten Konsum eines eigenen Kind zu ermöglichen.[7]

Bereiche, die in unserem Kulturkreis mit Natur, Körper und Biologie assoziiert werden, also dem zugerechnet wurden, was als präexistentiell vorhanden ist, verändern sich grundlegend. Allerdings erscheint es in dem von mir dargestellten Kontext wenig sinnvoll, das Augenmerk auf eine Denaturalisierung, d.h. auf ein Verschwinden einer vorgängig vorgestellten Natur und der Auflösung von biologischen natürlichen Körpern zu richten. Vielmehr scheint es, als hätten Natur, Biologie nur ihren Ort gewechselt: denn in den Praktiken und Diskursen der Neuen Befruchtungstechnologien des 21. Jahrhunderts nehmen Moleküle, Gene und Chromosome den Platz von angeblich natürlichen Tatsachen ein. Auch die unreflektierte Setzung „eigenes Kind" kann als Metapher für eine Naturalisierung von Sozialem, für die Wiedereinsetzung eines als natürlich ausgegebenen Diskurses gesehen werden.

Wichtig war mir zu zeigen, dass es im Zuge dieser Renaturalisierungsprozesse zu neuen Abhängigkeiten und Machtstrukturen unter Menschen kommt, oder anders ausgedrückt, dass auch eine konstruierte, suggerierte Natur im Dienste von Ausbeutung steht.

Zum Schluss stellt sich die Frage, inwieweit mit diesen theoretischen Entwürfen die Benutzung des Körpers als Ware, als Konsumartikel und Eigentum kritisiert werden kann. Sowohl die Warnungen verschiedenster feministischer Theoretikerinnen bzgl. der Rationalisierung der Fortpflanzung und Objektivierung des Frauenkörpers, als auch die Einschätzung von Habermas bzgl. der Veränderung des menschlichen Status als frei und gleich geboren,

---

7 Vgl. z.B. paid egg sharing (siehe hierzu auch den Abschnitt zur Neukonstitution von Verwandtschaft)

sind hilfreiche Diagnosen, um die Einbindung der Humantechnologien in die kapitalistisch-industrielle Verwertung aufzuzeigen. Ihre Forderung nach einer ethischen Grenze erscheint mir plausibel, von der die mit der Durchsetzung und Anwendung der Biotechnologien einhergehenden politischen, gesellschaftlichen und historischen Veränderungen kritisch zu hinterfragen sind. Diese können meines Erachtens mit einem normativen Bezugspunkt auf eine unhistorische, ungesellschaftliche Natur des Menschen nicht sichtbar gemacht werden, wie sie sich z.b. im Rekurs auf ein autonomes Subjekt oder in der Rede vom Verschwinden des Menschen, einer Abschaffung von Körpern, verbirgt. Deutlich wird dies in der Umsetzung der radikalen Veränderungen durch die Reprogenetik. Während die Ablösung traditioneller heterosexueller Reproduktion durch die Reprogenetik die Chance auf eine Denaturalisierung klassischer Geschlechter- und Familienkonzepte eröffnen könnten, schlägt diese unter den gegebenen gesellschaftlichen Verhältnissen nur um in eine Renaturalisierung, wie sie sich im Mythos des ‚eigenen Kindes' und kruden Vorstellungen von Blutsverwandtschaft im Kontext der kollaborativen Reproduktion niederschlagen. Diese Entwicklung macht deutlich, dass weder essentialistische, naturalistische Positionen mit ihrem Verständnis von Natur als statisch und prädiskursiv, noch konstruktivistische Ansätze mit der Idee von Natur als herstellbares wissenschaftlich-technisches Konstrukt ausreichend sind für eine umfassende, auch gesellschaftstheoretisch reflektierte Kritik unserer heutigen Technokultur.[8]

Literatur

Andrews, Lori B. (2000): The Clone Age, Adventures in the New World of Reproductive Technology. New York
Bartholet, Elizabeth (1999): Family Bonds. Adoption, Infertility, and the New World of Child Production. Boston
Berg, Giselind (2001): Eizellspende eine notwendige Alternative? In: Bundesministerium für Gesundheit (Hg.): Fortpflanzungsmedizin in Deutschland. Wissenschaftliches Symposium des Bundesministeriums für Gesundheit in Zusammenarbeit mit dem Robert Koch-Institut vom 24. - 26. Mai 2000 in Berlin. Baden-Baden, 143-152
Deutsche Apothekerzeitung (18.7.02): Kabinett stellt Weichen für Stammzellimport. 142. Jahrgang, 22-24
Firestone, Shulamith (1987): Frauenbefreiung und sexuelle Revolution. Frankfurt a.M. (im Orig.: The Dialectic of Sex. New York 1970)
Focus (26.6.2002): Fortpflanzungsmedizin Oma-mma mia, 112-115

---

[8] Vgl. auch Weber 2003; Lettow 2002.

Habermas, Jürgen (2001): Die Zukunft der menschlichen Natur. Auf dem Weg zu einer liberalen Eugenik? Frankfurt a.M.

Hauser-Schäublin, Brigitta (1998): Humantechnologien und die Konstruktion von Verwandtschaft. In: Kea. Zeitschrift für Kulturwissenschaften. Nr. 11, 55-73

Hauser-Schäublin, Brigitta (1995): Das Ende der Verwandtschaft? Zeugung und Fortpflanzung zwischen Produktion und Reproduktion. In: Wolfgang Kaschuba (Hg.): Kulturen-Identitäten-Diskurse. Perspektiven Europäischer Ethnologie. Berlin, 163-185

Hofmann, Heidi (1999): Die feministischen Diskurse über Reproduktionstechnologien. Positionen und Kontroversen in der BRD und den USA. Frankfurt a.M.

Kettner, Matthias (2001): Neue Formen gespaltener Elternschaft. In: Das Parlament. Aus Politik und Zeitgeschichte, Nr. 27, 34-43

Kollek, Regine (2000): Präimplantationsdiagnostik. Embryonenselektion, weibliche Autonomie und Recht. Tübingen

Kuhlmann, Andreas (2000): Kinder aus dem Labor. Die Zukunft der menschlichen Fortpflanzung. In: Ders. (Hg.): Politik des Lebens. Politik des Sterbens. Bremen, 95-125

Lauterbach, Claudia (2001): Von Frauen, Machtbalance und Modernisierung. Das etwas andere Geschlechterverhältnis auf der Pazifikinsel Palau. Opladen

Lettow, Susanne (2002): „Der Mensch", „seine Natur" und die Geschlechterverhältnisse. Philosophisch-anthropologische Erzählungen der Biotechnologie. In: Potsdamer Studien zur Frauen- und Geschlechterforschung. Transformationen. Wissen-Mensch-Geschlecht. 6. Jg, 54-67

Petersen, Imme (2000): Konzepte und Bedeutung von „Verwandtschaft". Eine ethnologische Analyse der Parlamentsdebatten zum bundesdeutschen Embryonenschutzgesetz. Herbolzheim

Saupe, Angelika (2000): Verlebendigung der Technik. Perspektiven im feministischen Technikdiskurs. Bielefeld

Schneider, Ingrid (2001): Embryonale Stammzellforschung. In: Bundesministerium für Gesundheit (Hg.): Fortpflanzungsmedizin in Deutschland. Wissenschaftliches Symposium des Bundesministeriums für Gesundheit in Zusammenarbeit mit dem Robert Koch-Institut vom 24.-26. Mai 2000 in Berlin. Baden-Baden, 248-254.

Silver, Lee M. (1998): Das geklonte Paradies. Künstliche Zeugung und Lebensdesign im neuen Jahrtausend. München

Weber, Doris (2002): Die unheilige Familie. In: Publik Forum, Juli, 44-49

Weber, Jutta (2003): Umkämpfte Bedeutungen. Natur im Zeitalter der Technoscience. Frankfurt a.M.

von Werlhof, Claudia (1993): Der Leerkörper. Politisch-philosophische Antithesen zu Leibeigenschaft-Leibeigentum-Körperschaft. In: Marianne Engil; Sabine Perthold (Hg.): Der weibliche Körper als Schlachtfeld. Neue Beiträge zur Abtreibungsdiskussion. Wien, 48-59

Die Autorinnen

Corinna Bath ist Diplom-Mathematikerin und arbeitet als wissenschaftliche Mitarbeiterin der Arbeitsgruppe „Frauenforschung und Technik", die am Studiengang Informatik und dem Zentrum für feministische Studien der Universität Bremen angesiedelt ist. Sie schließt z.zt. ihre Promotion über Geschlechterkonstruktionen als Grenzziehungsarbeit zwischen Technischem und Sozialem in der Informatik ab. Zu ihren Forschungsschwerpunkten gehören: Geschlechterforschung in der Informatik, Feministische Wissenschafts- und Technikforschung, Theorien der Informatik und Transdisziplinarität.

Karin Esders ist Amerikanistin und Medienwissenschaftlerin. Sie ist wissenschaftliche Mitarbeiterin in dem transdisziplinären Lehr- und Forschungsprojekt „Transformationen von Wissen, Mensch und Geschlecht" an der Professur für Frauenforschung der Universität Potsdam. Sie hat über „Weiblichkeit und sexuelle Differenz im amerikanischen Genrekino" promoviert und schreibt ihre Habilitation über „Identität, Gender, Medien. Versionen moderner Selbstentwürfe in der frühen amerikanischen Romankultur, im frühen amerikanischen Kino und im Internet."

N. Katherine Hayles ist Professorin für englische Literatur und Medienwissenschaft an der University of California, Los Angeles. Sie forscht und lehrt über die gegenwärtigen Verhältnisse von Literatur, Naturwissenschaft und Technik. Zur Zeit arbeitet sie an einem Buch mit dem Titel „Coding the Signifier: Rethinking Semiosis from the Telegraph to the Computer". Mit ihrem letzten Buch „Writing Machines" gewann sie den Langer Prize for Outstanding Scholarship, mit „How We Became Posthuman" den Rene Wellek Prize für das beste 1998-99 erschienene Buch in der Literaturtheorie.

Heidi Hofmann, Jahrgang 1949. Ausbildung zur PTA (Pharmazeutisch-technische Assistentin), Studium der Ethik in Cambridge (USA). Promotion über „Feministische Diskurse über moderne Reproduktionstechnologien" (Frankfurt, New York, Campus 1999). Lehrbeauftragte an der Evangelischen Fachhochschule Nürnberg. Arbeitsschwerpunkte: Bioethik und feministische Theorie; Bioethische Diskurse in Polen.

Susanne Lettow, Dr. phil., Promotion in Philosophie, Lehrbeauftragte an der Freien Universität Berlin und der Universität Kassel, derzeitiges Forschungsprojekt zu „Geschlechterverhältnissen in den philosophischen Interventionen zu Informations- und Biotechnologien", Veröffentlichungen: Die Macht der Sorge, Die philosophische Artikulation von Geschlechterverhältnissen in Heideggers „Sein und Zeit", Tübingen 2001; zus. m. Christoph Kniest u. Teresa Orozco (Hg.): Eingreifendes Denken. Wolfgang Fritz Haug zum 65. Geburtstag, Münster 2001

Martina Mittag, Anglistin/Amerikanistin, lehrt derzeit an der Universität Saarbrücken. Promotion 1991, Habilitation 1999: „Gendered Spaces: Wandel des „Weiblichen" im englischen Diskurs der Frühen Neuzeit". 1996-98 wissenschaftliche Mitarbeiterin Universität Siegen, 1999-2000 University of California at Irvine, 2001-2 Brandeis University. Forschungsschwerpunkte: Genealogien des Geheimen, Science and Fiction, „Cyber"-Diskurse, Zeichen/Körper-Theorien.

Maria Osietzki, PD Dr., Ruhr-Universität Bochum, ist Wissenschafts- und Technikhistorikerin. Zu ihren Forschungsschwerpunkten gehört die Geschichte der Kernforschung, der Thermodynamik und der Elektrifizierung, die sie auch aus der Gender-Perspektive untersuchte. Kulturwissenschaftlich erforscht sie derzeit die Geschichte disparater Epistemologien. Zu diesem Projekt einer historischen Typologie von Wissensformen gehören auch ihre Forschungen zur Geschichte der „Theoretischen Biologie".

Claudia Reiche, Medienwissenschafterin, Künstlerin, Kuratorin. Ihre Arbeit entwickelt (cyber)feministische Zugänge zur Frage, wie Mensch/Maschine Verhältnisse mit Worten und Bildern gestaltet werden. Siehe: Lebende Anatomien 1900/2000. Kinematographische Serienschnittanimationen und voxelbasierte Volumen-Visualisierung. In: Klaus Peter Dencker (Hg.), Interface 5, Hamburg 2002; The Visible Human Project, Einführung in einen obszönen Bildkörper. In: Marie-Luise Angerer et al. (Hg.), Future Bodies, Wien / New York 2002. Mitarbeiterin im thealit Frauen.Kultur.Labor, Bremen. Kuratiert mit Helene von Oldenburg ‚The Mars Patent, the first exhibition site on Mars'.

Sigrid Schmitz, HD Dr., Diplom-Biologin, Promotion 1992, Habilitation 1998 am Fachbereich Biologie der Philipps-Universität Marburg, seit Oktober 1999 am Institut für Informatik und Gesellschaft der Universität Freiburg;

Die Autorinnen

Schwerpunke in Lehre und Forschung: naturwissenschaftliche Gender Forschung, Aufbau eines kritischen Informationssystems zu Geschlechterforschung und Gehirn, seit 2002 zusammen mit Britta Schinzel Leiterin des Kompetenzzentrums „Genderforschung in Informatik und Naturwissenschaft (GIN)" der Universität Freiburg und Hochschuldozentin für „Mediatisierung der Naturwissenschaften und Genderforschung".

Andrea Sick, Kuratorin, Kulturwissenschaftlerin. Seit 1993 Geschäftsführung und künstlerische Leitung bei thealit. Frauen.Kultur.Labor. Promotion zu Bildern und Wissenschaft in der Kartographie an der Universität Hamburg. Arbeitsschwerpunkte: Schnittstellen zwischen Texten, Bildern; Wechselwirkungen auf dem Feld von „Sehen" und „Wissen"; fiktive Strategien, topographische Konzepte. Zahlreiche Vorträge und Veröffentlichungen im künstlerischen und wissenschaftlichen Kontext.

Lucy Suchman ist Professorin für Wissenschafts- und Technikforschung im Institut für Soziologie an der Lancaster University in England. Zuvor arbeitete sie zwanzig Jahre am Xerox's Palo Alto Research Center (PARC). Ihre Forschungen fokussieren auf die durch technische Systeme herausgebildeten soziomateriellen Praktiken, die sie aus kritischer Perspektive empirisch und interdisziplinär untersucht. In der Gestaltung neuer Technologien interveniert sie mit partizipativen Vorgehensweisen.

Bettina Wahrig, Promotion 1984 mit einer Arbeit über den Psychiater Wilhelm Griesinger im Spannungsfeld zwischen Physiologie und Philosophie, von 1985-1997 am Institut für Medizin- und Wissenschaftsgeschichte in Lübeck, 1997 Habilitation, seit 1997 Professorin für Geschichte der Naturwissenschaften mit Schwerpunkt Pharmaziegeschichte, Braunschweig, derzeitige Forschungsschwerpunkte: Verteilung von Wissen und Macht im Medizinalwesen 1750-1850 unter besonderer Berücksichtigung der Geschlechterverhältnisse; Toxikologie zwischen medizinischer Polizei und experimenteller Physiologie.

Jutta Weber, Wissenschaftsphilosophin und -forscherin; wissenschaftliche Mitarbeiterin in der Wissenschafts- und Technikgeschichte an der TU Braunschweig in einem Forschungsprojekt zur Artificial Life-Forschung und Robotik; Promotion an der Universität Bremen zu „*Umkämpfte Bedeutungen: Naturkonzepte im Zeitalter der Technoscience*" (New York / Frankfurt a.M.: Campus 2003); Arbeitsschwerpunkte: Wissenschaftsphilosophie, Erkenntnistheorie, Cultural Studies of Science and Technology.